教师教育系列教材

学前儿童保育学
(第 2 版)

王 萍 主编

吴明宇 姚 丹 芦 宁 副主编
王 瑜 刘 丹

清华大学出版社

北京

内 容 简 介

本书是根据《幼儿园教育指导纲要》和《幼儿园工作规程》的精神，结合本专科学前教育专业的特点和规律，在对幼儿园保育工作研究的基础上编写的。本书根据一线教师的需要，在第1版的基础上，增加了新的案例，并对习题及答案进行了修改，结合每章的重点内容增加了新的授课内容。本书主要介绍了学前儿童的生理解剖特点与保育、生长发育、营养卫生、疾病及其预防、幼儿心理发展与保育、幼儿园各种活动中的保育、托幼机构意外事故预防与急救处理、托幼机构环境与保育等知识。

本书实用性强，注重理论与实际操作相结合，具有一定的指导意义。本书既适合本专科学前教育专业学生使用，也可作为在职幼儿园教师继续教育的培训教材。

本书封面贴有清华大学出版社防伪标签，无标签者不得销售。
版权所有，侵权必究。举报：010-62782989，beiqinquan@tup.tsinghua.edu.cn。

图书在版编目(CIP)数据

学前儿童保育学/王萍主编. —2版. —北京：清华大学出版社，2020.8(2025.7重印)
教师教育系列教材
ISBN 978-7-302-55899-6

Ⅰ. ①学… Ⅱ. ①王… Ⅲ. ①学前教育—教育学—师资培训—教材 Ⅳ. ①G610

中国版本图书馆 CIP 数据核字(2020)第 108909 号

责任编辑：陈冬梅
封面设计：刘孝琼
责任校对：王明明
责任印制：宋　林

出版发行：清华大学出版社
网　　址：https://www.tup.com.cn, https://www.wqxuetang.com
地　　址：北京清华大学学研大厦A座　　邮　编：100084
社 总 机：010-83470000　　邮　购：010-62786544
投稿与读者服务：010-62776969, c-service@tup.tsinghua.edu.cn
质量反馈：010-62772015, zhiliang@tup.tsinghua.edu.cn
课件下载：https://www.tup.com.cn, 010-62791865

印 装 者：天津安泰印刷有限公司
经　　销：全国新华书店
开　　本：185mm×260mm　　印　张：17　　字　数：414千字
版　　次：2015年3月第1版　2020年8月第2版　印　次：2025年7月第13次印刷
定　　价：49.80元

产品编号：084046-01

前　言

习近平总书记在中国共产党第二十次全国代表大会上的报告中明确指出，要办好人民满意的教育，全面贯彻党的教育方针，落实立德树人根本任务，培养德智体美劳全面发展的社会主义建设者和接班人，加快建设高质量教育体系，发展素质教育，促进教育公平。本教材在编写过程中深刻领会党对高校教育工作的指导意见，认真执行党对高校人才培养的具体要求。

学前儿童保育学是关于如何为学前儿童的生存、发展创设有利的环境和物质条件，给予学前儿童精心的照顾和养育，促进其身心健康发展的一门学科。教师在学前教育中应该树立现代保育观，使保育观念从传统的"保护身体发育"扩展到"促进幼儿个性发展和社会适应能力的提高"，从"安全保护与卫生"扩展到"实施教育过程中生理、心理和社会保健"。

目前的学前教育工作中"重教轻保"的问题仍然十分严重，在很大程度上成为学前教育发展的薄弱之处。因此，学前教育应该体现以儿童为本的专业思想，为学前儿童提供良好的发展环境，做到保育与教育相互渗透。

现在对于教师和保育员的保育培训教材良莠不齐，有的介绍0～3岁儿童的保育，有的介绍3～6岁儿童的保育，内容大多不够完善。

本书尽可能地弥补其他教材的不足，介绍了0～6岁各年龄段儿童的保育知识，包括生长发育规律和评价、营养知识、活动中的保育、常用的护理方法、设备和物品的保管，相关法律法规知识等，列举了大量案例供幼教工作者参考，同时增加了"阅读链接"，拓展他们的视野，最后的"思维拓展"起到了巩固练习的作用。

本书共分九章，分别是学前儿童保育学概述，学前儿童生长发育规律及评价，学前儿童营养，学前儿童各年龄阶段的特点及保育，学前儿童活动中的保育，学前儿童的身体保健，学前儿童的安全与保育，托幼机构设备、物品的保管与环境卫生，学前儿童保育的相关法律、法规知识(第九章为二维码内容)。本书每一章都设有学习目标、阅读链接、思维拓展等版块，供教师和学生学习参考。

本书由王萍、祁晓萍负责统稿，各章具体编写分工为：第一、二章由姚丹负责编写；第三、四章由吴明宇负责编写；第五、六章由王萍负责编写；第七章由王萍、王瑜负责编写；第八章第一、二节由吴明宇负责编写，第三节由祁晓萍负责编写，第四节由刘丹负责编写；第九章(二维码)由王瑜、刘明慧、马露露负责编写。

本书在编写时借鉴了很多学者的观点，参阅了大量的文献资料和网络资料，在此深表谢意。

由于编者水平有限，书中难免存在不足之处，恳请广大读者提出宝贵意见，以便再版时修改和完善。

编　者

目 录

第一章 学前儿童保育学概述 1

第一节 学前儿童保育工作的对象、内容和特点 1
  一、保育的概念 1
  二、学前儿童保育工作的对象 2
  三、保育工作的基本内容 3
  四、保育工作的特点 8
第二节 学前儿童保育学的发展 10
第三节 国内外主要学前儿童保育理论 12
第四节 研究学前儿童保育学的意义与方法 15
  一、研究学前儿童保育学的意义 15
  二、学前儿童保育学的研究原则 18
  三、学前儿童保育学的学习方法 18

第二章 学前儿童生长发育规律及评价 21

第一节 学前儿童的生理解剖特点 21
  一、运动系统 22
  二、呼吸系统 27
  三、循环系统 28
  四、消化系统 31
  五、泌尿系统 35
  六、内分泌系统 36
  七、人体的司令部——神经系统 38
  八、生殖系统 41
  九、感觉器官 43
  十、皮肤 46
第二节 学前儿童生长发育规律 47
  一、年龄阶段的划分方法 47
  二、生长发育的一般规律 47
第三节 影响学前儿童生长发育的因素 52
  一、内在因素 52
  二、外在因素 53
第四节 学前儿童生长发育的评价 55
  一、常用的生长发育指标 55
  二、常用的评价方法 59
  三、粗略的评价方法 62

第三章 学前儿童营养 64

第一节 营养基础知识 64
  一、营养学的基本概念 64
  二、学前儿童营养需求特点 65
  三、宏量营养素 67
  四、微量营养素 72
  五、其他膳食成分 81
第二节 婴儿营养与喂养 82
  一、婴儿消化系统的生理特点 82
  二、母乳喂养 84
  三、混合喂养和人工喂养 86
  四、辅食 88
第三节 学龄前儿童营养和膳食 91
  一、1~3岁幼儿膳食安排 91
  二、3~6岁儿童膳食安排 92
  三、科学选择、调配和安排幼儿膳食 93
  四、幼儿园要加强食育教育 94
第四节 学前儿童集体膳食管理 96
  一、学前儿童集体膳食计划的制订 96
  二、学前儿童食谱制定原则及卫生 97
  三、关注食品安全、预防食物中毒 98

第四章 学前儿童各年龄阶段的特点及保育 101

第一节 新生儿期的特点与保育 101
  一、新生儿的生理特点 101
  二、新生儿的保育 104

三、新生儿疾病筛查 114
第二节　婴儿期的特点与保育 114
　　一、婴儿期特点 114
　　二、婴儿期保育 115
第三节　幼儿期的特点与保育 120
　　一、幼儿期特点 120
　　二、幼儿期保育 121
　　三、疾病筛查 124
第四节　学龄前期的特点与保育 125
　　一、学龄前期特点 125
　　二、学龄前期保育 125
　　三、对体弱儿、残疾儿的保育 128

第五章　学前儿童活动中的保育 129

第一节　学前儿童生活活动的保育 129
　　一、幼儿园一日生活活动及其重要性 129
　　二、安排幼儿园一日生活活动的要求 130
　　三、幼儿园一日生活活动环节保育工作的主要内容 131
　　四、幼儿园生活活动的保育指导 146
　　五、学前良好卫生习惯及自理能力的培养 147
第二节　学前儿童游戏活动中的保育 148
　　一、环境与保育 148
　　二、学前儿童游戏中的保育 150
第三节　学前儿童学习活动中的保育 160
　　一、学前儿童学习活动的指导 160
　　二、学习活动中的保育工作 162
第四节　学前儿童体育活动中的保育 169
　　一、学前儿童体育活动的主要形式 169
　　二、学前儿童体育活动中的保育工作 170

第六章　学前儿童的身体保健 178

第一节　托幼机构常用护理法 178
　　一、测体温 178
　　二、测脉搏 178
　　三、高热护理 179
　　四、喂药 179
　　五、滴鼻药 179
　　六、滴耳药 179
　　七、滴眼药 180
　　八、止鼻血 180
　　九、晕厥 180
　　十、惊厥(抽风) 181
　　十一、虫咬伤 181
　　十二、中暑 181
　　十三、冻伤 182
第二节　特殊幼儿的一般护理知识 182
　　一、身体病弱幼儿的护理 182
　　二、性格异常幼儿的护理 184
　　三、行为异常幼儿的护理 186
　　四、学习障碍幼儿的护理 192
　　五、注意力不集中孩子的训练方法 193
　　六、前庭觉的训练 193
　　七、身体平衡的训练 195
　　八、精细动作的训练 196
第三节　学前儿童常见疾病和传染病的护理 198
　　一、常见呼吸道疾病 198
　　二、消化系统疾病 200
　　三、与营养有关的疾病 201
　　四、五官疾病 204
　　五、肠寄生虫病 206
　　六、皮肤病 206
　　七、常见传染病的护理与预防 208
　　八、幼儿常见传染病的护理及预防 209

第七章　学前儿童的安全与保育 219

第一节　幼儿园的安全措施 219
　　一、场地、房舍 219
　　二、学前儿童活动中意外伤害处理 220

三、环境设施 222

　　四、药品、有毒物品 224

　　五、防暑降温及防寒保暖工作与
　　　　保育 224

　　六、幼儿园的安全检查制度 225

第二节　幼儿园安全教育 226

　　一、园中安全教育 227

　　二、交通安全教育 231

　　三、食品卫生安全教育 232

　　四、消防安全教育 232

　　五、防触电教育 233

　　六、防溺水教育 234

　　七、防地震教育 238

　　八、防雷电教育 239

第三节　学前儿童安全行为训练 240

　　一、在愉快的游戏中有意识地
　　　　学习 241

　　二、在未雨绸缪的演习中实践 243

　　三、在适度的"自然后果法"中
　　　　内化 243

　　四、在家庭生活中巩固 244

第八章　托幼机构设备、物品的保管与环境卫生 245

第一节　微生物基础知识 245

　　一、微生物的概念 245

　　二、微生物的特点 245

　　三、微生物的种类 246

　　四、微生物的主要分布 247

　　五、微生物与人类的关系 248

第二节　消毒隔离 248

　　一、托幼机构的消毒工作 248

　　二、幼儿园里的隔离 253

第三节　幼儿园室内物品的保管 255

　　一、物品管理的基本要求 255

　　二、建立物品管理制度 255

　　三、玩具、教具和图书的管理 256

　　四、婴幼儿个人物品管理 256

　　五、危险物品管理 257

第四节　室内外环境卫生 260

　　一、室内环境卫生 260

　　二、室外环境卫生 262

　　三、室外活动场地 262

第一章 学前儿童保育学概述

> **本章学习目标**
> - 学前儿童保育学的概念。
> - 幼儿园保育工作的内容和特点。
> - 学前儿童保育学的意义。

第一节 学前儿童保育工作的对象、内容和特点

近年来的神经系统科学研究发现，80%的脑部发育在5岁以前完成，在最初三年增长最快。随着世界各国都开始认识到学前儿童经历的重要性，2012年世界银行与印度安贝德卡大学学前教育与发展中心联合召开了地区性的"学前儿童保育与教育"(Early Childhood Care and Education，ECCE)大会。此次大会得到了其他国际机构的支持，如联合国教科文组织、联合国儿童基金会等。来自阿富汗、孟加拉国、不丹、印度、尼泊尔、巴基斯坦和斯里兰卡的代表参加了大会，还有一些研究人员、专家、政府官员及非政府组织参加了大会，参与者就许多建议达成一致意见。例如，需要制定统一的学前阶段儿童政策，这一政策不仅应该解决儿童的营养、健康、看护和教育问题，还要解决儿童保护和玩耍的问题；边缘化人群需要被甄别，同时应该针对这些人群进行普惠和专门的干预；此外应该有积极行动确保学前教育机会与质量的公平。与会者一致同意，优质的学前儿童保育与教育质量应该是每个儿童从出生以前到出生后的基本权利。

一、保育的概念

传统的保育，主要是指对幼儿的身体方面进行保护和照顾，涉及体检、生活作息、膳食营养、锻炼与安全、疾病防治等方面，这种理解是很不完整的。随着社会的发展，健康的概念日趋完善，人们对幼儿生理、心理和教育进行深入研究与探讨，有关幼儿保育的概念也在不断地得到扩展和深化。保育的观念从传统的"保护身体发育"扩展到"促进幼儿个性发展和社会适应能力的提高"，从"安全保护与卫生"扩展到"实施教育过程中生理、心理和社会保健"，在这种新的保育观的基础上，保育不仅要体现全面发展的教育观，更要反映未来社会与人才发展的实际需求；不仅要搞好传统的保育工作，更要重视"保"与"育"的相互作用，将保育和教育真正地有机结合起来。

当幼儿在活动中受到挫折而表现出伤心或退缩时，幼儿教师应该表现出对该幼儿的关

心和理解，这可以保护幼儿的心理不受伤害。同时，幼儿教师应该帮助幼儿调节自己的情绪，使情绪能逐渐稳定下来，并积极地鼓励幼儿，使幼儿能愉快地、充满信心地投入到新的活动中去。这就是对幼儿进行积极的心理保育的过程。幼儿的身体与心理是相互关联的，在对幼儿进行保育的过程中，还应该考虑身体保育和心理保育的有机结合，不能顾此失彼。只有将这两者有机地结合起来，才能真正有效地维护和增进幼儿的健康。

例如，在幼儿进餐的过程中，幼儿教师要同时考虑到幼儿身体和心理两个方面的保育。幼儿园为幼儿提供营养丰富、搭配合理的膳食，这是对幼儿身体保育的重要内容，幼儿教师应尽可能引导每个幼儿都吃完一定量的食物，以满足幼儿身体生长发育的需要。但是，如果为了完成这项任务而采取消极的办法逼迫幼儿，则会使幼儿对进餐过程产生消极的情绪，这不但会影响幼儿机体对食物的消化与吸收，甚至会逐渐导致幼儿出现神经性厌食现象。因此，幼儿教师在对幼儿进行身体保育的过程中，必须同时重视对幼儿的心理保育，应该为幼儿提供轻松、愉快的进餐环境，积极地鼓励幼儿多吃一些食物；如果幼儿实在不想吃，则应该尊重幼儿的选择，绝不能逼迫。

再如，当两三岁的幼儿在午睡时，总免不了偶尔会出现尿床的现象，对此，我们应该如何处理呢？是责备幼儿，还是理解和爱护幼儿？幼儿都有自尊心，如果这时幼儿教师能对幼儿表现出理解和关心，帮助幼儿悄悄地换下尿湿的裤子，把尿湿的褥子悄悄拿出去晾晒，并且帮助幼儿逐渐改掉尿床的毛病，不仅对幼儿的身体进行了保育，而且也对幼儿的心理进行了保育，既保护了幼儿的自尊心，又能帮助幼儿逐渐适应集体的生活。

全面的保育观应该包括以下内容。

(1) 保育这一概念包括身体保育和心理保育两个方面。

(2) 无论是身体保育还是心理保育都含有两层含义：一个是对身体和心理的保护和照顾，使其免受伤害，能正常发育；另一个是对身体机能和心理能力的增进，使其能更好地发展和完善。

(3) 在对幼儿进行保育的过程中，要将身体保育和心理保育有机地结合起来，不能忽视任何一方，以促使幼儿的身心得到和谐、健康地发展。树立全面的保育观十分重要，它是做好幼儿保育工作的基础，更是维护和增进幼儿健康的重要前提和条件。

综上所述，学前儿童保育学主要研究学前儿童身体保育和心理保育两个方面，在保护身体发育的基础上，促进学前儿童个性发展和社会适应能力的提高，在实施教育的过程中，注重学前儿童生理、心理和社会保健。

二、学前儿童保育工作的对象

刚刚出生的婴儿，身体十分孱弱，无法移动自己的身体，更无法自己去寻找食物，无法离开成人而独自在社会中生存，必须通过成人来满足赖以生存的所有的基本需要。即使是幼儿，也尚不具备独立生存的能力，其自我照料、自我保护的能力以及知识经验等都比较缺乏，也必须依赖于成人来生存和生活。

婴幼儿的这种依赖性，决定了成人要为他们提供必需的生活环境与条件，要给予他们精心的照顾与养育，这是婴幼儿得以生存和健康成长的重要保证。有关这方面的工作，在托儿所、幼儿园中通常称为保育工作。在韩国，保健福利部承担保育工作，教育科学部承担幼儿教育工作。教育科学部的教育对象是3~5岁的幼儿，保健福利部的保育对象是0~6岁的婴幼儿。[①]在瑞典，7岁以下的儿童都进地区办的儿童保育园，一切都是免费的。瑞典的妇女中有4/5的人从事各种不同的职业，所以她们的孩子都进保育园。[②]

在我国，幼儿保育与教育是指从幼儿出生到上小学这一期间(0~6岁)，以正规、非正式和非正规的保育方式，保障他们的生存，促进他们的生长、发展和学习。[③]

三、保育工作的基本内容

托幼园所的保育工作，涉及婴幼儿的生活、游戏、学习和户外活动等各个方面，可以说是十分繁杂的，甚至有些琐碎，但它对于幼儿的健康成长却起着不可低估的作用，是维护和增进幼儿健康的重要保证。

托儿所、幼儿园的保育工作主要包括以下几方面的内容。

(一)为幼儿提供良好的生活环境

良好的生活环境主要包括良好的、符合安全与卫生要求的物质环境以及良好的精神环境。

(二)做好婴幼儿日常生活的保育工作

婴幼儿日常生活的保育工作包括科学、合理地安排好婴幼儿一日的生活，为婴幼儿提供科学、合理的膳食，对婴幼儿的进餐、睡眠、穿脱衣服、盥洗、排泄等生活环节给予精心的照顾等。

案例1-1

在培养幼儿的劳动习惯过程中，教师发现有些幼儿个人的卫生情况不太好，常常是边玩边做事。一次在洗手帕的时候，威威把衣服、地面都弄湿了；还有的幼儿摆碗时，不小心把碗打碎了。为了不挫伤幼儿的劳动热情，教师坚持鼓励和引导的教育原则，没有过多责备他们。

一天，教师给小朋友们讲了一个小歌谣，名字叫《爱劳动，讲卫生》。教师首先自己读两遍："小朋友们在一起，打扫卫生真积极……"然后，教师又一句一句地领着小朋友们读，读完之后，对小朋友们说："现在，我看哪位小朋友最爱劳动，最讲卫生。"接着，

---

① 李荣硕. 与婴儿发展水平相适应的保育与教育课程研究——以理论与实际保教项目为中心[C]. 中日韩论坛，2010：4~13.

② 曹翠娥. 瑞典的教育概况[J]. 教育传播与技术，2002(2)：43~45.

③ 车廷菲. 我国0~3岁儿童保育与教育发展的历程、现状与未来[J]. 早教探索，2012：59~62.

教师就让小朋友们把手伸出来，看看谁的手最干净。

小朋友们都非常兴奋地把手伸出来，边伸手边喊："我的干净！我的干净！"但是，威威没有把手伸出来，很多小朋友就边喊边说："威威的手脏，威威的手脏。"小朋友们都取笑他，站在旁边的威威羞得满脸通红，放声大哭起来。

这时，老师忙制止说："取笑别人是不对的，小朋友之间要互相帮助，让我们一起帮威威把手洗干净，好不好？"小朋友们都跳起来说："好！"

教师和小朋友们，一起帮威威把手洗干净了。威威不哭了，和小朋友们高高兴兴地回到了自己的座位上，和教师一起大声地读着："爱劳动，讲卫生。"

(资料来源：徐慧. 幼儿教育心理实践活动案例[M]. 北京：高等教育出版社，2009：9.)

案例评析：

《幼儿园教育指导纲要》指出：要教育幼儿爱清洁、讲卫生，注意保持个人和生活场所的整洁和卫生。成功的早期教育表明：劳动对磨炼幼儿的意志，陶冶情操，塑造良好的个性品质，乃至一生的成长都有着十分重要的意义。因此，教师和家长有责任让幼儿从小养成爱劳动、讲卫生的好习惯。

案例1-2

王老师在午餐期间盛好饭菜，孩子们开始吃饭，今天孩子们吃的是糖醋肉丸，孩子们吃得可香了，这时，只听见有个孩子大叫："老师，你看呀，她把肉丸扔到我的碗里了！"王老师回头一看，只见小优把自己盘里的肉丸都放在了另一个小朋友的碗里，见王老师来了，小优低头对王老师说："老师，我不吃肉丸。"王老师忙问："肉丸很好吃的，你为什么不吃呀？"小优不情愿地看着王老师说："我不吃肉的，妈妈说可以不吃。"其实这种事情已经不是第一次发生，之前有一次小优把她不吃的蘑菇扔在了桌子上，然后王老师批评了她，所以这次小优把肉丸倒在了别的小朋友碗里。

(资料来源：百度文库，https://wenku.baidu.com/view/99513d1b326c1eb91a37fr111f18583d049640f2d.html.)

案例评析：

小优挑食的现象，反映了家庭教育的重要性，通过小优与王老师的交流，我们可以看出家长对于小优挑食的行为没有加以制止，还默许小优这种行为，小优的家长只注重怎么"养"，而忽视了怎么教。

《幼儿园教育指导纲要》指出：要关注幼儿的特殊需要，包括各种发展潜能和不同发展障碍，与家庭密切配合，共同促进幼儿健康成长。作为幼教工作者，不仅要关注幼儿身体的健康成长，更要关注幼儿心理健康的成长，要善于观察幼儿的行为表现，分析其行为动机，了解其心理状态，对幼儿了解越深，教育就越有的放矢，从而培养幼儿健康的身心素质。

(三)做好教育过程中的保育工作

保教结合是我国幼儿教育的一大特色，也是幼儿园一贯坚持的原则。随着人类对自身研究的不断深入，特别是对幼儿身心发展研究的日益加深，遵循保教结合原则就显得更为重要，其内涵也更加广泛、深刻。比如注意婴幼儿的用眼卫生、坐姿是否正确、运动量的大小、活动时间的长短、动静交替等。

案例1-3

在和幼儿一起玩"娃娃家"的过程中渗透教育

小班幼儿特别喜欢成人参与他们的活动。教师就要在和孩子一起玩娃娃家的过程中渗透教育目标。比如，给娃娃做出"鸡蛋""花卷"后，教师向幼儿提问："大鸡蛋送给谁？小鸡蛋送给谁？"给"发烧"的娃娃做出"药丸"之后，教师和小朋友又一起商量："大药丸一天吃几粒？小药丸一天吃几粒？"给娃娃"打针"，教师边打边说："娃娃没哭，真勇敢！以后多喝水就不会生病了。"

教师还鼓励娃娃家的幼儿到其他区域"串门"。一天，朱冉小朋友带着她的小熊来到益智区看这里的小朋友们做游戏。教师走过去说："这小熊真好玩，咱们送它一件礼物怎么样？"于是教师和朱冉一起用益智区的珠子穿了一条项链戴在小熊的脖子上。看到小熊变漂亮了，益智区的小朋友也都来抱抱它。这时，杨心怡说："我还想给小熊穿手链！"听到她的话，许多幼儿都说："我也想！"一时间，益智区成了"小小加工厂"，孩子们根据自己的意愿制作了各种精美的首饰，送到娃娃家，给他们心爱的娃娃和宠物戴上。当然，他们也不会忘记留一件给自己。

(资料来源：幼儿园快乐与发展课程编写组. 幼儿园快乐与发展课程[M]. 北京：北京师范大学出版社，2010：115.)

案例评析：

教师利用小班幼儿愿意和成人一起游戏的特点，在娃娃家和幼儿一起玩的过程中自然渗透了比较大小、点数、经常喝水等各领域目标，同时引导幼儿将娃娃家与其他区域的活动有机结合，使各个区域幼儿的活动动机都得到了增强，使他们更加主动、活泼。

(四)做好卫生保健的工作

幼儿园卫生保健工作是幼儿园整体工作的重要组成部分，它关系到幼儿的健康成长，牵动着每个家长的心。幼儿园卫生保健工作头绪多、层面广，比如每日对婴幼儿进行晨检，定期对幼儿进行健康检查，做好卫生消毒、病儿隔离、计划免疫、疾病防治等工作。

案例1-4

中二班进行区角活动时，在娃娃家活动的四位小朋友先后喊肚子疼，黄晓慧小朋友还吐了两次。听了教师的汇报，幼儿园大夫和班主任带领四位小朋友迅速到医院就医，几位园领导分别到十几个班级调查情况，询问其他班是否有同类事件发生，结果其他班级均未发现同类情况。院方来电话说，四位幼儿均有食物中毒迹象，因为刚喝过牛奶，首先怀疑是牛奶质量出了问题，教师马上意识到问题的严重性，气氛一下子紧张起来。留样牛奶送有关部门检验，检验结果表明牛奶未出现任何质量问题，其他班级也未发现同类情况。四位小朋友的家长坚持让幼儿园给个说法，就在大家困惑不解、各自猜测的情况下，有个小朋友偷偷地告诉老师，过家家时黄芮曾给他们分巧克力豆吃。经耐心询问黄芮，得知黄芮小朋友星期天到奶奶家去，捡到一种树种子，从颜色到形状特像巧克力豆，她偷偷带到幼儿园。在娃娃家做游戏时她扮演了妈妈，当妈妈的黄芮把树种子当作从超市买的巧克力豆发给宝宝和家人吃，结果吃出问题来，找到了四名幼儿中毒的原因所在。

(资料来源：中国婴幼儿教育网，http://www.baby-edu.com/2009/0923/2316.html.)

案例评析：

安全工作是幼儿园工作的重中之重，保证幼儿人身安全责任重于泰山，特别是有些地方相继发生幼儿人身伤害事件，引起了社会各界的高度重视。各地纷纷召开安全工作会议，加强门卫管理制度和幼儿园的安全教育等。但幼儿自身的安全隐患往往被忽视。幼儿年龄小，好奇心强，常自带一些有安全隐患的物品玩耍，如刀片、小珠子、长发卡、大头针等，以至于幼儿园常常发生珠子进入鼻腔、长发卡扎伤同伴眼睛、小刀片划破手腕、硬币吞到肚里等意外事件，这些小小的物品时时在威胁着幼儿的人身安全。以上案例，都是由于教师在晨检这一环节的疏忽而导致的事故，因此把好幼儿入园安全第一关——晨检关，显得极其重要。

(五)积极锻炼幼儿的身体

3～4岁的孩子，尽管身体各方面还比较稚嫩，但要使孩子长得健壮，力所能及的锻炼是不可缺少的。3岁以后的孩子，其神经系统和运动系统的发育都日趋成熟，孩子的体格锻炼应该采取综合的形式来进行。幼儿通过进行室外走、跳、跑、攀登等体育运动，做儿童健身操或运动量较大的游戏活动，既可以利用充足的阳光、新鲜的空气、清洁的水流等自然条件，又能对自身的健康成长产生积极的影响。因此，幼儿园在安排生活日程时，必须保证婴幼儿每日户外活动的时间，充分利用日光、空气、水等自然因素，有计划地锻炼婴幼儿的身体。

案例 1-5

为了解幼儿户外活动开展的现状，我们对北京市公立幼儿园户外活动进行调查，采用问卷调查法对15所公立幼儿园的117名幼儿教师进行了问卷调查，旨在根据调查发现的问题提出针对性意见。研究发现幼儿园管理者和教师对组织幼儿户外活动持重视态度；教师经常组织幼儿在集体运动场进行户外活动；教师组织的户外活动时间充足，运动场的空间和材料投入情况需要改善；从教师的角色定位看，教师在指导户外活动时，主要是引导者、安全保护者、组织示范者。

(资料来源：北京公办幼儿园幼儿户外活动开展现状调查，
https://wenku.baidu.com/view/c4c7860211a6f524ccbff121dd36a32d7375c719.html.)

案例评析：

通过调查发现幼儿园管理者与教师对于幼儿的户外活动持重视态度，教师明确自己在户外运动中的角色定位及活动时间安排，注重活动材料的投放及空间的安排，将户外活动贯穿于幼儿的一日生活中，有计划地锻炼幼儿的身体

(六)做好安全管理的工作

安全是幼儿园的头等大事，保证幼儿身体健康和生命安全是幼儿园保教工作的重点之一。幼儿年龄小，本身的安全意识比较淡薄，自我防范与抵御能力不强，为了保证幼儿的安全，加强幼儿安全教育非常重要。比如做好房屋、设备、消防、交通等安全防护和检查工作，做好药物的管理以及婴幼儿接送时的管理工作等。

阅读链接 1-1

"幼儿园常见安全隐患及预防措施"扫描右侧二维码阅读。

阅读链接.docx

(七)做好特殊婴幼儿的保育工作

特殊儿童是相对于"正常儿童""普通儿童"而言的。特殊儿童的概念有广义和狭义之分。从广义上理解，是指与在智力、感官、情绪、肢体、行为或言语等方面与正常情况有明显差异的儿童，其中也包括超常儿童、有行为问题儿童等。从狭义上理解，专指残疾儿童，即身心发展有各种缺陷的儿童，又称"缺陷儿童""障碍儿童"，具体包括智力残疾、听力残疾、视力残疾、肢体残疾、言语障碍、情绪和行为障碍、多重残疾等类型。

幼儿园的保育工作要为体弱儿、残疾儿以及有心理问题、行为问题的幼儿提供特殊的照顾、帮助与指导等。

案例 1-6

余飞，男，6岁，幼儿园大班。他不喜欢上幼儿园，也不喜欢集体教育活动(上课)，甚至对集体教育活动有着强烈的厌倦和惧怕情绪，每天早上去幼儿园，他总是磨磨蹭蹭。在班级里有点自卑，班上选值日生，他也挺想被选上的，可当最后的结果不能如愿时，他就特别失望，而且像大人似的唉声叹气：我肯定选不上的，反正我也不想当。

他非常爱哭，其程度比女孩有过之而无不及，让他刷牙洗脸要哭，与他说话声音高了要哭，不给他买东西更是在地上打着滚哭，无论在家里还是公共场合，只要哭起来，他可以全然不顾。但是除了上幼儿园、参加集体活动(上课)，他对其他活动都很感兴趣，而且可以做得很好，他是大院内所有小孩滑冰的"总教练"、组装赛车的高手，只要他感兴趣的东西，他学得就很快。

(资料来源：www.bjdcfy.com/qita/xlzaetal/2016-1/679814.html。)

案例评析：

从余飞的表现看，他属于心理学临床常见的情绪障碍，这也是他自卑的深层原因。在

余飞身上，情绪障碍的两种情况都存在。他的主要表现是哭，莫名其妙地哭，几乎所有事都可以成为他哭的原因。而余飞产生情绪障碍的原因是：余飞从小只有父亲照顾，父亲因忙于自己的工作而忽略了对儿子的关心，常常因为孩子莫名的哭而心烦，刚开始以物质来安慰，当物质不能满足时，就采取简单粗暴的骂与打，致使余飞情绪障碍越来越严重。

为了克服余飞的心理障碍，家长与老师应共同配合，要多多关注他，使他的情感需求得到满足，用爱去滋润他的心田，要注意他的心理变化，当他出现好的行为时，家长要抓住时机多多鼓励，以替代他原来不好的行为。在他发脾气、大哭大闹时，不予理睬，采取行为冷淡法，在其停止哭闹时，与其沟通交流，让他意识到哭闹并不能解决问题。总之，相信在老师与父母的共同努力下，余飞的情绪障碍会有所好转。

四、保育工作的特点

幼儿阶段是人一生发展中最重要的时期，由于其身心发育尚未成熟，科学有效地实施保育工作就显得尤为重要。为幼儿实现由生物人转化为社会人奠定基础，是幼儿园保育工作的任务与目标。这就决定了幼儿园保育工作必须具备以下特征。

(一)幼儿园保育工作要有现代的儿童观

研究表明，儿童的生长发育存在着普遍的、可以预知的生长和变化顺序，即在生长发育、情感发展、社会性和认知能力方面表现为一定的年龄阶段性。因此保育人员应当根据幼儿的年龄特点，采取不同措施为幼儿提供生活护理和帮助。同时应当看到，每个幼儿的生长和发育速度以及家庭背景存在的差异导致了每个幼儿的需要、兴趣、能力具有与他人不同的特性，在实际中要针对不同的儿童提出不同的要求，采取不同的方法，使每个儿童都能在原有的水平上得到发展。即现代的保育必须是共性与个性相结合，与儿童发展相适应的保育。

(二)幼儿园保育要为儿童提供良好的发展环境

幼儿园环境创设必须为教育服务已成为共识，但是如何在环境创设中体现保育功能则是一个新的话题。环境的整体美观、洁净卫生应成为幼儿园环境创设的先决条件，只有在兼顾疾病预防、卫生消毒、安全防护的基础上，提供为开发儿童智能发展所需的房屋设施配备、墙面装饰布置等，才能确保幼儿园真正成为儿童乐园。

在保育过程中保教人员与儿童的情感互动也是幼儿园环境的重要组成部分。保教人员不但要对幼儿进行有效的生活服务，提高他们的生活自理能力，还必须与他们建立平等、亲密的关系，满足其情感需要，这样才能够全面实施保育措施。儿童之间的相互促进、互助也十分重要。因此幼儿园的保育工作必须重视抓好物质与精神环境的创设，发挥环境的保育功能。

(三)幼儿园保育工作必须融入一日常规工作中去

幼儿生长发育的特点决定了幼儿园保育工作必须是全面的、多元的，与日常工作相融合的，主要体现在以下两个方面。

(1) 生活活动中的保育：即我们常说的生活护理，包括科学、平衡的膳食管理，良好饮食习惯的培养，保证幼儿正常的睡眠及对幼儿进行个人卫生的照顾等。

(2) 学习活动中的保育：即根据儿童生长发育的特点和规律，安排好儿童的一日作息时间，做到动静交替，增进幼儿健康、保持平衡心态。

(四)幼儿园保育必须与教育相互渗透

幼儿园的保育工作必须是对儿童身心的全面关爱与呵护，不但要对幼儿饮食、睡眠、盥洗等方面进行照顾，还必须注重促进其身心发育、认知发展、个性形成。在这些方面对幼儿产生影响的既有保育又有教育。因此幼儿园的保育必须与教育相互渗透、有机融合。只有做到保中有教、教中有保，才能实现保教合一。

除此之外，形成家园合力、实现社区保健资源共享也是幼儿园保育工作不可忽视的方面。家庭、社会、幼儿园相结合才能高效率、有计划、有目的地对幼儿的健康进行保护和增进。

(五)幼儿园保育工作具有更直接的目的性与教育性

幼儿园的保育工作具有更直接的针对性，它是按社会的要求，以国家的教育方针、教育目标为依据，结合幼儿园教育任务和工作目标，同时针对本班幼儿实际，将目标具体化，从而实施教育工作，使教育目标真正落实到本班幼儿身上。

班级的一切工作、一切教育与管理手段均具有教育性。例如，生活制度的制定与执行、常规的建立、活动的安排、环境的创设与利用等对幼儿都具有教育作用。

(六)幼儿园保育工作具有全面性与整体性

托幼园所的目标是促进幼儿的全面发展。保育工作要促进幼儿身体和心理健康成长。另外，在班级保教过程中，教师应该面对全体幼儿，照顾到全班整体水平，提出基本要求，同时针对每个幼儿不同的特点加以引导。幼儿的发展是整体的、全面的，幼儿教育应注重整体性和全面性；幼儿一日活动中的各项活动都对幼儿发展有重要的价值，应有机地整合各项活动，努力提高活动的整体效应。

(七)幼儿园保育工作具有控制性

班级保教人员既作为教育者又作为班级教养工作的组织管理者，在保教过程中起主导作用。这一主导作用表现在，无论是直接"教"还是间接"教"，保教人员都控制着"教"的过程和方向，引导幼儿朝着教育目标的方向发展。

(八)幼儿园保育工作具有集体性

托幼园所保育工作的根本任务是在集居的条件下保障和促进婴幼儿的身心健康，保教工作都是在班集体中进行。

(九)幼儿园保育工作具有开放性

班级保教工作要取得预期的效果，必须有家长的密切配合。教师应加强与家长的沟通和联系，欢迎家长随时参观幼儿园、听课等。

第二节 学前儿童保育学的发展

近代中国学前儿童保育事业在清末已经起步，1902年张百熙向清朝政府上呈学堂章程，即《钦定学堂章程》，史称"壬寅学制"。次年，张百熙、张之洞等人对"壬寅学制"进行了修改，1904年1月正式颁布施行，即《奏定学堂章程》，史称"癸卯学制"。"癸卯学制"仿照西方三级学制系统制定，把学制分为初等教育、中等教育和高等教育三段七级。第一阶段为初等教育，包括蒙养院、初等小学堂、高等小学堂。"癸卯学制"规定，初等教育设有蒙养院，学制4年；初等小学堂，学制5年；高等小学堂，学制4年。中等教育设有中学堂，学制5年。高等教育设有高等学堂，学制3年；分科大学堂，学制3~4年；通儒院，学制5年。

《奏定学堂章程》包含有关各级各类学校的具体章程，其中关于幼儿教育的是《奏定蒙养院章程及家庭教育法章程》(以下简称《章程》)。这是我国近代第一个关于幼儿教育的法规，它的颁布标志着我国幼儿教育正式纳入国家教育发展规划。《章程》共分"蒙养家教合一""保育教导要旨及条目""屋场图书器具""管理人事务"四章，对幼儿教育机构的名称，保育教导的对象、宗旨、科目及内容、年限、设备、管理等方面都作了详细规定。

"癸卯学制"规定"蒙养与家教合一"的宗旨，蒙养院招收3~7岁儿童，每天不超过4小时，活动内容有游戏、歌谣、谈话和手技等。幼儿教育机构的名称为"蒙养院"，其保育教导的对象是3~7岁的幼年儿童，并明确指出它相当于各国之幼稚园。《章程》的核心部分是第二章"保育教导要旨及条目"部分，规定保育教导的要旨为如下四项："①保育教导儿童，专在发育其身体，渐启其心智，使之远于浅薄之恶风，习于善良之规范；②保育教导儿童，当体察幼儿身体气力之所能为，心力知觉之所能及，断不可强授以难记难解之事，或使为疲乏过度之业；③保育教导儿童，务留意儿童之性情及行止仪容，使趋端正；④儿童性情极好模仿，务专意示以善良之事物，使则效之，孟母三迁即此意也。"

蒙养院的保育方法，要求"就儿童最易通晓之事情，最所喜好之事物，渐次启发涵养之，与初等小学之授以学科者迥然有别"，强调从儿童的实际生活经验和兴趣出发。保育科目有游戏、歌谣、谈话、手技四项。《章程》对蒙养院硬件设施、入园幼儿所用服装、图书、保育物品、饭费等都有规定。园内附设女子学堂，培养幼稚园"保姆"，招收15~35岁女子专门学习保育学科。[①]

---

① 周宝红. 中国学前教育之蒙养院[J]. 教育新论，2010：4~5.

五四运动前后，中国着手进行学制改革，1922年，教育部公布新学制，即"壬戌学制"。新学制的颁布，确立了幼稚园教育的独立地位，规定小学校下设幼稚园，"幼稚园收六岁以下之儿童"。

　　抗日战争爆发后，人口资源的巨大消耗与人口素质的偏低现状使国人逐渐认识到学前儿童保育事业关系着民族与国家的存亡。这一认识促发了国人对次代国民保育问题的认真思考。抗战迫切要求国人改变以往落后的育儿传统，从海外近代学前保育思想中吸收有益精髓，以满足抗战建国的需要。"儿童保育乃抗战建国期间主要工作之一"。[①]

　　1938年3月10日，战时儿童保育会在武汉成立，它既是一个集各党各派于一体的战时妇女组织，同时是一个以保育、教养战时难童为目的的儿童保教机构。战时儿童保育会实施的这种集体儿童保育在中国历史上是一种创举。在8年保教工作的探索中，战时儿童保育会先后建立了61所保育院，保育了近3万名难童并探索出"机关家庭化、行政科学化、教育社会化和生活化"的儿童保教模式，是对中国儿童集体保教事业的一次有益探索。[②]

　　新中国成立后，人民开始当家做主，幼儿教育的性质也因此发生了根本的变化。新中国成立后幼儿教育的发展，主要表现在以革命战争时期所积累的幼儿教育经验为基础，吸纳和借鉴中国旧教育中学前教育的经验以及苏联的教育经验，重新规范了幼儿教育的发展方向。1951年10月1日，新中国第一个学制颁布，规定实施幼儿教育的组织为幼儿园，招收3足岁到7足岁的幼儿，使他们的身心在入学前获得健全的发育。[③]

　　1978年，五届二次全国人民代表大会《政府工作报告》指出，要十分重视发展托儿所、幼儿园。

　　1994年12月，卫生部、国家教委在《托儿所、幼儿园卫生保健管理办法》中对托儿所的保健设备和保健人员的要求作了明确的规定，对保健工作的内容也有详细规定。

　　2003年，教育部等部门发布的《关于幼儿教育改革与发展的指导意见》明确提出："为0～6岁儿童和家长提供早期保育和教育服务；全面提高0～6岁儿童家长及看护人员的科学育儿能力；教育部门与卫生部门合作，共同展开0～6岁儿童家长的科学育儿指导。"[④]

　　2010年9月27～30日，联合国教科文组织首届世界幼儿保育和教育大会在莫斯科召开。大会由联合国教科文组织、俄罗斯联邦和莫斯科市共同举办。来自65个国家的部长与政府官员、学者、民间组织代表近千人参加了此次大会。大会的主题是构筑国家财富。

　　应联合国教科文组织总干事的邀请，教育部副部长陈小娅率代表团出席了大会，并在27日的全体会议上作了题为"为未来奠基：中国幼儿保育与教育发展政策与展望"的

[①] 朱季康. 民国时期"保育"思想的本土化建构[N]. 安徽师范大学学报(人文社会科学版)，2012，40(4)：523～528.

[②] 张纯. 战时儿童保育会儿童保教模式探析[J]. 教育研究与实验，2012(5)：42～47.

[③] 谷忠玉. 中国幼教发展历程回顾与思考[J]. 教育科学，2011，27(5)：86～89.

[④] 何媛，郝利鹏. 我国当代0～3岁婴幼儿教育政策分析[N]. 广西师范大学学报(哲学社会科学版)，2009，45(3)：94～98.

发言。[①]

儿童在幼年接受的保育和教育会影响他们今后的人生，《幼儿园工作规程(试行)》将幼儿园的保育提高到了与教育并重的地位。这就是说，在幼儿园中不仅有教育问题，而且有保育问题，两者是相互渗透、相互联系的，检验一个幼儿园的质量，不仅要检验其教育质量，而且要检验其保育质量。

时代在进步，社会在发展，幼儿园的保育观念也在不断更新，如何让幼儿园的保育工作更好地服务于家长、服务于孩子，是我们每位教师和保育员的共同话题。

第三节 国内外主要学前儿童保育理论

约翰·洛克(John Locke，1632—1704)，17世纪英国哲学家，他的教育论著《教育漫画》(Some Thoughts Concerning Education，直译即"和教育有关的一些想法")，一直被视为西方教育经典著作之一，其中关于幼儿保育的思想，至今仍值得我国幼教工作者研究和思考。

洛克生活的时代，对人才的身心发展都提出了新的要求。当时传统的人才观过于重视幼儿的精神养成，却忽视幼儿的身体健康。洛克扭转了这一看法，他提出，身体健康和精神健康一样重要，只有身体和精神都健康的人生才是美好的人生。成年人要处处为幼儿的身体健康着想，这也是时代的要求。这一观念成为洛克关于幼儿保育的基本指导思想。洛克是经验论者，他认为经验就可以说明身体健康的重要意义，因为人们的一切体力劳动和脑力劳动都要有一个健康的身体，这是不言自明的真理，用不着任何证明。

弗里德里希·威廉·奥古斯特·福禄贝尔(Friedrich Wilhelm August Fröbel，1782—1852)是19世纪上半叶德国著名教育理论家和教育实践家，近代学前教育理论的奠基人。"教育顺应自然"是他的教育思想的重要出发点，也是其教育理论的核心，他在裴斯泰洛奇(Johann Heinrich Pestalozzi，1746—1827)的影响下创办了世界上第一所幼儿园，大力提倡幼儿园教育，并重视幼儿园教育与家庭教育的联系；他撰写了许多有关学前教育的作品，成为近代学前教育理论的奠基人；他积极组织了幼儿园教师培训。作为"幼儿园之父"，福禄贝尔在世界教育史上占有非常重要的地位。

福禄贝尔指出，幼儿园工作的任务是通过各种游戏活动，培养儿童的社会态度和民族美德，使他们认识自然与人类，发展他们的智力与体力以及做事或生产的技能和技巧，尤其是运用知识与实践的能力，从而为下一阶段的发展做好准备。此外，幼儿园还应担负起训练幼儿园教师，推广幼儿教育经验的任务。

福禄贝尔重视儿童的亲身观察。他说："我的教育方法是从一开始就向学生提供在事物中收集自己经验的机会，让他们用自己的眼睛观察，使其学会从自己的经验，从事物和事物之间的关系，从人类社会的真正生活中去认识。"

他把游戏看作儿童内在本质向外的自发表现，是人在这一阶段上最纯洁的精神产物。

[①] 冯晓霞，周兢. 构筑国家财富——联合国教科文组织首届世界幼儿保育和教育大会简介[J]. 学前教育研究，2011，(1)：20～28.

游戏给儿童以欢乐、自由和满足，又能培养儿童的意志力和自我牺牲的精神。游戏是创造性的自我活动和本能的自我教育。

福禄贝尔也深切感受到儿童之间社交关系的重要性。他认为个性自我实现必须经由社会化的历程才能达到，只有通过与他人交往，才能认识自己与他人的关系，进而认识人性。

福禄贝尔倾其后半生的精力于幼儿园课程的发展上。他依据感性直观、自我活动与社会参与的思想，建立起一个以游戏和活动为主要特征的幼儿园课程体系，包括游戏与歌谣、手工作业、运动游戏、自然研究，以及唱歌、表演和讲故事等。

福禄贝尔的影响超出了学前教育的范围。他对儿童积极主动活动的重视，对游戏的教育意义的强调，对手工教育的推崇以及对家庭、社区和儿童集体在儿童教育过程中的重要作用的评价，不仅为后来许多教育思想家所肯定和接受，而且逐渐影响到小学乃至中学课程的设置。人们称赞"福禄贝尔不愧是一位真正的预言家"，甚至认为"现代教育思想的所有的最好的倾向，都在福禄贝尔的言行中达到了顶点"。

玛丽亚·蒙特梭利(1870—1952)(Maria Montessori，1870—1952)是意大利20世纪世界公认的伟大的、科学的、进步的幼儿教育思想家，她的教育法"也是世界上唯一得到普遍宣传和实施的教育法"。同她的前辈相比，蒙特梭利不但有她的教育理论，而且有完整的教育方法和一整套为儿童设计的可操作的教具，这使她的教育法变得切实可行。其教育法的精髓在于培养幼儿自觉主动地学习和探索精神。在蒙氏教室里，有丰富多彩的教具，它们都是根据儿童成长发展敏感期所创立的适合儿童成长的"玩具"。蒙特梭利教学内容包括日常生活教育、感官教育、数学教育、语言教育、科学文化教育等内容。孩子通过自我重复操作蒙氏教具创新建构完善的人格，在自由操作中得到了多方面的能力训练。

蒙特梭利教育理念的具体教学内容如下。

(1) 日常生活教育。它包括基本动作、照顾自己、维护环境、生活礼仪等，培养日常生活自理能力，以及互助、爱物等好习惯。

(2) 感官教育。它培养敏锐的感官，进而培养观察、比较、判断的习惯与能力。

(3) 数学教育。教师使用直观教具教数学，让孩子在学具操作中懂得数与量的关系，感受四则运算的快乐。

(4) 语言教学。教师让孩子通过对实物的描述，促进语言表达能力的发展，同时渗透文字活动，培养阅读能力，为书写做准备。

(5) 文化教育。蒙氏教室里备有动物、植物、天文、地理、历史、地质等各方面的教具，使儿童在玩中探索科学的奥秘，从宏观到微观，培养对科学的兴趣。

张雪门(1891—1973)，中国著名的幼儿教育家。1918年他在浙江创办了星萌幼稚园，后在北平主办香山慈幼院的幼稚师范学校和幼稚园。抗战胜利后，他受聘到台湾地区，主持台北育幼院。张雪门认为，教育是改造旧中国的关键，幼儿教育担负着培养一代中华民族新人的历史重任，因此，这种幼儿教育不应当是对国外幼儿教育的抄袭与模仿，而应当根植于中国的传统文化，反映国家民族的需要，适合儿童的心理发展。根据对幼稚园课程的多年研究，他提出了"行为课程"的理论体系。

张雪门的"行为课程"的理论体系主要包括以下内容。

(1) "生活就是教育",幼儿在幼稚园的生活实践就是"行为课程"。张雪门在《增订幼儿园行为课程》一书中强调:"生活就是教育,五六岁的孩子们在幼稚园的生活实践,就是行为课程;这份课程包括了工作、游戏、音乐、故事等材料,也和一般的课程一样,然而这份课程,完全从生活中来,根据生活而开展,也根据生活而结束,不像一般的完全限于教材的活动;首先应注意的是实际行为,凡扫地、抹桌、熬糖、爆米花以及养鸡、养蚕、种玉蜀黍和各种小花,能够实际行动的,都应该让他们去实际行动。"

(2) 幼儿园的课程应该是有目的、有计划地实施,反映教育宗旨、教育政策与社会需要,但必须与幼儿生活联系,合乎幼儿的能力、兴趣和自由发展的需要。行为课程的内容包括幼儿的工作、游戏、音乐、故事、儿歌、常识等,但在实施时应打破各科教学的界限,以单元教学的方式来实施。

(3) 教师在教学之前要准备教材、布置环境、详拟计划;在教学活动中,教师的任务不是讲解,而是巡视指导,指导幼儿的行为,使幼儿在活动中养成负责守法、友爱互助等基本习惯;在教学活动结束之后,教师要进行评价与检查,了解幼儿在知识、技能、态度、习惯、思维、兴趣等方面的发展成就,作为教学的参考。

张雪门作为中国毕生从事幼儿教育事业的著名教育家,为探索和发展中国的幼儿教育作出了极大的贡献,并留下了宝贵的精神财富,其幼儿教育理论和实践,对20世纪上半叶的中国尤其是中国北方的幼儿教育,以及对台湾地区的幼儿教育都产生了很大的影响。台湾地区幼教学会称颂其为"文教典型,笃学博约"。

陈鹤琴(1892—1982),我国现代幼儿教育事业的开拓者,著名的儿童教育家。

陈鹤琴认为,儿童健康是幼稚园课程第一重要的。身体强健的儿童,性格活泼,反应敏捷,做事容易。为了儿童的现在和将来,幼稚园的教育应注重儿童的健康。

为了培养儿童健壮的身体,幼稚园应十分注意培养儿童良好的行为习惯。陈鹤琴认为:"人类的动作十分之八九是习惯,而这种习惯又大部分是在幼年养成的;所以幼年时代,应当特别注意习惯的养成。"

教师应带领幼儿多到户外活动。户外活动不仅可以使儿童在接触自然中学到各种经验,还可以使他们呼吸到新鲜的空气,沐浴到充足的阳光,振奋儿童的精神,强健儿童的体魄,增加儿童的欢乐。户外活动是保证和促进儿童健康的有力措施。

此外,幼稚园应特别注重音乐,因为音乐可以陶冶儿童的性情,鼓励儿童进取。幼稚园应创设音乐环境,培养儿童对音乐的兴趣,发展他们欣赏音乐的能力。

陶行知(1891—1946),我国著名教育家,是一位"伟大的人民教育家"(毛泽东语)。在他的教育思想体系中,幼儿教育占有重要的地位。他从人生发展阶段的角度,强调"幼儿教育实为人生之基础,不可不趁早给他建立得稳","六岁之前实是人格陶冶最重要时期",凡人生所需的重要习惯、倾向、态度多半可以在这一时期养成。如果这一时期培养得好,"以后只须顺着他继续增高培养上去,自然成为社会的优良分子";反之,如果这一时期培养得不好,致使孩子幼稚时期养成不良习惯、倾向、态度,那么"习惯成了不易改,倾向成了不易移,态度成了不易变"。

第四节　研究学前儿童保育学的意义与方法

　　幼儿期是身体迅速发育、神经系统成熟的关键时期，从小培养幼儿良好的生活、卫生等习惯，孩子将终身受益。现代家庭基本都是独生子女，入园时幼儿普遍存在生活自理能力差、依赖性强等问题。而幼儿良好习惯的养成，正是幼儿园保育工作的重要内容。社会的要求、家长的期望、孩子的现状使保育员肩上的担子更重、责任更大，对保育员素质要求更高。现代保育观认为：幼儿园的保育工作已不再仅仅是对幼儿日常生活的安排和护理、身体的保健和养育、生长发育指标的达成，而更关注如何提高幼儿的生活质量。

一、研究学前儿童保育学的意义

　　《幼儿园工作规程》明确指出："幼儿园是对三周岁以上学龄前幼儿实施保育和教育的机构。"保育工作的成功与否同幼儿生理、心理的发展密切相关，对幼儿的健康成长直至日后发展都有不可低估的价值。幼儿各方面都尚未定型，敏感、活跃又易受到外界影响，可塑性很强。他们处于身体、智力、品德、行为等各方面发展的关键时期，保育工作尤其重要。幼儿的保育工作是托儿所、幼儿园工作的重要组成部分，而且幼儿的年龄越小，其保育工作的重要性也就越加凸显。随着幼儿教育的发展，保育工作的科学化、教育化含量不断增加，保育的广度、难度不断加大，质量要求不断提高。目前许多幼儿园保育工作还滞留在随意化、经验化、家庭化、被动消极的状态，为实现良好的保育质量，实现对家长"优质服务"的承诺，建设一支懂科学、懂教育、高水准的保育队伍迫在眉睫。

(一)提高保育人员素质

　　现在许多幼儿园的保育员、营养员大多是返聘的退休人员，她们能把锅子擦得很亮，却忽视消毒工作，能把饭菜及时烧好，却不知道合理的营养膳食搭配，她们没有经过专门培训，缺少对保育工作的认识，由于不具备相关的专业知识，或知识水平低，保育工作在操作上随意性大，使幼儿园保育工作缺乏标准。

案例1-7

　　幼儿威威，是一位刚来园的孩子，他喜欢把杯子里的水倒进托盘里，保育员立刻怒目大吼："谁叫你把水乱倒的！"还顺手拍了他一下。

　　琪琪吃完点心后把包糕点的纸扔在地上，保育员顿时跺脚大喊："捡起来，扔进垃圾桶，再让我看见，跟你不客气。"

　　案例评析：

　　在幼儿园里保育员对孩子既有保育的任务，又有教育的责任。保育员应该懂得自己的行为对幼儿产生的影响，不仅要对自己负责，还要对幼儿负责。保育员的行为和教育责任心影响幼儿的发展，与幼儿园的生存有着极其密切的联系。

新型保育员就是有文化、会沟通、善于学习，能在实践中学习、思考、探索，并且懂得总结教育经验的人。新型的保育员是经过系统的专业培训，并掌握一些简单的医护知识和保育知识，能帮助幼儿获得各种生活经验，使幼儿自理能力得到良好发展的专业队伍。

(二)促进学前儿童生长发育，提高身体素质，使学前儿童健康、安全、愉快地成长

婴幼儿的身体正处在快速生长发育过程中，他们感受到自己身体的力量，并在不断活动中显现出这种力量。但是，我们应该看到，他们的身体发育还极不成熟，动作发展还不够协调，自我保护能力还很差，因此，容易感染疾病和受到伤害。而学前儿童保育工作正是根据学前儿童生长发育的特点，着眼于婴幼儿身体素质和自我保护能力的提高，有计划地为幼儿创设让其身心愉快的环境，在培养婴幼儿良好的意志品质和性格的同时，合理地安排好营养保健和一日生活，科学地组织体育锻炼，培养婴幼儿良好的生活习惯和生活自理能力，增强其对疾病的抵抗能力和对环境的适应能力等，帮助婴幼儿增强体质，健康、安全、愉快地成长为社会主义现代化建设事业的接班人。

(三)培养良好的品行和性格，促进个性、人格的完善和健康发展

人的个性、性格、思想道德和行为习惯都是在一定的教育影响下逐渐形成和发展起来的。在幼儿时期受到的教育和影响，常常会在一生中留下烙印，所谓的"三岁看老"原因就在于此。不少有心理或行为问题的成人，究其原因常常可以追溯到其童年时代。如在父母、家人的溺爱中长大的儿童往往以自我为中心、自私、任性、不爱劳动；在冷漠甚至虐待中长大的儿童往往有强烈的自卑感，性格孤僻或者暴躁，富于攻击性。在幼儿期如果受到良好的教育，就能形成许多好习惯，如爱清洁、懂礼貌、爱学习、爱劳动等，形成良好的性格、个性以及符合社会要求的行为规范。

📝案例1-8

在蜜罐中长大(中班)

点点是一个5岁的小女孩，因为父母在外地工作的缘故，她从小就和年迈的爷爷、奶奶生活在一起。点点的奶奶非常疼她、宠她，什么都不让她做。在她入园后，教师慢慢发现，点点在幼儿园里，平时除了玩就是撒娇，生活自理能力很差，什么事都不会做，只会叫老师，而且在做事的时候，总是不紧不慢的样子。

为了保证孩子的健康成长，满足孩子的合理要求，让幼儿吃好、穿好、睡好、玩好是必要的，但对他们过分的要求则不能满足，要正确引导。

一次中午吃饭时，别的小朋友都自己吃了起来，只有点点没有动，教师问她："你为什么不吃饭？"她说："我自己不会吃，老师，你喂我！"在接下来的日子里，教师便从最基本的拿餐具教起，边教边鼓励，点点慢慢地学会了，一个星期之后，她已经学会自己拿勺吃饭了。教师表扬了点点，点点的脸上也露出了甜甜的微笑。

磨炼儿童的意志要从小开始。有一次，点点摔倒了，教师没有马上扶起她，而是让她自己勇敢地站起来，鼓励她战胜困难。当点点受了委屈哭起来时，教师没有马上去哄她，而是采取了冷处理，等点点不哭了，教师再去询问并帮助她解决有关问题。教师还给全体幼儿讲英雄和伟人英勇顽强、艰苦奋斗的故事，在他们心中树立人生楷模。

案例评析：

现代的儿童，特别是城市的儿童，由于从小生活在优越的物质生活环境中，在"蜜糖罐"中逐渐长大，他们往往害怕困难、娇气十足、缺乏自理能力和自立精神。他们得到过多的保护、过多的享受，变得过分地依赖成人，意志力的发展也比较差。

《幼儿园教育指导纲要》指出：教幼儿努力做好力所能及的事，不怕困难，有初步的责任感。对幼儿进行磨炼意志的教育，并不是一件轻而易举的事情。只有教师和家长紧密配合，保持教育的一致性，注重教育形式灵活多样，大家在一起经常交流和沟通，才有利于幼儿良好意志品质的培养。磨炼幼儿的意志需要注意的是，成人如果给予幼儿太多，也意味着幼儿失去的更多。因此，当幼儿遇到困难时，一定让幼儿自己去解决，克服其在心理上对成人的依赖，培养幼儿战胜困难的意志品质是非常重要的。

(案例提供：长春幼儿师范学校徐慧，学生：姚冰、王威.)

(四)使家长对孩子日益增长的教育需求得到满足

随着我国改革开放的日益深入和社会主义市场经济体制的逐步建立，人们的生活方式、生活意识、生活价值观念等变得空前多样化，生活节奏加快，时间意识增强，家长们大部分时间与精力花在了工作与学习上，对孩子的照顾和教育的时间相对变少。但是家长也越来越认识到了学前儿童保育和教育的重要性，对于这种情况，作为教育与服务机构的幼儿园，解决了家长的后顾之忧，为家长提供了便利条件。幼儿园保教工作的优与劣，与保教工作者是分不开的，提高保教工作者的素质，势在必行。同时，家长作为孩子的第一任教师，如果自己掌握一些保教知识，对孩子的教育方面会有事半功倍的效果。

(五)以幼儿的发展为本，培养终身受益的品质

当今的幼儿教育，需体现一种鲜明的价值取向，即培养幼儿终身受益的品质，而发展幼儿的学习能力、交往能力、创造能力是品质培养的重要内容。

保育工作不是独立存在于幼儿园工作之中，而是幼儿园工作的有机组成部分，融入幼儿园的一日活动之中，只有保教并重，才能真正提升幼儿园的办园质量。"以幼儿发展为本"的现代保育观使我们的视野拓展到了幼儿的心理保育、营养保育、环境保育以及安全保育等方面。

保育的目标是促进幼儿身体发育，增进幼儿对环境的认识，培养自信等良好个性心理品质和行为习惯，这反映了保育观念的发展变化。随着社会的发展，保育的观念从传统的"保护身体发育"扩展到"促进幼儿个性发展和社会适应能力的提高"，从"安全保护与卫生"扩展到"实施教育过程中生理、心理和社会保健"，在这种新的保育观的基础上，不仅要做好传统的保育工作，更要重视"保"与"育"的相互作用，将保育和教育真正地

有机结合起来。要实现保育和教育相结合，做好幼儿园的保育工作，必须树立科学的保育观。幼儿园要增加保育工作的内涵，注重科学保育，积极改善办园条件，营造优良育人环境；重视环境保育，创设安全的、开放的、丰富的、满足幼儿需求的物质环境，激发幼儿充分自主活动，促进幼儿发展。

二、学前儿童保育学的研究原则

学习学前儿童保育学必须遵循理论联系实际的原则，在掌握基本知识的基础上，重视技能技巧的培养和训练，通过到幼儿园见习、实习，进一步丰富感性知识，加强对理论知识的理解，以培养应用所学知识去解决实际问题的能力。同时，要求学生在未来的幼教工作中遵守各项规章制度，自觉地养成良好的个人卫生习惯，为幼儿树立良好的榜样。

三、学前儿童保育学的学习方法

学前儿童保育学的研究涉及多个学科领域，所采用的研究方法各有自己的特点。由于研究对象是幼儿，必须强调方法的科学性和可行性，只有这样，才能为学前儿童保育学的研究提供最有价值的信息。以下介绍几种常用的研究学习方法。[①]

(一)调查法

调查法是经典的研究方法，是指调查者以正确的理论与思想作指导，通过访问、交谈、问卷、体检等手段，有计划地广泛调查(包括口头的或书面的、直接的或间接的)，并在掌握大量材料的基础上，进行统计分析综合，得出科学的结论，来了解幼儿身心变化规律和心理行为问题的发生率，探讨问题发生的原因，为学前儿童保育学提供科学依据，以指导今后的教育活动。例如，对幼儿的生长发育、营养卫生等进行调查或测量，再将资料作统计学处理，并作出分析和评价。

随着我国教育的发展和改革的不断深入，教育调查法显得日趋重要，频繁地被采用。教育作为一种社会现象，要研究它的过去、现在并且判断它的未来，就需要进行科学的调查研究。通过调查，一方面可以为教育科学研究搜集事实，另一方面可以为各级教育行政部门制定政策、法令、法规和制订教育发展计划提供依据，也可以为教育第一线的实际工作者提供经验教训，以便更好地改进工作，提高教育质量。[②]

调查法的优点是：简单易行，不受时间和空间的限制，不需要任何复杂的设备，在短期内便可获得大量资料，并能对资料进行量化处理，经济省时。

调查法的缺点是：调查结果的可靠性受受试者影响大，被测试者由于种种原因可能对问题作出虚假或错误的回答。

---

① 王东红，王洁. 幼儿卫生保健[M]. 北京：高等教育出版社，2007：2.
② 新浪博客，http://blog. sina. com. cn/s/blog_412166570100uosz. Html.

(二)观察法

观察法很早就为人们所采用。孔子曰："始吾于人也，听其言而信其行；今吾于人也，听其言而观其行。"(《论语·公冶长》)这句话就是指用观察法来认识人。观察法分为以下两种。

(1) 在不加控制的自然情境下对幼儿的行为进行的观察称为自然观察法。在观察手段方面，研究者用自己的感官进行的观察称为直接观察法，如在家或幼儿园对幼儿进行的观察；借助于仪器设备(如录音机、摄像机等)或利用化验室检查等手段进行的观察，称为间接观察法。

(2) 控制被观察者的环境，或对其作某种处理，在预先设置的情境下观察幼儿的行为反应或变化，称为控制观察法。如给孩子提供一定的玩具和游戏场景，再观察他们的合作性与利他性。

观察法的主要优点是：①可以观察到被试在自然状态下的行为表现，获得的结果比较真实；②可以在当时实地观察到行为的发生发展，能够把握当时的全面情况、特殊的气氛和情境。

观察法的主要缺点是：①研究者处于被动的地位，往往难以观察到研究所需要的行为，搜集资料较费时；②观察所获得的结果只能说明"是什么"，而不能解释"为什么"。因此，由观察法所发现的问题，还需用调查法、实验法进行研究，才能得到解决。

(三)教育实验研究法

教育实验研究法是根据一定的理论和假设，通过人为地控制教育现象中的某些因素，对研究对象施加目的性实验干预，以了解其干预效果的一类方法。

目前应用比较广泛的有两类实验研究：一是准实验研究，即利用自然或社会环境改变作为实验条件来进行研究，如研究破裂家庭子女的身心发展问题，研究重大社会动荡、自然灾害下的儿童群体行为变化等；二是模拟研究，即通过计算机和现代信息技术，周密设计，在实验室里模拟外界可能发生的现象，以观察研究对象的行为表现。如设计一定的情景，观察幼儿在这种情景中的行为表现和应对方式。

以上几种方法都是研究学前儿童保育学的问题时常用的方法，在实践中往往是理论联系实际综合应用。

阅读链接 1-2

我国当代0~3岁婴幼儿教育政策分析扫描右侧二维码阅读。

思维拓展

1. 全面的保育观包括哪些方面？
2. 东东，6岁，上幼儿园大班。自幼就调皮好动，爱上蹿下跳，经常把家里搞得乱七八糟。上幼儿园后，老师发现他一刻也闲不住，行为较为冲动冒失。他不能专心致志听老

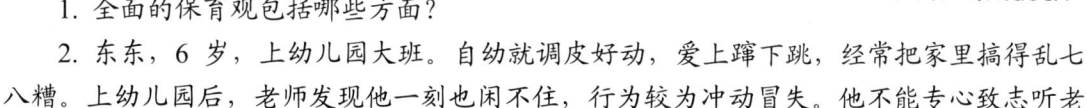

师上课，经常乱讲话、乱走动，对于老师的提问，更是答非所问。即使是做自己喜欢的事，如看动画片，他也很难控制自己。请诊断：

(1) 该儿童发生了哪方面的生理问题？请归纳其主要症状。

(2) 在日常生活中如何才能及早发现并解决这一问题？

第二章　学前儿童生长发育规律及评价

本章学习目标

- 婴幼儿各系统的特点及保育要点。
- 婴幼儿生长发育的一般规律。
- 婴幼儿生长发育的评价方法。

第一节　学前儿童的生理解剖特点

人体在从出生到发育成熟的过程中要经历很多明显的变化。婴幼儿时期的孩子虽然已经具备了人体的基本结构和生理功能，但和成人有着不同的生理特点，由于其身体发育的不成熟，所以在整个婴幼儿阶段需要家长和教师根据其生理特点采取相应的保育措施，使其健康地成长。

人体从外形上可以分为头、颈、躯干和四肢四个部分。

人体的基本结构和功能单位是细胞，结构相似、功能相关的细胞在一起构成组织，如上皮组织、肌肉组织、结缔组织、神经组织等。

不同类型的组织按照一定的次序集合在一起，就构成了具有一定形态和功能的器官，如眼、耳、心、肝等，如图2-1所示。

若干功能相近的器官组成系统。人体由运动系统、呼吸系统、循环系统、消化系统、排泄系统、内分泌系统、生殖系统和神经系统八大系统组成，如图2-2所示。

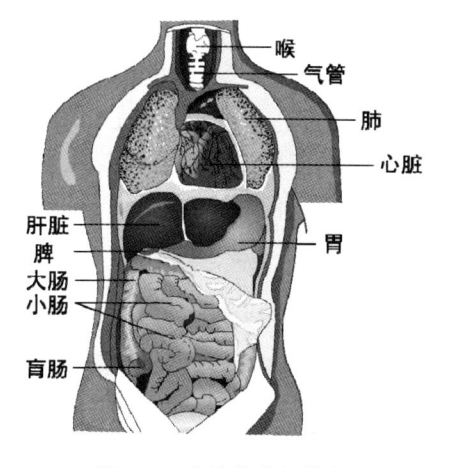

图2-1　人体的内部器官

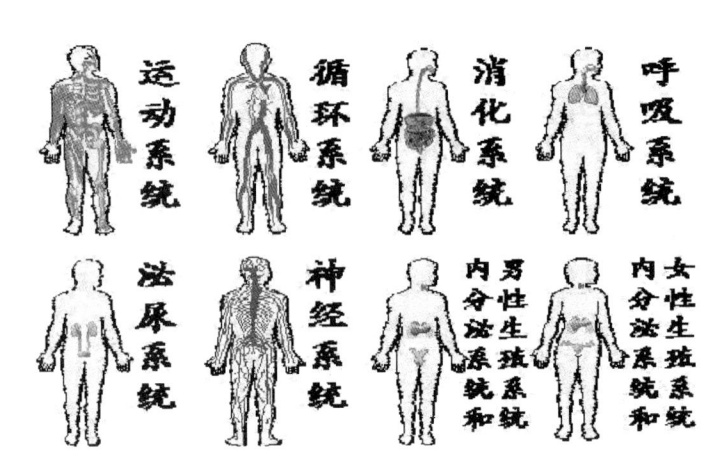

图 2-2 人体的各系统

一、运动系统

(一)概述

运动系统由骨、骨连结和骨骼肌构成,具有支持、保护和造血等功能。人体在神经系统的支配下,由运动系统维持一定的姿势和进行各种运动。

1. 骨

成人的骨骼共有 206 块,人体全身骨骼如图 2-3 所示。儿童的骨骼比成人要多一些。骨是由骨膜、骨质和骨髓构成的。骨膜由两部分构成,外层由胶原纤维紧密结合而成,富有血管、神经,具有营养和感觉作用;内层也称形成层,胶原纤维较粗,并含有细胞。生长中的骨膜,在其内层有成骨细胞整齐排列,具有造骨细胞的功能,参与骨的增粗生长,对骨的生长(长长,长粗)和增生(断裂愈合)有重要作用。骨的成分主要包括无机盐和有机物。无机盐主要是钙、磷化合物,其主要功能是使骨坚硬;有机物主要有骨胶原等蛋白质,这种物质可使骨更有韧性和弹性。

图 2-3 人体全身骨骼(前面)

2. 肌肉

人体的肌肉按结构和功能的不同可分为平滑肌、心肌和骨骼肌三种,平滑肌主要构成内脏和血管,具有收缩缓慢、持久、不易疲劳等特点,心肌构成心壁,两者都不随人的意志收缩,故称不随意肌。骨骼肌分布于头、颈、躯干和四肢,通常附着于骨,骨骼肌收缩迅速、有力、容易疲劳,可随人的意志收缩,故称随意肌。肌肉的主要成分包括水和蛋白质等物质。

3. 骨连结

骨和骨之间的连接叫骨连结。骨连结有三种形式：不活动的连结，如脑颅骨各骨之间的连结(如图 2-4(a)所示)；半活动的连结，如椎骨前方椎体间的连结(如图 2-4(b)所示)；能活动的连结，即一般所说的关节(如图 2-4(c)所示)，如上肢的肩关节、肘关节，下肢的髋关节、膝关节等。关节是骨连结的主要形式。

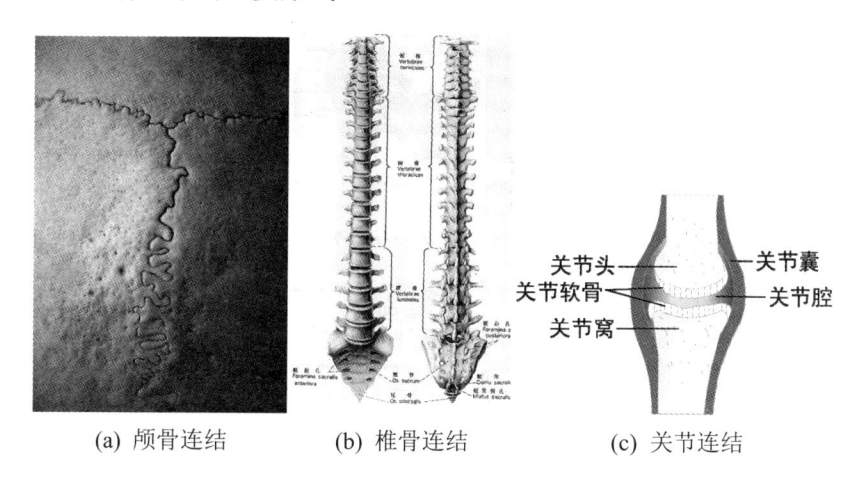

(a) 颅骨连结　　(b) 椎骨连结　　(c) 关节连结

图 2-4　骨连结的三种形式

(二)运动系统的特点

1. 骨骼

(1) 婴幼儿骨中的有机物较成人多(小儿约占 2/3，成人约占 1/3)，骨的弹性大，可塑性强，且骨骼中软骨较多。因此，不良姿势容易造成骨骼变形。

(2) 婴幼儿骨膜较厚，骨中有机物较多，在力学上具有很好的弹性和韧性，不容易折断，遭受暴力发生骨折就会出现与植物青枝一样折而不断的情况，即骨折部位还有部分骨膜相连，称为"青枝骨折"。

案例 2-1

东东(化名)是马老师实习时所带班级的一名刚满四岁的小男孩，有次课外活动时他扶着自己的右臂皱着眉朝马老师跑来，强忍着泪水嗫嚅着说："老师，我刚才不小心摔了一跤，然后胳膊就特别疼。"马老师看了一下发现并没有明显的皮外伤，只是局部有一点肿胀，为了安全起见，还是急忙带东东去了医院。到医院一拍片，结果令马老师大吃一惊。东东的右胳膊尺骨已经折断了大部分，只有少数组织还连着。

(资料来源：饭团育儿，http://baijiahao.baidu.com/s?id=1585186756496535839&wfr=spider&for=pc.)

案例评析：

原来，幼儿的骨头与成人骨头在成分上有明显不同。成人骨头中无机盐约占 2/3，有机物约占 1/3，所以比较硬，不易弯曲。而幼儿骨头里无机盐和有机物各占 1/2，所以幼儿的骨头韧性强，硬度小。如果把成人的骨头比喻成干树枝，幼儿的骨头就像娇嫩的青枝。一旦发生骨折，由于幼儿骨头最外层的骨膜较厚，有韧性，就有可能发生折而不断的现象。就好像鲜嫩的柳枝折断后，外皮还连在一起。小孩的这种骨折，被称为"青枝骨折"。

"青枝骨折"常因为骨骼的良好弹性而不完全断裂，按摩伤处时骨折的凹陷感不明显，由于断骨对周围组织的刺伤力较小，所以疼痛不如骨头完全断裂时明显，伤肢还可以做些动作，常容易被忽视。如果耽误了复位时机，任其自然生长，肢体就会出现畸形，甚至影响正常功能。幼儿正处于生长发育期，若能及时治疗，骨折一般很快便可愈合。

(3) 婴幼儿颅骨骨化尚未完成，有些骨的连接处仅以一层结缔组织膜相连，称囟门(如图 2-5 所示)。前囟在颅顶中央，约在出生后 12~18 个月闭合。囟门闭合的时间，可以反映婴儿颅骨骨化的程度。

(4) 婴幼儿腕骨是逐渐发育的，出生时腕骨都是软骨，随着年龄的增长，腕骨逐渐钙化，13~16 岁才完全骨化。所以，幼儿手腕的负重能力很差，因此应避免让幼儿提拎较重的物品。此外，幼儿运用手的精细动作，如写字、画画等，时间也不宜过长。

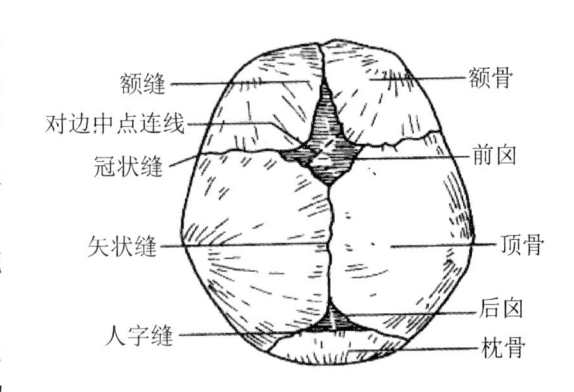

图 2-5 囟门(前囟、后囟)

(5) 脊柱是人体的重要支柱，从背面看脊柱，它又正又直，但从侧面看，它从上到下有四道弯，分别是颈曲、胸曲、腰曲、骶曲(如图 2-6 所示)。脊柱有了这几道弯曲，在人体做走、跑、跳等运动时，就具有弹性，可以缓冲从脚下传来的震荡，以保护内脏。新生儿时期，脊柱几乎是直的，随着抬头、坐立、行走这些动作的发展，初步形成脊柱的生理弯曲，并逐渐被固定，20~21 岁或更晚，脊柱才定型。因此，在幼儿的整个发育时期，都要注意预防脊柱变形(如图 2-7 所示)。

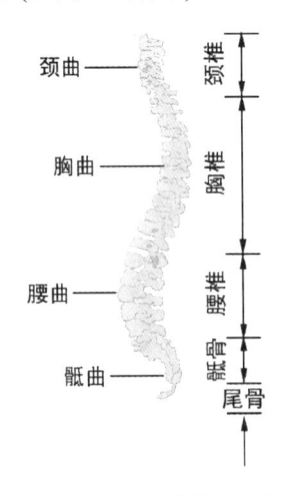

图 2-6 人体的四道物理弯曲

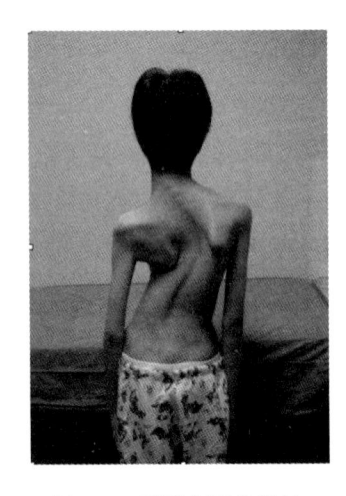

图 2-7 严重变形的脊柱

(6) 骨盆是由髋骨与脊柱下部的骶骨和尾骨围成的骨性腔。如图 2-8 所示，婴幼儿时期，髋骨由髂骨、坐骨和耻骨借软骨连接起来，还没有形成一个整体(一般在 18～25 岁才骨化成为一块完整的骨)，骨盆也尚未定型，所以要避免幼儿从高处向硬的地面上跳，特别是女孩子，以免影响未来骨盆的发育和成年后的生育功能。

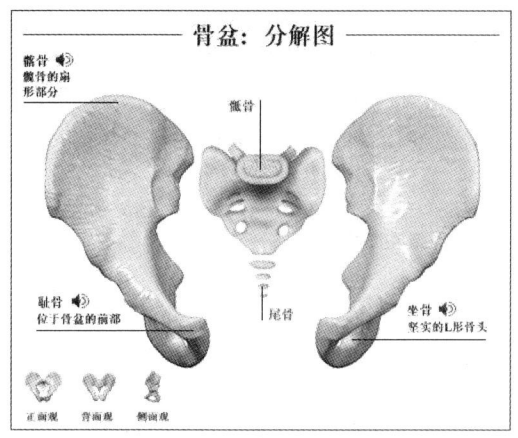

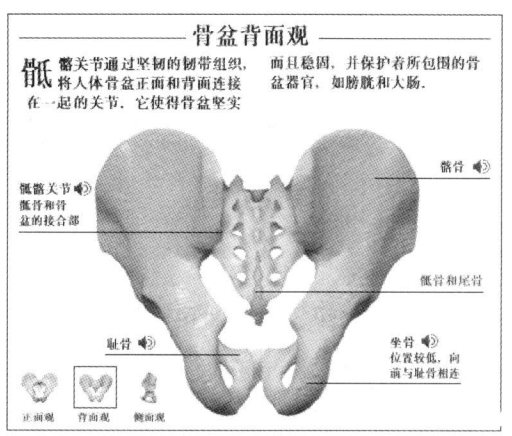

图 2-8　人体骨盆

(图片来源于盛生网 http://www.youjk.com.)

2. 肌肉

(1) 婴幼儿肌肉中水分较多，蛋白质及储存的糖原较少，因此肌肉柔嫩，收缩力较差，力量小，易疲劳。但由于幼儿新陈代谢旺盛，疲劳后恢复较快。

(2) 婴幼儿时期，支配大肌肉群活动的神经中枢发育较早，故大肌肉动作发育较早，躯干及上下肢活动能力较强；支配小肌肉群活动的神经中枢发育较晚，手部腕部小肌肉群活动能力较差，难以完成精细的动作。

3. 关节

幼儿关节窝较浅，周围韧带较松，关节的活动性及伸展性较强，但牢固性较差，当肘部处于伸直位置时，在较强外力作用下，容易造成"牵拉肘"(一种常见的肘关节损伤，桡骨小头脱臼)。图 2-9 所示为牵拉肘 X 光片。

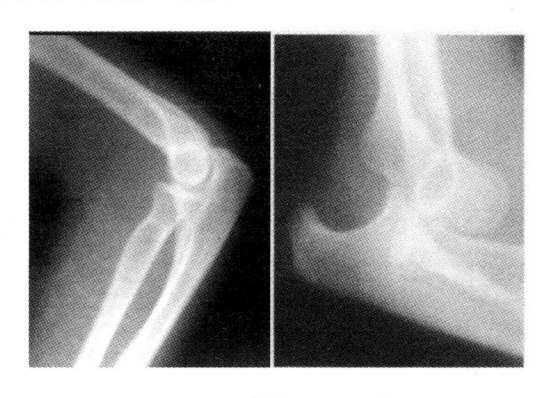

图 2-9　牵拉肘 X 光片

4. 足弓

婴幼儿足弓周围韧带较松、肌肉细弱，若长时间站立、行走，足底负重过多，易引起足弓塌陷，特别是肥胖儿更易发生扁平足。图2-10所示为正常足与扁平足对比。

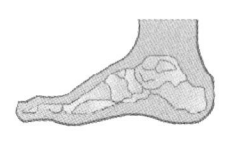

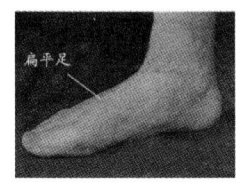

(a) 正常足(足弓正常)　　　　(b) 扁平足(足弓塌陷)

图2-10　正常足和扁平足

(三)运动系统的卫生保健

1. 教育婴幼儿保持正确姿势

为防止骨骼变形，形成良好体态，需注意以下两点。

(1) 婴儿不宜过早坐、站，不宜睡软床和久坐沙发。负重不要超过自身体重的1/8，更不能长时间单侧负重。

(2) 托幼园所应配备与幼儿身材合适的桌椅。教师要随时纠正幼儿坐、立、行中的不正确姿势，并为幼儿做榜样。

正确站姿是：头端正，两肩平，挺胸收腹，肌肉放松，双手自然下垂，两腿站直，两足并行，前面略分开。

正确坐姿是：头略向前，身体坐直，背靠椅背；大腿和臀部大部分落座在座位上；小腿与大腿成直角，两手自然放在腿上；脚自然放在地上。有桌子时，身体与桌子距离适当；两臂能自然放在桌子上，不耸肩或塌肩，两肩一样高。

2. 组织适当的体育锻炼和户外活动

体育锻炼和户外活动，可使肌肉更健壮有力；可刺激骨的生长，使身体长高。长骨骼的原料是钙和磷，阳光中的紫外线照在皮肤上会产生维生素D，能促进钙和磷的吸收，预防佝偻病，并促进骨中无机盐的积淀，使骨更坚硬。锻炼时血液循环加快，可为骨骼、肌肉提供更多的营养。

3. 衣服要宽松适度

幼儿不宜穿过于紧身的衣服，以免影响血液循环，鞋过小会影响足弓的正常发育。衣服、鞋宽松应适度，过于肥大会影响运动，易造成意外伤害。

4. 勿猛力牵拉孩子的手臂，以防肘关节受伤

婴幼儿的肘关节较松，当肘部处于伸直状态时，若猛力牵拉手臂，就可能造成"牵拉肘"。

二、呼吸系统

(一)概述

机体不断吸进氧气、呼出二氧化碳的过程，称为呼吸。

胸腔有节律地扩大和缩小称为呼吸运动。

呼吸系统由呼吸道和肺组成，如图 2-11 所示。呼吸道包括鼻、咽、喉、气管和支气管，是气体进出肺的通道。肺是气体交换的场所。

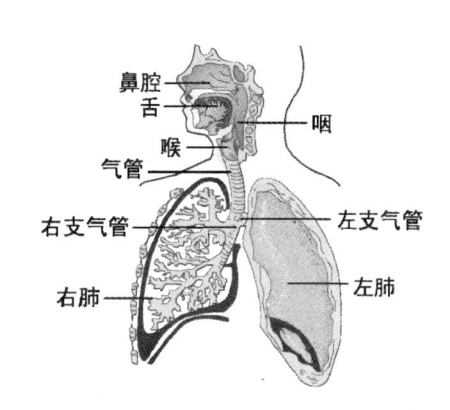

图 2-11 呼吸系统

(二)呼吸系统的特点

1. 呼吸器官的特点

(1) 鼻腔是呼吸道的起始部分，是保护肺的第一道防线。鼻腔对空气起着清洁、湿润和加温的作用。婴幼儿鼻腔较狭窄，黏膜柔嫩，血管丰富，缺少鼻毛，容易受感染。感染时可引起鼻黏膜充血、肿胀，分泌增多，造成鼻腔堵塞。

(2) 鼻咽部通过咽鼓管和中耳相连，咽鼓管和成人相比，既短又宽，且鼻泪管较短，鼻腔感染可引发中耳炎、鼻泪管炎等疾病。

(3) 婴幼儿喉腔狭窄，黏膜柔嫩，有丰富的血管和淋巴组织。如果感染，可因黏膜充血、肿胀而导致喉腔更狭窄，呼吸困难。

(4) 婴幼儿喉部的保护性反射机能尚不完善，吃东西时说笑、疯闹，容易将食物呛入气管，引发危险。

(5) 婴幼儿声带不够坚韧，容易疲劳，如果经常哭闹、喊叫，扯着嗓子唱歌，易发生肿胀充血，造成声音嘶哑。

2. 呼吸运动的特点

幼儿新陈代谢旺盛，机体需氧量相对比成人多，只能加快呼吸频率以满足需要，所以年龄越小，呼吸频率越快。新生儿每分钟呼吸 40～44 次，1 岁以内约 30 次，1～3 岁约 24 次，4～7 岁约 22 次，成人 16～20 次。女性较男性稍快 2～3 次。

(三)婴幼儿呼吸系统的卫生保健

1. 培养婴幼儿良好的卫生习惯

(1) 养成用鼻呼吸的习惯，充分发挥鼻腔的保护作用。
(2) 教会婴幼儿正确的擤鼻涕方法。
正确的擤鼻涕的方法是：轻轻按压一侧鼻孔，擤完一侧，再擤另一侧。擤时不能太用力，不要把鼻孔全捂上使劲擤。

(3) 教育婴幼儿不要用手挖鼻孔，以防止鼻腔感染或引起鼻出血。
(4) 教育婴幼儿咳嗽、打喷嚏时，不要面对他人，应用手帕捂住口鼻。
(5) 教育婴幼儿不要蒙头睡觉，以保证吸入新鲜空气。

2. 科学组织婴幼儿进行体育锻炼和户外活动

户外空气新鲜，空气中含氧量高，每天组织婴幼儿进行体育锻炼和户外活动，不仅能改善血液循环，促进骨骼生长，还能够增加肌肉的力量，增强心肺功能，还能提高呼吸系统对疾病的抵抗力，预防呼吸道感染。幼儿活动室、卧室也要经常通风换气，以保证空气质量。

3. 严防异物进入呼吸道

培养婴幼儿安静进餐的习惯，教育婴幼儿吃饭时不要哭闹，不要边吃边说笑，以免将食物呛入气管。不要让婴幼儿玩纽扣、玻璃球、硬币、豆类等小东西，以免他们由于好奇把这些东西放入鼻孔而发生危险。

4. 保护婴幼儿声带

教师应选择适合婴幼儿音域特点的歌曲或朗读材料，每句不要太长，过高或过低的音调都会造成幼儿声带疲劳。鼓励幼儿用自然、优美的声音唱歌、说话，避免高声喊叫。唱歌或朗诵的时间不宜过长，防止声带过分疲劳。当咽部有炎症时，应减少发音，直至完全恢复。

三、循环系统

(一)概述

循环系统包括血液循环系统和淋巴循环系统。血液循环是指血液从心脏流向全身，再从全身流回心脏的过程。该系统包括血液、心脏和血管(动脉、静脉、毛细血管)。淋巴循环是指全身淋巴液进入血管，参加血液循环的过程。淋巴系统包括淋巴液、淋巴管、淋巴结、脾、扁桃体。

1. 血液循环系统

1) 血液

血液存在于心脏和血管中，由血浆和血细胞组成，血细胞由红细胞、白细胞和血小板等组成。

红细胞的主要功能是运输氧气和二氧化碳，这种功能是通过其主要成分血红蛋白来实现的。

白细胞能吞噬病菌，当白细胞数量少于正常值时，机体抵抗力下降，容易感染疾病。白细胞数量明显增多，则反映机体已有病菌感染。

血小板的主要功能是促进止血和加速血液凝固。

血浆为淡黄色、透明的液体，它是血细胞生存的环境，起着运送血细胞和养料、代谢废物等作用。

2) 心脏

心脏位于胸腔内，形状像个桃子，位于横膈之上，两肺间而偏左。心脏是血液循环的动力器官，由于它的收缩、舒张，才把血液送至全身。

心脏内部有四个腔。上面两个叫心房，下面两个叫心室。房室之间有瓣膜，为单向的阀门，保证血液从心房流向心室，而不会倒流。左右心房之间和左右心室之间均由间隔隔开，故互不相通。

心脏每分钟跳动的次数称心率，心率应在受试者处于安静状态时测量。

3) 血管

血管是血液循环的通道，分为动脉、静脉和毛细血管。

动脉是从心脏向全身运送血液的血管。

静脉是把血液从身体各处送回心脏的血管。

毛细血管是连通最小的动脉和静脉之间的血管。

4) 血液循环

血液循环可分为肺循环和体循环。

肺循环：右心室→肺动脉→肺中的毛细管网→肺静脉→左心房。

体循环：左心室→主动脉→各级动脉→身体各处的毛细血管网→各级静脉→上下腔静脉(体静脉)→右心房。

血液循环路线：上下腔静脉→右心房→右心室→肺动脉→肺泡周围的毛细血管→肺静脉→左心房→左心室→主动脉→全身组织处的毛细血管(除了肺)，如图2-12所示。

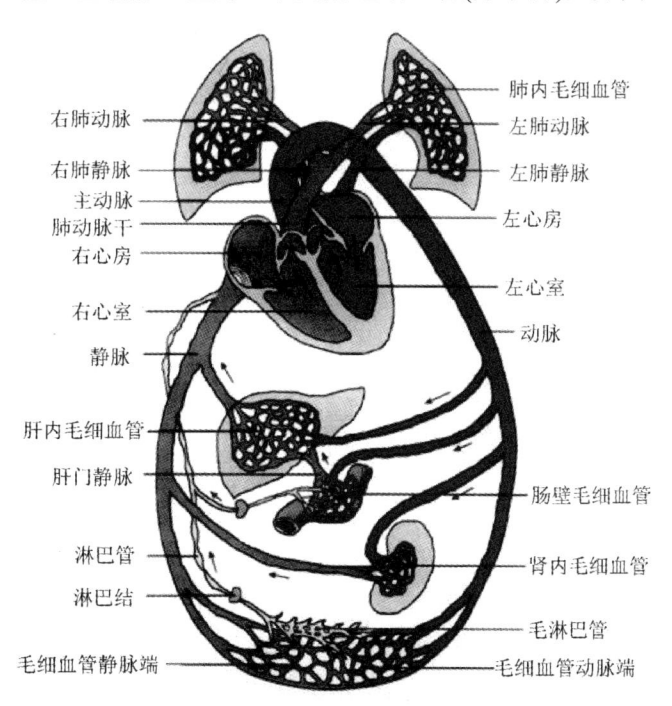

图2-12 血液循环路线

5) 心血管活动的调节

心脏和血管的活动受植物性神经支配。当交感神经兴奋时，心跳加快，血压上升；副交感神经兴奋时，心跳减慢，血压降低。

2. 淋巴循环系统

淋巴循环系统是血液循环的辅助系统，包括淋巴液、淋巴管、淋巴结、脾、扁桃体等。

(二)婴幼儿循环系统的特点

1. 血液

婴幼儿的血液总量相对比成人多，占体重的8%～10%。但婴幼儿的造血器官易受伤害，某些药物及放射性污染对造血器官危害极大。

婴幼儿生长发育迅速，血液循环量增加很快，喂养不当或婴幼儿严重挑食、偏食，容易发生缺铁性贫血。

婴幼儿血液中血小板数目与成人相近，但血浆中的凝血物质(纤维蛋白、钙等)较少，因此一旦出血，凝血较慢。新生儿出血，需8～10分钟凝固；幼儿出血需4～6分钟凝固；成人出血仅需3～4分钟就可凝固。

婴幼儿血液中的白细胞吞噬病菌能力较差，发生感染容易扩散。

2. 心脏

由于婴幼儿心输出量少，而新陈代谢旺盛，为满足需要，只有加快心率来补偿。年龄越小，心率越快。常以脉搏来表示心率。儿童的脉搏很容易受内外各种因素的影响而变得不稳定，如哭闹、进餐、发热、运动等都会影响脉搏。因此，测量脉搏应在其安静时进行。凡脉搏显著增快，而在睡眠时不减少者以及在劳累、走路时出现口周青紫、心慌气短等表现时，应怀疑是否有器质性心脏病，并及时就医。

3. 淋巴器官

幼儿时期淋巴系统发育较快，淋巴结的保护和防御机能显著，表现在幼儿时期常有淋巴结肿大现象。扁桃体在4～10岁发育达到高峰，14～15岁就开始退化，所以扁桃体发炎是幼儿时期常见的疾病。幼儿园应经常检查幼儿的淋巴结和扁桃体，在进行晨、午间检查时，应把扁桃体的检查作为重要内容之一，以便及时发现感染，及时给予治疗。图2-13所示为扁桃体位置图。

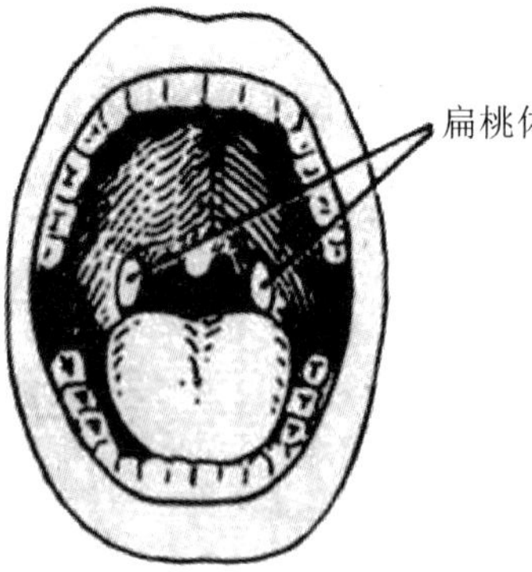

图2-13 扁桃体位置

(三)幼儿循环系统的卫生保健

1. 合理组织体育锻炼，增强体质

经常锻炼身体可以使心肌收缩力加强，促进血液循环，增强造血功能。因此，每天都应安排婴幼儿进行体育锻炼和户外活动。不同的年龄阶段安排的时间不同，对于特殊体质

的幼儿，要特别照顾，避免长时间的剧烈活动以及要求憋气的活动。运动前做好准备活动，运动后做好整理活动，剧烈运动时不可立即停止，以免造成暂时性贫血。剧烈运动后不宜立刻喝大量的水，以免过多的水分吸入血液而增加心脏的负担。如果运动时出汗过多，可让幼儿喝少量的淡盐开水，以维持体内无机盐的平衡。

2. 预防动脉硬化应始于婴幼儿

婴幼儿时期是包括饮食习惯在内的生活方式基本形成的时期。婴幼儿膳食应控制胆固醇和饱和脂肪酸的摄入量，同时，宜少盐。合理的膳食和良好的饮食习惯可以使他们受益终生。

3. 纠正婴幼儿挑食、偏食的毛病，预防贫血

由于婴幼儿血液总量增加较快，因而所需补充的造血原料也相应较多，合成血红蛋白需铁和蛋白质为原料，缺乏铁可导致缺铁性贫血。维生素 B_{12} 和叶酸虽然不是直接的造血原料，但由于它们与红细胞的发育成熟有关，因而，人体若缺少它们可导致营养性巨幼红细胞贫血。所以，应纠正幼儿挑食、偏食的毛病，适当增加含铁和蛋白质较为丰富的食物，如猪肝、瘦肉、大豆等。

4. 合理安排婴幼儿生活日程

在组织幼儿一日生活活动时，要注意动静结合，劳逸结合，避免幼儿长时间的精神过度紧张，使心脏保持正常的功能。要帮助幼儿养成按时睡觉的习惯，因为安静时需要的血液量比活动时少，这样可以减轻心脏的负担。

5. 发烧时应卧床休息，以减轻心脏负担

发烧时，不能进行运动，特别是剧烈运动，应卧床休息。因为发烧时，心跳加速，血液循环也加速了，而体温每升高1℃，心跳每分钟就会增加10~20次，使心脏血液的搏出量增多，从而加重心脏负担；如果再剧烈运动，就会进一步增加心脏负担，严重时还可能导致急性心功能不全。

四、消化系统

(一)概述

消化系统的基本生理功能是摄取、转运、消化食物和吸收营养、排泄废物。食物中的营养物质除维生素、水和无机盐可以被直接吸收利用外，蛋白质、脂肪和糖类等物质均不能被机体直接吸收利用，需在消化管内被分解为结构简单的小分子物质，才能被吸收利用。食物在消化管内被分解成结构简单、可被吸收的小分子物质的过程就称为消化。这种小分子物质透过消化管黏膜上皮细胞进入血液和淋巴液的过程就是吸收。对于未被吸收的残渣部分，则通过大肠以粪便形式排出体外。

消化系统由消化道和消化腺组成，如图2-14所示。消化道包括口腔、咽、食道、胃、

小肠、大肠(包括盲肠、结肠和直肠三部分,盲肠有一孔通向阑尾,阑尾为盲管)和肛门。消化腺主要有唾液腺、胃腺、肠腺、肝脏和胰腺等。消化腺能分泌消化液,消化液含有水、无机盐和多种消化酶,能分别消化分解不同的营养物质。

1. 口腔

口腔是消化道的起始部分,包括牙齿、舌,还有三对唾液腺的开口。

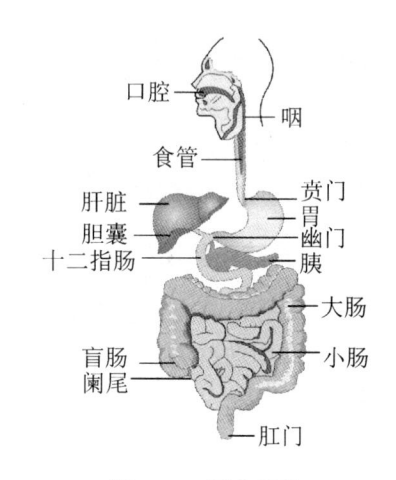

图 2-14 消化系统

1) 牙齿

牙齿是人体最坚硬的器官,人一生有两套牙齿,即乳牙和恒牙。牙齿的外形包括三部分:长在牙槽骨中的叫牙根,露在口腔中的叫牙冠,牙根与牙冠之间叫牙颈,如图 2-15 所示。图 2-16 所示为牙齿的结构示意图。在牙冠部分,牙本质外层为乳白色的牙釉质,极坚硬,损坏后不能再生。在牙根部位,牙本质外层是牙骨质,牙中空腔为牙髓腔,充满着牙髓,有丰富的血管和神经,牙受龋齿波及时伴有剧烈的疼痛。牙齿主要由牙本质构成。

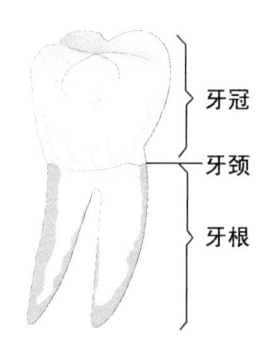

图 2-15 牙齿的外形　　图 2-16 牙齿的结构

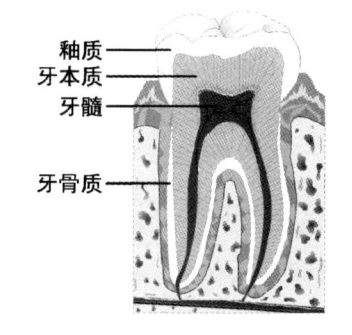

2) 舌

舌面上有味蕾,能辨别味道。舌能帮助人进食时搅拌和吞咽食物,舌还是语言的重要器官。

3) 唾液腺

唾液腺包括腮腺、下颌腺和舌下腺(如图 2-17 所示),能分泌唾液进入口腔。唾液含水分、淀粉酶、溶菌酶等,具有消化食物、杀菌、抗菌、保护胃黏膜等作用。

2. 胃

胃是消化道中最膨大的部分,位于腹腔左上方。胃的上端与食道相通处叫贲门,下端与十二指肠相通处叫幽门。胃壁内表面为黏膜层,可分泌胃液。胃能暂时储存食物,并初步消化食物。胃排空速度与食物性状和化学组成有关,流质食物比固体食物排空快。一般情况下,水需要 10 分钟即可排空;糖类需 2 小时以上排空;蛋白质较慢,需 3～4 小时排空;脂肪更慢,需 5～6 小时排空;一般混合性食物需 4～5 小时排空。

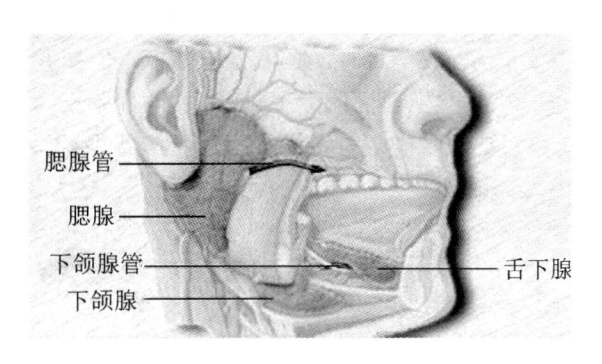

图 2-17　唾液腺位置

3. 小肠

小肠是消化道中最长的部分，小肠与胃相接的部分叫十二指肠，这里有胰腺导管和胆总管的开口，胰液和胆汁由此进入小肠。

小肠内壁有肠腺，可分泌肠液。小肠内的消化液主要包括肠液、胃液、胰液和胆汁，含有各种消化酶。食糜进入小肠后可停留3～8小时，在肠内与消化液充分混合，小肠是人体内消化和吸收的重要场所。

4. 大肠

食物经小肠消化分解吸收后剩下的食物残渣进入大肠。大肠能暂时储存食物残渣，吸收其中的水分、无机盐和部分维生素，并能利用肠内某些物质合成维生素 K。食物残渣最后形成粪便，经大肠蠕动推送到直肠、肛门排出体外。

5. 肝脏

肝脏是人体最大的消化腺，位于腹腔的右上部。肝脏分泌胆汁，暂时储存于胆囊，进食含脂肪类食物时，胆汁即流入小肠，帮助消化脂肪。

6. 胰腺

胰腺分泌胰液进入小肠，能中和胃酸，保护肠黏膜。

(二)婴幼儿消化系统的特点

1. 口腔

婴儿吃奶期间开始长出的牙叫乳牙。一般在6～7个月时出牙，最迟不应晚于1岁。乳牙共20颗，2岁半左右出齐。在乳牙萌出的过程中，恒牙已开始发育。一般于6岁左右，首先萌出的恒牙叫第一恒磨牙，又叫六龄齿，上、下、左、右4颗六龄齿，长在乳磨牙里面，不与乳牙交换。12～13岁长出第二恒磨牙，25岁左右长出第三恒磨牙(智齿，有的人终生不长)。

2. 唾液腺

新生儿及婴儿，由于唾液腺未发育成熟，分泌唾液较少，因此口腔较干燥。出生后 3～4

个月，唾液腺开始逐渐发育，6～7个月时，唾液分泌增多，但口腔浅，婴儿还不会及时把口水咽下去，常流出口外，称为"生理性流涎"。1岁后随着脑发育的健全，流涎便较少发生。到小儿2～3岁时，吞咽功能及中枢神经进一步完善，就不流口水了。

3. 胃

婴幼儿胃壁肌肉薄，伸展性较差，胃的容量较小，且消化能力较弱。给婴幼儿提供的食物以及每餐的间隔时间，应考虑到年龄特点。

婴儿的贲门比较松弛，且胃呈水平位，即胃的上口和下口几乎水平，好像水壶放倒了，因此，当婴儿吞咽下空气，奶就容易随着打嗝流出口外，出现漾奶的现象。

4. 肠

婴幼儿肠管相对较长，小肠黏膜有丰富的毛细血管和淋巴管，吸收能力较强，但植物神经的调节能力较差，容易发生肠道功能紊乱，引起腹泻或便秘。长期腹泻，可能导致直肠从肛门脱出，形成脱肛，脱肛会使婴幼儿十分痛苦。

5. 肝脏

因婴幼儿肝脏分泌胆汁较少，所以对脂肪的消化能力较差。肝脏储存糖原较少，容易因饥饿发生低血糖。肝脏解毒能力较差。

6. 胰腺

婴幼儿时期胰腺对淀粉类和脂肪类的消化能力较弱，主要依靠小肠液的消化。随着年龄的增长，胰腺功能日趋完善。

(三)幼儿消化系统的卫生保健

1. 保护乳牙和六龄齿

乳牙可使用6～10年，六龄齿是使用率最高的恒磨牙，所以保健要以预防为主，应做到以下几点。

(1) 定期检查。应每半年检查一次牙齿，发现龋齿，及时治疗。

(2) 培养幼儿早晚刷牙、饭后漱口的习惯。吃奶的婴儿，在两次奶之间喂点白开水，起到清洁口腔的作用。2岁左右，饭后可用清水漱口，含漱的时间要长一些，然后吐出漱口水。到3岁左右就该学会刷牙了，要叮嘱幼儿，里里外外都要刷，仔细刷才能有效地去除"牙菌斑"。

(3) 教育幼儿不要咬坚硬的东西，避免牙齿受外伤。

(4) 保证充足的营养和阳光。钙、磷等无机盐是构成牙齿的原料，需要从饮食中获取。人的皮肤经阳光中的紫外线照射后，可以产生维生素D，而维生素D可以促进钙、磷的吸收。

(5) 纠正幼儿某些不良习惯，如托腮、咬舌、咬唇、咬指甲、吃手指等，以预防牙齿排列不齐。

2. 建立合理的饮食制度，培养幼儿良好的卫生习惯

消化器官与身体其他器官一样，活动是有规律的，所以不能让幼儿暴饮暴食，应养成饮食定时定量的习惯。为婴幼儿做的饭菜要新鲜，营养要丰富且易于消化。要注意饮食的清洁卫生，防止病从口入。应养成细嚼慢咽的习惯，不吃汤泡饭，少吃零食，不挑食。

3. 饭前饭后不要组织幼儿进行剧烈运动

饭前应安排幼儿进行室内较安静的活动。饭后也不宜进行剧烈运动，否则会抑制消化，应安排轻微活动，不宜立即午睡，最好组织幼儿散步15～20分钟再入睡。

4. 培养幼儿定时排便的习惯，预防便秘

让婴幼儿养成定时排便的习惯。不要让婴幼儿憋着大便，以防止形成习惯性便秘。适当运动，多吃蔬菜、水果等含粗纤维较多的食物，多喝开水，以便促进肠道蠕动，预防便秘。

五、泌尿系统

(一) 概述

人体新陈代谢产生代谢产物，其中二氧化碳和一部分水由呼吸系统通过呼吸排出体外，一部分废物由皮肤通过汗液排出，大部分废物则是通过泌尿系统，以尿的形式排出体外。

泌尿系统包括肾、输尿管、膀胱和尿道，如图2-18所示。肾脏生成尿，输尿管、膀胱和尿道排尿，膀胱还能暂时储存尿液。

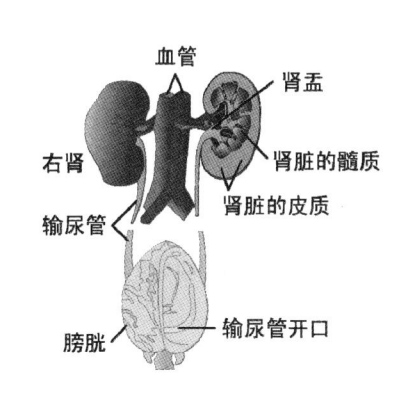

图2-18 泌尿系统

(二) 婴幼儿泌尿系统的特点

(1) 肾功能较差，易损失有用物质，也易发生脱水或浮肿现象。

(2) 新陈代谢旺盛，需要水分多，但膀胱容量小，储尿功能差，须经由"无约束"到"有约束"排尿(主动控制排尿的能力差)。

婴儿的大脑皮层发育不完善，对排尿尚无约束能力，当膀胱内尿液充盈到一定量时，就会发生不自觉的排尿。经过训练，一般要到3岁左右，才具有主动控制排尿的能力。

(3) 尿道短，容易发生上行性感染。婴幼儿的尿道较短，尤其是女童的更短，再加上尿道离阴道、肛门都很近，易发生尿路感染。男童尿道较长，但有包茎者，可因积垢而引起上行性感染。

(三) 婴幼儿泌尿系统的卫生保健

教师应注意培养幼儿及时排尿的习惯，不要让幼儿长时间憋尿。

6个月左右的婴儿，可在成人帮助下训练坐便盆，这样1岁时即可主动坐便盆排尿。但不要让婴幼儿长时间坐便盆，以免影响正常的排尿反射。

保持会阴部卫生，预防尿道感染。

(1) 让幼儿养成每晚睡前清洗外阴的习惯。要有专用毛巾、洗屁股盆，不要用洗脚水洗外阴，毛巾要经常消毒。

(2) 1岁以后活动自如的幼儿就可穿封裆裤，教育幼儿不要坐地。

(3) 每天适量喝水，既可满足机体新陈代谢的需要，及时排泄废物，又可通过排尿起到清洁尿道的作用。

(4) 教会幼儿大便后擦屁股要从前往后擦，以免便中的细菌污染尿道。

(5) 托幼园所的厕所、便盆应每天消毒。

六、内分泌系统

(一)概述

内分泌系统是人体的调节系统，内分泌腺释放的化学物质叫激素。激素对人体的生长发育、性成熟以及物质代谢等均具有重要的作用。

内分泌系统由内分泌腺组成。人体内的主要内分泌腺有脑垂体、松果体、甲状腺、甲状旁腺、肾上腺、胰腺、胸腺及性腺等。对婴幼儿生长发育影响较大的内分泌腺主要有脑垂体和甲状腺。

(二)婴幼儿内分泌系统的特点

1. 脑垂体

脑垂体位于大脑底部，重量不足1g，受下丘脑的控制。脑垂体能分泌多种激素，对儿童的生长、发育及成熟起着重要作用，并能调节其他内分泌腺的活动。

脑垂体分泌生长激素、促甲状腺素和促性腺激素。生长激素可促进组织器官的生长，特别是骨骼的生长，夜间入睡之后，生长激素才大量分泌。所以，儿童睡眠时间不够，睡眠不安，生长激素的分泌会减少，就会影响身高的增长，使遗传的潜力不能充分发挥。在幼年时期，若脑垂体所分泌的生长激素不足，可发生"侏儒症"，患者生长发育迟缓，身材矮小，性器官发育不全，但智力一般正常，这与甲状腺功能低下所引起的呆小症患者不同；若幼年时期生长激素分泌过多，则会过度生长，此症被称为"巨人症"，如图2-19、图2-20所示。

促甲状腺素可促进甲状腺的发育及甲状腺素的合成与分泌。

促性腺激素可促进性腺的发育和分泌、性器官的发育成熟及生殖细胞的成熟。

图 2-19　侏儒症患者

图 2-20　巨人症患者

女，17 岁，身高 2.47 米，体重 135 千克

2. 甲状腺

甲状腺位于颈前部喉与气管的两侧，重 20~40g，是人体最大的内分泌腺。甲状腺能分泌甲状腺素。碘是合成甲状腺素的主要原料，在一些偏远山区，由于水土缺碘，人容易患上"地方性甲状腺肿大"，即大脖子病。如图 2-21 所示。

甲状腺素可调节机体的新陈代谢，促进儿童的生长发育；可调节营养物质与氧气在体内的代谢速度，并调节体温；能促进脑细胞的生成与成熟，促进骨骼与生殖器官的发育。孕期若缺碘，可致使甲状腺机能不足，婴儿出生后易患克汀病，又称呆小症，如图 2-22 所示，表现为智力低下、身材矮小、耳聋。甲状腺增大并分泌甲状腺激素过多的幼儿，则患有甲状腺功能亢进症，如图 2-23 所示，临床上出现精神紧张、心跳过速、怕热、多汗、食欲亢进、消瘦等症状。

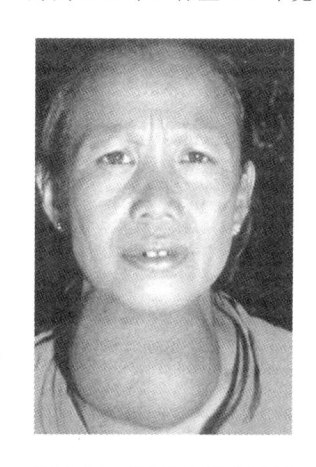

图 2-21　甲状腺肿大患者

大脖子病(甲状腺肿大)：土壤、饮水和食物中缺碘，使甲状腺激素合成减少

图 2-22　呆小症患者

呆小症：年龄 18 岁，身高 0.83 米，智力低下

图 2-23　甲亢患者

甲亢：食量大增，易出汗，情绪激动，眼球严重凸出

(三)婴幼儿内分泌系统的卫生保健

1. 组织好幼儿的睡眠，保证睡眠时间充足，睡得踏实

一个孩子能长多高，既受遗传因素的影响，又受后天环境的影响。脑垂体分泌的生长激素在昼夜并不均匀。孩子在夜间入睡后，生长激素才大量分泌。所以，孩子长个子，主要是在夜里悄悄地长。睡眠时间不够、睡眠不安，就会影响孩子的身高，使遗传的潜力不能充分发挥。幼儿园应保证婴幼儿的睡眠，使婴幼儿睡眠时间充足，睡得踏实。

2. 安排好婴幼儿的膳食

碘是合成甲状腺激素的原料。缺碘影响婴幼儿的智力发育，使其听力下降并且出现语言障碍等。所以，供给婴幼儿的饮食时要注意补碘，如食用加碘盐，多吃海带、海鱼等，以保证婴幼儿对碘的正常需要。

七、人体的司令部——神经系统

(一)概述

神经系统是人体主要的调节机构，就像计算机的 CPU 一样，调节着人体各个不同功能的器官系统，使机体各器官系统的功能相互协调，成为一个统一的整体。

1. 神经系统的组成

神经系统由中枢神经系统和周围神经系统两部分组成。

中枢神经系统包括脑和脊髓，脑位于颅腔以内，脊髓位于脊柱的椎管内。

脑由大脑、小脑、脑干等部分组成。大脑有左右两个半球，是中枢神经系统最高级的部分，是人体的"司令部"。脊髓起着上通下达的桥梁作用，把接收到的信息传给脑，再把脑发出的命令下达到各个器官。

周围神经系统包括脑神经、脊神经和植物神经。脑神经支配头部各个器官的运动，并接收外界的信息，产生视觉、听觉、嗅觉、味觉等。

脊神经主要支配躯干、四肢的运动和感受刺激。

植物神经分交感神经和副交感神经，分布于内脏。每个脏器虽然都受这两种神经的双重支配，它们的作用却是相反的。比如，交感神经兴奋，可使消化管运动减弱，消化腺的分泌减少；副交感神经兴奋，可使消化管的运动加强，消化腺的分泌增加。

2. 神经系统的基本活动方式——反射

反射是指在中枢神经(包括脑和脊髓)的参与下，机体对刺激做出的反应。注意：并不是所有的反射都有大脑的参与。反射可分为非条件反射和条件反射两种方式。

非条件反射是生来就具备的本能，是较低级的神经活动。比如，食物进入口腔就会反射性地引起唾液分泌；眨眼等。

条件反射是后天获得的，它建立在非条件反射的基础上，是一种高级神经活动。条件

反射的建立提高了人适应环境的能力。比如，"望梅止渴""谈虎色变"等，都是条件反射。一切学习和习惯的养成都是建立条件反射的过程。

3. 大脑皮质活动的特性(基本规律)

大脑的最外一层称为大脑皮质。大脑皮质有许多沟(向下的凹陷)和回(向上的突起)，这就大大增加了皮质的表面积。大脑皮质的活动有其自身的规律，了解其中的规律对于开发智力有很大的帮助。

1) 优势原则

优势原则是指人们在工作或学习时，大脑皮层中经常有一个占优势的"兴奋灶"，它能把与之有关的刺激都吸收到这一方面来，而其他邻近部位则处于抑制状态。

人们的学习或工作效率与相关部分的大脑皮层是否处于兴奋状态有密切关系。兴趣能促使"优势兴奋"状态的形成，对于感兴趣的事情，人们能够集中注意力，而对其他无关的刺激则会视而不见、听而不闻。

2) 镶嵌式活动原则

苏联生理学家用狗来研究思维活动的规律：在大脑皮层不同的区域安上很多灯泡，给它不同的刺激，不同部位的灯泡就闪亮，不断变换刺激，灯泡交替闪亮，就好像镶嵌在皇冠上的珠宝一样，所以叫镶嵌式活动原则。

通过镶嵌式活动方式，大脑皮层的神经细胞实现劳逸结合，维持高效率。

3) 动力定型(习惯成自然)

若一系列的刺激，总是按照一定的时间、一定的顺序，先后出现，当重复多次以后，这种顺序和时间就会在大脑皮质上"固定"下来，形成规律。每到一定时间，大脑就"知道"下面该干什么，提前做好准备。这种大脑皮质活动的特性就叫"动力定型"。建立动力定型以后，脑细胞能以最经济的消耗，获得最大的工作效果。

4) 睡眠

睡眠是大脑皮质的抑制过程。有规律的、充足的睡眠是生理上的需要。睡眠可使人的精神和体力得到恢复。

(二)婴幼儿神经系统的特点

(1) 脑细胞数目的增长。妊娠三个月后，胎儿的神经系统已基本成形。出生后半年至一年是脑细胞数目增长的重要阶段。一岁以后虽然脑细胞的数目不再增加了，但是细胞的突起却会由短变长、由少到多，脑细胞就会像一棵小树苗，逐渐长成枝繁叶茂的大树。

(2) 脑重量的变化。新生儿脑重约350g，1岁时约950g，6岁时约1200g，成人约1500g。

(3) 神经髓鞘化。髓鞘包裹在某些神经突起的外面，好像电线的绝缘外皮。随着年龄的增长，髓鞘逐渐形成，婴幼儿的动作就更加迅速、准确了。

(4) 容易兴奋、容易疲劳。婴幼儿大脑皮质易兴奋，不易抑制，表现为容易激动，控制自己的能力较差。让他干什么，他乐于接受；让他别干什么，就难了。因为"别干什么"

是一种抑制过程。

(5) 需要较长的睡眠时间。婴幼儿神经系统的发育尚未成熟，需要较长的睡眠时间进行休整。

新生儿(0~3个月)，需要睡眠14~17个小时；4~11个月，每日需要睡眠12~15个小时；1~2岁，需11~14个小时；3~5岁，需10~13个小时。

个体之间所需睡眠时间差别较大，有的孩子睡眠时间虽少，但入睡快、睡得香、醒来精神足，则是正常的。

年龄越小，所需要的睡眠时间就越多，这是一个普遍规律。

除了要保证足够的睡眠时间，还要注意睡眠的质量。

(6) 脑细胞的耗氧量大。神经系统的耗氧量较其他系统高。在神经系统中，脑的耗氧量最高，儿童脑细胞的耗氧量约为全身耗氧量的 50%。充足的氧气是维持儿童脑细胞正常活动的基本条件。婴幼儿对缺氧的耐受力不如成人，如果居室内空气污染或者有贫血症状等，脑细胞就会受到损害。

(三)婴幼儿神经系统的卫生保健

1. 保证合理的营养

有关脑健康的研究证实：营养与脑健康息息相关。碳水化合物、脂肪、蛋白质，被称为三大产热营养素，但中枢神经系统只能利用体内葡萄糖氧化产生的能量，所以对血糖含量十分敏感。婴幼儿膳食中的五谷杂粮和薯类，在体内代谢后可分解成葡萄糖，为大脑提供热能。同时，大脑所需要的氧气，在婴幼儿时期，约占全身耗氧量的一半。贫血可能导致大脑缺氧。因此，幼儿膳食中要有适量的动物性食品以及含铁丰富的食物，以预防缺铁性贫血。

食物中的多不饱和脂肪酸在体内可演变成 DHA(俗称脑黄金)，鱼所含的脂肪以及植物油(椰子油例外)含多不饱和脂肪酸较多。

鸡蛋、肝和大豆在人体内都可以分解出磷脂，磷脂是合成乙酰胆碱的重要物质。乙酰胆碱是一种神经递质，起着传递信息的作用。

2. 保证空气新鲜

婴幼儿对缺氧的耐受力不如成人，如果室内空气污浊，脑细胞最先受害。

3. 保证充足的睡眠

婴幼儿在睡眠当中，生长激素分泌旺盛，婴儿过了3个月，白天可安排睡三觉；9个月之后白天睡两觉；2岁以后中午安排一次午睡即可。白天每次睡眠约2小时。

4. 注意用脑卫生

在教幼儿做事或学习的时候，要设法引起幼儿的兴趣(利用优势原则)，幼儿做一件事坚持不了多久，这就需要经常变换活动内容、方式(利用镶嵌式活动原则)，使幼儿不觉疲劳。还要帮幼儿养成良好的生活习惯，把吃、喝、拉、撒、睡、玩等主要生活环节妥善安排，建立起生活的节奏(利用"动力定型"),使其习惯成自然。

5. 创设良好的生活环境,使婴幼儿保持愉快的情绪

心情舒畅、精神愉悦是婴幼儿身心健康发展的基本保证。情绪低落,精神过于压抑,都会抑制脑垂体的分泌,使幼儿消化不良,生理发育迟缓,心理得不到健康发展。幼儿园保教人员要关心热爱幼儿,要全面细致地照顾他们,努力为他们创造轻松愉快的生活环境。坚持正面的教育,不伤害幼儿的自尊心,不歧视有缺陷的幼儿,严禁体罚或变相体罚幼儿。

6. 安排丰富的活动及适当的体育锻炼

丰富的活动,特别是适合幼儿年龄特点的体育锻炼,能促进脑的发育,能提高神经系统反应的灵敏性和准确性。为使大脑两半球均衡发展,应使幼儿的动作多样化,如两手同时做手指操、攀爬及做各种幼儿基本体操等。日常活动中注意让幼儿多动手,尽早用筷子进餐,学会使用剪刀,玩串珠子游戏等。让幼儿在活动中"左右开弓",从而更好地促进大脑两半球的发育。

八、生殖系统

(一)概述

人类繁衍后代是通过生殖系统完成的。

生殖系统可分为外生殖器和内生殖器两部分。男性外生殖器官包括阴茎和阴囊;内生殖器官包括睾丸、附睾、输精管、精囊、射精管和前列腺等。女性外生殖器官包括阴阜、大阴唇、小阴唇、阴蒂、前庭及前庭大腺;内生殖器官包括阴道、子宫、输卵管及卵巢。

(二)婴幼儿生殖系统的特点

(1) 生殖系统较人体其他系统发育缓慢,要到青春期后才迅速发育。
(2) 男孩可能有包茎或包皮过长的现象。

(三)婴幼儿生殖系统的保育要点

1. 进行科学的、随机的性教育

(1) 婴幼儿时期是性心理发育的关键时期。3岁左右(有一些4岁左右)的幼儿,已经发现生殖器官上有差别。因为进入幼儿园后,孩子们都在共用一个卫生间,男孩儿站着小便,女孩儿蹲着小便,这会让孩子们感到非常好奇,有时会问爸爸和妈妈"为什么他站着小便"之类的问题。5~6岁时可产生恋父、恋母的情感,并提出"我是怎么来的"之类的问题。

案例 2-2

最近韩老师班级的男孩子经常会问:"老师,为什么女孩子要蹲下来,我们男孩子就要到另一处站着小便呢?"有的孩子经常也会拉着韩老师提很多关于成人生活的疑惑;还有的男孩子忍不住好奇，偷偷在女孩子小便时观察一会儿……。近日，韩老师又从新闻上看见一男子对儿童进行侵犯，又恰逢"安全宣传日"，于是韩老师决定对孩子现阶段最为关注的话题做出正面的、积极的回应。

(资料来源：百度文库 https://wenku.baidu.com/view/7c905f1fa8114431b90dd8a7.html.)

案例评析：

上述案例中韩老师针对本班级孩子对于性出现的疑惑没有选择回避或以其他理由来拒绝幼儿，而是做出正面的、积极的回应，让孩子明白为什么男孩儿站着小便，女孩儿蹲着小便。这样一来，孩子的好奇心得到了满足，心中的疑问也消除了。

(2) 婴幼儿时期是形成性角色、发展性心理的关键期。教师应注意对幼儿进行科学的、随机的性教育，使幼儿形成正确的性别自我认同，并提高自我保护意识，防范性侵害。

案例 2-3

大一班晨检活动时，一女孩家长非常生气地向老师告状：易易这小男孩流里流气的，一没事就抱着我家婷婷亲吻，这么小就耍"流氓"，如果下次再这样，我就要找他的家长了。

(资料来源：泸县毗卢镇中心幼儿园.)

案例评析：

幼儿期的性教育是人生中十分重要的一个时期，儿童"摆弄"生殖器的现象并不罕见，男孩尤为常见，但不是成人所认为的"性早熟"。弗洛伊德把从性器官得到快感的时期定在 3 岁以后的"俄狄浦斯期"，这说明儿童从 3 岁开始就有一定的性感觉，他们在朦胧中对异性产生了兴趣。教师是孩子眼中的天使，是比奥特曼还棒的人，有义务有责任对孩子进行性教育。即使知道性教育对孩子的意义和义务，但很多教师不愿意甚至排斥对孩子进行性教育，因为有的人不了解，以为教师是向孩子灌输不"正当"的内容，有的人认为，如果孩子懂了，就会去尝试，而什么都不说，可能会熄灭孩子的好奇心理，延缓他们尝试的时间。

作为教师，应该怎么对孩子进行正确的性教育呢？

(1) 教师应正确认识孩子"亲吻""摆弄生殖器"的行为。大多数孩子与异性伙伴拥抱亲吻，往往是一种纯模仿性的行为，他们用从大人那里学来的动作语言来表达这种天真的喜爱之情，实际上并不理解这种动作的真实含义；摆弄生殖器也不是什么见不得人、羞死人的行为，孩子只是觉得好玩，并不是什么"伤大雅"的行为。

(2) 让孩子认知自己的性别角色。说白了，就是让他知道：男孩就是男孩，女孩就是女孩。男孩应该如何，女孩应该如何，不得含混。也就是要认识到，社会对男女不同性别角色的期望，以及角色行为的性别差异。

(3) 要防止孩子形成性抑制。例如，你看到他玩弄他的"小鸡鸡"，如果通过怒斥"不许动！真脏！""羞死人"来阻止，或用手强制拉开，甚至打孩子，会令孩子从小形成一种错误的观念：生殖器是脏的，见不得人的，摸不得的，所以凡是与生殖器有关的活动都是要抑制的，否则会受到惩罚。其实，幼儿摆弄性器官属下意识行为，其理由与咂手指头相同。教师顺其自然，以不同的手段将其兴趣转移即可。

(4) 帮助孩子养成良好的行为习惯。行为习惯包括卫生习惯和生活习惯，手纸的使用方法、擦屁股的方法等也是性教育的内容。比如，女孩子擦屁股必须从前往后擦，而绝不能弄反了，否则会引起性器官的炎症；男孩子不能用刚玩过玩具的手去摸"小鸡鸡"，不以显露和玩弄生殖器作为玩耍和逗乐的手段，以免"伤害"这个"最重要的地方"。幼儿天生的好奇心是难能可贵的，对性的好奇当然也不例外，教师应坦然面对，无须回避，还应把它看成是进行性教育的好机会，不能用伪科学去糊弄孩子，更不能严厉斥责，要用科学、严谨的方法教育孩子，给孩子一个良好的学习机会。

2. 保持外生殖器官的卫生

让幼儿养成每天清洗外阴的习惯。若幼儿出现玩弄生殖器的现象，或出现"习惯性擦腿动作"，成人不要责骂幼儿，要以有趣的事情吸引其注意力，并查明幼儿出现这类行为的原因。

九、感觉器官

感觉是人们认识世界的途径。感觉包括视觉、听觉、嗅觉、触觉、味觉及本体感觉等。视觉是人们认识世界的主要途径，人们获得的知识 70%来自视觉、听觉。因此应重点保护幼儿视觉器官、听觉器官，促进其正常发育。

(一)视觉器官——眼睛

1. 概述

人的眼睛近似球形，位于眼眶内。正常成年人其前后径平均为 24mm，垂直径平均为 23mm。最前端凸出于眶外 12～14mm，受眼睑保护。

眼球是感受光线刺激的视觉器官。眼球由眼球壁和眼球内容物组成，如图 2-24 所示。眼球壁最外层是巩膜和角膜，巩膜白色不透明、较厚、坚韧，能保护眼球，俗称"白眼球"，角膜位于眼球的前六分之一，是无色透明的，光线经此射入眼球。中膜分为脉络膜、睫状体和虹膜三部分。脉络膜有大量色素和血管，能防止光线散射并为眼球输送营养。虹膜含色素，决定眼球的颜色。虹膜中央是瞳孔，可随光线强弱的变化改变大小，进而调节进入眼内光线的强弱。内膜即视网膜，视网膜上有感光细胞，能感觉强光、有色光及弱光的刺激。

眼球的内容物包括房水、晶状体、玻璃体。房水充满晶状体与角膜之间，有营养角膜和晶状体的作用，并维持眼压正常。晶状体位于虹膜的后方，可通过自身的曲度变化，使物象清晰地落在视网膜上。

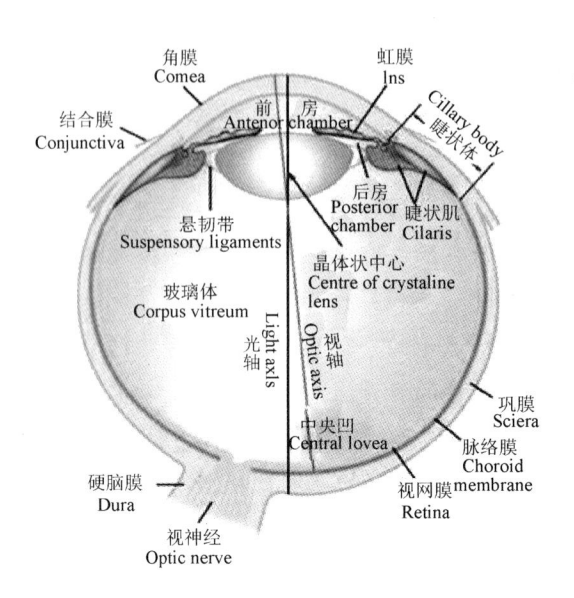

图 2-24　眼球的水平切面

2. 婴幼儿眼睛的特点

(1) 眼球前后径较短，近处物体经折射后形成的物像落在视网膜的后方，呈生理性远视，以后随年龄的增长，眼球前后径逐渐增长而被矫正，一般到 5～6 岁左右转为正视。

(2) 晶状体弹性大，调节能力强，因此能看清很近的物体。如果幼儿形成不良的用眼习惯，长时间视物过近，则会使睫状肌过度紧张而疲劳，致使晶状体变凸，形成近视。

3. 婴幼儿眼睛的卫生保健

(1) 教育婴幼儿养成良好的用眼习惯，强化保护眼睛的意识。

教师在组织教学活动时要帮助幼儿保持看书、写字和绘画的正确姿势，眼睛与书本应保持一尺左右的距离。不躺着看书，以免与书本距离过近，不在走路或乘车时看书，用眼时间不宜过长，小班每次看电视时间不超过半小时，中、大班不超过 1 小时。

(2) 为婴幼儿提供良好的采光条件，以及适合身材的桌椅。

(3) 为婴幼儿提供的书籍，字体宜大，字迹、图案应清晰。教具大小要适中，颜色鲜艳，画面清楚。

(4) 定期给婴幼儿测查视力。

幼儿期是视力发育的关键期，也是矫治视觉缺陷效果最明显的时期。所以应定期检查幼儿的视力，以便及时发现有无异常，如有异常可及时矫治。在日常生活中，如果发现孩子有以下表现，应及时告知家长带幼儿到医院检查是否有斜视：幼儿看东西时喜欢歪头、偏着脸；眼睛怕光；看图书过近；手眼协调性差等。

(5) 教育婴幼儿不要揉眼睛，毛巾、手绢要专用，以预防沙眼、结膜炎。

(6) 教育幼儿避免眼外伤，不玩有危险的物品，如竹竿、弹弓等，不放鞭炮，不扬沙土玩。

(7) 照顾视力差的幼儿，减轻他们的用眼负担，合理安排他们的座位，限制近距离用眼时间并让他们经常望远。

(二)听觉器官——耳

1. 概述

耳既是听觉器官，也是平衡感觉器官。我们较多地了解其听觉、辨音功能，较少想到晕车、晕船、眩晕与耳的结构功能有关。应该说，人的平衡感和旋转能力的发展，与耳的结构关系密切。

耳分外耳、中耳和内耳三部分，如图 2-25 所示。

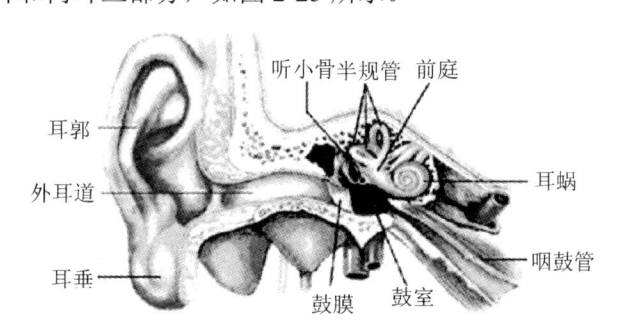

图 2-25 耳的结构

外耳包括耳郭、外耳道。耳郭皮下组织少，血管位置表浅。将耳郭轻轻向后上方提拉，用手电筒照进去，可以看到略为弯曲的管道，为外耳道。外耳道内皮脂腺分泌的蜡状物质叫耵聍(俗称耳屎)，具有保护外耳道皮肤以及黏附灰尘、小虫等异物的作用。

中耳包括鼓膜、三块听小骨和咽鼓管开口。鼓膜在声波的作用下产生振动，声波振动鼓膜，带动听小骨，听小骨把声音放大并传向内耳。

内耳包括耳蜗、半规管和前庭。内耳可以感受声音，保持平衡。当听小骨振动时，内耳淋巴液也会随声波激起波纹，无数听神经末梢好似垂到水面上的柳枝，一旦受到波纹的振动，就会将神经冲动传入大脑听觉中枢，产生听觉。

2. 婴幼儿耳的特点

1) 耳郭易生冻疮

耳郭皮下组织很少，血液循环差，易生冻疮。虽天暖可自愈，但到冬季不加保护又会复发。

2) 外耳道易生疖

眼泪、脏水流入外耳道，或掏耳屎损伤外耳道，可使外耳道皮肤长疖，因疼痛可影响睡眠，张口和咀嚼时疼痛加剧。

3) 易患中耳炎

婴幼儿的耳咽管比较短，管腔宽，位置平直，鼻咽部的细菌易经耳咽管进入中耳，引起急性化脓性中耳炎。

4) 对噪声敏感

噪声是指使人感到吵闹或为人所不需要的声音。噪声是一种环境污染，可以影响婴幼儿的健康。

3. 婴幼儿耳的卫生保健

(1) 冬天注意头部保暖，预防耳郭生冻疮。
(2) 不要用锐利工具给幼儿掏耳朵。
(3) 洗头时，避免污水流入外耳道。
(4) 教会婴幼儿正确的擤鼻涕的方法，预防中耳炎。
(5) 减少环境中的噪声。

十、皮肤

(一)概述

皮肤身兼数职，具有多种生理功能。

在皮肤上广泛分布着各种感觉神经细胞，可分别感受到触觉、压觉、痛觉、温觉、冷觉等，所以皮肤是感觉器官。

皮肤覆盖在人体表面，柔韧而有弹性，是保护人体的一道防线。

皮肤在调节体温上起着重要的作用。

皮肤还是排泄器官，随着汗液分泌，一些代谢的废物就会被排出体外。

毛发、皮脂腺和汗腺都是皮肤的附属器官，皮脂腺开口于包囊，排出皮脂，起着保护皮肤、润滑毛发的作用。汗腺开口于表皮的汗孔，手掌、脚底的汗腺较多。

(二)婴幼儿皮肤的特点

(1) 皮肤保护机能差，容易感染和受损伤。
(2) 皮肤保温作用较差，散热较多。
(3) 皮肤的渗透作用较强。

婴幼儿皮肤薄嫩，渗透作用较强。有机磷农药、苯、酒精都可经皮肤进入体内，引起中毒。

(三)婴幼儿皮肤的卫生保健

1. 养成良好卫生习惯，保持皮肤清洁，教育幼儿养成爱清洁的习惯

幼儿以留短发为宜。给幼儿洗头时，要避免皂沫进入幼儿眼睛。给幼儿修剪指甲时，手指甲应剪成圆弧形，脚趾甲则应剪平，边缘稍修剪即可。

2. 加强锻炼

应经常组织幼儿进行户外活动，坚持冷水洗脸，可提高皮肤调节体温的能力，以增强对冷热变化的适应性。

3. 注意幼儿衣着卫生

当季节、气候变化时，应提醒幼儿及时增减衣服。平日着装不宜过多，以提高机体的

适应能力。衣服应安全舒适，式样简单，便于穿脱。内衣以棉织品为好。

4. 不用刺激性强的洗涤、护肤品

幼儿皮肤嫩、皮脂分泌少，不宜用刺激性强的洗涤用品，洗脸洗手后应使用儿童护肤品，不宜用成人用的护肤品或化妆品。幼儿不要烫发和戴首饰。

第二节 学前儿童生长发育规律

生长是指机体细胞的繁殖与增大，细胞间质的增加，表现为组织、器官、身体各部位以至全身的大小、长短和重量的增加与变化，是机体在量的方面的变化。发育是指机体(包括细胞、组织、器官等)的构造和机能在功能上的分化与完善，是机体在质的方面的变化。当机体的生长与发育达到完备状态时便意味着成熟。生长发育包含生理与心理两个方面，生理发育与心理发展是密切相关的，身体各器官、各系统的发育，尤其是神经系统的发育，为幼儿的心理发展奠定了物质基础，而心理的正常发展也保证和促进了幼儿身体的正常发育。幼儿的生长发育过程呈现一般现象，即存在一定的规律，熟悉和了解这些规律，有助于正确认识和评价幼儿的身心发展。

一、年龄阶段的划分方法

生长发育是一个连续的过程，在这一过程中有量的变化，也有质的变化，因而形成了不同的发展阶段。根据这些特点以及生活环境的不同，可把幼儿的生长发育过程划分为以下几个年龄时期：胎儿期，从妊娠 8 周直至出生为止；新生儿期，指从胎儿娩出结扎脐带时开始，至出生后 28 天；婴儿期，指满月至 1 周岁，又称乳儿期，也将 0 至 3 岁统称为婴儿期；幼儿期指 3 岁至六七岁。

二、生长发育的一般规律

(一)生长发育的不均衡性

1. 生长发育是有阶段性和程序性的连续过程

生长发育是连续的、有阶段性的过程，在这一过程中有量的变化，也有质的变化，因而形成了不同的发展阶段，比如婴儿期、托儿所年龄期、幼儿园年龄期。虽然幼儿生长发育的各个阶段没有明显的界限，但各个阶段不可逾越，比如在会说单词之前必先学会听懂单词，会走路之前必先经过抬头、转头、翻身、直坐、站立等发育阶段。前一阶段的生长发育为后一阶段奠定基础，但若前一阶段的发展出现障碍，那么会对后一阶段产生不良影响。

生长发育在整个儿童时期不断进行，但各年龄阶段生长发育有一定的特点，不同年龄阶段生长速度不同。例如，体重和身长在出生后第一年，尤其前三个月增加很快，第一年为生后的第一个生长高峰，婴儿3～4个月抬头，6～7个月独坐，7～8个月翻身，8～9个月会爬，10～11个月独站，12～18个月独走，24个月双足跳；第二年以后生长速度逐渐减慢，至青春期生长速度又加快，出现第二个生长高峰。青春期一般为10～20岁，女孩的青春期开始年龄和结束年龄都比男孩早两年左右。青春期的进入和结束在年龄上存在较大个体差异，相差2～4岁。这个时期的儿童体格生长发育再次加速，出现第二次高峰，同时生殖系统的发育也加速并渐趋成熟。

2. 幼儿身体的生长发育具有一定的程序性

幼儿身体的生长发育一般遵循由上到下(如图2-26所示)、由近到远(如图2-27所示)、由简单到复杂(如图2-28所示)、由低级到高级的规律(如图2-29所示)。例如在胎儿期的形态发育的顺序：头部领先，其次是躯干，最后为四肢(如图2-30所示)。再如，婴儿期的动作发育的顺序：首先是头部的运动(抬头、转头)，以后发展到上肢(取物)，再发展到躯干的活动(翻身与直坐)，最后发展到下肢的活动(爬、立、行)。这个由头部开始逐渐延伸到下肢的发展趋向也叫"头尾发展规律"，即自上而下发展的规律。从上肢的发育又可以看出，在初生时，只会无意识地乱动，手几乎不起任何作用；4～5个月时，才能有意识地去拿东西，但这时只会用全手一把抓；到10个月左右才会用指尖去拿东西；要在1岁左右才会灵巧地用两个手指捏起细小的物体。这说明动作是由整个上肢逐渐发展到手指，由身体正中向侧面发展。这被称之为"正侧发展规律"，即粗大动作先发育，精细动作后发育，由正面向侧面、先近端后远端的发展规律。

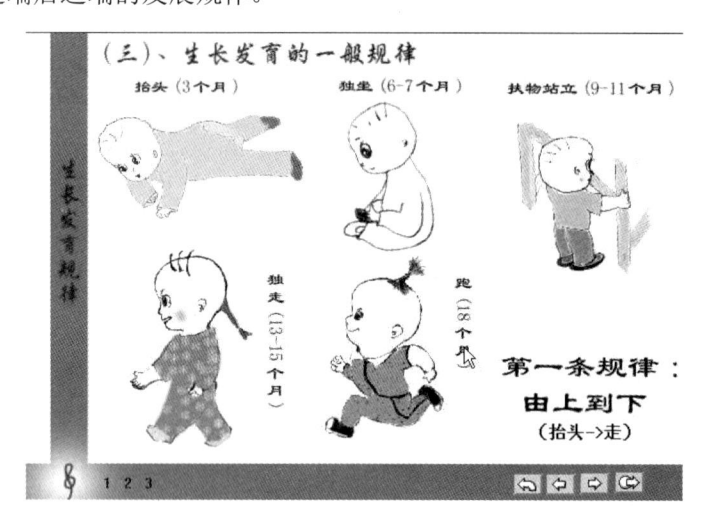

图2-26 由上到下

3. 生长发育的速度是波浪式的，身体各部位的生长速度也不均衡

个体生长发育的速度曲线呈波浪式。在整个生长发育期间，全身和大多数器官、系统有两次生长突增高峰，第一次生长突增在胎儿中后期至1岁以内，第二次生长突增高峰是在青春发育初期，其间身高和体重有着最为明显的变化。

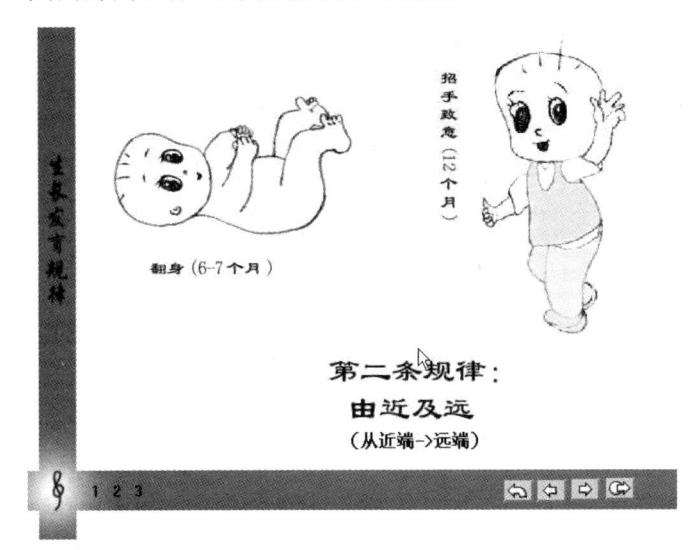

图 2-27　由近及远

图 2-28　由简单到复杂

胎儿中期(4～6个月)，身长增加最快，在这短短的3个月的时间里，约增加27.5cm，约占整个胎儿时期身长增加的1/2，是一生中身长增加最快的阶段。胎儿后期(7～9个月)皮下脂肪积累很快，这3个月的时间内，体重约增加2300g，约占整个胎儿期体重增长的2/3，是一生中体重增加最快的阶段。儿童出生后头两年的身体增长速度仍比后几年快些。第一年儿童体重增加6～7kg，身高增加20～25cm，是出生后增长最快的一年。两岁后，增长速度急剧下降，直到青春期前，一直保持平稳的、较慢的发育速度。青春期，表现为向心发展规律，男孩每年增加7～9cm，女孩每年增加5～7cm，体重每年平均增加5～6kg。以后增长速度又会减慢，直到发育成熟。

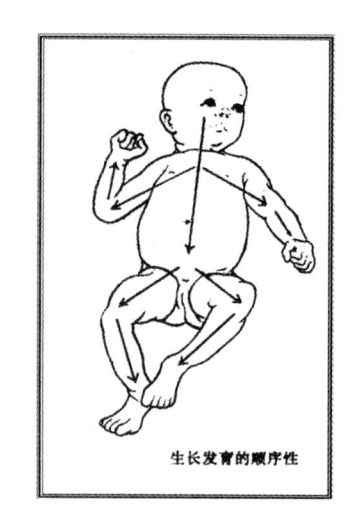

图 2-29　由低级到高级　　　　　　　图 2-30　生长发育的顺序性

在整个生长发育过程中，身体各部位的增长幅度并不均等，如图 2-31 所示。比如，头颅增大 1 倍，躯干增长 2 倍，上肢增长 3 倍，下肢增长 4 倍，因而身体形态从出生时的头颅较大、躯干较长和四肢短小，发育到成人时的头颅较小、躯干较短和四肢较长。

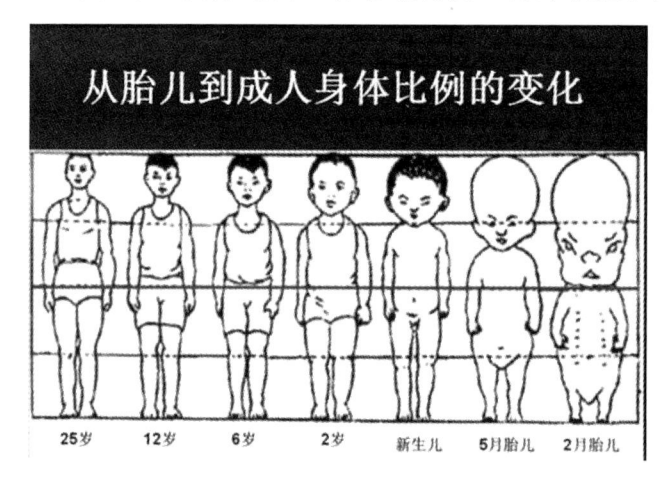

图 2-31　从胎儿到成人身体比例的变化

4. 各系统生长发育不均衡，但统一协调

一般来说，全身的肌肉、骨骼、心脏、血管、肾、脾、呼吸器官、消化器官等，与身高、体重呈同样的发育模式，即分别在出生后第一年及青春期出现两次生长突增高峰，而脑、脊髓、视觉器官以及反映脑大小的头围等，只有一次生长突增高峰，淋巴系统较早发育并于少年期达到成熟的巅峰，而生殖系统发育较迟。由此可见，机体各个系统的生长发育是不均衡的。然而，各个系统的发育又是协调的。比如，淋巴系统达到发育的高峰免疫功能有所下降后，免疫系统的发育渐趋成熟。

(1) 神经系统领先发育。神经系统，尤其是大脑，在胎儿期和出生后发育一直是领先的。出生时脑重约 350 克，相当于成人的 25%，而同期的体重仅为成人的 5% 左右；6 岁时脑重已相当于成人的 90%。在这段时间里，伴随着大脑的迅速发育，儿童的各种身体机能、语言发展和动作发展也是比较快的。

(2) 淋巴系统发育最快。在第一个 10 年中表现出特殊的速度，在第二个 10 年间逐渐减慢。因为儿童时期机体对疾病的抵抗力较弱，需要淋巴系统来进行保护，因而，出生后淋巴系统的发育特别迅速(10 岁左右达到高峰，几乎达到成人时期的 200%)。10 岁以后随着其他各系统的逐渐成熟和对疾病的抵抗力增强，淋巴系统逐渐萎缩。

(3) 生殖系统发育较晚，在第一个 10 年中发育缓慢，在第二个 10 年间，特别是在青春期迅速发育并达到成人水平。身体各系统的发育时间和速度虽然各有不同，但机体是统一的整体，各系统的发育并非孤立地进行，而是互相联系、互相影响、互相适应的。因此任何一种对机体起作用的因素，都可能影响到多个系统。例如，适当的体育锻炼不仅能促进骨骼肌肉的发育，也能促进呼吸系统、循环系统和神经系统的发育。

(二)生长发育具有个体差异性

儿童的生长发育有一般的规律，但由于儿童的先天遗传素质与后天的环境条件并不完全相同，因而无论是身体的形态还是机体的功能都存在着明显的个体差异。即使是同年龄、同性别的幼儿，其发育速度、发育水平等也都存在差异，每个儿童的体型(高矮胖瘦)、生理功能(强弱)和心理特点(智力高低)是各不相同的，可以说，没有两个幼儿的发育过程和发育水平是完全一样的，即使在一对同卵双生子之间也存在着微小的差别。但是，一般情况下，幼儿个体在群体中上下波动的幅度是有限的，幼儿个体的发展过程基本具有稳定性，生长发育水平不应远离同龄群体幼儿，否则应视为生长发育异常。先天因素决定着一个孩子发育的可能性，后天因素决定其发育的现实性。在评价某个儿童的生长发育状况时，不能简单地将其指标数据同标准平均数比较，并由此得出片面的结论，而应考虑到个体发育的差异性，将他们以往的情况与现在的情况进行比较，观察其发育动态，才更有意义。幼教工作者应尽可能改善幼儿的后天环境条件，使每个幼儿都能充分地发挥他们的遗传潜能，使他们的生长发育达到最高水平。

(三)生理的发育与心理的发展密切联系

生理和心理的发育在儿童身上是统一的。生理发育是心理发育的基础，而心理的发展也同样影响着生理功能。幼儿生理和心理之间相互发生重要的影响。生理上的缺陷会引起儿童心理活动的不正常，如幼儿的斜视，没有及时纠正，因常受到成人或同伴的讥笑，就会产生自卑心理，于是经常主动地闭上斜眼来掩盖自己的缺点，结果会一只眼大、一只眼小；听力有问题的孩子，因为听不清楚别人的语言，易发音不正确，若经常受到教师或家长斥责，在说话时就会犹豫不决，出现口吃现象。有的幼儿明显矮小体弱，学习和活动能力都比较低，这种幼儿容易产生自卑感，信心不足，不爱参加集体活动等。因此，对幼儿生理上的缺陷除应进行及时的治疗外，也不能歧视他们，而应热情关心帮助他们，鼓励他们克服困难，树立奋发向上的信心，使幼儿身心都能得到正常健康的成长。心理的状态也会影响生理的发育，即情绪影响人的生理功能，当幼儿情绪不好时，消化液分泌会减少，致使食欲减退，直接影响幼儿的消化和吸收。如果经常这样，会引起消化机能紊乱，影响幼儿获得营养，妨碍生长发育。相反，在精神愉快时，食欲旺盛，消化吸收的效率也高，有利于生长发育。心理的正常发展能保证和促进儿童身体的正常发育。国外学者认为，家庭破裂的子女和再婚子女遭受虐待歧视，影响了其正常的身体发育，严重的可导致身体发育矮小，骨龄落后，性发育迟缓，成为社会心理性侏儒。总之，幼教工作者要想促使幼儿生长发育达到最高水平，就必须认识和掌握幼儿从小到大生长发育的规律，以及影响幼儿生长发育的因素，这样才能有的放矢、更有效地采取各种有力的措施，保证幼儿在体、智、德、美各方面都得到全面的发展。

第三节　影响学前儿童生长发育的因素

影响幼儿生长发育的因素，概括地说可以分为两大类，即内在的遗传因素和外在的环境因素。内在的遗传因素主要指种族、身材素质、性别等。外在的环境因素主要指营养、体育锻炼、疾病、生活习惯等。遗传决定生长发育的可能性，环境决定生长发育的现实性。幼儿生长发育的过程，也就是个体的遗传因素与环境因素相互作用的过程。

一、内在因素

1. 遗传(骨骼系统的发育受遗传因素的影响较大)

父母双方的遗传因素会影响小儿生长发育的特征、潜力、趋向。皮肤、头发的颜色和脸形特征、身材高矮、性成熟的迟早以及对疾病的易感性等都与遗传有关。一些遗传的代谢性缺陷病、内分泌障碍、染色体畸变等会严重影响小儿生长发育。一般来说，高个子父母所生孩子的身高要比矮个子父母所生的孩子身高要高些，而且男孩的身高主要取决于父亲的身高，而女孩的身高则主要取决于母亲的身高。

2. 性别

女童一般比男童稍矮、稍轻。除青春前期外，男童的平均身高、体重均超过女童。女孩的语言、运动发育略早于男孩；女童青春期比男童提前约两年，所以在11～12岁以后的2～3年中，女童的身高、体重增长均较快，超过男童的标准，而男孩由于青春期延续时间较长，最终的体格发育明显超越女孩。女童成骨中心出现得早，骨盆较宽，肩距较窄，而男童则肩距较宽，肌肉发达，这是性别对体格外形的影响。因此，评估儿童生长发育水平时应分别按男孩、女孩标准进行。

3. 内分泌

脑垂体、甲状腺、性腺等内分泌器官及激素都与儿童生长发育有关，甲状腺、垂体和性腺的功能都对生长发育具有重要作用。婴幼儿甲状腺功能低下时，骨骼发育阻滞，长骨停止生长，就显得矮小。垂体功能低下时，出现垂体性侏儒。性腺能够促进骨骺接合，使身体停止生长，所以青春期出现较早的儿童，最终身高往往落后于青春期较晚的同龄儿童。

二、外在因素

1. 母体健康状况

母亲的营养、疾病、情绪、用药等均可影响胎儿或乳儿的生长发育；哺乳期母亲的营养、情绪也会影响婴儿发育。孕妇在妊娠早期的病毒性感染会引起胎儿先天畸形；孕妇的严重营养不良可引起流产、早产和胎儿体格生长以及脑的发育迟缓；孕妇如受到某些药物、放射线辐射、精神创伤等影响会导致胎儿发育受阻。

2. 营养的影响

营养对幼儿的生长最重要，且年龄越小影响越显著。乳儿期营养不良可影响脑的发育。因此，在婴儿出生后头 4 个月最好用母乳喂养，4~6 个月要及时添加辅助食品。幼儿的膳食必须供给足够的能量，合理分配六大营养素：蛋白质、脂肪、碳水化合物、维生素、矿物质和水。营养缺乏或不合理的膳食不仅会影响发育，还会导致各种疾病。

3. 疾病的影响

疾病对儿童生长发育的影响也极为明显。营养缺乏性疾病、内分泌疾病等，都能使儿童的生长发育受到限制；急性感染常使儿童体重减轻；长期慢性疾病会影响体重和身高的发育；先天性疾病如先天性心脏病等对生长发育的影响更为明显。长期消化功能紊乱、反复呼吸道感染、内分泌系统疾病以及大脑发育不全等，对儿童生长发育都有直接影响。有些疾病会严重影响器官的正常功能。

4. 体育锻炼的影响

体育锻炼是促进幼儿身体发育和增强体质的有效手段。体育锻炼可以全面促进机体的新陈代谢，增强呼吸系统和心血管的发育。利用日光、空气、水等自然因素进行锻炼，可以增强幼儿体质，提高对疾病的抵抗力，还可以培养幼儿勇敢、坚强、不怕困难的优良品质。

5. 生活习惯的影响

合理安排作息制度，培养良好的生活习惯，做到有规律、有节奏，保证足够的户外活动和学习时间，定时进餐，睡眠充足，对生长发育有良好的促进作用。

人体各组织、器官、系统的活动都有一定的节奏和规律。只要养成良好的生活习惯，包括大脑在内的身体各部分活动和休息能得到适宜交替，加上及时补充营养，就能保证能量代谢正常进行，有利于促进生长发育。睡眠对大脑皮层功能的恢复更为重要；睡眠又是各种能量物质的储备过程，也是生长激素分泌的高峰阶段。婴幼儿应有充足的睡眠；年龄越小，睡眠时间应越长。儿童进餐后需要一定时间的休息，保证饭后血液能集中于胃肠道，帮助其消化、吸收。饭后不应立即从事大运动量的锻炼，否则可能影响消化道的正常功能。为保证儿童有充足、合理的营养摄入，在注意平衡膳食的同时，还应制定好膳食制度(包括每次进餐的数量、间隔和时间等)。体育锻炼是每日生活作息制度必不可少的内容，每天应保证一小时左右的运动，尤其是户外活动，对增强体质、促进生长发育作用很大。

6. 药物

用药不当，对生长发育有不良的影响，因此，对儿童用药应小心谨慎。

7. 季节气候

气候对生长发育有一定的影响。人类对恶劣气候的适应性本身就说明气候对生长发育有影响。居住在北极圈的因纽特人体重相对较重，皮下脂肪层较厚，胸廓前后径较大，颈和四肢相对较短，这种体型适合在寒冷环境中保持体温。热带居民的体重通常较轻，皮下脂肪层较薄，胸壁较薄，颈和四肢相对较长，躯干较小，这种体型适合在炎热环境中散热。这些都是长期以来人类对环境的适应性表现。

季节对生长发育(尤其身高、体重)有明显影响。春季身高增长最快，秋季体重增长最快。体重增加的季节差异尤其显著，9～11月增加较快，而在炎热季节有些儿童体重不但不增加，反而还有减轻趋势。以半年为观察单位，体重增加的2/3发生在9月到第二年2月，仅1/3发生在3～8月期间。出生后1～2年内体重的增长无明显的季节差异。身高增加的季节差异和体重恰好相反，3～5月身高的增长值等于9～11月增长值的2～2.5倍。

8. 社会、家庭因素

贫困、食物缺乏、文化落后、疾病流行、居住拥挤、缺乏必要的卫生设施等都严重影响着儿童的身心发育。

人类的生存不能离开社会环境。社会因素对生长发育的影响具有多层次、多方面的综合作用，不仅影响儿童的体格发育，也影响其心理、智力和行为发展。为儿童营造良好的社会、家庭环境，帮助他们消除其中的一些不良影响因素，对他们充分发挥自身的生长潜力，促进生长发育，有重要的现实意义。

社会因素中，应用最广泛的概念是"社会经济状况"(SES)。它涵盖社会的政治、经济和文化，生活和学习环境，卫生保健，家庭结构、家庭生活质量，父母职业和受教育程度，亲子情感联结，个人与社会成员的交往等因素。这些因素相互交织，错综复杂，共同对生长发育产生影响。

家庭是社会的组成细胞。社会经济状况中的许多因素，如生活方式、家庭气氛、生活制度、居住条件、饮食和行为习惯以及父母的性格、爱好和对子女的期望、态度等，主要通过家庭直接或间接地影响着儿童的生长发育。其中，家庭经济状况、双亲的受教育水平、文化素养、育儿方式等，对儿童身心发育的潜移默化作用最大。

第四节 学前儿童生长发育的评价

婴幼儿生长发育评价是在能说明生长发育状况的指标的基础上进行的客观评价，因此生长发育指标是进行评价的基础，这就要求选择的指标要具有良好的代表性。此外还应该选择精确度高、准确性好、测定技术相对简便并且测试重复性高的指标。幼儿生长发育评价指标一般包括形态指标、生理功能指标以及心理指标等，其中以形态指标最为常见。

一、常用的生长发育指标

在婴幼儿期常用的生长发育指标主要包括下述几类。

(一)形态指标

形态指标：指身体及其各部位在形态上可测出的各种量度(如长、宽、围度以及重量等)。

形态指标可以较稳定地反映体格发育和营养状况，测试方便，准确性高。在婴幼儿期常用的形态指标如下所述。

1. 身高或身长

如图 2-32 所示，未满 3 岁的婴儿需要卧位测量，因而称为"身长"。取幼儿仰卧位，脱去帽、鞋袜，穿单衣仰卧于量床底板中线上。测量者扶住婴儿头部，使其面部朝上，两耳在一水平线上，颅顶接触头板。测量者位于幼儿右侧，左手握住幼儿双膝，使腿伸直，右手移动足板使其接触两侧足跟。如果刻度在量床双侧，应注意量床两侧的读数应该一致，然后读刻度，记录到 0.1cm。

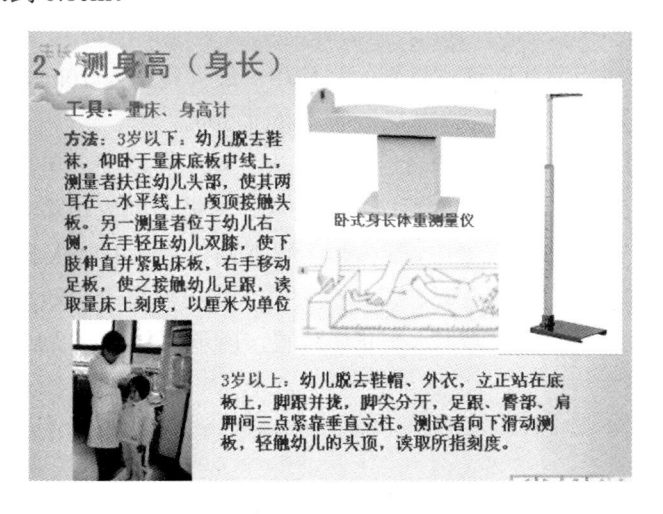

图 2-32 测身高(身长)的工具及方法

3 岁以上幼儿量身高时，要取立正姿势，两眼直视正前方，胸部稍挺起，腹部微后收，两臂自然下垂，手指并拢，脚跟靠拢，脚尖分开约 60°，脚跟、臀部和两肩胛间几个点同时靠着立柱，头部保持正直，然后测量。当底板与颅顶点接触时观察被测者姿势是否正确，然后读立柱上的数字，记录到 0.1cm。

身高表示立位时头、颈、躯干及下肢的总高度，是生长长度的重要指标，也是准确评价生长发育水平、发育特征和生长速度不可缺少的指标。足月新生儿平均身长为 50cm。在 1 岁时增长约 50%，达到 75cm。1～2 岁全年增加约 10 cm，2～3 岁平均增加 5cm，到 3 岁时身高约为 100cm，是出生时身长的两倍。

2. 体重

如图 2-33 所示，体重是身体各部位、各种组织重量的综合，在一定程度上体现了婴幼儿骨骼、肌肉、身体脂肪和内脏总量增长的综合情况，是最易变化和活跃的指标。新生儿平均体重为 3.3 kg，前 6 个月的婴儿，体重平均每月增长 0.6 kg，后 6 个月平均每月增长 0.5 kg。1 岁以后体重增长速度减慢，全年增长 2～3 kg。

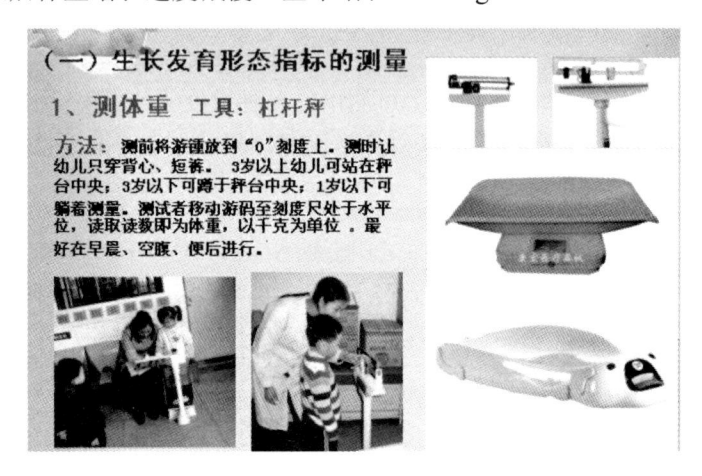

图 2-33 测体重的工具及方法

新生儿称体重要求用婴儿磅秤或特别的杠杆秤，最大载重为 10kg。1 个月至 7 岁幼儿用的磅秤(杠杆秤)最大载重为 50kg，准确读数不超过 50g。

测量前应检查磅秤的零点。被测者应脱去外衣、袜子和帽子。年长幼儿应排空小便，这样称得的数值较为准确可靠。如果不能只剩衬衣、衬裤，则应扣除衣服的重量。称体重时，婴儿可取卧位，1～3 岁可取坐位，3 岁以上可取站位，两手自然下垂。

称重前应先熟悉磅秤的读数砝码、游锤或秤锤，将它放置于与幼儿年龄相当的体重附近。称时迅速调整游锤，使杠杆置于水平正中位置，所示读数记录以 kg 为单位，至小数点后两位。

3. 头围

如图 2-34 所示，头围是指经眉弓上方至枕后结节绕头一周的长度。它是精确反映婴幼儿头部发育的指标。出生时平均头围为 34cm，婴儿期头围平均每月增长 1cm，1 岁时幼儿的头围增至 46cm。第二年头围增长减慢，仅增长 2cm。

4. 胸围

如图 2-34 所示，胸围指沿乳头下缘水平绕胸一周的长度。胸围表示胸廓的围长，间接说明胸廓的容积及胸部骨骼、肌肉和脂肪层的发育情况。出生时胸围比头围小，但胸围增长速度较快，6 个月至 1 岁时，胸围和头围基本相等，两岁以后胸围超过头围。

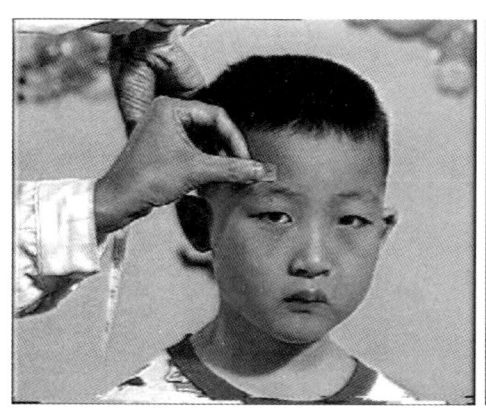

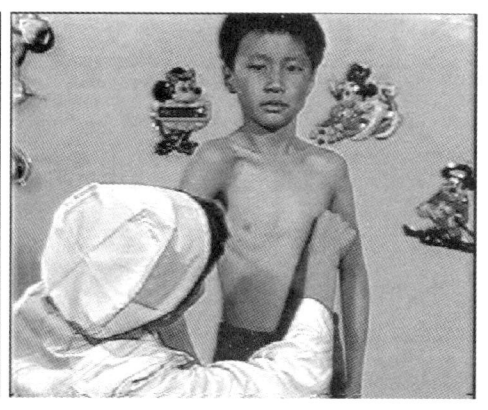

图 2-34　测头围、胸围的工具及方法

5. 坐高

如图 2-35 所示，坐高是指由头顶至坐骨结节的长度，代表头长加脊柱长。一般用坐高计测量坐高。幼儿坐于坐高计的座板上，使骶骨部、两肩胛间靠立柱，躯干自然挺直，头部正直，两眼平视前方，以保持耳屏的上缘与眼眶下缘呈水平位；上肢自然下垂，双手不得撑压座板；两腿并拢，双脚平踏在地面上，大腿与地面平行并与小腿呈直角(根据受试者小腿长度，适当调节踏板高度以保持正确测量姿势)。测试人员站在受试者右侧，将水平压板沿立柱下滑至受试者头顶，两眼与压板呈水平位进行读数。记录以 cm 为单位，精确到小数点后 1 位。

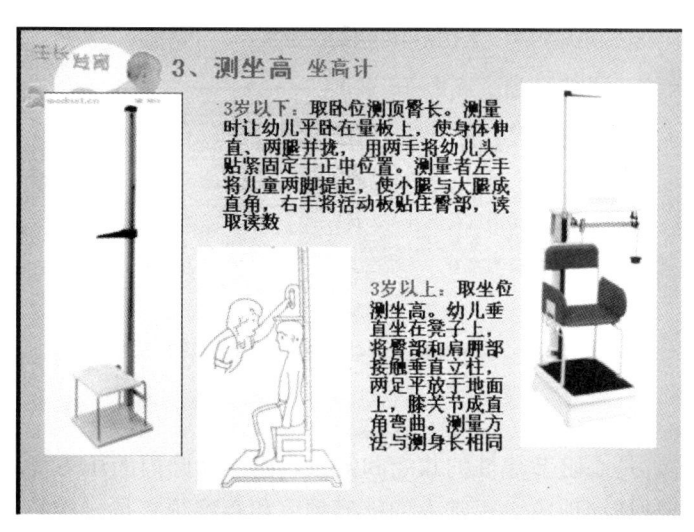

图 2-35　测坐高的工具及方法

(二)生理功能指标

婴幼儿的生理功能发育与形态发育有所不同,生理功能发育变化更迅速,变化的范围更广,对外界环境的影响更加敏感。

生理功能指标指身体各系统、各器官在生理功能上可测出的各种量度。

人体的生理指标种类较多,但常用脉搏、血压和肺活量等生理指标来反映心血管系统和呼吸系统的生长发育和机能水平,如图2-36所示。

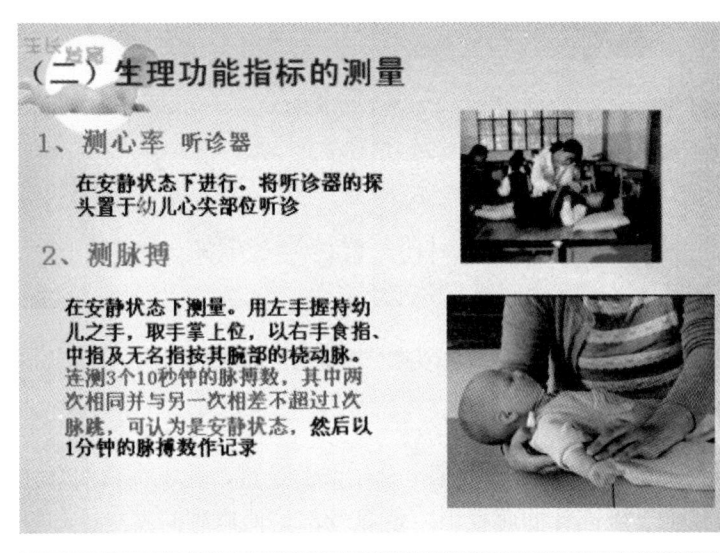

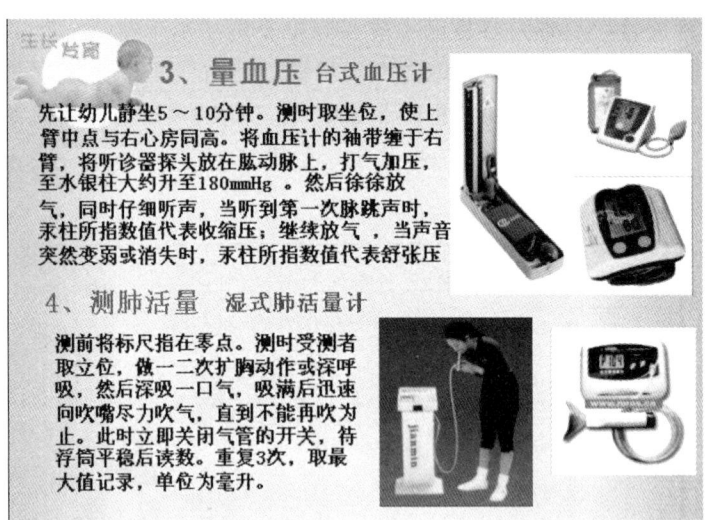

图2-36 测量生理功能指标的工具及方法

1. 脉搏

脉搏也称心率,是心脏节律性的收缩和舒张,由大动脉内的压力变化而引起四肢血管壁扩张和收缩的一种搏动现象。正常人的脉搏频率和心跳频率是一样的,而且节律均匀,间隔相等。正常人在运动后、饭后、酒后、精神紧张及兴奋时脉搏加快,但很快可恢复正常水平。长期进行体育锻炼的人或运动员的脉搏较慢。正常人在安静时的脉搏为60~100次/分。脉搏是了解人体心血管系统功能简易可行的指标，对早期发现人体心血管疾病具有一定的现实意义。

2. 血压

血压是指心脏收缩时血液流经动脉管腔内对管壁产生的侧压力，是心室射血和外周阻力共同作用的结果。心率、心输出量、血管的外周阻力和动脉弹性等因素都与血压的变化有密切关系。一般收缩压主要反映心脏每次搏动输出血量的多少，舒张压主要反映外周阻力的大小。血压是检查和评价心血管系统功能的重要指标。血压过低或过高都会给机体带来严重影响。血压维持在正常范围内，对于保证全身各器官系统功能有十分重要的意义。因此血压是评价成年人体质状况和衡量健康水平的一个重要指标。

血压通常是以右上臂肱动脉血压为标准。正常成人安静时收缩压为90~140 mmHg，舒张压为60~90 mmHg，脉压差为30~40 mmHg。

3. 肺活量

肺活量是指一个人全力吸气后所呼出的最大气体量。它是一种常用的反映呼吸机能的指标。肺活量大小代表着一个人的最大呼吸幅度，与人的性别、年龄以及身高、体重、胸围等因素有关。它是评价人体生长发育和体质状况的一项常用机能指标。

正常成人肺活量的平均值：男性为3500~4000ml，女性为2500~3500ml。

(三)心理指标

心理发育包括感知觉、言语、记忆、思维、想象、动机、兴趣、情感、性格、行为及社会适应力等。通过一些经过专门设计的测试量表或问卷调查获得心理发育水平的数据。这些量表、问卷通常采用国内外公认的格式，并尽量采用本国标准化的常模，由专业人员操作以保证结果的可靠性和有效性。

二、常用的评价方法

测量儿童身高、体重所获得的数据是判断儿童健康和营养状况的重要参数，通常使用与年龄有关的单项指标，如5岁女童的身高、13岁男童的体重等，虽可就此作出儿童健康和营养状况的基本判断，但并不完整、全面，难以对儿童的体格发育作出准确的评价并提出指导性建议。为此，世界卫生组织(World Health Organization，WHO)提出衡量儿童生长发育的科学标准：年龄别身高、年龄别体重和身高别体重。这是世界卫生组织近年来推荐的一种国际通用的评价标准。它是用年龄别身高、年龄别体重和身高别体重三项指标全面评价儿童的生长发育状况。经分析研究后，中国儿童发展中心在我国多个地区及时推广应用这种方法。实践证实，这种评价方法是客观、准确的。为使其具有可比的量化概念，随后中国儿童发展中心又进一步将每个指标的第20百分位点(P20)及第80百分位点(P80)作为界值，并定义为"测量值在P20~P80为中等，高于P80为高，低于P20为低"，借此可较全面地了解该儿童过去、当前的健康及营养状况，以便作出适宜的保健指导。由于身高别体重是反映二维测定的结果，因此以其测量值为基准结合按年龄的身高、体重，将其分为低、中、高三个组，以便作出相应可靠的评价及适宜的保健指导。用三项指标进行综合评价可出现 18 种不同的营养健康状况，根据我国儿童保健机构的研究总结，这 18 种状况的意义及相对构成比如表 2-1 所示。

表 2-1 三项指标综合评价及其意义

身高别体重	年龄别身高	年龄别体重	评价意义	参考构成比/%
低	低	低	既往和近期营养不良	1.1
低	中	低	目前营养不良，既往尚可	2.2
低	中	中	近期营养不良，既往尚可	1.3
低	高	低	目前营养不良	0.2
低	高	中	瘦高体型，近期营养欠佳	0.8
中	低	低	既往营养不良，目前尚可	5.7
中	低	中	既往营养不良，目前正常	1.9
中	中	低	目前营养尚可，既往欠佳	2.9
中	中	中	营养正常，体型中等	46.1
中	中	高	营养正常，偏重	4.1
中	高	低	高个子，偏瘦，既往欠佳	0.5
中	高	中	高个子，营养正常	9.9
中	高	高	高个子，体型匀称，营养正常	9.3
高	低	中	既往营养不良，目前营养好	0.8
高	低	高	近期肥胖，既往营养不良	0.3
高	中	中	目前营养好，中等偏胖	0.7
高	中	高	近期营养过度，肥胖	3.7
高	高	高	高大个，近期营养过剩	2.5

年龄别身高和年龄别体重是指相对于某一年龄来说应有的身高和体重。但仅年龄别体重和年龄别身高，并不能反映儿童的体型是否匀称，因为匀称也是健康的标准。

身高别体重是指相对于某一身高来说应有的体重。

案例 2-4

一个 3 岁的小姑娘，身高 88cm，体重 16kg。请用综合评价法对其发育状况作出评价。

查"年龄别身高"表，如表一所示，3 岁女童身高的正常范围是 86.5~101.4cm。小姑娘是 88cm，属正常。

查"年龄别体重"表，如表一所示，3 岁女童体重的正常范围是 11.2~17.9kg，小姑娘的体重是 16kg，属正常。

查"身高别体重"表，如表二所示，女童身高 88cm 时，体重的正常范围应是 10.3~14.1kg。小姑娘身高 88cm，体重 16kg，超出正常范围。

由此可见，这位小姑娘体重超出正常范围，参考三项指标综合评价意义表，她是营养正常，偏重。

表一 7岁以下男女儿童的体重、身长（高）参考值

年龄	月	男童 体重（公斤) -2SD	中位数	+2SD	身长（厘米) -2SD	中位数	+2SD	女童 体重（公斤) -2SD	中位数	+2SD	身长（厘米) -2SD	中位数	+2SD
0	0	2.4	3.3	4.3	45.9	50.5	55.1	2.2	3.2	4.0	45.5	49.9	54.2
	1	2.9	4.3	5.6	49.7	54.6	59.5	2.8	4.0	5.1	49.0	53.5	58.1
	2	3.5	5.2	6.8	52.9	58.1	63.2	3.3	4.7	6.1	52.0	56.8	61.6
	3	4.1	6.0	7.7	55.8	61.1	66.4	3.9	5.4	7.0	54.6	59.5	64.5
	4	4.7	6.7	8.5	58.3	63.7	69.1	4.5	6.0	7.7	56.9	62.0	67.1
	5	5.3	7.3	9.2	60.5	65.9	71.3	5.0	6.7	8.4	58.9	64.1	69.3
0	6	5.9	7.8	9.8	62.4	67.8	73.2	5.5	7.2	9.0	60.6	65.9	71.2
	7	6.4	8.3	10.3	64.1	69.5	74.8	5.9	7.7	9.6	62.2	67.6	72.9
	8	6.9	8.8	10.8	65.7	71.0	76.3	6.3	8.2	10.1	63.7	69.1	74.5
	9	7.2	9.2	11.3	67.0	72.3	77.6	6.6	8.6	10.5	65.0	70.4	75.9
	10	7.6	9.5	11.7	68.3	73.6	78.9	6.9	8.9	10.9	66.2	71.8	77.3
	11	7.9	9.9	12.0	69.6	74.9	80.2	7.2	9.2	11.3	67.5	73.1	78.7
1	0	8.1	10.2	12.4	70.7	76.1	81.5	7.4	9.5	11.6	68.6	74.3	80.0
	1	8.3	10.4	12.7	71.8	77.2	82.7	7.6	9.8	11.9	69.8	75.5	81.2
	2	8.5	10.7	13.0	72.8	78.3	83.9	7.8	10.0	12.2	70.8	76.7	82.5
	3	8.7	10.9	13.2	73.8	79.4	85.1	8.0	10.2	12.4	71.9	77.8	83.7
	4	8.8	11.1	13.5	74.6	80.4	86.3	8.2	10.4	12.6	72.9	78.9	84.8
	5	9.0	11.3	13.7	75.5	81.4	87.4	8.3	10.6	12.9	73.8	79.9	86.0
1	6	9.1	11.5	13.9	76.3	82.4	88.5	8.5	10.8	13.1	74.8	80.9	87.1
	7	9.2	11.7	14.1	77.1	83.3	89.5	8.6	11.0	13.3	75.7	81.9	88.1
	8	9.4	11.8	14.4	77.9	84.2	90.6	8.8	11.2	13.5	76.6	82.9	89.2
	9	9.5	12.0	14.6	78.7	85.1	91.6	9.0	11.4	13.8	77.4	83.8	90.2
	10	9.7	12.2	14.8	79.4	86.0	92.5	9.1	11.5	14.0	78.3	84.7	91.1
	11	9.8	12.4	15.0	80.2	86.8	93.5	9.3	11.7	14.2	79.1	85.6	92.1
2	0	9.9	12.6	15.2	80.9	87.6	94.4	9.4	11.9	14.5	79.9	86.5	93.0
	1	10.1	12.8	15.5	81.7	88.5	95.2	9.6	12.1	14.7	80.7	87.3	93.9
	2	10.2	12.9	15.7	82.4	89.2	96.1	9.7	12.3	15.0	81.5	88.2	94.8
	3	10.3	13.0	15.9	83.2	90.0	96.9	9.9	12.4	15.3	82.3	89.0	95.7
	4	10.5	13.2	16.2	83.9	90.8	97.6	10.1	12.6	15.6	83.0	89.8	96.5
	5	10.6	13.4	16.5	84.7	91.6	98.4	10.2	12.8	15.8	83.8	90.6	97.3
2	6	10.8	13.6	16.7	85.4	92.3	99.2	10.3	13.0	16.2	84.5	91.3	98.1
	7	10.9	13.7	16.9	86.2	93.0	99.9	10.5	13.2	16.4	85.2	92.1	98.9
	8	11.0	13.9	17.2	86.9	93.7	100.6	10.6	13.4	16.8	85.9	92.8	99.7
	9	11.1	14.1	17.4	87.6	94.5	101.4	10.8	13.5	17.0	86.6	93.5	100.5
	10	11.2	14.3	17.6	88.2	95.2	102.1	10.9	13.8	17.3	87.2	94.2	101.2
	11	11.3	14.4	17.9	88.8	95.8	102.8	11.0	13.9	17.7	87.8	94.9	102.0
3	0	11.4	14.6	18.3	87.3	94.9	102.5	11.2	14.1	17.9	86.5	93.9	101.4
	1	11.5	14.8	18.5	87.9	95.6	103.3	11.3	14.3	18.3	87.1	94.6	102.1
	2	11.7	15.0	18.7	88.6	96.3	104.1	11.4	14.4	18.5	87.7	95.3	102.9
	3	11.8	15.2	18.9	89.2	97.0	104.9	11.5	14.6	18.7	88.4	96.0	103.6
	4	11.9	15.3	19.1	89.7	97.7	105.7	11.6	14.8	19.0	89.0	96.6	104.3
	5	12.0	15.5	19.3	90.4	98.4	106.4	11.8	14.9	19.2	89.6	97.3	105.0
3	6	12.1	15.7	19.5	91.0	99.1	107.2	11.9	15.1	19.4	90.2	97.9	105.7
	7	12.3	15.8	19.7	91.6	99.7	107.9	12.0	15.2	19.6	90.7	98.6	106.4
	8	12.4	16.0	19.9	92.1	100.4	108.7	12.1	15.4	19.8	91.3	99.2	107.1
	9	12.5	16.2	20.1	92.7	101.0	109.4	12.2	15.5	20.1	91.9	99.8	107.8
	10	12.6	16.4	20.4	93.3	101.7	110.1	12.3	15.7	20.3	92.4	100.4	108.4
	11	12.8	16.5	20.6	93.9	102.3	110.8	12.4	15.8	20.5	93.0	101.0	109.1
4	0	12.9	16.7	20.8	94.4	102.9	111.5	12.6	16.0	20.7	93.5	101.6	109.7
	1	13.0	16.9	21.0	95.0	103.6	112.2	12.7	06.1	20.9	94.1	102.2	110.4
	2	13.1	17.0	21.2	95.5	104.2	112.8	12.8	16.2	21.1	94.6	102.8	111.0
	3	13.3	17.2	21.4	96.1	104.8	113.5	12.9	16.4	21.3	95.1	103.4	111.6
	4	13.4	17.4	21.7	96.6	105.4	114.1	13.0	16.5	21.5	95.6	104.0	112.3
	5	13.5	17.5	21.9	97.1	106.0	114.8	13.1	16.7	21.7	96.1	104.5	112.9
4	6	13.7	17.7	22.1	97.7	106.6	115.4	13.2	16.8	21.9	96.7	105.1	113.5
	7	13.8	17.9	22.3	98.2	107.1	116.1	13.3	17.0	22.2	97.1	105.6	114.1
	8	13.9	18.0	22.6	98.7	107.7	116.7	13.4	17.1	22.4	97.6	106.2	114.8
	9	14.0	18.2	22.8	99.2	108.3	117.3	13.5	17.2	22.6	98.1	106.7	115.4
	10	14.2	18.3	23.0	99.7	108.8	117.9	13.6	17.4	22.8	98.6	107.3	116.0
	11	14.3	18.5	23.3	100.2	109.4	118.5	13.7	17.5	23.0	99.1	107.8	116.6
5	0	14.4	18.7	23.5	100.7	109.9	119.1	13.8	17.7	23.2	99.5	108.4	117.2
	1	14.6	18.8	23.7	101.2	110.5	119.7	13.9	17.8	23.5	100.0	108.9	117.8
	2	14.7	19.0	24.0	101.7	111.0	120.3	14.0	18.0	23.7	100.5	109.5	118.4
	3	14.8	19.2	24.2	102.2	111.5	120.9	14.1	18.1	23.9	100.9	110.0	119.1
	4	15.0	19.3	24.5	102.7	112.1	121.4	14.2	18.3	24.1	101.4	110.5	119.7
	5	15.1	19.5	24.7	103.2	112.6	122.0	14.3	18.4	24.4	101.8	111.0	120.3
5	6	15.2	19.7	25.0	103.6	113.1	122.6	14.4	18.6	24.6	102.2	111.6	120.9
	7	15.4	19.8	25.2	104.1	113.6	123.1	14.5	18.7	24.9	102.7	112.1	121.5
	8	15.5	20.0	25.5	104.6	114.1	123.7	14.6	18.9	25.1	103.1	112.6	122.1
	9	15.6	20.2	25.7	105.0	114.6	124.2	14.7	19.0	25.4	103.5	113.1	122.7
	10	15.8	20.3	26.0	105.5	115.1	124.7	14.8	19.2	25.7	104.0	113.6	123.3
	11	15.9	20.5	26.3	105.9	115.6	125.3	14.9	19.4	25.9	104.4	114.1	123.9
6	0	16.0	20.7	26.6	106.4	116.1	125.8	15.0	19.5	26.2	104.8	114.6	124.5
	1	16.2	20.9	26.8	106.8	116.6	126.4	15.1	19.7	26.5	105.2	115.1	125.1
	2	16.3	21.0	27.0	107.3	117.1	126.9	15.2	19.9	26.8	105.6	115.6	125.7
	3	16.4	21.2	27.4	107.7	117.5	127.3	15.3	20.0	27.1	106.0	116.1	126.3
	4	16.5	21.4	27.7	108.1	118.0	127.9	15.4	20.2	27.4	106.4	116.6	126.8
	5	16.7	21.6	28.0	108.6	118.5	128.4	15.5	20.4	27.7	106.8	117.1	127.4
6	6	16.8	21.7	28.3	109.0	118.9	128.9	15.7	20.6	28.0	107.2	117.6	128.0
	7	16.9	21.9	28.6	109.4	119.4	129.4	15.8	20.8	28.4	107.6	118.1	128.6
	8	17.1	22.1	28.9	109.8	119.8	129.9	15.9	21.0	28.7	108.0	118.6	129.2
	9	17.2	22.3	29.2	110.3	120.3	130.4	16.0	21.2	29.1	108.4	119.1	129.8
	10	17.3	22.5	29.5	110.7	120.8	130.9	16.1	21.4	29.4	108.8	119.5	130.4
	11	17.5	22.7	29.9	111.0	121.2	131.4	16.2	21.6	29.8	109.1	120.1	131.0

表二 身长49—103厘米的男女儿童体重参考值

性别	男童			女童			身长	男童			女童		
身长	-2SD	中位数	+2SD	-2SD	中位数	+2SD		-2SD	中位数	+2SD	-2SD	中位数	+2SD
49.0	2.5	3.1	4.2	2.6	3.3	4.0	63.0	5.2	6.5	8.0	5.0	6.4	7.8
49.5	2.5	3.2	4.3	2.6	3.3	4.1	63.5	5.3	6.7	8.2	5.2	6.5	8.0
50.0	2.5	3.3	4.4	2.6	3.4	4.2	64.0	5.4	6.8	8.3	5.3	6.7	8.1
50.5	2.6	3.4	4.5	2.7	3.4	4.3	64.5	5.6	7.0	8.5	5.4	6.8	8.3
51.0	2.6	3.5	4.6	2.7	3.5	4.4	65.0	5.7	7.1	8.7	5.5	7.0	8.4
51.5	2.7	3.6	4.7	2.8	3.6	4.5	65.5	5.8	7.3	8.8	5.7	7.1	8.6
52.0	2.8	3.7	4.8	2.8	3.7	4.7	66.0	6.0	7.4	9.0	5.8	7.3	8.7
52.5	2.8	3.8	4.9	2.9	3.8	4.8	66.5	6.1	7.6	9.1	5.9	7.4	8.9
53.0	2.9	3.9	5.0	3.0	3.9	4.9	67.0	6.2	7.7	9.3	6.0	7.5	9.0
53.5	3.0	4.0	5.2	3.1	4.0	5.0	67.5	6.4	7.8	9.5	6.2	7.7	9.2
54.0	3.1	4.1	5.3	3.1	4.1	5.2	68.0	6.5	8.0	9.6	6.3	7.9	9.3
54.5	3.2	4.2	5.4	3.2	4.2	5.3	68.5	6.6	8.1	9.8	6.4	8.0	9.5
55.0	3.3	4.3	5.6	3.3	4.3	5.5	69.0	6.8	8.3	9.9	6.5	8.1	9.6
55.5	3.3	4.5	5.7	3.4	4.4	5.6	69.5	6.9	8.4	10.1	6.7	8.2	9.8
56.0	3.5	4.6	5.9	3.5	4.5	5.7	70.0	7.0	8.5	10.2	6.8	8.4	9.9
56.5	3.6	4.7	6.0	3.6	4.6	5.9	70.5	7.2	8.7	10.4	6.9	8.5	10.1
57.0	3.7	4.8	6.1	3.7	4.8	6.0	71.0	7.3	8.8	10.5	7.0	8.6	10.2
57.5	3.8	5.0	6.3	3.8	4.9	6.2	71.5	7.4	8.9	10.7	7.1	8.8	10.3
58.0	3.9	5.1	6.4	3.9	5.0	6.3	72.0	7.5	9.1	10.8	7.2	8.9	10.5
58.5	4.0	5.2	6.6	4.0	5.1	6.5	72.5	7.7	9.2	11.0	7.4	9.0	10.6
59.0	4.1	5.4	6.7	4.1	5.3	6.6	73.0	7.8	9.3	11.1	7.5	9.1	10.7
59.5	4.2	5.5	6.9	4.2	5.4	6.8	73.5	7.9	9.5	11.2	7.6	9.3	10.8
60.0	4.4	5.7	7.1	4.3	5.5	6.9	74.0	8.0	9.6	11.4	7.7	9.4	11.0
60.5	4.5	5.8	7.2	4.4	5.7	7.1	74.5	8.1	9.7	11.5	7.8	9.5	11.1
61.0	4.6	5.9	7.4	4.6	5.8	7.2	75.0	8.2	9.8	11.6	7.9	9.6	11.3
61.5	4.8	6.1	7.5	4.7	5.9	7.4	75.5	8.3	9.9	11.8	8.0	9.7	11.3
62.0	4.9	6.2	7.7	4.8	6.1	7.5	76.0	8.4	10.0	11.9	8.1	9.8	11.4
62.5	5.0	6.4	7.8	4.9	6.2	7.7	76.5	8.5	10.2	12.0	8.2	9.9	11.6
77.0	8.6	10.3	12.1	8.3	10.0	11.7	90.5	11.1	13.1	15.2	10.8	12.7	14.7
77.5	8.7	10.4	12.3	8.4	10.1	11.8	91.0	11.2	13.2	15.3	10.9	12.8	14.8
78.0	8.8	10.5	12.4	8.5	10.2	11.9	91.5	11.3	13.3	15.5	11.0	12.9	14.9
78.5	8.9	10.6	12.5	8.6	10.3	12.0	92.0	11.4	13.4	15.6	11.1	13.0	15.0
79.0	9.0	10.7	12.6	8.7	10.4	12.1	92.5	11.5	13.5	15.7	11.2	13.1	15.2
79.5	9.1	10.8	12.7	8.7	10.5	12.2	93.0	11.6	13.7	15.8	11.3	13.3	15.3
80.0	9.2	10.9	12.9	8.8	10.6	12.3	93.5	11.7	13.8	15.9	11.4	13.4	15.4
80.5	9.3	11.0	13.0	8.9	10.7	12.4	94.0	11.9	13.9	16.1	11.5	13.5	15.6
81.0	9.4	11.1	13.1	9.0	10.8	12.6	94.5	12.0	14.0	16.2	11.6	13.6	15.7
81.5	9.5	11.2	13.2	9.1	10.9	12.7	95.0	12.1	14.1	16.3	11.8	13.8	15.9
82.0	9.6	11.3	13.3	9.2	11.0	12.8	95.5	12.2	14.3	16.4	11.9	13.9	16.0
82.5	9.6	11.4	13.4	9.3	11.1	12.9	96.0	12.3	14.4	16.6	12.0	14.0	16.1
83.0	9.7	11.5	13.5	9.4	11.2	13.0	96.5	12.4	14.5	16.7	12.1	14.2	16.3
83.5	9.8	11.6	13.7	9.5	11.3	13.1	97.0	12.5	14.7	16.8	12.2	14.3	16.5
84.0	9.9	11.7	13.8	9.6	11.4	13.2	97.5	12.7	14.8	17.0	12.4	14.4	16.6
84.5	10.0	11.8	13.9	9.6	11.5	13.3	98.0	12.8	14.9	17.1	12.5	14.6	16.8
85.0	10.1	11.9	14.0	9.7	11.6	13.4	98.5	12.9	15.1	17.2	12.6	14.7	16.9
85.5	10.2	12.0	14.1	9.8	11.7	13.5	99.0	13.0	15.2	17.4	12.8	14.9	17.1
86.0	10.3	12.1	14.2	9.9	11.8	13.6	99.5	13.1	15.4	17.5	12.9	15.0	17.3
86.5	10.4	12.2	14.3	10.0	11.8	13.7	100.0	13.3	15.5	17.7	13.1	15.2	17.4
87.0	10.5	12.3	14.4	10.1	11.9	13.9	100.5	13.4	15.7	17.8	13.2	15.3	17.6
87.5	10.5	12.4	14.6	10.2	12.0	14.0	101.0	13.5	15.8	18.0	13.3	15.5	17.8
88.0	10.6	12.5	14.7	10.3	12.2	14.1	101.5	13.6	16.0	18.1			
88.5	10.7	12.6	14.8	10.4	12.3	14.2	102.0	13.8	16.1	18.3			
89.0	10.8	12.7	14.9	10.5	12.4	14.3	102.5	13.9	16.3	18.5			
89.5	10.9	12.9	15.0	10.6	12.5	14.4	103.0	14.0	16.5	18.6			
90.0	11.0	13.0	15.1	10.7	12.6	14.5							

三、粗略的评价方法

(一)体重

1. 按体重增长的倍数来计算

已知出生体重,幼儿6个月时体重为出生体重的两倍左右,周岁时约为3倍,两岁时约为4倍,3岁时约为4.6倍。

2. 按体重增长的速度来计算

幼儿在最初3个月内,每周体重增加180~200g;3~6个月每周增加150~180g;6~9个月每周增加90~120g;9~12个月每周增加60~90g。

3. 按公式推算

出生体重按 3kg 计算。

6 个月以内体重=出生体重+月龄×0.6(kg)

7 个月至 1 岁体重=出生体重+月龄×0.5(kg)

2～7 岁体重=实足年龄×2+8(kg)

(二)身高(3 岁以下为身长)

(1) 按身高增长的倍数来计算：出生时身长按 50cm 计算，周岁时身长为出生身长的 1.5 倍，4 岁时身高为出生身长的两倍。

(2) 按身高增长的速度来计算：1～6 个月的幼儿，平均每月身长增长 2.5cm，7～12 个月平均每月增长 1.5cm，周岁时达 75cm，两岁时达 85cm。

(3) 按公式推算：儿童两岁以后，平均每年身高长 5cm。2～7 岁身高=年龄×5+75 (cm)。

(三)头围和胸围的简单估算

最简单的估算方法是出生的时候婴儿的头围大于胸围。最晚到 1 岁，胸围赶上头围。如果这时孩子的胸围还没有赶上头围，表明发展有障碍，需要到医院检查(如营养不良、胸部肌肉发育不好等)。

阅读链接 2-1

浅谈小儿佝偻病的预防扫描右侧二维码阅读。

思维拓展

1. 幼儿园有许多小朋友的牙齿排列不整齐，有人认为"乳牙迟早要换，乳牙是否健康不重要"，您同意这个观点吗？请分析说明。

2. 户外活动时，小朋友比赛从高处往硬地上跳，小女孩婷婷得了第一名，虽然当时屁股有点疼痛，但由于太高兴了没在意。回家后，情况严重，妈妈带她去看医生。原来是活动不当，髋骨发生错位，出现了"青枝骨折"现象。你能向婷婷妈妈作些分析和说明吗？

3. 人们常说"孩子是直肠子"，吃完就想拉。而在现实中，有的人常让孩子憋尿，有的人让孩子一坐便盆就是 30 分钟，请分析这两种做法是否得当。

4. 为什么儿童擤鼻涕也要讲究方法？

5. 为什么儿童睡眠时间不够会影响身高的增长？

6. 幼儿皮肤的特点及耳朵的特点是什么？

阅读链接.docx

第三章 学前儿童营养

> **本章学习目标**
> - 营养学基础知识。
> - 学前儿童膳食原则及方法。
> - 婴幼儿的喂养。
> - 学前儿童集体膳食管理。

第一节 营养基础知识

营养在学前儿童的生长发育过程中发挥着重要作用。儿童在婴儿时期的生长速度是最快的，随着年龄的增长，生长速度逐渐下降。1~6岁属于身体形成期，在此阶段，体格、精神和情绪以及身体技能都在快速发育，体重、身高、肌肉、骨骼、乳牙、大脑和免疫系统都在继续发育和成熟。要满足生长和发育的需要，营养十分重要。但是，儿童的生长速度存在差异，这取决于他们所能获得的营养以及他们的遗传背景。

能量和一些营养素是儿童生长和发育所必需的物质。儿童需要能量来维持体温以及满足生长和身体活动的需要。碳水化合物类食物通常是主要的能量来源。

蛋白质对于组织新生以及病损组织的修复和替代十分重要。从根本上说，蛋白质是维持最佳生长的必需物质。

脂肪具有多种功能，它是激素合成的必需物质，也是细胞膜的构成成分，还是脂溶性维生素(A、D、K、E)的来源。脂肪还可以提供只能从食物中获取的必需脂肪酸。但是儿童仅需要少量的脂肪。

维生素和矿物质对于机体的健康状况十分重要，它们对于其他营养素的代谢也具有重要意义，比如钙、铁、锌、碘等矿物质在儿童生长期十分重要。

一、营养学的基本概念

营养学是研究膳食、营养素及其他食物成分对健康影响的科学。学前儿童营养学是研究学前儿童赖以生存和生长的食物营养素及其生理作用的一门科学。

营养是指机体摄取食物，经过消化、吸收、代谢和排泄，利用食物中的营养素和其他对身体有益的成分构建组织器官、调节生理功能、维持正常生长发育和防病保健的过程。

(一)营养素

营养素是机体为了维持生存、生长发育、体力活动和健康，以食物的形式摄入的一些需要的物质。

营养素共有五大类，即蛋白质、脂类、碳水化合物、矿物质和维生素。宏量营养素包括蛋白质、脂肪、碳水化合物。微量营养素包括矿物质、维生素。矿物质包括：常量元素——钠、钾、钙、镁、磷、氯 6 种；微量元素——铁、碘、锌、硒、铜、钼、铬、钴、氟等；此外还有水、膳食纤维、生物活性物质。

(二)膳食营养素参考摄入量

中国营养学会于 2000 年制定发布了《膳食营养素参考摄入量》(Dietary Reference Intakes)，简称 DRIs，以替代传统的 RDA。DRIs 包括以下四项内容。

(1) 平均需要量(Estimated Average Reqtuirement，EAR)：是指某一特定性别、年龄及生理状况群体对某种营养素需要量的平均值，摄入量达到 EAR 水平时可以满足群体中半数个体对该营养素的需要，而不能满足另外半数个体对该营养素的需要。EAR 是制定 RNI 的基础。

(2) 推荐摄入量(Recommend Nutrient Intake，RNI)：是指可以满足某一特定性别、年龄和生理状态群体中绝大多数(97%～98%)个体需要量的摄入水平。

(3) 适宜摄入量(Adequate Intake，AI)：是指通过观察或实验室获得的健康人群对于某种营养素的摄入量，在不能确定 RNI 时使用。

(4) 可耐受最高摄入量(Tolerable Upper Intake Level，UI)：是指平均每日可以摄入该营养素的最高量。其中推荐摄入量相当于传统使用的 RDA，用以评价和衡量儿童营养状态和供应情况。在个体需要量的研究资料不足而不能计算RNI时，可设定适宜摄入量来代替RNI。

二、学前儿童营养需求特点

营养是保证儿童正常生长发育的物质基础，是供给儿童食物以修补旧组织，增生新组织，发挥能量和维持其生理活动的合理的和平衡的食物。生长发育越迅速，所需的营养素和能量也就越多。若营养供给不足或不当，极易影响生长发育。

(一)能量

能量是维持生命和一切活动的基础。人体所需要的能量主要由碳水化合物、脂肪和蛋白质在代谢过程中通过氧化释放的能量所提供。

1. 能量单位

1) 焦耳(J)或卡(cal)

1 卡指 1 千克纯水的温度由 15℃上升到 16℃所需要的能量。

1 焦耳指用 1 牛顿力把 1kg 物体移动 1m 所需要的能量。

1 千卡=4.184 千焦(kJ)

1 千焦= 0.239 千卡(kcal)

1000 千卡=4.184 兆焦耳(MJ)

1 兆焦=239 千卡(kcal)

2) 食物的卡价(生理卡价)

1g 碳水化合物燃烧产生 4.0 千卡(16.74 千焦)的热量。

1g 脂肪燃烧产生 9.0 千卡(37.66 千焦)的热量。

1g 蛋白质燃烧产生 4.0 千卡(16.74 千焦)的热量。

2. 能量来源

产能营养素：碳水化合物、脂肪、蛋白质。

能量来源的分配：碳水化合物应占 55%～65%；脂肪占 20%～30%；蛋白质占 10%～15%。

儿童基础代谢、生长发育、活动、对食物的特殊动力作用和排泄物中的损失都需要能量。因此，充足的能量供给是保证儿童健康的关键。

(二)能量的作用

1. 基础代谢

基础代谢是指人体在清醒、安静、空腹的情况下，于 18～25℃环境中，维持生命基本活动(体温、肌肉张力、循环、呼吸、肠蠕动、腺体活动等)所需的最低能量。对于不同年龄、性别、体表面积、生长发育、内分泌及神经活动，其基础代谢所需的能量也不同。例如，婴儿每日平均需能量 55kcal/kg，7 岁时每日约需 44kcal/kg，12 岁时每日约需 30kcal/kg。

基础代谢率是在单位时间内每平方米体表面积所需的基础代谢能量。儿童基础代谢率较成人高 10%～15%，一般占总热量的 50%，并随着年龄增长、体表面积的增加而逐渐减少。各种器官能量的消耗与该器官大小及功能相关，在基础代谢中所占的比例也随年龄的不同而有所不同。婴儿大脑占全身比重较成人大，其代谢率也较成人高，婴幼儿期大脑代谢占总基础代谢的 1/3，而成人期则减少到 1/4。肌肉活动耗能在婴儿期较少，仅占 8%，成人期则占 30%。婴幼儿期基础代谢的消耗在性别之间差别不大。

2. 生长发育

儿童处于不断生长发育的过程中，体格的快速增长、各组织器官的增大及功能的成熟都需要消耗能量，因此，这部分能量所需是儿童所特有的。机体每增加 1 g 体重约需能量 5 kcal，每增加 1g 蛋白质约需能量 6kcal，每增加 1g 脂肪约需能量 12 kcal。婴儿期生长发育快，消耗能量也多，所需能量占总需要能量的 25%～30%。出生几个月的小婴儿每日生长所需能量可高达 40～50 kcal/kg，婴儿期平均每天需要 30～40 kcal/kg，1 岁时约需 15 kcal/kg，以后渐减，约为 5 kcal/kg，青春期生长加速，能量消耗也增多。能量供应不足可使生长发育速度减慢，甚至停滞。

3. 活动

儿童活动时需要能量，其多少与身体大小、活动强度、持续时间、活动类型等均有密切关系。所需这部分能量波动较大，也是儿童能量平衡中最易发生变化的一部分。婴儿一般每天需 15～20 kcal/kg，但好哭、多动的婴儿可高出 2～3 倍，而安静、少哭的婴儿可减少一半；年长幼儿自由活动增多、强度增加，需要消耗的能量也增多；12～13 岁每天可达 30 kcal/kg。

4. 食物特殊动力作用

摄取的食物在体内吸收、利用而增加基础代谢所耗的能量称食物特殊动力作用。摄入不同食物消耗的热量各不相同。蛋白质最多，为自身产能的 20%～30%；碳水化合物和脂肪则较低，为 4%～6%。婴儿摄取蛋白质相对较多，故这方面消耗能量也较大，占总能量的 7%～8%，年长幼儿吃混合饮食占 5% 左右。

5. 排泄物中能量损失

每日摄入的食物不能完全消化吸收的产能营养素及其代谢产物，随大小便排出体外，这部分所丢失的能量一般不超过总摄入量的 10%，婴儿每天丢失的能量为 8～11kcal/kg。腹泻时此项能量丢失增加。

三、宏量营养素

宏量营养素包括蛋白质、脂类、碳水化合物。因为它们在膳食中所占比重较大，所以需要量较多。

(一)蛋白质

蛋白质总是和一切生命活动连在一起，没有蛋白质及与其相连的核糖核酸，就没有生命的存在。

1. 蛋白质组成和吸收利用

蛋白质和核酸是生命的标志，是生命与非生命在化学组成上的主要区别。蛋白质的基本单位是氨基酸，不论动物还是植物，高等生物还是低等生物，所有蛋白质都由 20 种氨基酸组成。人体内数以万计的蛋白质因氨基酸组成的数量和排列顺序不同而不同，致使人体中蛋白质多达 10 万种以上，它们的结构、功能也因此千差万别，形成了生命的多样性和复杂性。

在已发现的 20 种氨基酸中，有 8 种机体不能合成，必须由食物供给，称必需氨基酸，即赖氨酸、色氨酸、蛋氨酸、苯丙氨酸、亮氨酸、异亮氨酸、苏氨酸和缬氨酸。此外，牛磺酸是婴儿期所需的条件性必需氨基酸，精氨酸、胱氨酸和酪氨酸是早产儿所需的条件性必需氨基酸。在儿童期，由于体内合成的组氨酸不足，故组氨酸也为儿童的必需氨基酸。

人体必需氨基酸的需要量对于成人以维持氮平衡为标准，对于儿童则以保证生长发育为标准。因此，按体重计算，婴幼儿所需的必需氨基酸明显多于成人。

不同食物蛋白质的营养价值取决于其所含各种必需氨基酸的量及适宜比例，蛋白质中的必需氨基酸种类齐全，量和比例都符合人体需要，而且可被充分吸收和利用，因此其生物价(BV)较高。生物价(BV)是反映食物蛋白质消化吸收后，被机体利用程度的一项指标。生物价越高，说明被机体利用率越高，即营养价值越高，最高值为100。

动物蛋白中的蛋、奶、肉、鱼以及大豆蛋白质中的氨基酸组成与人体必需氨基酸需要量的模式较接近，所含的必需氨基酸在体内利用率较高，称为优质蛋白质。植物蛋白中，赖氨酸、蛋氨酸、苏氨酸和色氨酸含量相对较低，所以营养价值也较低。

乳类和蛋类中的蛋白质有构成人体蛋白质最适合的必需氨基酸，其量和比例，能完全被身体吸收利用并合成人体蛋白质，其生物利用价值最高，在营养学上被用来作为评价其他食物蛋白质营养价值的参考标准，被称为参考蛋白质。动物性食物，如鱼、肉、肝类的蛋白质利用率也较高，与乳蛋类相仿，均为优质蛋白质。豆类蛋白质富含赖氨酸，其利用价值较其他植物高，也称为优质蛋白质。谷类食物如米、麦、玉米中蛋白质含必需氨基酸较少又不齐全，并缺乏赖氨酸，其生物利用率较低。

在安排膳食时，由于合理搭配，既能使几种不同的食物蛋白质产生互补作用，又能提高蛋白质的生物利用价值，称为蛋白质互补作用。例如，米、麦、玉米中的蛋白质缺乏赖氨酸，若配以富含赖氨酸的豆类，则可大大提高其蛋白质的利用率。因此，配制膳食的时候，食物的生物种属越远越好，搭配的种类越多越好，如动物性和植物性食物之间的配合，比单纯植物性食物之间的混合要好。另外，食用的时间越近越好，因为单个氨基酸在血液中停留的时间约4小时，然后到达组织器官，再合成组织器官的蛋白质，必须同步才能发挥互补作用。

2. 蛋白质的生理功能

蛋白质是构成人体组织、细胞的基本物质，也是体液、酶和激素的重要组成部分，与各种生命的功能和活动紧密相关，是维持生命不可缺少的营养素。食物中的蛋白质主要用于机体的生长发育和组织的修复，婴幼儿生长发育迅速，所需蛋白质的量也相对较多。按体重计算，新生儿期需要量最高，以后随年龄增长而逐步下降。此外，蛋白质对体液的渗透压具有一定的调控作用，也是三大供能营养素之一。一般情况下，人体每天所需热量有10%～15%来自蛋白质，但是蛋白质并不是主要供给热量的物质。当碳水化合物和脂肪供应不足时，蛋白质供能比例增加。因此，蛋白质长期摄入不足会减缓组织增长和修复，导致生长发育迟滞、组织功能异常，甚至威胁生命。

婴儿蛋白质需要量每日为1.5～3g/kg，其中必需氨基酸应占43%。人乳蛋白质的生物价非常高，吸收率高达90%，因此母乳喂养婴儿的蛋白质供应量每天只需1.5g/kg。牛乳蛋白质的生物价略低，牛乳喂养儿需3g/kg；植物蛋白质的利用率更低，完全用植物蛋白质喂养的婴儿每日需4.0g/kg。1岁以后蛋白质的供应量逐渐减少。

3. 蛋白质的主要食物来源

(1) 谷类含蛋白质10%左右，含量不算高，但由于是人们的主食，所以仍然是膳食蛋白的主要来源。

(2) 豆类含丰富的蛋白质，特别是大豆，含量高达 36%～40%，氨基酸组成也比较合理，在体内利用率也比较高。

(3) 蛋类含蛋白质 11%～14%，是优质蛋白质的重要来源。

(4) 奶类一般含蛋白质 3.0%～3.5%，是婴幼儿除母乳以外蛋白质的最佳来源。

(5) 新鲜肉类含蛋白质 15%～22%，营养价值优于植物蛋白，是人体蛋白质的重要来源。

(6) 一般要求动物蛋白和大豆蛋白应占膳食蛋白总量的 30%～50%。

阅读链接 3-1

苯丙酮尿症扫描右侧二维码阅读。

(二)脂类

脂类是脂肪和类脂的总称，是一大类具有重要生物学作用的化合物。

1. 脂肪

1) 脂肪的结构

脂肪由甘油和脂肪酸构成。脂肪可在多数有机溶剂中溶解，但不溶于水。食物中的油脂主要是油和脂肪，一般把常温下是液体的称作油，而把常温下是固体的称作脂肪。脂肪是由甘油和脂肪酸组成的三酰甘油酯，其中甘油的分子比较简单，而脂肪酸的种类和长短有多种。因此脂肪的性质和特点主要取决于脂肪酸，不同食物中的脂肪所含有的脂肪酸种类和含量不一样。

自然界有 40 多种脂肪酸，因此可形成多种脂肪酸甘油三酯。脂肪酸一般由 4～24 个碳原子组成。脂肪酸有三种分类方式。

按饱和程度分类：饱和脂肪酸(不含双键)；单不饱和脂肪酸(含一个双键)；多不饱和脂肪酸(含两个以上双键)。

按脂肪酸碳链长度分类：长链脂肪酸(14 碳以上)；中链脂肪酸(8～12 碳)；短链脂肪酸(2～6 碳)。

按脂肪酸空间结构分类：顺式脂肪酸(天然油脂)，即双键两侧碳原子上的两个氢原子都在键的同侧；反式脂肪酸(人造黄油)，即双键两侧碳原子上的两个氢原子都在键的不同侧。反式脂肪酸降低高密度脂蛋白胆固醇(HDL-C)，升高低密度脂蛋白胆固醇(LDL-C)，增加心血管疾病的危险性，应该少吃。

2) 脂肪的消化吸收

食物进入口腔后即开始消化，唾液腺分泌的脂肪酶可水解部分脂肪，但这种消化能力很弱。婴儿口腔中的脂肪酶可有效地分解奶中短链和中链脂肪酸。消化脂肪的主要场所是小肠。来自胆囊中的胆汁首先将脂肪乳化，胰腺和小肠分泌的脂肪酶将甘油三酯水解成游离脂肪酸和甘油单酯。水解后的小分子(甘油、短链和中链脂肪酸)很容易被小肠细胞吸收。

甘油单酯和长链脂肪酸被吸收后先在小肠细胞中重新合成甘油三酯,然后和磷脂、胆固醇以及蛋白质形成乳糜微粒,由淋巴系统进入血液循环。乳糜微粒是一种颗粒最大、密度最低的脂蛋白,是植物脂肪的主要运输形式。脂肪的吸收率在 80%以上,最高的如菜籽油可达 99%。

3) 脂肪的生理功能

第一,脂肪的主要功能是提供能量,1 g 脂肪在体内完全氧化所产生的能量比碳水化合物和蛋白质要高出 1 倍多。脂肪所提供的能量占婴儿总能量的 35%～50%,年长儿为 25%～30%。

第二,脂肪还是组成人体组织细胞的一个重要部分,如磷脂可促进脑和周围神经组织的生长发育,固醇是体内合成激素和某些营养素(如维生素 D)的重要物质。

第三,脂肪可作为脂溶性维生素的载体,促进其吸收利用。

第四,体内脂肪还能保护脏器,防止散热以维持人体正常体温。

第五,膳食中脂肪还能增强食物的美味和人体饱腹感。

第六,提高膳食感官性状,使膳食增味添香。

2. 类脂

类脂包括磷脂、糖脂和固醇类。磷脂、糖脂和胆固醇构成细胞膜的类脂层,胆固醇又是合成胆汁酸、维生素 D_3 和类固醇激素的原料。

磷脂是含有磷酸根、脂肪酸、甘油和氮的化合物。体内除甘油三酯外,磷脂是最多的脂类。甘油磷脂构成细胞膜,并与脂肪运输有关。另有卵磷脂、神经鞘磷脂、脑磷脂、肌醇磷脂等。鞘磷脂是神经髓鞘的重要成分,保持神经髓鞘的绝缘性。

糖脂有脑苷脂类、神经节苷脂,也为构成细胞膜所必需。

类固醇及固醇包括胆固醇、麦角固醇、皮质甾醇、胆酸、维生素 D、雄激素、雌激素、孕激素。胆固醇是所有体细胞的构成成分,还是 7-脱氢胆固醇、维生素 D_3、性激素、黄体酮、前列腺素、肾上腺皮质激素的前体物,是机体不可缺少的营养物质。类脂在体内含量固定,被称为"不动脂"。

3. 膳食脂肪参考摄入量及脂类食物来源

1) 膳食脂肪适宜摄入量

成人脂肪能量占总能量的百分比为 20%～30%。其中饱和脂肪酸占比小于 10%,单不饱和脂肪酸约占 10%,多不饱和脂肪酸约占 10%,胆固醇少于 300mg。婴儿每日每千克体重需要脂肪约 4 g,年龄越小需要量越大,第一、二个月可高达 6～7g,6 个月降至 4g,3～4 岁降至 3.0～3.5g。6 岁以上的儿童需 2.5～3g/kg。

2) 脂类的主要食物来源

必需脂肪酸最好的来源是植物油,胆固醇只存在于动物性食物中,畜肉中胆固醇含量大致相近,肥肉比瘦肉高,内脏又比瘦肉高,脑中含量最高。鱼类的胆固醇和瘦肉相近。肝脏是胆固醇代谢中心,合成胆固醇能力很强,每天可合成 1～11.2 g,肝脏占合成量的 80%。

我国营养学会建议膳食脂肪供给量不宜超过总能量的 30%，其中饱和脂肪酸、单不饱和脂肪酸、多不饱和脂肪酸的比例应为 1∶1∶1。亚油酸提供的能量达到总能量的 1%~2%，即可满足人体对必需脂肪酸的需要。

阅读链接 3-2

与脂肪有关的疾病扫描右侧二维码阅读。

(三)碳水化合物

1. 组成

碳水化合物亦称糖类化合物，糖类化合物是一切生物体维持生命活动所需能量的主要来源，是自然界存在最多、分布最广的一类重要的有机化合物。葡萄糖、蔗糖、淀粉和纤维素等都属于糖类化合物。它不仅是营养物质，而且有些还具有特殊的生理活性。例如，肝脏中的肝素有抗凝血作用；血液中的糖与免疫活性有关。此外，核酸的组成成分中也含有糖类化合物——核糖和脱氧核糖。因此，糖类化合物在医学上具有更重要的意义。

2. 分类

碳水化合物可分为糖(糖分子 1~2 个)、寡糖(糖分子 3~9 个)和多糖(糖分子≥10 个)。糖包括单糖(葡萄糖、果糖、半乳糖)、双糖(蔗糖、乳糖、麦芽糖、海藻糖)、糖醇(山梨醇、甘露糖醇)。寡糖包括麦芽糊精、棉子糖等。多糖包括淀粉、非淀粉多糖(纤维素、半纤维素、果胶、亲水胶质物)。膳食纤维(DF)是不能被人体消化道消化吸收的多糖和木质素，包括纤维素、半纤维素、木质素、果胶、抗性淀粉(RS)、不可消化寡糖等。

3. 碳水化合物的生理功能

(1) 储存和提供能量。每克葡萄糖产热 16 千焦(4 千卡)，人体摄入的碳水化合物在体内经消化变成葡萄糖或其他单糖参加机体代谢。每个人膳食中碳水化合物的比例没有标准，我国营养专家认为碳水化合物产热量占总热量的 55%~65%为宜。平时摄入的碳水化合物主要是多糖，在米、面等主食中含量较高，摄入碳水化合物的同时，能获取蛋白质、脂类、维生素、矿物质、膳食纤维等其他营养物质。而摄入单糖或双糖如蔗糖，只能补充热量，不能补充其他营养素。

(2) 构成组织和重要生命物质。每个细胞都有碳水化合物，其含量为 2%~10%，主要以糖脂、糖蛋白和蛋白多糖的形式存在，分布在细胞膜、细胞器膜、细胞浆以及细胞间质中。

(3) 节约蛋白质。食物中如果碳水化合物不足，机体就不得不动用蛋白质来满足机体活动所需的能量，这将影响机体用蛋白质合成新的蛋白质和更新组织。因此，完全不吃主食，只吃肉类是不适宜的，因肉类中含碳水化合物很少，这样机体组织将用蛋白质产热，对机体没有好处。所以减肥病人或糖尿病患者每日最少摄入的碳水化合物不要低于 150g 主食。

(4) 抗生酮作用。当膳食中缺乏碳水化合物时，体内脂肪就会被动员来供应能量。在这一代谢过程中，脂肪酸因不能彻底被氧化就会产生过多的酮体，以致产生酮血症和酮尿症。而充足的碳水化合物能起到预防作用。

(5) 解毒。碳水化合物经糖醛酸途径代谢生成的葡萄糖醛酸，可与某些毒物结合从尿排出而解毒，是重要的整合解毒剂。

(6) 增强肠道功能。非淀粉多糖类，如纤维素、果胶等，能刺激肠蠕动，增加结肠发酵，刺激肠道菌生长。例如，乳酸杆菌、双歧杆菌等益生菌，可提高消化系统的功能。

4. 膳食纤维的食物来源

膳食中碳水化合物的主要来源是谷类和薯类食物，其次是食糖作物，然后依次是根茎作物、水果、蔬菜、豆类及乳制品。粮谷类含 60%～80%；薯类含 15%～29%，豆类为 40%～60%。单糖和双糖来源于蔗糖、糖果、甜食、糕点、甜味水果(如甘蔗、甜瓜、西瓜、香蕉、葡萄等)、含糖饮料、蜂蜜等。

碳水化合物是蛋白质、微量营养素以及其他食物成分的重要载体。婴幼儿宜摄入丰富多样的碳水化合物，以避免因品种单调而引起微量营养素缺乏。婴幼儿对碳水化合物的需要量比成人多，1岁以内婴儿每日约需 12 g/kg，2岁以上儿童每日约需 10 g/kg，其供能量应占总能量的 35%～65%。

保证碳水化合物的充分摄入，以提供比例合适的能量来源很重要，如碳水化合物产能大于 80%或小于 40%都不利于健康。碳水化合物摄入不足时脂肪和蛋白质会被消耗以补偿供能，同时脂肪和蛋白质的正常代谢也将受到影响。

因此，WHO 要求成年人每日摄取膳食纤维 27～40g，我国已从过去的 26g 下降为 17.4g，因此"富贵病"发病率逐渐升高。

阅读链接 3-3

美拉德反应扫描右侧二维码阅读。

四、微量营养素

因矿物质和维生素需要量少，在膳食中所占比重较小，所以被称为微量营养素。矿物质又可分为常量元素和微量元素，常量元素在人体内含量相对较多，微量元素在人体内含量则很少。

(一)矿物质

除碳、氢、氧和氮主要以有机化合物形式存在外，其余存在人体内的元素统称为矿物质(或无机盐或灰分)。矿物质与其他营养素不同，不能在体内生成，而且除非被排出体外，否则不可能在体内消失，因此必须通过膳食补充。时至今日，人类已经发现有 20 多种元素是构成人体组织、维持生理功能、生化代谢所必需的。

矿物质在体内分布极不均匀，其含量随着年龄的增加而增加，但元素间比例变动不大，元素之间尚存在拮抗与协同作用，特别是微量元素的摄入量具有明显的剂量反应关系。

根据矿物质在食物中的分布及吸收、人体需要等特点，我国人群比较容易缺乏的有钙、铁、锌。在特殊地理环境或其他特殊条件下，也可能有碘、硒及其他元素的缺乏问题。

1. 常量元素

体内元素的含量大于体重 0.01%者为常量元素。

常量元素有六种，即钙、镁、钾、磷、钠、氯。

1) 钙

《中国居民膳食营养素参考摄入量》建议钙的 AI：6 个月以下为 300mg/d，6 个月以上为 400mg/d，1～3 岁为 600mg/d，4～10 岁为 800mg/d，11～18 岁为 1000mg/d，孕妇为 1000mg/d，乳母为 1200mg/d。

成年时体内钙含量达 850～1200g，是人体内含量最高的一种无机元素。体内的钙 99%集中在骨骼和牙齿中，1%存在于软组织、细胞外液和血液中。

(1) 钙的生理功能。

第一是形成和维持骨骼和牙齿的结构。骨钙的更新速率随着年龄的增长而减慢。幼儿每两年更新一次，成人 10～12 年更新一次。40 岁以后骨中的矿物质逐渐减少。老年人以骨吸收占优势。

第二维持神经与肌肉的正常活动。血清 Ca 离子浓度降低时，肌肉、神经兴奋性增高，引起手足抽搐；过高则损害肌肉的收缩功能，引起心脏、呼吸功能衰竭。

第三，参与凝血过程，激活凝血酶原，使之变为凝血酶。

第四，调节或激活多种酶，如 ATP 酶、脂肪酶、蛋白质分解酶等。

缺钙在儿童阶段容易引起佝偻病；在成人阶段容易引起骨质疏松症。

(2) 钙过量的危害。

增加肾结石的危险，出现奶碱综合征，包括高血钙症、碱中毒和肾功能障碍。过量的钙会干扰其他矿物质的吸收和利用，抑制铁的吸收，降低锌的生物利用率。钙/镁比例大于 5，可导致镁缺乏。

(3) 钙的吸收与代谢。

钙在小肠通过主动转运与被动转运被吸收，一般钙吸收率为 20%～60%。钙吸收受膳食中草酸盐、植酸盐、膳食纤维的影响，脂肪消化不良，可使未被吸收的脂酸与钙形成钙皂而影响钙的吸收。膳食中如维生素 D、乳糖、蛋白质有促进钙吸收的作用。此外，钙的吸收还与机体状况有关。

钙在体内代谢后主要经肠道排出，钙从尿中的排出量约为摄入量的 20%。高温作业和哺乳期可通过汗和乳汁排出。

钙在体内的潴留受膳食供给水平及人体对钙需要程度等所左右。

阅读链接 3-4

如何才能科学补钙扫描右侧二维码阅读。

(4) 钙的食物来源。

正常成人每天需要钙 800～1000mg，老年人需要 1500mg，一般

阅读链接.docx

饮食中钙含量远远不够，故应多吃含钙丰富的食物。这些食物有：奶和奶制品(鲜奶、酸奶、炼乳、干酪)；大豆及其制品(豆浆、豆腐、豆腐皮、薄豆腐、豆腐干、豆腐乳、豆腐脑、腐竹、素鸡)；带骨的小鱼、虾皮、坚果(花生、核桃、腰果、松仁、榛子)、芝麻酱、海带、南瓜子、西瓜子、发菜等。

烹调方面，醋煎排骨、炸酥鱼，也为钙的吸收创造了良好条件，小虾、小鱼炸焦后，连皮和刺一块嚼着吃也是补钙的好方法。

(5) 促进钙吸收的因素。

维生素 D，包括食物中的维生素 D 和阳光照射，能够促进钙的吸收。膳食中的蛋白质可以增加小肠吸收钙的速度。乳糖也可增加钙吸收的速度。酸性环境对钙的吸收有利。与骨代谢有关的微量元素有锌、铜、氟、锶、硅等，可适当补充。

(6) 干扰钙吸收的因素。

维生素 D 缺乏会干扰钙的吸收。膳食中钙和磷的比例以 1∶1.5 为宜，婴幼儿以 1∶1 较好，任何一种元素过多或过少，都会干扰钙的吸收。膳食中植酸含量过高，可与钙结合形成植酸钙，降低钙的吸收。草酸可与钙结合形成不溶性的草酸钙，不被吸收。脂肪过多，与钙结合可形成不溶性的钙皂，不被吸收。碱性过高会干扰钙的吸收。运动过少、年纪过大、精神紧张可降低钙吸收。

2) 磷

磷在成人体内含量为 400～800g，其中 85%存在于骨骼和牙齿中，15%存在于软组织和体液中。

(1) 磷的生理作用。

磷是构成骨骼、牙齿及软组织的重要成分，也是许多维持生命物质如核酸、酶、磷蛋白等的重要成分。磷主要在小肠吸收，摄入混合膳食时，吸收率达 60%～70%。磷主要从肾脏排出。

(2) 磷的来源。

中国营养学会推荐磷 AI(适宜摄入量)值：成人为 700mg/d。瘦肉、蛋、鱼、干酪、蛤蜊，动物的肝、肾等含量都很高；海带、芝麻酱、花生、干豆类、坚果等，含量也很高；粮谷类中的磷多为植酸磷，吸收、利用率较低；由于磷的食物来源比较广泛，因此一般不易缺乏。

3) 钾

(1) 钾的生理功能。

维持糖、蛋白质的正常代谢；维持细胞内正常渗透压；维持神经肌肉的应激性和正常功能；维持心肌的正常功能；维持细胞内外正常的酸碱平衡；降低血压。

(2) 钾的来源。

蔬菜、水果是钾最好的来源。每 100g 食物含钾：谷类 100～200mg，豆类 600～800mg，蔬菜水果 200～500mg，肉类 150～300mg，鱼类 200～300mg。含钾量在 1000mg 以上的食物有紫菜、黄豆、冬菇；含钾量在 500～1000mg 的食物有小豆、绿豆、黑木耳、花生仁、干枣等。

4) 钠

(1) 钠的生理功能。

调节体内水分和渗透压；维持酸碱平衡；钠泵——保证钠钾离子的主动运转，使钠离子主动从细胞内排出，以维持细胞内外渗透压的平衡；维持血压正常；增强神经肌肉的兴奋性。

(2) 钠的来源。

其来源主要是食盐；盐渍食品，如腌制肉、烟熏食品、酱咸菜、咸味休闲食品、发酵豆制品；含钠复合物，如谷氨酸钠、小苏打、酱油。

2. 微量元素

体内元素的含量小于体重 0.01%者为微量元素，每日膳食需要量为μg～mg。人体必需的微量元素有铁、铜、钴、碘、锌、硒、钼、铬、氟等。

1) 铁

铁是被人们知道最早的微量元素，至今已有两千多年的历史。铁在所有微量元素中，在人体内按重量名列第二，仅次于硅。硅在成人体内约 18g，铁约 4.5g。铁占人体重量的 0.004%。在人体内，70%的铁以血红蛋白的形式存在，其余的大部分储存在肝脏、脾脏和骨髓中。

(1) 铁的生理功能。

首先，铁为血红蛋白与肌红蛋白、细胞色素 A 以及某些呼吸酶的成分，参与体内氧与二氧化碳的转运、交换和组织呼吸过程。

其次，铁可提高机体免疫力，增强中性粒细胞和吞噬细胞的功能。但当感染时，过量的铁往往会促进细菌的生长，对抵御感染不利。

最后，催化β-胡萝卜素转化为维生素 A，参与嘌呤与胶原的合成、抗体的产生等。

(2) 铁的吸收和利用。

植物性食物中铁的吸收率较动物性食物(除蛋类)低。铁在食物中主要以三价铁(非血色素铁)形式存在，少数食物中为还原铁(血色素铁)形式。非血色素铁在体内的吸收过程受膳食因素的影响，如粮谷和蔬菜中的植酸盐、草酸盐以及存在于茶叶及咖啡中的多酚类物质等均可影响铁的吸收。

此外，无机锌与无机铁之间有较强的竞争关系，干扰彼此的吸收。但维生素 C、某些单糖、有机酸以及动物肉类有促进非血色素铁吸收的作用。核黄素对铁的吸收、转运与储存均有积极影响。

(3) 铁的缺乏与过量。

铁不足的危害：工作效率降低、学习能力下降、冷漠呆板；儿童表现为易烦躁，抗感染能力下降。

症状：皮肤黏膜苍白，尤以口唇与甲床最明显；疲乏无力、烦躁不安或萎靡不振；食欲减退，异食癖；心慌、气促、头晕；机体免疫功能下降，抗寒能力降低。

铁过量的危害：急性铁中毒多见于服用过量铁剂，主要症状为消化道出血。肝脏是主要靶器官，过量铁可致肝纤维化、肝硬化、肝细胞瘤。铁过量可催化自由基的生成，促进脂蛋白的过度氧化，参与动脉粥样硬化的形成。铁过多还可导致机体氧化和抗氧化系统失衡，直接损伤DNA，诱发癌变。

(4) 铁的来源。

婴幼儿由于生长较快，对铁的需要量相对较高，需从食物中获得铁的比例大于成人；妇女月经期铁损失较多，孕期铁需要量增加，为此摄入量应适当增加。中国营养学会推荐铁的适宜摄入量(AI)男子为15mg/d，女子为20mg/d；可耐受最高摄入量(UL)男女均为50mg/d。铁的来源主要为动物肝脏、动物全血、畜禽肉类、鱼类；植物性食物中铁吸收率较动物食物低。牛奶是贫铁食物，且吸收率不高。

2) 碘

碘是最早被确认为人类和动物所必需的营养素之一。碘缺乏至今仍是世界上四大营养缺乏病之一，世界上有十多亿人口(我国2亿多)仍受到碘缺乏的威胁。人体内含碘为20~50g。甲状腺组织含碘最多，约占体内总碘量的20%。

(1) 碘的生理功能。

碘是甲状腺素的重要成分。碘的生理功能是通过甲状腺激素来完成的。甲状腺利用碘和酪氨酸合成甲状腺激素，包括三碘甲腺原氨酸(T3)和四碘甲腺原氨酸(T4)。

碘能促进物质的分解和代谢，产生能量，保持体温；在发育期促进体格发育，食物中碘离子极易被吸收，进入胃肠道后1小时内大部分被吸收，3小时被完全吸收。吸收后的碘，迅速转运至血液，与血液中蛋白质结合，并遍布各组织中。

(2) 碘的缺乏与过量。

妊娠至出生后两岁缺乏碘会使脑发育落后，全身严重发育不良，身体矮小，智力低下，这种病症被称为呆小病。成年人膳食和饮水中长时间地缺少碘便会发生甲状腺肿大，病人的甲状腺细胞数目增多、体积增大，以力图代偿性地从血液中吸收较多的碘，出现甲状腺肿大，此病俗称大脖子病(甲状腺位于颈前部)。

碘摄入过量可造成高碘甲状腺肿大。常见于摄入含碘高的水、食物，以及在治疗甲状腺肿大等疾病中使用过量的碘制剂等情况。这只要限制高碘食物，即可防治。

(3) 碘的来源。

中国营养学会推荐的RNI值为成人150μg，孕妇、乳母为200μg；可耐受最高摄入量(UL)为1000μg。含碘较高的食物有海产品，如海带、紫菜、淡菜、海参、海鱼、海虾、干贝、龙虾、蛤干等。陆地食品中蛋、奶含碘量相对较高，其次是肉类，淡水鱼含碘量低于肉类。

3) 锌

人体含锌2~2.5g，主要存在于肌肉、骨骼、皮肤中。中国营养学会推荐锌的RNI值为成年男子15 mg，成年女子11.5 mg，孕妇16.5 mg，乳母21.5 mg。

(1) 锌的生理功能。

第一，锌是酶的组成成分或酶的激活剂。人体约80多种酶的活性与锌有关，如碳酸酐酶、碱性磷酸酶、乳酸脱氢酶、羧肽酶、RNA聚合酶、DNA聚合酶等。

第二，锌能促进生长发育与组织再生。锌与蛋白质、核酸的合成，和细胞生长、分裂、分化等过程都有关。

第三，促进食欲。锌参与构成唾液蛋白而对味觉与食欲发生作用。

第四，促进维生素A的代谢和生理作用。

第五，参与免疫功能。

(2) 锌的缺乏与过量。

锌缺乏表现为生长迟缓、食欲不振、异食癖、味觉迟钝甚至丧失、皮肤创伤不易愈合、易感染、性成熟延迟等。

锌过量常可引起铜的继发性缺乏，使机体的免疫功能下降。

(3) 锌的来源。

锌的食物来源广泛，但动物性食物的锌含量与吸收率和植物性食物相比有很大差别。动物性食物是锌的可靠来源。牡蛎含锌量最高(每 100 g 含锌高达 100 mg 以上)；畜、禽肉及肝脏、蛋类含锌 2～5mg，鱼及一般海产品含锌 1.5mg；奶和奶制品含锌 0.3～1.5mg；谷类和豆类含锌 1.5～2.0mg；蔬菜水果含锌少于 1mg。

(二)维生素

维生素(vitamin)又名维他命，是维持人体生命活动必需的一类有机物质，也是保持人体健康的重要活性物质。维生素在体内的含量很少，但在人体生长、代谢、发育过程中发挥着重要的作用。

1. 脂溶性维生素

脂溶性维生素有以下几种。

维生素A——视黄醇、抗干眼病维生素。

维生素D——钙化醇、抗佝偻病维生素。

维生素E——生育酚。

维生素K——叶绿醌、凝血维生素。

1) 维生素A

(1) 维生素A的生理功能。

① 维生素A是维持一切上皮组织健全所必需的物质。缺乏时，上皮组织干燥、增生、过度角化，抵抗微生物感染的能力降低。例如，泪腺上皮分泌停止，能使角膜、结膜干燥、发炎，甚至软化穿孔。皮脂腺及汗腺角化时，皮肤干燥，容易发生毛囊丘疹和毛发脱落。

② 维生素A能促进生长、发育及繁殖。缺乏维生素A时，儿童生长发育不良，骨骼生长不良，生殖功能减退。

③ 维生素A是构成视觉细胞内感光物质的成分。维生素A在脱氢酶作用下可氧化生成视黄醛，视黄醛与光感受器(视杆细胞和视锥细胞)中不同的视蛋白结合可产生各种不同吸收光谱的视色素，如视紫红质、视紫质等。倘若维生素A供应不足，杆状细胞中视紫质合成减少，会导致暗视觉障碍——夜盲症。

(2) 维生素A缺乏的表现。

夜盲症、暗适应障碍；眼滤泡角化过度，毕脱氏斑；上皮干燥、增生，毛囊角化过度。

严重者有蟾皮症，发育不良，毛发干燥、易脱落。

(3) 维生素 A 的主要食物来源。

动物性食物：动物肝脏、鱼肝油、全奶、蛋黄。

植物性食物(β-胡萝卜素)：有色蔬菜(菠菜、胡萝卜、韭菜、雪里蕻)；水果如香蕉、杏、柿子等。

阅读链接 3-5

维生素 A 和儿童视力扫描右侧二维码阅读。

2) 维生素 D

(1) 维生素 D 的生理功能。

维生素 D 为类固醇衍生物，属脂溶性维生素。维生素 D 与动物骨骼的钙化有关，故又称为钙化醇。它具有抗佝偻病的作用，在动物的肝、奶及蛋黄中含量较多，尤以鱼肝油含量最丰富。

天然的维生素 D 有两种：麦角钙化醇(D_2)和胆钙化醇(D_3)。植物油或酵母中所含的麦角固醇(24-甲基-22 脱氢-7-脱氢胆固醇)，经紫外线激活后可转化为维生素 D_2。在动物皮下的 7-脱氢胆固醇，经紫外线照射也可以转化为维生素 D_3，因此麦角固醇和 7-脱氢胆固醇常被称作维生素 D 原。

维生素 D 在体内发挥作用主要是通过促进钙的吸收进而调节多种生理功能。研究证明，维生素 D_3 能诱导许多动物的肠黏膜产生一种专一的钙结合蛋白(CaBP)，增加动物肠黏膜对钙离子的通透性，促进钙在肠内的吸收。

维生素 D 的主要功能是调节体内钙、磷代谢，维持血钙和血磷的水平，从而维持牙齿和骨骼的正常生长、发育。儿童缺乏维生素 D，易发生佝偻病，过多服用维生素 D 则很可能引起急性中毒。

(2) 影响维生素 D 和钙吸收的因素。

促进因素：适当的钙磷比(钙/磷比例＜5)，肠道 pH 值为酸性环境，同时摄取维生素 A 和 C 等。

阻碍因素：膳食中的草酸、植酸、脂肪酸、膳食纤维、碱性药物。

(3) 维生素 D 缺乏的表现。

神经精神症状：多汗、夜惊、易激怒、枕秃或环形脱发。

骨骼变化表现在以下几方面。①头部：方颅、鞍型头、十字头，出牙迟，牙齿排列不整齐，釉质发育不良。②胸部：肋骨串珠、肋下缘外翻、赫氏沟、鸡胸、漏斗胸。③四肢与脊柱：脊柱弯曲、X 形腿、O 形腿、手足镯。维生素 D 缺乏，在儿童表现为佝偻病，在成人表现为骨质软化症。孕妇、乳母、老年人多见。

初期表现为上楼梯时感到吃力，胸骨、肋骨、骨盆及大关节处有明显压痛；严重时脊柱弯曲、身材变矮、骨盆变形。在骨痛与肌无力同时存在时，患者步态特殊，称为"鸭步"。容易发生脱钙、骨质疏松，有自发性、多发性骨折。

(4) 维生素 D 的来源。

外源性：紫外线照射皮肤。

内源性：海鱼(如鳕鱼、鲱鱼)、鱼肝油、动物肝脏(鸡肝、羊肝、牛肝)、蛋黄、奶油、干酪、熟猪油、牛奶巧克力、蘑菇等。牛奶和人乳中含量较低，蔬菜、水果、谷类几乎不含维生素 D。

阅读链接 3-6

佝偻病扫描右侧二维码阅读。

3) 维生素 E

维生素 E 是生育酚和三烯生育酚的总称。自然界有八种化合物：α-生育酚、β-生育酚、γ-生育酚、δ-生育酚和α-三烯生育酚、β-三烯生育酚、γ-三烯生育酚、δ-三烯生育酚。其中α-生育酚生物活性最高(作为 1)，β-生育酚、γ-生育酚、δ-生育酚的生物活性分别为α-生育酚的 50%、10%、2%。α-三烯生育酚的生物活性大约为α-生育酚的 30%。

(1) 维生素 E 的生理功能。

维生素 E 在人体内的作用比任何一种营养素都大，故有"护卫使"之称。维生素 E 在人体内具有良好的抗氧化性，即降低细胞老化。另外，还具有保持红细胞的完整性、促进细胞合成、抗污染、抗不孕的功效。

(2) 维生素 E 缺乏的表现。

维生素 E 缺乏会导致动脉粥样硬化、血浓性贫血、癌症、白内障和其他老年退行性病变等；形成疤痕；会使牙齿发黄；引发近视；引起残障、弱智；引起男性性功能低下，前列腺肥大等。

(3) 维生素 E 的来源。

维生素 E 来源于猕猴桃、坚果(包括杏仁、榛子和胡桃)、向日葵籽、玉米、冷压的蔬菜油、红花、大豆、棉籽和小麦胚芽(最丰富的一种)、菠菜、羽衣甘蓝、甘薯、山药、莴苣、卷心菜、菜花等。奶类、蛋类、鱼肝油也含有一定的维生素 E。

4) 维生素 K

(1) 维生素 K 的生理功能。

维生素 K 控制血液凝结。维生素 K 是四种凝血蛋白(凝血酶原、转变加速因子、抗血友病因子和司徒因子)在肝内合成必不可少的物质。即使供给大量天然的维生素 K_1 和维生素 K_2 也不会中毒。

维生素 K 可分为两大类。一类是脂溶性维生素，即从绿色植物中提取的维生素 K_1 和肠道细菌(如大肠杆菌)合成的维生素 K_2。另一类是水溶性的维生素，由人工合成即维生素 K_3 和 K_4。最重要的是维生素 K_1 和 K_2。脂溶性维生素 K 吸收需要胆汁协助，水溶性维生素 K 吸收不需要胆汁协助。

(2) 缺乏维生素 K 的表现。

缺乏维生素 K 会延迟血液凝固，引起新生儿出血。

(3) 维生素 K 的来源。

维生素 K 来源于鱼肉、鱼卵、肝、蛋黄、奶油、黄油、干酪、肉类、奶、水果、坚果、蔬菜及谷物等。

2. 水溶性维生素

水溶性维生素包括以下几种。

维生素 B_1——硫胺素、抗脚气病维生素。

维生素 B_2——核黄素。

维生素 B_3——泛酸。

维生素 PP——尼克酸、尼克酰胺、抗癞皮病维生素、烟酸。

维生素 B_6——吡多醇、吡多醛、吡多胺。

维生素 M——叶酸。

维生素 H——生物素。

维生素 B_{12}——钴胺素、抗恶性贫血病维生素。

维生素 C——抗坏血酸、抗坏血病维生素。

1) 维生素 B_1

维生素 B_1 因其分子中含有硫和氨基，故称为硫胺素，又称抗脚气病维生素。它能增进食欲，维持神经正常活动等，缺少它会得脚气病、神经性皮炎等。

1~3 岁幼儿每天需摄入 0.6mg，3~6 岁每天需 0.7mg。它主要存在于种子外皮及胚芽中，米糠、麦麸、黄豆、酵母、瘦肉等食物中含量最丰富。此外，白菜、芹菜及中药防风、车前子也富含维生素 B_1，目前已能由人工合成。注意饮食上不宜吃太精细的食物。

2) 维生素 B_2

维生素 B_2 又叫核黄素，微溶于水，在中性或酸性溶液中加热是稳定的，为体内黄酶类辅基的组成部分(黄酶在生物氧化还原中发挥递氢作用)。当其缺乏时，就会影响机体的生物氧化，使代谢发生障碍。其病变多表现为口、眼和外生殖器部位的炎症，典型症状是"口腔-生殖系综合征"(orogenital syndrome)。缺乏维生素 B_2，主要有以下表现。

(1) 眼部症状：球结膜充血、角膜血管增生、怕光、流泪、灼烧感、视觉模糊并容易疲劳。

(2) 口腔症状：口角炎、唇炎、舌炎。

(3) 皮肤症状：阴囊皮炎；脂溢性皮炎。

(4) 其他：贫血、生长缓慢、食欲降低等。

体内维生素 B_2 的储存是很有限的，因此每天都要由饮食提供。其来源是动物内脏(肝、心)、蛋类、奶类、大豆、绿叶蔬菜等。

3) 维生素 C

维生素 C 是最不稳定的一种维生素，由于它容易被氧化，所以在贮藏、烹调，甚至切碎新鲜蔬菜时，维生素 C 都能被破坏。微量的铜、铁离子可加快破坏的速度。因此，只有新鲜的蔬菜、水果或生拌菜才是维生素 C 的丰富来源。

它是无色晶体，熔点是 190~192℃，易溶于水，水溶液呈酸性，化学性质较活泼，遇热、碱和重金属离子容易分解，所以炒菜不可用铜锅或加热过久。

植物及绝大多数动物均可在自身体内合成维生素 C。可是人、灵长类及豚鼠则因缺乏将 L-古洛酸转变成为维生素 C 的酶类，不能合成维生素 C，故必须从食物中摄取，多吃水果、蔬菜能满足人体对维生素 C 的需要。

维生素 C 在促进脑细胞结构的坚固、防止脑细胞结构松弛与紧缩方面起着相当大的作用，并能防止输送养料的神经细管堵塞、变细。摄取足量的维生素 C 能使神经细管通透性好转，使大脑及时顺利地得到营养补充，从而使脑力好转，智力提高。

维生素 C 缺乏症为坏血病(scurvy)，最早出现的症状是疲劳，后来有出血点，开始为小的瘀点或瘀斑，过度角化的毛囊周围带有轮状出血，是坏血病最具特异性的体征。维生素 C 缺乏还会引起齿龈炎和骨质疏松。

维生素 C 需要量：小于 6 个月的幼儿为 40mg/d，大于 6 个月为 50mg/d，1～3 岁为 60mg/d，3～6 岁为 70mg/d。

维生素 C 主要来源于各种蔬菜水果，如辣椒、茼蒿、苦瓜、白菜、豆角、菠菜、土豆、韭菜；酸枣、红枣、草莓、柑橘、柠檬等。动物内脏中也含有少量维生素 C。

4) 叶酸

叶酸对于细胞分裂和组织生长具有极其重要的作用。孕妇摄入叶酸不足时，胎儿易发生先天性神经管畸形。叶酸缺乏还可引起巨幼红细胞贫血、高同型半胱氨酸血症等。

叶酸的食物来源：动物肝脏、鸡蛋、豆类、酵母、绿叶蔬菜、水果及坚果类。

阅读链接 3-7

坏血病的发现扫描右侧二维码阅读。

阅读链接.docx

五、其他膳食成分

(一)膳食纤维

膳食纤维是植物性食物中的一组多糖类碳水化合物，为植物的杆、茎、叶、根等组织的构成成分，由于人类体内没有分解这类碳水化合物的酶，所以基本不能被人体消化吸收。具有生理功能的膳食纤维有纤维素、半纤维素、木质素、果胶及树胶等。膳食纤维按其来源可分为不可溶性(纤维素、半纤维素、木质素)和可溶性(果胶、树胶、燕麦糖)两类。婴儿出生后 6 个月需添加膳食纤维，年长幼儿每日需 20～30g。

膳食纤维对人体的生理功能大致有三个方面。

(1) 吸水功能：可使摄入食物的体积膨胀，延长在消化道中通过的时间，增加各种营养素的吸收率；能吸附水分，使粪便体积增加、变软，促进结肠活动，有利于通便。

(2) 结合功能：能与胆固醇和胆盐结合，使胆固醇在消化道不被充分吸收而随粪便排出体外，从而降低胆固醇在体内的含量；还有结合各种矿物质和微量元素的作用，如果过多摄入膳食纤维会导致某些营养素的丢失。

(3) 酵解功能：在大肠益生菌的作用下，膳食纤维可以酵解成短链脂肪酸，在消化道和肝脏被吸收利用。

因此，膳食纤维对防治儿童便秘，预防肥胖病、高血压和糖尿病等有一定作用，因此儿童应适当摄取纤维素。

(二)水

水为人体重要的组成成分，所有的物质代谢和生理活动都需要水的参与。婴儿体内含水量明显高于成人，前者含水量占体重的70%～75%，后者为60%～65%。婴儿由于新陈代谢旺盛以及摄入蛋白质和矿物质较多，对水的需求量也相对较大，每天消耗水分占体重的10%～15%，而成人仅为2%～4%。

水主要从饮用水和食物中获得，组织代谢和食物在体内氧化也可产生一部分水，每100 kcal能量约可产生12 g水。水主要由肾脏排出(约占60%)，其次由肺和皮肤排出(约占30%)，由消化道排出的水占10%以下，尚有0.5%～3%的水分潴留在体内。每日水的需要量与年龄、能量消耗、食物中蛋白质和矿物质浓度、不显性失水、肾浓缩功能等因素有关。婴儿在出生后4个月内，如果奶量充足、生长发育良好，不需要额外加水。

第二节　婴儿营养与喂养

婴儿期是整个成长阶段中生长发育最快速的时期，营养不仅要满足其新陈代谢的需要，还要保证体格生长和各器官发育的需求。由于婴儿消化吸收功能尚未完善，机体与环境之间尚未很好地相互适应、相互平衡，故合理的营养与喂养至关重要。

一、婴儿消化系统的生理特点

(一)口腔

婴儿口腔小、舌短而宽、舌系带固定有利于吸吮，两岁左右舌系带逐渐被吸收。唇肌和两颊脂肪垫发达，有助于吸吮乳汁。两颊的脂肪垫随着年龄的增长而逐渐消失。足月新生儿吸吮及吞咽动作较成熟，而早产儿则较差。出生时唾液腺发育不够完善，3～4个月后唾液分泌开始增加，5～6个月唾液更多，婴儿常因来不及咽下而发生生理性流涎。3个月以内婴儿唾液中淀粉酶含量低，不宜喂淀粉类食物。

(二)食管和胃

新生儿食管长度为10～11 cm，1岁时为12 cm，5岁时为16 cm。新生儿胃多呈水平位，相对较小，胃容积为30～35 ml，3个月时为100 ml，1岁时增大为250 ml左右。由于婴儿食管壁肌肉、弹力纤维和贲门括约肌发育尚不完善，而幽门括约肌发育较好，故易造成溢乳。胃壁肌层及腺体发育也不够完善，易发生胃扩张。胃酸分泌较少，胃蛋白酶活力差，胃液消化能力随着年龄的增长而增强。

(三)肠

婴儿肠道相对较长,约为身长的 6 倍(成人约 4.5 倍),有利于消化吸收,但其固定性较差,易发生肠扭转和肠套叠。肠黏膜发育良好,血管、淋巴管丰富,绒毛发达,但肌层发育差。早产儿大肠蠕动、协调能力较差,易发生大便滞留或功能性肠梗阻。肠壁薄,通透性高,屏障功能较差,肠腔中微生物、毒素及过敏性物质容易透过肠壁到达血液中,引起感染或过敏。

(四)胰腺

婴儿的胰腺发育尚不成熟,胰淀粉酶分泌少且活性低,故 4 个月以内的婴儿不宜添加淀粉类食物。出生时胰脂酶量少,第 1 周增加 5 倍,1~9 个月增至 20 倍,故婴儿消化脂肪能力较弱,但胰蛋白酶和胰凝乳蛋白酶活力在出生时已很充足。

(五)肝脏

婴儿肝脏相对较大,占体重的 4%(成人为 2%),1 岁左右肝脏在右肋下 1~2cm。婴儿肝脏血管丰富,结缔组织发育较差,肝细胞再生能力强,不易发生肝硬化,但在感染和心力衰竭等情况下易瘀血肿大。婴儿胆汁分泌较少,对脂肪的消化和吸收功能较差。

(六)消化酶

(1) 蛋白酶:孕 20 周时胎儿已有胃蛋白酶分泌,婴儿出生后最初几天分泌达到高峰,10~30 天内很快下降至最低水平,以后慢慢上升,与体重增长平行。胃蛋白酶出生时活性低,3 个月后活性增强,18 个月时达到成人水平。孕 26~28 周胎儿胰蛋白酶已能分泌足量,婴儿出生后一周胰蛋白酶活性增强,一个月时已达到成人水平。故新生儿消化蛋白质能力较好。

(2) 脂肪酶:新生儿主要利用舌脂酶、人乳脂肪酶及胰脂酶来水解脂肪中的甘油三酯。自 25 孕周起胎儿舌腺分泌的舌脂酶已很活跃,在胃内即能水解食物中甘油三酯为游离脂肪酸及部分脂类。16 孕周胎儿产生胰脂酶,但水平甚低,23 孕周达到成人的 5%,直到足月无变化。但出生后 1 周即上升 5 倍,1~9 个月升至 20 倍。母乳中脂肪酶含量较多,可部分补偿出生时胰脂酶的不足。因此,新生儿对脂类吸收不完善,32~34 孕周的早产儿脂肪吸收率在 65%~75%,足月儿为 90%,4~6 个月婴儿大于 95%,达到成人水平。

(3) 蔗糖酶、肠双糖酶、淀粉酶:在胎儿 8 个月时肠蔗糖酶、麦芽糖酶的活性达到最高水平。乳糖酶的活力比蔗糖酶发展迟,到 34~38 孕周时才达到高峰,故早产儿易发生乳糖吸收不良。唾液淀粉酶分泌较迟,孕 34 周才开始分泌,出生时量少且活性低,3 个月后其活性逐渐增强,两岁达到成人水平;肠淀粉酶出生时已有,而胰淀粉酶在出生后 4~6 个月开始分泌。

(七)肠道细菌及粪便

肠道细菌及粪便随哺喂食物的不同而不同。母乳喂养儿因母乳中乳糖较多,所以肠道菌群以乳酸杆菌为主,人工喂养儿则以大肠杆菌为主。婴幼儿肠道正常菌群脆弱,易受内外界因素的影响而紊乱。不同喂养方式,导致婴儿粪便的颜色、形状、气味也不同。

二、母乳喂养

母乳是婴儿的最佳食品,母乳喂养是最理想的喂养方式,母乳喂养也是儿童的权利。自20世纪四五十年代,随着乳制品工业的兴起,世界各国母乳喂养率急剧下降。为此,联合国世界卫生组织及儿童基金会联合发出号召,提倡将4个月以内婴儿的母乳喂养率提高到85%以上。为了大力提倡母乳喂养,我国将每年5月25日定为"母乳喂养宣传日"。

(一)母乳的成分和分泌

1. 成分

母乳随泌乳期的不同,可分为初乳、过渡乳、成熟乳和晚乳。

初乳指产后5～7天内所分泌的乳汁,量较少,质稠色微黄,比重高,含脂肪少,蛋白质多,同时含有较丰富的微量元素、调节性必需氨基酸和免疫活性物质。应尽量让新生儿吃到初乳。

过渡乳是指产后7～30天初乳逐渐向成熟乳转化时分泌的乳汁。此期间,乳汁产量渐增,其脂肪含量上升而蛋白质含量下降。

成熟乳是产后1～9个月的乳汁,又叫母乳。

晚乳是指产后10个月以后的母乳,各种营养成分均有所下降,量也减少。每次喂乳,开始分泌的乳汁含蛋白质高而脂肪少(分别为11.8 g/L 和 17 g/L),随着哺乳时间的延长,乳汁中的蛋白质渐减而脂肪增加,最后分泌的乳汁蛋白质低而脂肪高(分别为7.1 g/L 和 55.1 g/L)。每次哺乳婴儿如只吸吮两侧乳房最初分泌的乳汁,可引起能量摄入不足。因此,每次哺乳应哺空一侧乳房后,再哺另一侧。

2. 分泌量

产后1～2天乳汁分泌量很快增加,第2周每天可分泌400 mL,2～3个月时每天可达700～750 mL。一个健康乳母每天的乳汁量最多可达800～1000 mL,可以满足6个月以内婴儿营养的需要。乳母每天每次泌乳量并不恒定,重度营养不良的母亲的母乳分泌量较少。婴儿反复吸吮、吸空乳房是促进乳汁分泌的最好方法。

3. 分泌机制

乳汁的分泌主要受神经内分泌系统调节。胎儿娩出后,一方面,母体雌激素及黄体酮血浓度迅速下降,而催乳素上升;另一方面,通过婴儿反复吸吮乳头和晕区,刺激神经通路传至脑垂体前叶,促进催乳素分泌,催乳素经血液到达乳房,促使泌乳细胞分泌乳汁。

而反复吸吮乳头也可刺激垂体后叶缩宫素分泌，缩宫素经血液到达乳房，使泌乳细胞周围的肌细胞收缩，将乳腺泡内的乳汁压向导管，到达乳窦，引起射乳。

此外，乳汁本身也能分泌一种多肽抑制因子。如果大量乳汁存留在乳房内，抑制因子就可抑制泌乳细胞分泌乳汁。若通过婴儿吸吮或挤奶的方式及时排空乳房，抑制因子被排出，乳房就会分泌更多的乳汁。这种自我保护机制，可保护乳房不因过度充盈而受损害。

(二)母乳喂养的好处

1. 母乳是孩子最好的食物和饮料

(1) 母乳中的钙、磷比例适宜，吸收、利用率高，有利于婴儿牙齿和骨骼的发育。

(2) 母乳中的蛋白质和脂肪颗粒小，容易被消化。

(3) 母乳中所含的乳糖比其他乳类多。

(4) 因直接喂哺，母乳中的维生素 C 和维生素 B_1 等营养素不被破坏，优于其他需加热消毒的奶类。

2. 母乳喂养可使婴儿少得病

(1) 母乳含有抗体，可增强婴儿的抗病能力。

初乳含有大量的蛋白质和矿物质以及较少的糖和脂肪，还含有多种抗病物质，可使新生儿在一段时间内具有抵抗细菌和病毒侵袭的能力，降低发生肺炎、腹泻等疾病的危险。初乳中还含有抑制细菌繁殖的溶菌酶，也对新生儿起着保护作用。

(2) 健康母亲所分泌的乳汁，干净无菌，喂哺简便，不会受环境中病菌的污染。

(3) 母乳喂养的婴儿不易患过敏性疾病，如婴儿湿疹。

3. 母乳更有利于脑的发育

(1) 母乳含有丰富的牛磺酸。牛磺酸是促进脑细胞发育的重要物质。

(2) 母乳含有较多的乳糖，而脑细胞需要利用乳糖所提供的热能。母乳喂养，能提供较多的热能。

4. 母乳喂养可给予婴儿更多的母爱

母乳喂养婴儿时，婴儿与母亲肌肤相贴、目光交流，自然会感到温暖、舒适。婴儿情绪好，是心理正常发育的必要条件。

5. 母乳喂养对母亲也有益

(1) 婴儿吸吮乳汁，可促使母亲子宫收缩，有利于子宫复原，减少产后出血。

(2) 哺乳的母亲，日后患乳腺癌的概率较未哺乳的母亲低。

(3) 哺乳的幸福感是只有母亲才能享受到的。

(4) 哺乳，可消耗母体多余的脂肪，有利于产后体型的恢复。

(三)母乳是否充足的识别方法

若母乳充足，喂奶时伴随婴儿的吸吮动作有"咕噜咕噜"的吞咽声，哺乳时母亲会产生下乳感，哺乳后乳房变柔软，婴儿感到满足，表情快乐，反应灵敏，入睡时安静、踏实。婴儿每天换尿布6次左右，大便每天2～4次，呈金黄色糊状，婴儿体重平均每周增加150克左右，满月时要增加600克以上。若母乳不充足，喂奶时听不到吞咽声，吃奶时间长，婴儿常常会放弃乳头大哭不止，睡不踏实，出现觅食反射。婴儿大小便次数减少，量少，婴儿体重增长缓慢或停滞。

案例3-1

年轻的母亲，应怎样给新生儿哺乳

有的年轻妈妈奶水少就想放弃哺乳；有的年轻妈妈怕喂奶影响自己的身材，也不愿意哺乳；有的年轻妈妈甚至不会给新生儿喂奶。那么，年轻的母亲，应怎样给新生儿喂奶呢？

(1) 哺乳时母亲的心情要舒畅，环境要安静。在每次喂奶前，母亲都要先用温开水清洗乳头，这样就能避免婴儿吃奶时，把脏东西吃进去而拉肚子，或使口腔感染发炎。同时，要清洁小儿鼻中的鼻痂，以免吃奶时发生呼吸不畅。

(2) 喂奶时，先挤出少量的乳汁，然后让小孩先从一侧乳房吸吮，等乳汁被吸空后再喂另一侧。下次喂奶时，两侧乳房则先后相互交替着喂，这样利于乳汁的分泌。每次喂奶时间不要过长，一般为15～20分钟，吸吮时间过长，婴儿会因吸入过多的空气而易疲劳。

(3) 哺乳可3～4小时1次，喂奶时有规律可养成小儿按时性条件反射。夜间喂奶次数可适当减少，在白天的两次哺乳之间可适当给婴儿喂些糖水或汤汁。母亲在哺乳完毕后，要将新生儿直立抱起，轻拍后背，让孩子打个嗝，把空气排出。

下列情况下不宜母乳喂养。

(1) 患有精神病的母亲不能为孩子喂奶，因为存在着伤害孩子的危险。
(2) 母亲由于分娩时大出血而身体极为虚弱，也不能母乳喂养。
(3) 患有开放性肺结核的母亲要与孩子分开居住，以免传染。
(4) 在哺乳期内，母亲最好不要吃有刺激性的食物，以免引发孩子出现湿疹等反应。
(5) 有不良嗜好如抽烟、喝咖啡等。

(资料来源：中国就业与培训指导中心.育婴师.北京：海洋出版社，2015：70.)

三、混合喂养和人工喂养

(一)混合喂养

在母乳不能满足婴儿需要时，增加一些代乳品的喂养方式被称为混合喂养。混合喂养的方法如下所述。

(1) 坚持母乳优先的原则，要先吃母乳，每天坚持按时母乳喂养，每天不少于3次，哺乳时间为5分钟。每次要吸空两侧乳房，再增加配方奶粉进行补充。

(2) 母亲因上班不能及时喂哺婴儿时，要把乳汁及时挤出，挤到带盖的消毒瓶内并进行冷藏，喂前要隔水加热。

(3) 喂牛奶时要少加糖，婴儿喜甜后会拒食母乳。

(4) 最好用小匙、小杯或滴管给婴儿喂奶，应尽量保留婴儿对吸吮乳头的好感。

(5) 牛奶和奶粉都是较好的代乳品。羊奶缺少叶酸，喂羊奶时要注意补充叶酸(辅食中要加菜泥)。

(6) 不适合做代乳品的有：甜炼乳、糕干粉、乳儿糕等。以米、面和糖为主要成分的食品，缺乏优质蛋白质。

(二)人工喂养

由于多种因素不能进行母乳喂养而使用配方奶粉、牛奶和其他奶或奶制品进行喂养的方式称为人工喂养。

1. 主要喂养的方法

(1) 月龄愈小的婴儿愈应选择动物性食品以补人乳之不足。

(2) 选用鲜牛奶或选择含有 DHA 和 AA 的配方奶及其他奶制品作为喂养婴儿的食品。

(3) 一般每日每千克体重需 100～120ml 牛奶，如婴儿 5kg，每天应喂 500～600ml 牛奶。每 3 小时左右喂一次，3 个月婴儿每天需要 500ml 左右，6 个月需要 750ml 左右。每个婴儿所需乳量差别较大，要因人而异。

2. 正确冲调牛奶的步骤

(1) 加水稀释。1 周以内的婴儿可喂 2∶1 牛奶(两份牛奶加 1 份水)；以后可喂 3∶1 或 4∶1 牛奶，出生 4～6 周时牛奶可不再加水，所需水分可在两次喂奶之间另喂。只要婴儿能够消化吸收，大小便正常，就可以喂纯牛奶。

(2) 加适量的糖。100ml 牛奶加 5～8g 糖(约半汤勺)。

(3) 煮沸。用小火煮沸 3～5 分钟，可以消毒杀菌，也可以使牛奶中的蛋白质变性，更易于婴儿消化和吸收。

(4) 牛奶易被细菌污染、变质，所以每次应重新调配，煮沸后再喂。

3. 调制奶粉的方法

先将 40～50℃左右的温开水倒入奶瓶中，再按奶粉罐上标注的比例，加入奶粉，然后划圈式轻轻摇晃奶瓶。

在两次喂奶之间可增加适量的菜水、水果汁或白开水。

(三)断奶

断奶是指从全部由奶水提供孩子营养逐渐转换为由固体食物供给孩子营养的过程。

孩子吸吮乳汁和吃固体食物的方式有很大的不同，他们若不闭紧嘴巴，就不能有效地吃下固体食物，所以必须有效地利用颈前方(喉咙侧)的肌肉。因此，为断奶做准备的一方面，就是要让孩子一定程度上支撑住沉重的头部并让颈部挺直。另一个方面是让孩子吸吮乳汁时的反射动作停止。一般来说，在乳汁作为孩子全部营养的时期，孩子吸吮乳汁时的哺乳反射动作很适用，不过这种反射动作对吃固体食物就不方便了。例如，孩子仍然张开嘴吸奶，还不时地伸出一点舌头(此动作称为吸相反射)，就没有办法吃固体食物。因此父母必须在孩子的这种反射动作变少时才能给他吃断奶食品。不过这种称为"哺乳反射"的动作在孩子出生后4~5个月左右会开始渐渐消失，第7个月左右几乎完全消失。

四、辅食

(一)添加辅食的作用

(1) 添加辅食可补充营养素的不足。母乳与动物乳含铁量均较低，维生素D含量也不够，其他维生素含量也受季节、膳食等影响而有所减少。随着婴儿月龄增长，乳类所含热能、蛋白质和其他营养素就不能满足婴儿的需要。因此，必须按时添加不同的辅食，以补充营养素的不足。

(2) 添加辅食可锻炼胃肠道消化能力，为断奶打基础。婴儿在出生后的一年中，要从液体食物过渡到固体食物，从吸吮奶头取食过渡到从杯、盘、碗中用匙或筷子取食。为了安全地完成这种转变，必须根据婴儿的发育情况(包括摄食技能、消化功能、肾脏功能等)，逐步改变食物的性质(如从流质、半流质到软食、固体食物)和摄食方式(如从奶头、奶瓶到杯、盘、碗、匙和筷子)。经过循序渐进的适应过程，在断奶时才不致因食物性质、摄食方式的突然转变而遭到婴儿心理上的拒绝或引起消化紊乱、代谢失调等问题。

(二)添加辅食的时间

婴儿满6月龄时，胃肠道等消化道器官已相对发育完善，可消化母乳以外的多样化食物。同时，婴儿的口腔运动功能和味觉、嗅觉、触觉等感知觉，以及心理、认知和行为能力也已准备好接受新的食物，家长应该把握住敏感期。

添加辅食时间最早不能早于四个月，最晚不能晚于八个月。如果时间太早，由于孩子在功能发育上还未做好准备，即使将食物放入其口中，孩子也只会以反射动作来处理，用舌头顶出去，无法顺利放入口中，更别提将食物吞下喉咙。父母应细心捕捉孩子可以添加辅食的信号：孩子能够控制头颈部，能够坐在餐椅上；挺舌反射现象消失，用勺子喂食时会张开嘴；对大人食物有强烈的兴趣；有抓拿食物送进嘴里的意识；不想吃的时候能将头扭向一边。

添加辅食最合适的时间是婴儿6个月时，起初以辅助食品试喂，若婴儿乐于接受，则辅食量可逐渐增多直到取代1次母乳。到1岁时辅食应代替3次母乳，余下的两次母乳可用牛奶或其他代乳品代替，从而逐渐完成断奶过程。

(三)添加辅食应遵循的基本原则

添加辅食应遵循由一种到多种，由少量到多量，由稀到稠，由细到粗，循序渐进的原则。

添加辅食时，应先试一种，并从少量开始，待婴儿愿意接受，大便正常后，辅食量方可逐渐增多。如婴儿拒绝接受，或接受后大便异常(指腹泻而不是指正常大便中有食物渣滓)，应暂时停加辅食。待大便恢复正常后，再从原来的量或更少量开始试喂，若能适应，辅食量方可逐渐增多。

从一种富含铁的泥糊状食物开始喂，如强化铁的婴儿米粉等；喂蔬菜、水果可由菜水、果汁到菜泥、果泥，然后到碎菜、碎果；喂大米可从米汤，到稀粥、稠粥再到软饭；喂肉类先喂肉汤，再喂肉泥、肉末、碎肉。

如果幼儿正患病或消化不良或气候炎热，应暂缓添加新的辅食，以免发生或加重消化不良。待这些症状消失后应逐渐增加食物种类，慢慢过渡到半固体或固体食物，如烂面、肉末、碎菜、水果粒等；每引入一种新食物应适应2~3天，密切观察是否出现呕吐、腹泻、皮疹等不良反应，适应一种食物后再添加其他新食物；不强迫进食，可改变食物的制作方式或重新搭配别的食物再次尝试；单独制作，食物要新鲜，制作过程要卫生，现做现吃，食物烹调至烂软，不要喂剩存的食物；不添加调料，保持原味，不加盐、糖以及刺激性调味品，保持淡口味。

(四)添加辅食的种类与添加顺序

1. 辅食的种类

(1) 谷类食物。这类食物包括米、面、杂粮、米粉等，是含有大量碳水化合物的食物，可以为婴幼儿提供能量，但除了强化婴儿米粉外，一般缺乏铁、锌、钙、维生素A等营养素。

(2) 动物性食物，包括鸡蛋、瘦肉、肝脏、鱼类等，这类食物富含优质蛋白质、铁、锌、维生素A等，是婴幼儿不可缺少的食物。

(3) 蔬菜、水果类食物。这类食物是维生素、矿物质以及纤维素的重要来源之一，具有多样的口味和质地，有助于婴幼儿感知和适应食物不同的味道、质地等。

(4) 豆类：优质蛋白质的补充来源。

(5) 纯热能食物，包括糖、油脂类，提供能量以及必需脂肪酸。

2. 添加顺序

4~6个月，可添加新鲜果汁、番茄汁、菜水等，每日2~3次，每次1~2勺，以后逐步增加。在冬季户外活动较少时，可添加浓鱼肝油滴剂，每日两次，每次2~3滴。可添加少量米粉糊，用小勺喂，并加入少量其他副食品，如蛋黄、鱼泥、菜泥、水果泥、土豆泥、胡萝卜泥等。

7~9个月，每天可喂两次粥或面类代替两次乳类，粥和面中可加些菜泥、肉末、肝泥、鱼、蛋、豆腐等，也可以喂些面包、馒头等，以促进牙床的发育。

10~12个月，可以把粥逐步过渡到烂饭，每日三次粥饭，加一定量的荤素菜，仍需保持两次乳类食物。

母乳喂养的幼儿，可以考虑逐步断奶。

案例 3-2

教你几种主要辅食的制法

(1) 土豆泥：把土豆蒸熟烂，去皮，用勺压成泥。

(2) 胡萝卜泥：将胡萝卜洗净，去皮及中间的硬心，蒸烂，压成泥。

(3) 蛋黄：把鸡蛋煮熟，将蛋白和蛋黄分开，用勺将蛋黄加水研细即可。

(4) 菜水、菜泥和碎菜：将切好的蔬菜放进沸水中煮5分钟，去菜留水即为菜水；将菜捣碎，去掉菜筋，放在锅中旺火加油急炒，即成菜泥；将菜切碎，旺火急炒，即成碎菜。

(5) 番茄汁：将新鲜成熟的番茄洗净，用开水烫软后去皮，用消毒纱布包好捣碎，用汤匙挤出汁，加适量温开水。

(6) 米汤：将5g米粉用冷水调匀，加水到半碗(100ml)，边搅边加热，煮沸即成。

(7) 熟苹果：将苹果洗净去皮，切成小片，置于小锅内，酌加水后，煮熟即成。

(8) 肉末、肉末粥：选用瘦肉约50g洗净，用刀剁成细末，然后煮烂，用匙压成末状，即成肉末。将肉末放入粥内，加盐少许，煮沸即为肉末粥。

(9) 肝泥、肝末：将猪肝、羊肝用刀横切，用匙挤压后，刮取血浆样的东西，就是肝泥。肝泥可加在面条或稀粥中煮熟喂给婴儿吃。将肝煮熟后，剁成极细的颗粒，即为肝末。

(10) 鱼末、鱼末粥：将鱼清蒸后，去掉鱼皮和骨刺，取约50g鱼肉剁碎，用匙挤压即成鱼末。将鱼末放入粥中，加入少许食盐、煮沸，即为鱼末粥。

(11) 芝麻、花生或核桃粥：将芝麻、花生米或核桃仁炒熟，不要炒焦，用打碎机打成粉，加入煮好的烂粥中，加少量盐或糖食用。

(12) 枣泥粥：将红枣洗净，煮熟，去皮去核，压成泥，加入烂粥中，搅拌均匀备用。

(13) 肝泥粥：将生猪肝洗净，用刀刮成泥，放入油锅中，加少量料酒、葱末、盐，用大火煸炒一下，立即放入煮好的烂粥中搅拌均匀即可。

(14) 肉末面：将生瘦肉洗净，剁成细末，加葱末、料酒、少量盐和生淀粉，搅拌均匀，倒入用清肉汤煮熟的挂面中(挂面在煮沸之前，要切成6～7cm长)煮熟食用。

(15) 鱼泥粥：将鱼洗净，去骨、刺和鱼皮，将鱼肉剁碎成泥，放料酒、葱末、少量盐，搅拌均匀，放入煮好的烂粥或菜泥粥中煮熟，即做成鱼泥粥或鱼菜粥。

(16) 豆腐蛋花羹：将豆腐先在沸水中浸泡数分钟，去掉豆腥味，取出后放在锅中煮熟，加盐、葱末，再将打匀的鸡蛋倒入锅中，与豆腐一起搅拌，最后加少许生淀粉水，边煮边搅拌成羹状。

(17) 红薯条或马铃薯条：将红薯或马铃薯洗净、去皮，切成细条，晾干，放入烤箱或微波炉中烤熟，让婴儿用手拿着吃，称"手指食物"。

(18) 虾泥：虾仁剁碎或粉碎成虾泥，蒸熟或煮熟即可。

(19) 肉泥：选用瘦猪肉、牛肉等，洗净后剁碎，或用食品加工机粉碎成肉糜，加适量的水蒸熟或煮烂成泥状。加热前先用研钵或调羹把肉糜研压一下，或在肉糜中加入鸡蛋、淀粉等，可以使肉泥更嫩滑。将肉糜和大米按1∶1煮烂成黏稠的粥。

(20) 香蕉泥、苹果泥：香蕉剥皮，用不锈钢匙轻轻刮成泥状或捣烂。将苹果切成两半去核，用匙轻轻刮成泥状。

以上所说的水果泥可以直接食用，菜泥、土豆泥最好加入适量植物油，或与肉泥混合后喂养。

第三节　学龄前儿童营养和膳食

1~3岁幼儿，虽然乳牙正在陆续萌出，咀嚼能力与消化功能较婴儿成熟，但正处在断奶后的调整阶段，安排好这个阶段的膳食，是幼儿成长的关键。3岁以后儿童咀嚼吞咽固体食物的能力增强，消化功能已接近成人；生长发育处于稳步发展阶段，对营养物质的需求仍较高；每天能量需求1400~1800kcal，蛋白质45~55g，碳水化合物需要量较婴幼儿高，逐渐成为能量的主要来源。学龄前儿童骨骼生长迅速，对矿物质尤其是钙的需要量大，其他微量元素如锌、铁和维生素也须供给充足。在进食行为上，应该能很好地使用餐具，自己进食，喜欢准备食物，在外用餐时懂得适当的餐桌礼仪。学龄前期儿童膳食已基本与成人相同，主食中粮食的摄入量较成人少。3~6岁是培养饮食习惯的重要时期，味觉的形成也发生在这个时期，学龄前时期形成良好的饮食习惯将会使幼儿受益终生。

一、1~3岁幼儿膳食安排

(一)幼儿膳食安排应遵循的原则

1. 供给足够的能量与蛋白质

膳食所供给的能量与蛋白质不仅要满足幼儿每日需求，三种供能营养素之间也应有一定的比例，蛋白质供能应占总能量的12%~15%，脂肪占25%~35%，碳水化合物占50%~60%。蛋白质的供给，还须注意优质蛋白质的含量，应提供乳类、蛋类、鱼禽肉类和豆制品等富含优质蛋白质的食物，使优质蛋白质的供给量占每日蛋白质总量的1/3~1/2。

2. 食物多样化

食物多样化应做到粗细粮搭配，荤素菜都有，以达到平衡膳食的目的。粮食除了大米、小麦制品外，应常选小米、玉米、黑米等杂粮与之搭配，优质蛋白质中肉类、鱼类、乳类、豆制品和动物血、内脏可交替食用。合理的搭配可起到营养互补的作用，提高蛋白质的利用价值，达到均衡营养的目的。由于幼儿胃容量有限，在保证食品多样性的同时，应考虑食物体积的大小。

3. 食物制备和烹调

幼儿因咬、嚼、吞咽能力较差，食物制备应注意碎、细、软、烂的特点。烹调方法宜采用清蒸、红烧和煲炖，口味清淡，不宜添加酸、辣、麻等刺激性的调味品，也避免放味精、色素和糖精等。少吃过于油腻的油炸食物，尽量不给幼儿食用香肠、火腿、红肠、方腿等腌制食品和熟食。避免直接给幼儿吃豆粒、花生、瓜子等硬果类食物，以防呛入气管而引起窒息。此外，食物的花样翻新和形状应有童趣，以提高幼儿的进食兴趣。

4. 进餐次数和用餐时间

一般每天应进餐五次，早、中、晚三次正餐，上、下午点心各一次。每次用餐时间在20～30分钟。进餐应有固定场所、桌椅及专用餐具。

5. 培养良好的饮食习惯

应培养定点、定时、定量的进食习惯，形成良好的进食规律。创造安静温馨的进食环境，营造轻松愉快的进食气氛。在用餐时不责备孩子，不强迫孩子进食。注意培养孩子自我进食的技能，让孩子参与进食过程，积极鼓励孩子自己喂食，学会自己吃饭是培养独立能力的重要一步。还要注意饮食卫生和就餐礼仪的培养。

(二)烹制幼儿食物的方法和要求

(1) 固体食物营养素含量比例要合适。

(2) 讲究食物的色、香、味，食物要适合婴儿的口味，便于消化吸收。

(3) 食物尽量切小、切细、切碎，对刚会吃正常食物的婴儿可切成末，制成菜泥、肉蓉。

(4) 烹调、制作过程要讲科学，膳食以"软""烂"为主；菜和面点以"碎小""精巧"为主；烹制方法以"煨""煮""炖"方式为主。荤菜上浆挂糊，保持食物鲜嫩及减少营养素的损失；蔬菜应急火快炒，以保留维生素 C 60%～70%、胡萝卜素 76%；肉菜应合炒，肉中的谷胱甘肽可使蔬菜中维生素 C 减少氧化，促进胡萝卜素的吸收。不吃油炸、熘、煎、熏烤、腌制的食品。应由单项制作改为混合制作，如菜粥、肉菜焖饭。

(5) 挑选原料要考虑易煮烂、易咀嚼、易消化、易溶解、营养成分多的品种。

(6) 加工时对叶类菜洗涤要以浸泡、漂洗为主，减少搓揉的力度，对鱼虾等水产品类要充分漂洗。

(7) 蔬菜先洗后切；淘米宜用冷水，切勿用力搓洗；煮粥不加碱，不去米汤；发酵面团应尽量采用鲜酵母。3 岁以下婴儿吃水产品时要去骨去刺；最好不吃整豆；婴儿少吃醋腌制品和咸菜。

二、3～6 岁儿童膳食安排

(一)膳食安排应遵循的原则

1. 保证能量和蛋白质的摄入

以谷类食物为主，蛋白质占总能量的 12%～14%，脂肪占 25%～30%，碳水化合物占 55%～60%。要保证充足优质蛋白质和不饱和必需脂肪酸的供给，脂肪应有 1/2 来自植物。碳水化合物和饱和脂肪酸不宜过度，以免引起肥胖。

2. 食品种类与花色多样化

重视营养素平衡，荤素菜搭配，粗细粮交替，不宜多吃坚硬、油炸和刺激性食物，少吃零食和甜食。

3. 食物制备基本同成人一样

口味仍以清淡为主，不宜添加各类调味品。提高烹调技术，注意色香味形的变换，以便激发儿童的进食兴趣。

4. 餐次安排

每日 4 次，早、中、晚三次正餐加一次午后点心。早餐应吃饱，午餐吃好，晚餐不多吃，三餐进食热量的分配为：早餐 20%～25%，午餐 30%～35%，午后点心 10%～15%，晚餐 25%～30%。

5. 注意饮食卫生和就餐礼貌

儿童通常应与家人共同用餐，要培养其自我服务和为他人服务的意识。要讲究卫生，如饭前洗手，饭后漱口，不吃不清洁、不新鲜的食物，使用自己的杯子喝水，用自己的餐具就餐。在餐桌上要有礼貌，不可大声喧哗，咀嚼喝汤时不要发出太大的声音，吃菜时不可东挑西拣，不要浪费粮食，也不要把自己爱吃的食物独占。

(二)注意事项

(1) 饭前尽量不让婴儿吃零食。
(2) 不宜吃汤泡饭。
(3) 不要用水果代替蔬菜。
(4) 膳食应尽量清淡，不要过油、过生、过硬、过咸、过浓。

三、科学选择、调配和安排幼儿膳食

(一)根据婴儿的生长发育规律安排膳食

随着年龄的增长和活动量的加大，应选择粮食、油脂类及含蛋白质的瘦肉和豆类食品，1 岁以内的婴儿要有计划地摄入谷类、豆类、禽、肉、鱼、肝、蛋、奶、植物油、深色蔬菜和水果等，以满足婴儿脑细胞和身体发育的需要。

(二)根据婴儿消化特点建立合理的膳食制度

不要暴饮暴食，两餐之间不要超过 4 小时；养成定时定量用餐的生活习惯；尽量吃营养丰富、容易消化的食物，经常吃含有半粗纤维和果胶的粗粮、薯类和蔬菜、水果等；汤、菜不宜过咸。

1. 结合婴儿的进食心理制作饭菜

为避免婴儿出现偏食、厌食现象，要尽量采用婴儿普遍感兴趣的食物烹调方式，制作色、香、味、形俱全的饭菜。

2. 结合季节的不同编制食谱

粮食、蔬菜和水果上市有季节性，应根据其变化调整食谱。春季选择新鲜蔬菜，配上豆制品、肉类、蛋类等。夏季选择富含维生素 B、维生素 C 的食物，多吃西瓜类水果。秋季选肉、蛋、奶等高蛋白、高热能食物以及薯类和根茎类蔬菜。冬季增加含脂肪的食物，促进维生素 A、维生素 D、维生素 E、维生素 K 的吸收利用。

3. 结合婴儿的活动需要安排食物

要结合婴儿的活动量大小与热能消耗量的多少来妥善地配制食物。断奶后的婴儿逐渐适应各种辅食后，可开始每天三餐两点，3 岁后为每天三餐一点。每个婴儿之间存在着个体差异，要因人而异，只要婴儿能够消化吸收，就能够满足其生长发育的营养需求。

四、幼儿园要加强食育教育

(一)学龄前儿童饮食注意事项

2~5 岁是儿童生长发育的关键时期，也是良好饮食习惯培养的关键时期。足量食物，平衡膳食，规律就餐，不偏食不挑食，每天饮奶并多饮水，避免摄入含糖饮料是学龄前儿童获得全面营养、健康生长、形成良好饮食行为的保障。

1. 不偏食不挑食

家长要有意识地培养孩子规律就餐、自主进食、不挑食的饮食习惯，应鼓励孩子每天饮奶，并选择健康有营养的零食，避免摄入含糖饮料和高脂肪的油炸食物。为适应学龄前儿童心理发育，应鼓励儿童参加家庭食物选择或制作过程，加深儿童对食物的认识和喜爱。此外，户外活动有利于学龄前儿童身心发育和人际交往能力的提高，应多带孩子参加户外活动。

2. 鼓励多饮奶和白开水

我国儿童钙摄入量普遍偏低，对于快速生长发育的儿童，应鼓励其多饮奶，建议每天饮奶 300~400ml 或摄入相当量的奶制品。儿童新陈代谢旺盛，活动量大，水分需要量相对较多，建议 2~5 岁儿童每天水的总摄入量(即饮水和膳食中汤水、牛奶等总合)应保持 1300~1600ml。饮水时以白开水为主。

3. 合理选择零食

零食应尽可能与加餐相结合，以不影响正餐为前提，多选用营养密度高的食物，如乳制品、水果、蛋类及坚果类等食物。应鼓励儿童体验和认识各种食物的天然味道和质地，了解食物特性，增进对食物的喜爱。

4. 改变烹调方法

建议多采用蒸、煮、炖、煨等方式烹制儿童膳食，从小培养儿童清淡口味，少放调料、少用油炸。

5. 鼓励儿童经常参加户外游戏与活动

多参加户外活动可锻炼体能、智能，维持能量平衡，促进皮肤中维生素 D 的合成和钙的吸收利用。此外，增加户外活动时间，可有效减小儿童近视眼的发生概率。2～5 岁儿童生长发育速度较快，身高、体重可反映儿童膳食营养摄入状况，家长可通过定期监测儿童的身高、体重，及时调整其膳食和身体活动，以保证正常的健康生长。

(二)对学前儿童开展食育教育

"食育"一词，最早于 1896 年由日本著名的养生学家石冢左玄在其著作《食物养生法》中提出。食育教育就是指良好饮食习惯的培养教育。从儿童会说话和简单交流起，就要有意识地灌输所有饮食的来源、制作、营养价值，以及怎样吃、吃多少等知识。在连续强化教育中，使他们潜移默化地认识偏食的危害，并自觉做到膳食平衡。儿童接受"食育"后，能将健康的饮食习惯延续终生。

幼儿园要根据不同年龄段教会孩子学习粗浅的食品营养和饮食知识，认识各类常见食物的名称及其作用，知道不同的食物含有不同种类的营养素，懂得有些食物不能吃、有些食物不能多吃的简单道理，培养良好的饮食卫生习惯。

在饮食过程中，学会使用勺子、筷子等餐具，学会剔鱼刺和动物骨头的方法，学会吃面条等面食的技能，指导其在自助餐、西餐厅等不同场合的进餐方法，提高学前儿童的饮食处理技能。

幼儿园要结合节假日和故事，让孩子了解民间饮食文化和风俗习惯，使祖国的饮食文化传统不断发扬光大。让孩子参与到食物的处理和烹调过程中，不仅可以使他们对食物有更进一步认识，同时能增进孩子对食物成品的兴趣，增强成就感，珍惜劳动成果，不偏食不挑食。

阅读链接 3-8

世界卫生组织(WHO)公布的全球十大垃圾食物扫描右侧二维码阅读。

阅读链接.docx

第四节 学前儿童集体膳食管理

一、学前儿童集体膳食计划的制订

(一)食物计划的制订

1. 确定每日所需食物的种类和数量

(1) 含优质蛋白质的食物，如牛奶、鸡蛋、瘦肉、鱼、禽肉、豆制品等。

(2) 富含维生素、无机盐和膳食纤维的食物，如蔬菜、水果等。

(3) 供热能食物，如粮食、薯类、油等。

(4) 调味品，如盐、酱油、醋等。

3~6岁食物日均供给：谷类150~200g，牛奶250~300g，鸡蛋1个，鱼或瘦肉50~75g，豆制品50g，蔬菜150~200g，水果100~150g，食用油15g，食糖15g，盐4g。力求各营养素之间有合理的比值，蛋白质、脂肪、碳水化合物所提供的热能分别为12%~15%、20%~30%、50%~60%。动物蛋白及豆类蛋白不少于总蛋白质的50%。

2. 学龄前儿童膳食制(三餐两点)

早餐：早餐应该质量好、热能高，能量约占30%(包括上午10点的加餐)。

午餐：午餐应营养全面，能量约占40%(含下午的午点)。

晚餐：晚餐宜清淡好消化，能量约占30%(含晚上8点的少量水果、牛奶等)。

进餐时间：早餐8:00—8:30；午餐11:30—12:00；午点3:00；晚餐6:00；正餐进餐时间不超过30分钟。

(二)学龄前儿童膳食烹调特点及儿童饮食习惯养成

1. 学龄前儿童膳食烹调特点

学龄前儿童消化能力有限，膳食需单独制作。烹调方式多采用蒸、煮、炖等，每天的食物要更换品种及烹调方法，一周内不应重复，注意蛋白质的互补作用。

早餐以主食为主，优质蛋白质为辅。午、晚两餐都要有菜，多选用季节性蔬菜，将蔬菜切小、切细，注意蔬菜水果品种、颜色和口味的变化。

2. 学龄前儿童饮食习惯养成

培养儿童定时、定点、定量、细嚼慢咽、专心进餐的习惯，做到不挑食、不偏食、少吃零食、不贪食，是儿童营养和健康的双重需要。培养良好的饮食习惯，需要特别注意以下几个方面。

(1) 合理安排饮食，一日三餐加1~2次点心，定时、定点、定量用餐。

(2) 饭前不吃糖果等零食。

(3) 饭前洗手，饭后漱口，吃饭前不做剧烈运动。

(4) 养成自己吃饭的习惯，让孩子自己使用筷、匙，既可增加其进食的兴趣，又可培养孩子的自信心和独立能力。

(5) 吃饭时专心，不边看电视或边玩边吃。

(6) 吃饭应细嚼慢咽，但也不能拖延时间，最好能在30分钟内吃完。

二、学前儿童食谱制定原则及卫生

(一)食谱制定原则

营养是儿童健康的根本保证，在制定食谱时应注意米面搭配、粗细搭配、干稀搭配、甜咸搭配、荤素搭配以及动物蛋白和植物蛋白搭配。具体制定原则如下所述。

(1) 执行膳食计划所拟定的食品种类和数量。

(2) 注意季节变化，冬季多用高热量食物，夏季可多用清淡凉爽的食物。

(3) 食谱及其烹调法应适合儿童的消化能力。

(4) 品种多样化，并能促进食欲。

(5) 注意观察儿童接受食物的情况，计算营养量，了解儿童营养摄入情况，确保儿童膳食有利于儿童的身体健康和生长发育，必要时作调整。

(6) 讲究烹调技术，在食物搭配中，充分利用蛋白质的互补作用，烹调中应尽量减少营养素的损失。

(7) 每周更换食谱。

(二)饮食卫生

(1) 严格执行《食品卫生法》。厨房熟食盛器及食具一餐一消毒并定期擦洗，抹布每日煮沸消毒一次。消毒后的食具妥善保管，免受污染。洗肉、菜、碗的池子要分开，并有标志。保持厨房清洁，经常打扫。

(2) 不买、不加工变质食物。买来的熟食要加热烧透后再吃，熟食及饮料等不能直接存放在塑料桶或铅桶内。

(3) 儿童进餐前和工作人员为儿童准备进餐时，要用肥皂和流动水洗手。饭桌要用消毒液进行消毒。

(4) 培养儿童不挑食、不偏食的良好饮食卫生习惯。

(5) 水果要先用清水洗干净后削皮或剥皮后再吃。

(6) 炊事员上灶和接触熟食前须用肥皂和流动水洗手，并戴口罩、帽子，不留长指甲，不戴戒指，操作时不吸烟。如厕前脱工作服，便后用肥皂洗手。取熟食应用食品夹子或筷子，不得用手抓。

(7) 食物保存要有防蝇设备。

> **阅读链接 3-9**
> 为什么提倡分餐制扫描右侧二维码阅读。

阅读链接.docx

三、关注食品安全、预防食物中毒

儿童食品的安全问题之所以重要，和儿童的生理特点、生长发育是密不可分的。人体正常情况下，血液中一些有害物质的解毒、排泄，是靠人体的肝脏、泌尿系统的肾脏进行的。对于幼儿来说，肝脏的解毒功能、排毒功能有一个从不完善到完善的过程。由于幼儿各脏器发育还不完善，对有害物质的耐受性特别低，这些影响有可能是短期的，也有可能是长远的，有一些是可逆的，还有一些是不可逆的。比如有一些食品，细菌超标，对儿童短暂的影响可表现为腹泻、体重不增长。对于很多食品安全的问题，家长不仅要考虑到儿童目前的健康受到损害，还要考虑到这些损害会不会给孩子将来的健康造成危害。所以，幼儿园要把儿童的食品安全问题放在首位。

(一)严防食物中毒

食物中毒是误食含毒的食品所引起的、以急性过程为主的疾病。

(二)食物中毒的特征

以恶心、呕吐、腹痛、腹泻为主，伴有发烧，严重者发生脱水、酸中毒(体内血液和组织中酸性物质的堆积，其特点是血液中氢离子浓度上升、pH值下降)甚至休克昏迷等现象。

(三)食物中毒的分类

1. 细菌性食物中毒

细菌性食物中毒是最常见的一类食物中毒，现象有明显的季节性(6~9月呈高峰)。

1) 病原菌污染食物的主要途径

在操作中生食、熟食使用同一切菜板、刀具；在制作和供应食品时，经手将细菌带到食品上；苍蝇、老鼠等将病原菌带到食品或炊具上；熟食放在冰箱内，被生肉上的血或污物污染。

2) 细菌性食物中毒的种类

(1) 沙门氏菌食物中毒：存在动物肠腔及蛋壳上。

(2) 葡萄球菌食物中毒：常存在于人的鼻咽部以及手上，尤其在皮肤溃烂感染处有大量细菌。可因炊事员面对食物咳嗽、用菜勺尝味，而将细菌带到食物上，引起食物中毒。

(3) 嗜盐菌食物中毒：存在于海产品中。

(4) 肉毒杆菌食物中毒：一旦中毒，病死率很高。引起中毒的食品多为罐头食品，细菌在没有氧气的条件下生长并产生毒素。

2. 非细菌性食物中毒

非细菌性食物中毒包括有毒动植物中毒，化学性食物中毒，真菌毒素和霉变食物中毒。

(1) 有毒动、植物性食物中毒包括河豚中毒、鱼类引起的组胺中毒、毒蕈中毒等。

(2) 化学性食物中毒，即食物在生长、制备、储存或烹调过程中，被化学物质污染而引起中毒，包括正确的盐食物中毒、砷化物中毒。

(3) 真菌毒素和霉变食物中毒包括霉变甘蔗中毒、赤霉病中毒。

3. 常见的食物中毒及预防

1) 大肠杆菌中毒

原因：食用被大肠杆菌污染的食物。

潜伏期：10～24 小时。

主要症状：食欲不振、呕吐、腹泻，大便水样，有特殊腥臭味。

预防措施如下。

(1) 夏秋季要防止肉、蛋、鱼、牛奶、水果等污染、变质，熟食在吃前一定要加热。

(2) 剩饭剩菜吃前一定要加热，变馊、变酸的千万不能食用。

(3) 严格防止酸牛奶、点心、凉拌菜污染。

2) 肉毒杆菌中毒

原因：吃了被肉毒杆菌污染的食品。

潜伏期：1～2 天。

主要症状：不发热，也很少有胃肠道症状，主要表现为神经系统的症状。头痛、头晕、眼睑下垂、复视、瞳孔放大、失语、咽下困难、呼吸困难、意识不清，最后因呼吸麻痹而死亡。

预防措施如下。

(1) 保证食品不被污染。

(2) 食前充分加热。

(3) 不食用顶部鼓起的罐头。

3) 豆浆中毒

原因：饮用了未煮开的豆浆。

潜伏期：一般食用后数分钟至 1 小时。

主要症状：恶心、呕吐、腹痛、腹泻等。

预防措施：充分烧开后食用。

4) 发芽马铃薯中毒

原因：吃了发芽或发绿的土豆。

主要症状：轻者腹部不适，中度者出现幻觉，局部麻痹或抽筋，重者会昏迷甚至死亡。

预防措施如下。

(1) 不食用生芽过多或皮肉大部分变绿的土豆。

(2) 不吃带皮的土豆。

(3) 对生芽较少的土豆,应将芽眼及附近的皮肉挖掉,并用冷水将削好的土豆浸泡30分钟。

5) 扁豆中毒

原因:吃未熟透的扁豆。

潜伏期:一般食后1~5小时。

主要症状:头昏、恶心、呕吐、腹痛、腹泻。重者可致脱水、酸中毒,体温一般正常。部分人还伴有胸闷、心慌出汗、手脚发冷、上肢麻木等症状。

预防措施如下。

(1) 彻底煮熟。

(2) 不吃储存过久的扁豆,也不吃霉烂及有病虫害的四季豆。

6) 黄曲霉素中毒

原因:吃了受黄曲霉素污染的食品。

主要症状:肝、肾损害,病势凶猛,死亡率高。

预防措施如下。

(1) 不吃霉变食品。

(2) 电压力锅蒸煮食物。

总之,幼儿园要做好食物中毒的预防工作。坚决不吃腐败变质食品,食物需要通过正规渠道购买,不生吃海鲜及肉类,生食与熟食要分开放置,不认识的蘑菇、被化学物质污染的食物以及发芽土豆等都不能食用。教会幼儿饭前便后洗手,使用洁净卫生的餐具。

思维拓展

1. 儿童营养需求有哪些特点?
2. 什么是蛋白质的互补作用?生物价反映了什么?
3. 产能的营养素有哪些?生理意义分别是什么?
4. 哪些因素会影响钙的吸收?
5. 胡萝卜素的重要作用是什么?
6. 为什么提倡母乳喂养?
7. 如何培养孩子良好的饮食习惯?

第四章　学前儿童各年龄阶段的特点及保育

本章学习目标

> 学前儿童各年龄阶段的特点及保育。
> 新生儿期的特点与保育。
> 婴儿期的特点与保育。
> 幼儿期的特点与保育。
> 学龄前期的特点与保育。

保育(conservation)主要指为幼儿的生存、发展创设有利的环境和物质条件,给予幼儿精心的照顾和养育,帮助其身体和机能良好地发育,促进其身心健康地发展。《人口科学大辞典》指出:保育是指成人精心照管儿童,使之在身心与环境适应等方面健康成长,包括抚养。

第一节　新生儿期的特点与保育

新生儿是指从脐带结扎到生后 28 天内的婴儿。

一、新生儿的生理特点

新生儿期是婴儿期的特殊阶段,是从完全依赖母体生活的宫内环境到宫外环境生活的过渡期。新生儿需经历一段时间的调整才能适应宫外环境,主要表现就是吃、睡。出生后半小时内要母乳喂养,按需哺乳,24 小时内排胎便,24~48 小时内开始排尿,平均每天睡 20~22 小时。

(一)各系统的特点

(1) 呼吸系统:呼吸中枢发育不成熟,呼吸不规则,频率较快,40~45 次/分,以腹式呼吸为主。

(2) 循环系统:心率快,120~140 次/分。出生后因肺呼吸的开始和脐带的结扎,胎儿循环开始向成人循环转变(卵圆孔、动脉导管关闭、肺循环阻力降低)。

(3) 消化系统:新生儿消化道面积相对较大,肠管壁薄,通透性高。胃呈水平位,贲门括约肌发育较差,幽门括约肌发育较好,易发生溢乳和呕吐现象。

(4) 体温调节:新生儿体温调节中枢发育尚不成熟,环境温度过低或过高均可影响新生儿的正常生理活动。因此新生儿需要适宜的环境温度(维持最低新陈代谢率的温度——中性温度)。体重愈低或胎龄愈小的新生儿中性温度愈高。

新生儿皮下脂肪较薄、体表面积相对较大，容易散热；产热代谢主要靠棕色脂肪，胎龄越小，棕色脂肪越少。

(5) 免疫系统：新生儿可从母体通过胎盘得到部分免疫球蛋白，细胞免疫功能已较为成熟，但新生儿非特异性和特异性免疫功能发育不成熟，肠道分泌的 IgA 较低，易患感染性疾病，易患呼吸道、消化道感染和大肠杆菌、金黄色葡萄球菌、败血症。

(6) 泌尿系统：新生儿肾小球过滤功能低下，蛋白合成代谢旺盛，尿素排出少，若选用蛋白质、矿物质(磷)高的牛乳喂养新生儿对肾有潜在的损害。

(7) 神经系统：新生儿大脑皮质兴奋性低，对外界刺激反应易于疲劳，以睡眠为主；皮层下中枢兴奋性高，呈蠕动样，肌张力高；脊髓的固有反射(非条件反射)存在，如觅食、拥抱、握持、躯颈、踏步反射等。

新生儿可注视人脸，听觉发育良好；嗅觉、味觉已发育成熟；大脑皮质发育不全，分析能力差，皮肤觉定位差，受刺激常是全身运动，而无局部的逃避反射；神经纤维髓鞘发育不全，对痛不敏感，易出现泛化；触觉较敏感，多抚摸，利于情感发育；温度觉较敏锐，对冷比热更明显。新生儿俯卧时可抬头片刻。新生儿的睡眠结构分化不完善，分为活动睡眠(Active Sleep，AS)、安静睡眠(Quiet Sleep，QS)和不定型睡眠(Indeterminate Sleep，IS)三期。活动睡眠(AS)和安静睡眠(QS)分别相当于快速眼动期(REM)和非快速眼动期(NREM)，不定型睡眠(IS)是不成熟的标志。正常新生儿白天睡 8~9 个小时，晚上睡 8 小时(约 20 小时/d)。

阅读链接 4-1

新生儿摄取母乳的生理基础扫描右侧二维码阅读。

(二)新生儿常见的几种特殊生理状态

1. 生理性体重下降

新生儿出生后第 1~2 天所需乳量少，又排出胎粪和尿液，因此新生儿出生后 2~4 天的体重比出生时下降 3%~5%，但一般不超过 10%。第四天以后体重开始回升，一般在 7~10 天就会恢复到出生时的体重。

2. 生理性黄疸

新生儿出生 2~3 天，出现皮肤黄染症状，这种现象称为新生儿生理性黄疸，占新生儿的 50%~70%，早产儿则占 100%。足月儿在出生后 10~14 天自然消退，早产儿约在 21 天后自然消退。

3. 生理性乳腺肿大、阴道流血(假月经)

生理性乳腺肿大常见于出生 3~5 天内，在 2~3 周内消失。女婴出生后第 5~7 天，可见阴道少量出血，持续1～2天自止，称为假月经。

4. 螳螂嘴和板牙

在新生儿的齿龈切缘上，常有白色隆起状的东西，像排列的小牙齿，俗称"马牙"或"板牙"，在出生后2～3周内便自然消失。新生儿口腔内两侧颊部各有一个隆起的脂肪垫组织，称为"吸奶垫"，俗称"螳螂嘴"。

(三)新生儿日常护理中应重视的几种症状

呼吸困难、呼吸暂停；皮肤青紫；呕吐、腹胀；体温不升或发热；黄疸；哭闹。

(四)新生儿常见疾病

1. 新生儿肺炎

新生儿肺炎的防治：新生儿居室应保持空气新鲜，温度湿度要适宜；加强锻炼，多晒太阳，增强抗病能力；衣着要适度，冬春季节不去公共场所，以免引起呼吸道感染，诱发肺炎。家人如患有呼吸道感染疾病，要与新生儿隔离；发现新生儿有阵阵憋气等异常现象，要及时就诊。

2. 新生儿硬肿症

新生儿硬肿症，是一种新生儿皮肤和皮下脂肪变硬或兼水肿的疾病，又叫新生儿硬皮病。多见于早产儿和未成熟儿，多发生于寒冷季节，主要为保暖不够所致，所以要注意保暖。

3. 新生儿脱水热

新生儿出生后2～5天内，如发热、哭闹或烦躁不安，但无感染及感染中毒症状，称新生儿脱水热。

4. 新生儿破伤风

新生儿破伤风是破伤风杆菌自脐部侵入新生儿体内所致的严重疾病。经4～14天的潜伏期(以4～6天最多)，开始出现症状：哭声低微，不吃奶；因面部肌肉抽搐，呈现苦笑面容；肢体阵阵抽搐，呈"角弓反涨"；因喉肌、呼吸肌痉挛，可致窒息。该病死亡率极高。

5. 新生儿脐炎

原因：出生时洗澡，未能护脐，水浸湿断脐处；断脐带时剪、扎、包等用具消毒不严，导致脐部感染；脐部护理不当，脐带因衣服摩擦而过早脱落。

预防：断脐带时剪、扎、包等用具均要严格消毒；断脐后，应勤换尿布与敷料，保持脐部干燥，洗澡时，要防止沾湿脐部；脐部脱落前后，如发现渗出液，应及早处理，杜绝发展成脐疮。

6. 新生儿鹅口疮

病因及症状：孩子口腔黏膜破损后，常受霉菌的感染，口腔黏膜出现乳白色小点，并逐渐融合成大片白膜，孩子烦躁不安，精神欠佳，饮乳量减少，甚至发烧。

防治：保持口腔清洁，可用1%的盐水洗口，或用2%~3%的硼酸洗口；奶具要保持清洁，哺乳后喂些温开水，减少感染的机会；父母患有皮肤病的，要注意防止霉菌的交叉感染，特别是患"鹅掌风"的，不要直接接触新生儿，要随时用肥皂洗手；补充维生素B、维生素C等，改善婴儿身体素质；小孩的毛巾、被褥、衣服要勤洗、勤晒。

7. 新生儿败血症

病因：子宫内感染；产道感染；产后感染。

防治：母亲妊娠末期发生感染性疾病，应及早治疗；新生儿出院，要尽量少探视，以免增加感染机会，特别要注意保护脐部的清洁卫生，避免脐部受潮和污染；注意保护新生儿口腔黏膜，禁止用针挑"马牙"或用布头擦拭口腔黏膜；皮肤或其他部位有破损时，要及早涂抹1%龙胆紫，并内服清热解毒药物，达到预防感染的目的。

二、新生儿的保育

新生儿从断脐带起就脱离了母体，突然面临着环境和生理上的巨大变化，由于各种生理功能都还不成熟，很难完全适应新环境。因此，这时期他们的发病率很高，死亡率也很高，新生儿保健重点是预防出生时的缺氧、窒息，低体温、寒冷损害综合征和感染，以保证他们顺利地适应新环境并健康成长。

(一)生活环境

新生儿在出生前一直在恒温的子宫中生活，受到良好的保护。出生后离开温暖的母体，降生到了寒冷的世界，受到声音、光亮、颜色、空气等各种刺激的影响，身体要去适应新环境，进行重大的调整，因此，在新生儿居室应创设合适的生活条件。

1. 温度和湿度

新生儿的居室温度应保持在18~22℃，出生第一周温度略高，达24℃，以后可逐渐降低，到满月时保持室温18℃即可。因为新生儿身体各部分的器官尚未发育好，体温调节中枢也未发育完善，体温调节功能差，皮肤汗腺不发达，皮下脂肪较薄，易于散热。因此，除了居室的温度要适宜，还要注意新生儿身体的保暖。

居室环境温度过低或过高都对新生儿不利。如果环境温度过低，持续时间过久，新生儿体温低于36℃，容易发生皮下组织硬肿和出血等一系列紊乱现象。相反，如果环境温度过高，保暖过度，容易出现发热、脱水等现象。居室要保持昼夜温度均衡，不能忽冷忽热，以免新生儿难以适应。居室还要保持一定的湿度，湿度以55%~60%为宜。母亲要经常注意新生儿的面色及皮肤温度，以了解保暖是否适当。若发现新生儿体温不够，母亲可将新生儿紧贴在自己的胸部，抱在怀中，用母体的温度来保暖。

2．阳光和空气

新生儿居室最好朝南，经常有阳光照射。室内空气要新鲜。由于新生儿开始自己呼吸，呼吸特点是浅而快，节律不均匀，每分钟呼吸达40次左右，因此，必须保持其呼吸畅通，能吸入新鲜空气。春夏秋季要经常开窗通风，冬季也要定时开窗换气，将室内混浊的空气、灰尘和微生物排出室外。有些家庭将新生儿居室终日关门闭窗，空气混浊难以流通，以为这样做就能使母婴不吹风、不受凉，这是不科学的观点。其实，开窗时注意避风就行。另外室内禁止吸烟。

3．清洁和卫生

新生儿居室要经常保持清洁，进行湿性扫除，家具应用湿布擦灰尘，地面最好先用吸尘器吸灰，再用湿布擦净。还可以将新生儿抱到另一个房间后再进行打扫，以免扬起的灰尘被婴儿吸入。应避免交叉感染，如成人护理新生儿前洗手，家人患呼吸道疾病接触新生儿时戴口罩，新生儿的用具应每日煮沸消毒。

4．安静和愉快

室内保持环境安静，有利于母亲休息和睡眠，更好地恢复产后的体力和精力。但不必一点儿声音也没有。因为新生儿对噪声的反应并不敏感，有些轻微的说话声、悦耳的音乐声还可以刺激他的听觉发育。愉快的环境、轻柔的动作、亲切的说话声，可使孩子产生安全感。

(二)细心观察

出生后28天是新生儿人生道路上必经的第一道险关。由于每个新生儿的胎龄、胎内营养、保健及生长发育的条件不同，出生后的体重、体质、生理功能以及适应环境的能力也不一样，因此必须细心观察，加强护理，及时发现问题。

1．观察食量

新生儿完全依靠自己吃奶来维持生命，从断脐后30分钟就可早开奶，开始吸吮乳汁，虽食量不多，但能早获得吮奶的训练。出生后两三天母乳量增加，新生儿吸吮能力增强，食量也在增加，吃奶时间增长。母亲应观察新生儿吮吸乳汁的情况：吸吮是否有力，吞咽动作是否协调，食后是否有吐奶等现象。如果一切正常，每次能吃饱，又能睡得好，除了出生第1周生理性体重下降外，之后的体重应逐渐增加。如果两周后新生儿体重未能达到应有的标准，哺乳后不久又有饥饿的表现，安睡片刻又要吃奶，表明母乳量不足，需要补充其他奶制品。

2．观察睡眠

睡眠是大脑皮层以及皮下中枢广泛处于抑制过程的一种生理状态，是孩子生理的需要，睡眠有助于孩子大脑的发育，有助于记忆力的增强。睡眠时生长素分泌最多，可促进孩子各系统的生长发育，高质量的睡眠有利于孩子身心健康。不同年龄婴儿睡眠时间次数如

表 4-1 所示。

表 4-1 不同年龄婴儿睡眠时间次数

年　龄	次　数	白天持续时间/小时	夜间持续时间/小时	合计/小时
初生				20
2～6个月	3～4	1.5～2	8～10	14～18
7～12个月	2～3	2～2.5	10	13～15

睡眠不足会使新生儿生理机能紊乱，神经系统调节失灵、食欲不佳、抵抗力下降。所以母亲应细心观察新生儿睡眠是否充足、安稳，记录新生儿每天睡眠的次数以及白天和夜间睡眠的时间。

案例 4-1

新生儿睡眠颠倒的现象

有的新生儿白天睡大觉，夜里常哭闹。有的父母认为，这种情况只是影响成人的睡眠，对新生儿没有关系。这种观点对吗？

（资料来源：韩棣华. 0～3岁婴幼儿养育专家指导. 上海：科学普及出版社，2010.9.）

案例评析：

这是一种睡眠颠倒的现象，是由于新生儿神经反射系统不完善，还没有建立起白天短时间睡眠、活动，夜间长时间睡眠的条件反射。

白天睡和晚上睡是大不一样的。因为儿童脑垂体分泌一种生长激素，它的分泌呈现昼夜规律，夜间释放的生长激素要比白天多。如果新生儿夜间哭闹不睡觉，会使生长发育迟缓，对成长不利。

建议：若发现此情况要及时纠正，可以让新生儿白天多醒几次，逗引新生儿玩，晚上就能较长时间地睡觉了。

阅读链接 4-2

新生儿睡眠的姿势扫描右侧二维码阅读。

阅读链接 4-3

你知道吗？婴儿睡眠时也在思考，扫描右侧二维码阅读。

阅读链接.docx

3. 观察二便

观察大便可以了解新生儿对饮食的消化情况，对冷热温度的反应，并及时进行护理。新生儿在出生后10～12小时开始排便，胎粪呈墨绿色、黏稠的糊状。如排出的胎粪呈咖啡色或柏油状，或24小时以后仍不排便，就要请医生检查。

母乳喂养的婴儿，三四天胎粪排完后转为金黄色有酸臭味的正常大便，用牛奶喂养的新生儿，大便呈淡黄色。新生儿期粪便较多，几乎每次换下的尿布都沾有粪便，这不是腹泻，而是新生儿神经系统发育不成熟，不能控制肛门的肌肉所引起的。

如果粪质均匀，没有奶块，水分不多，不含黏液，属正常现象。母乳喂养的新生儿如发现粪便呈深绿色黏液状，表示母奶不足，新生儿处于半饥饿状态，需增加牛奶。

牛奶喂养的新生儿如发现粪便呈灰白色、质硬、有恶臭，则表示牛奶过多或糖分过少，需改变牛奶和糖的比例。

新生儿出生后数小时内就开始排尿，如 48 小时内不排尿，就需要请医生检查原因。出生第 1 周的新生儿，每天排尿 4～5 次，以后每天排尿约 20 次。排尿多少也因吃奶和饮水多少而有所不同。

4．观察皮肤

新生儿皮肤颜色的变化与疾病有着密切的关系。

1) 紫红色

刚出生的正常新生儿，皮肤比较红，一周后变成粉红色。如果此时皮肤颜色仍很红(尤以口、指甲为重)，就要引起注意。因为肤色过红是血液里的红细胞过多而引起的。

2) 黄色

新生儿出生后 3～4 天开始出现皮肤及巩膜发黄，这是生理性黄疸，一般两周内便可自行消失。但在生理性黄疸消退后重新再现，或是生理性黄疸出现时间过长，很快加深呈金黄色，有可能是新生儿溶血症、新生儿肝炎、先天性胆管闭锁、遗传性高胆红素血症、败血症等疾病的现象。

3) 青紫色

新生儿皮肤如果出现青紫色，则表明疾病较严重。因为血液中血红蛋白未能与氧充分结合而使皮肤呈青紫色。引起皮肤青紫色的疾病一般有呼吸道疾病、先天畸形、先天性心脏病、先天性膈疝等。

4) 苍白色

新生儿皮肤苍白是贫血的表现。其原因很多，母子血型不合引起的新生儿溶血症，胎儿分娩过程中受到损伤出血，如颅内出血、肝脾破裂等，都可能引起贫血。此外，新生儿全身性疾病，如败血症等也可引起消化道出血而致贫血。

若父母观察到新生儿皮肤颜色不正常时，千万不要忽视，应立即请医生检查诊治。

5．观察精神状态

正常足月新生儿一般在吃饱、睡足、温度适宜、衣着舒适的情况下精神状态是很好的。出生第 1 周主要处于睡眠状态。第 2 周开始，新生儿睡醒、吃饱后，情绪特别好，手舞足蹈相当活跃。这时母亲逗引他，他能睁开眼睛凝视母亲的脸，对亮光或声音都有反应，能暂时停止哭闹。手能紧抓接触到的物体片刻。这都表示新生儿的神态是正常的。

若遇新生儿情绪不好，烦躁不安，由原来手足活动频繁变为动作异常少，或是其中一只手或脚动作少，或者不动，就须查明原因。

如果新生儿对彩球或亮光视而不见、无反应，或是不给其看东西时也自发缓慢地摆动眼球，就要怀疑是否有视力障碍或先天性目盲。

如果新生儿表现过分安静，对母亲高声呼唤或突如其来的巨响声没有任何反应，应请医生检查是否先天性耳聋。

6．辨别哭声

新生儿的哭声可分为两类：一类是正常的哭(无病痛的哭)，另一类是异常的哭(有病痛的哭)。

正常的哭是件好事。新生儿生来就会哭，由于其不会用语言或动作表达需要，只能用哭来表示，如饥饿、口渴、过冷或过热、尿布湿了、衣服或包被有刺激物、有蚊虫咬、疲劳或兴奋等都是哭闹的原因。若及时除去这些引起哭闹的因素，满足其需求，哭声即停止。正常的哭声是由小变大，洪亮有力，面色正常。有时新生儿在满足其要求、解除了啼哭的原因后，仍然啼哭不止，这时的哭是一种生理性的运动。啼哭可以促进全身活动、四肢伸屈，又能促使肺泡扩张，有利于胸腔的发育。每次哭5～10分钟属正常现象，不需要去抱、哄、喂奶，以免养成坏习惯。异常的哭是信号，它提醒父母应多观察新生儿，及早发现病痛。

📖 阅读链接 4-4

通过哭声来鉴别疾病扫描右侧二维码阅读。

(三)防止感染

新生儿出生后的生活环境比胎内环境要复杂得多，空气中的尘埃、飞沫吸入、皮肤接触都可引起不同种类的感染。新生儿身体娇嫩，抵抗力弱，尤其是呼吸道的发育和消化道的发育还不成熟，对多数细菌病毒缺乏抵抗力。要保持新生儿的身体健康，必须防止疾病的感染。

在日常生活中应注意以下几点。

1．家长的个人卫生

父母及接触护理新生儿的人应注意自身的个人卫生，预防疾病感染，保证身体健康，以免将疾病传染给新生儿：在护理新生儿前，要用肥皂洗手，经常剪短指甲。患感冒时要戴上口罩护理。

2．减少外界接触

新生儿期要尽量减少亲友探看，如果有少数访问者来观看新生儿，最好不要搂抱亲吻。更不要将新生儿抱到人多的公共场所去，以免感染疾病。因为有相当一部分健康人受到病菌的侵袭后，没有任何感觉，这是由于成人抵抗力强而不发病。但接触新生儿后会将病菌传给新生儿，使新生儿发病。

3. 用品消毒专用

新生儿用的小毛巾、浴巾、脸盆、澡盆、衣服、尿布、被褥要专用，并要经常洗、晒。奶瓶、碗、匙要用专用的消毒压力锅进行煮沸消毒。

4. 预防接种

预防接种是通过注射或者口服药物使婴儿获得对一些疾病的特殊抵抗力，如表 4-2 所示。计划免疫程序是通过大量科学试验而制定的，有严格的操作要求，不能随意更改。为提高婴儿免疫力，保护婴儿免受疾病传染，必须按照严格的接种程序进行预防接种。如果过多地注射疫苗，反而会使免疫力降低，甚至无法产生免疫力，出现"免疫麻痹"。

表 4-2　计划免疫疫苗与预防疾病

接种年龄	疫苗种类	预防疾病
出生	卡介苗、乙肝疫苗(1)	结核病和乙肝
1 个月	乙肝疫苗(2)	乙肝
2 个月	脊髓灰质炎疫苗(1)	脊髓灰质炎(小儿麻痹症)
3 个月	脊髓灰质炎疫苗(2) 百白破三联(1)	脊髓灰质炎 百日咳、白喉、破伤风
4 个月	脊髓灰质炎疫苗(3) 百白破三联(2)	脊髓灰质炎 百日咳、白喉、破伤风
5 个月	百白破三联(3)	百日咳、白喉、破伤风
6 个月	乙肝疫苗(3)	乙肝
8 个月	麻疹减毒活疫苗(1)	麻疹
2 岁	白破二联(4)	白喉、破伤风
4 岁	脊髓灰质炎疫苗(4)	脊髓灰质炎(小儿麻痹症)

各种疫苗都是用病菌、病毒或它们产生的毒素制成的，经过杀灭和减毒处理，仍有一定的毒性，接种可引起一些反应。有的属于异体蛋白质，会引起过敏反应，轻则出现皮疹，重则发生休克。人体接触异性蛋白质的次数越多，越处在敏感状态，越容易发生过敏反应。

6 个月以内的婴儿有来自母体的一些抗体，产生先天性免疫力，不易得传染病。6 个月后，婴儿体内来自母体的抗体逐渐减少，免疫减弱，患各种传染病的机会增多，必须按期进行各种预防接种。

大多数婴儿在接种疫苗后不会产生严重的反应，但由于每个婴儿的体质不同，在进行预防接种后会出现轻重不同的反应，主要表现为局部反应、全身反应或过敏反应。

为了保证安全，减少反应，要指导育婴员和育婴师在给婴儿进行预防接种时必须全面观察婴儿身体的健康状况。如果婴儿身体不适，就暂时不要进行接种。待婴儿身体恢复后，再主动与保健部门联系补种疫苗。

5. 家庭环境卫生

家庭里要注意消灭蚊蝇、老鼠、蟑螂等。蚊蝇多的环境要给新生儿床上挂蚊帐。蟑螂会飞又会爬，会带给新生儿病菌。曾有报道新生儿的脸部奶迹未洗擦而遭大公鸡、老鼠咬伤之事例发生。有的家庭养有猫、狗、兔等宠物，更应提高警惕，以防它们身体中和皮毛里隐藏的细菌传染给新生儿而致病。

(四)清洁卫生

新生儿皮肤娇嫩，大小便、汗液及分泌物等较多，如不注意保持身体各部位的清洁卫生，就容易发生皮肤感染、溃烂。因此，为新生儿清洁五官的分泌物、脸颊上的奶液、臀部周围的尿液、粪便以及身体上的汗液，是日常生活中每天必需的护理事项。

1. 洗脸洗手

在为新生儿护理之前，成人要先洗净自己的双手，再为新生儿洗脸。依次清洁眼、耳、鼻部后，再洗脸部，最后洗手。

清洁眼部：事先备好一杯温开水，放入四五只消毒棉球。清洗时，成人用左手将新生儿的头部掌握住，使他不要左右转动，再用右手将棉球中的水捏干擦洗眼部。

洗的方向要由内向外，因为泪管位于内眼角处，这样可以避免污物进入泪管。

洗好一只眼后要更换棉球，用同样的方法擦洗另一只眼睛。由于新生儿出生时要通过产道，眼睛可能会被细菌污染，引起感染后，眼的分泌物就会增多或眼睛发红，因此清洗眼部后要用氯霉素眼药水滴眼，每日滴3~4次，每次1滴。

清洁耳部：用清洁棉球浸入温开水中，再取出捏干擦洗新生儿耳郭前后部位，然后用干毛巾擦干。清洁时要注意不要触及外耳道，因为外耳道内有肉眼看不见的绒毛，可起防灰尘进入耳内的作用。耳道内有黄色的分泌物(耳垢)，起保护作用。不要去掏耳垢，以防引起损伤感染。平时若遇奶液、泪水、洗澡水流进耳道时，要及时处理。除了擦洗外耳郭外，还可用消毒棉签轻拭外耳道，以免引起耳道感染。若发现耳道内有浅黄不透明的脓液流出，或牵引耳郭时有剧哭现象，应及时去医院诊治。

清洁鼻部：可以用消毒棉签轻拭鼻孔，将堵塞在鼻腔内的鼻涕污物拭出，使呼吸畅通。新生儿鼻腔通道短而狭窄，并富有毛细血管，因此，清洁鼻部时动作要轻、慢，不要用指甲去挖除，以免损伤鼻黏膜。其实鼻孔本身也具有清洁的功能，当受到刺激时会引起喷嚏，将鼻腔内的污物喷出，从而起到保护鼻腔的作用。

清洁脸部：用新生儿专用的小脸盆盛好温水，放入小方毛巾浸湿后拧干，先擦洗新生儿的额部、两颊、口与鼻的周围、下颌，再擦洗颈部前后。

新生儿的口腔是不能洗的，因为口内细嫩的黏膜很容易因擦洗而受伤，肉眼看不见的小伤痕，受到细菌侵入而感染，会使口腔发炎。因此，口腔的清洁只要在两次喂奶之间，喂几口温开水即可。

清洁手部：新生儿的双手虽不接触脏物，但整天紧握拳，手心中的分泌物、汗液积聚时间长了也会溃烂，因此每天也要为新生儿洗手。为其洗手时，可以轻轻地掰开手指，用小毛巾或纱布在水中清洗，再用干毛巾将手指及指缝、手心和手背都仔细擦干。

2. 洗头洗澡

新生儿喜欢洗澡。因为胎儿在胎内就是泡在羊水中的，习惯在水中生活。

在洗澡时，新生儿赤裸身体，充分感受到在水中自由自在活动的乐趣。经常洗澡不仅能清洁和保护皮肤，改善血液循环，还可以促进生长发育，增进新生儿的身体健康。因为在洗澡的同时可进行水浴锻炼和空气浴的锻炼，这种良好的体格锻炼能提高新生儿身体的抵抗力。新生儿在进行洗澡前应先洗头，洗澡后再洗脸、清洁五官，也可在洗头前先洗脸、清洁五官。

洗澡时间：新生儿从产院回家后，最好每日洗澡1次，时间安排在上午喂奶之前进行。冬季气温低可在中午阳光充足时进行。洗澡时间不超过10分钟，在水中3～4分钟即可。

洗前准备：洗澡前先将需用的东西都准备好，如将替换衣服、尿布、大浴巾放在床上(冬日应事先用热水袋温暖衣服、尿布，待洗澡后备用)，将无刺激性的婴儿专用浴皂、爽身粉、婴儿润肤油、棉签和75%的酒精，放在澡盆旁边的操作台上。调节室温，保持在24～28℃。冬季水温可提高到40℃，夏季可降低到37℃。先在澡盆中放冷水，后加热水调温。家中若无温度计时，可用大人的肘部试水温，以不凉不烫为宜。

洗时操作：先将新生儿的衣服脱去放在大浴巾上包紧，尿布暂不拿掉。洗头时，用棉花塞入新生儿两耳洞中，或以大人的拇指和中指从耳后向前盖住耳洞，以防水流入耳中。用左手扶头，使其脸朝上，拇、中指堵耳，左臂托夹新生儿的身体，使其背部靠躺在大人前臂上，然后用右手将澡盆的水淋在头上，再在手上擦好浴皂或皂液轻柔地抹在新生儿头部，然后用水洗净。洗头时不宜用手指甲抓洗头部，更不能去剥掉头上的皮脂痂盖(即头皮垢)。可在洗头前一天先在头部涂油，保留24小时头痂自行软化浮起，洗头时容易脱落。

洗头后用毛巾将头部轻轻擦干，将新生儿放在床上，打开裹身浴巾的下半部，解开尿布，用尿布干净的一角或纸巾擦去尿液和粪便。拿开大浴巾，大人用左臂托住新生儿头颈及背部，左手抓住他的左腋下，右手托住他的臀部，缓慢放入澡盆中，让新生儿半坐姿仰卧于水中。再用右手将洗浴毛巾浸湿，将水淋到新生儿身上，接着用右手抹上浴皂擦遍前面身体各部，并顺颈、胸、腹、腋下、臂、手、腿、脚部进行清洗。再将新生儿翻转身呈俯卧状，左手抓住腋下，左臂托住胸部，自后颈、背、臀、腿、脚后跟处以同样的方式用浴皂、清水洗净后身各部。

洗毕立即将新生儿抱起，仰卧在大浴巾上，迅速遍身轻拭，吸去皮肤上的水分，尤其是颈部、腋下、腹股沟皮肤皱褶处，以及女婴阴部、男婴的阴茎包皮上要仔细擦干，涂以婴儿润肤油或少量爽身粉。扑粉时粉末不可高扬，以免新生儿吸入。

然后，迅速穿上衣服，垫好尿布，包裹好后喂奶，吃饱后，玩一会儿舒舒服服地睡一觉。

若是新生儿脐带未脱落，洗澡时要将上身、下身分开洗，以免弄湿脐带。洗上半身时，脱去衣服，用大浴巾包裹下半身。先洗脸部和头部，再洗颈、胸、臂部，然后翻身洗背部。操作方法同前。洗毕将大浴巾翻上去擦干上半身，扑上爽身粉，穿好衣服，再洗下半身。将脐部用毛巾裹好，以免水沾湿。洗臀部和腿脚部时，可以抱着上半身，将下身在水中洗净、擦干，扑上粉或擦上润肤油，换上干净尿布。

3. 洗臀部、洗脚

新生儿大便次数多，应在大便后洗去臀部上的粪便，以免发生"红臀"。洗时不用肥皂，水温可用手腕试温，以温水为宜。用左手抓住新生儿腿部，使其头背部躺卧在左臂上，将臀部悬空在盆上，右手用毛巾轻洗臀部。应从前面洗到后面，女婴更要注意，从阴部洗到肛门处，这样可以防止肛门附近的细菌带到阴部，引起发炎。男婴阴囊及包皮处要洗净，洗后用毛巾吸干皮肤上的水分，不可用力擦，以免损伤皮肤，再扑上少量粉。若发生红臀时不可扑粉，可涂红臀油膏。洗脚时要将脚趾分开洗，注意洗净脚趾缝中的污垢，洗后将脚趾缝擦干。

4. 脐部清洁与护理

新生儿脐带结痂后要注意护理，因为被剪断的脐带残端是一个创伤部位，若被污染，细菌入侵后易引起脐部发炎，甚至造成败血症，危及生命。因此，包扎的纱布要保持清洁、干燥，不要随便解开，尿布不要覆盖脐部，并应勤更换，以防止粪尿弄脏纱布污染脐部。平时只需每日用消毒棉签蘸 75%酒精清洗脐轮即可。正常干燥的脐带残端不用绷带包扎，以利于早日脱落。若遇脐部红肿或有液体渗出时，应先用消毒棉球擦去渗出物，再用 75%的酒精棉球湿敷脐部或涂上2%的龙胆紫。发现渗出物过多，而且有臭味时，应立即请医生检查处理。

脐带残端一般在一星期内脱落。脱落后也要经常观察，若发现脐根处痂皮脱落后有潮湿或少量浆液状分泌物，可轻轻拨开脐孔，用酒精棉球消毒。每日洗完澡后，应立即擦干脐孔，用酒精棉球消毒，不要在脐部扑粉，还应避免被尿布或衣服擦伤。

5. 擦身

在天气寒冷没有洗澡条件的情况下，可以采用擦身来保持新生儿的身体清洁卫生。擦身时母亲坐在床上，怀抱新生儿于热被褥内，解开上衣，用绞干的热毛巾先擦颈、胸，再擦背、腋部，然后脱去上衣，更换热毛巾擦两臂及手掌手背。用干毛巾擦干上身，扑粉更换干净上衣。下半身可以直接浸在水中洗，提起后放在干毛巾上擦干、扑粉，更换尿布，包裹全身。擦身时父亲或其他人要在旁帮助更换热毛巾，递给干毛巾、爽身粉和衣服、尿布等。两人协作，可以加快擦身速度，以免新生儿受凉。

6. 剪指甲、趾甲

新生儿出生后 1 周内要检查手指甲、脚趾甲是否过长，若长了要及时剪短，因为手指甲经常握在手心中，指甲过长容易损伤指尖或手心皮肤而发炎。应选择平头剪刀，事先用酒精棉球消毒，在新生儿熟睡时剪，不要剪得过短，以免伤及指甲内软组织。

7. 理发

新生儿的头发是在胎儿时期形成的，又称胎发。头发对头部皮肤有保护作用，天气寒冷时又起保暖作用。有些家长不管新生儿的头发长短、多少，都按照传统的习惯去剃满月头，甚至剃成光头，以为剃光头能使头发长得又快又多。其实，头发多少与遗传、营养有关，与剃光头无关。因此，是否要在满月时为新生儿理发，要根据头发生长的具体情况而定，若是头发短而少，就不必在满月时理发；若头发长而多，可以适当剪短些。夏天，易出汗易长痱疖，可剃成短平头，既凉爽又便于清洗。理发用具要事先用酒精棉球消毒。千万不要用刀刮头和眉毛，以防损伤新生儿娇嫩的皮肤。每次理发后要用肥皂洗头，清水洗净，擦干头部、脸部及耳部。

(五)衣着的选择

新生儿皮肤娇嫩，容易受损伤及被细菌感染。由于新生儿的新陈代谢旺盛，汗腺尚未发育健全，体温调节功能较差，体温易受气温的影响而波动。新生儿仍保持在胎内的体态，四肢呈屈曲状。因此，为新生儿缝制或购买衣服时要考虑其生理状况。

新生儿的衣着必须符合新生儿生长发育的需要，应该是卫生、柔软、宽松、穿脱方便及保暖的。衣服、尿布、包被选择柔软、易吸水、对皮肤无刺激性的全棉织品为宜，如棉布、绒布、汗衫、棉毛衫等，不宜用化纤类制品，因化纤衣服不吸水又不通气，且对皮肤有刺激性。

阅读链接 4-5

打"蜡烛包"好不好扫描右侧二维码阅读。

(六)衣物的消毒和清洗

衣服、包被及床单要勤换洗、常曝晒，经常保持清洁。特别要注意尿布的更换、清洁与消毒。尿布要及时换洗，因为新生儿尿中常溶解着身体内代谢的废物，如尿酸、尿素等。尿液呈弱酸性，在空气中会很快分解形成刺激性很强的化合物。如果长时间浸入皮肤，轻者发红，出现尿布疹，重者糜烂、溃疡。所以要及时更换，并用毛巾擦净臀部尿液。若有大便，应用消毒卫生纸或换下的尿布将大便擦干净，女婴要从前往后擦，切忌从后往前擦，以免粪便污染外阴部，引起泌尿系统的细菌感染。擦净后要洗净臀部。

清洗尿布时可以先用水将大便冲刷干净，和冲净尿液的尿布一起放入消毒液的桶内浸泡6小时，再用少量皂粉(不宜用强碱皂粉)洗后用清水漂净，然后晒干或烘干。若无消毒液时，将尿布上的大便清洗干净，再用开水烫泡后取出与洗净尿液的尿布一起用清水浸泡在桶内，待聚集多块后再放在皂粉水中浸泡搓洗，然后清水漂净，放在阳光下暴晒，也可达到消毒的目的。

若遇新生儿大便不正常时，应将洗净的尿布放入消毒盆中煮沸杀灭细菌，再洗净、晒干。

衣着的保存：新生儿应有专用的衣柜或抽屉保存衣服、尿布等物。若无衣柜设备也可用大纸箱，用旧被单将里外包好，内放衣服。还可用布或半新的小床单做成尿布袋，用纸板垫底，存放尿布。放新生儿衣物的衣柜或纸箱内不要放樟脑丸，因樟脑丸中含有挥发性强而又具有一定毒性的化合物，影响新生儿健康。

三、新生儿疾病筛查

生后筛查，尽早诊治，减少发育中的后遗症，属Ⅱ级预防。

(1) 听力。目的是尽可能早地发现有听力障碍的新生儿，使其在语言发育的关键年龄之前就能得到适当干预，使语言发育不受损害。

(2) 遗传代谢、内分泌疾病筛查。我国《母婴法》规定新生儿出生时须筛查某些遗传代谢、内分泌疾病，以早期发现、早期诊断，预防疾病发生带来的严重后果。我国筛查的新生儿遗传代谢、内分泌疾病主要是苯丙酮尿症(PKU)和先天性甲状腺功能低下症(CH)。

(3) 先天性髋关节发育不良。这是一种可治疗疾病，漏诊误诊会严重影响儿童骨骼发育。新生儿正常的腹股沟线应不低于肛门，但新生儿期难以确定。

(4) 滥用药物。母亲妊娠期或哺乳期滥用药物可对新生儿产生毒性作用。母亲疑有滥用药物史时，应做新生儿尿液筛查。

(5) 溶血筛查。溶血是因母婴血型不合，母亲的血型抗体通过胎盘进入胎儿体内引起胎儿、新生儿红细胞破坏的溶血性疾病，以 Rh、ABO 血型系统的血型不合最常见。母亲 Rh 阴性，或"O"型血时，新生儿应做溶血实验筛查。

(6) 成熟度。通过新生儿皮肤、毛发、指甲、外生殖器、非条件反射、肌张力评价新生儿成熟度，同时可帮助筛查神经系统疾病。

第二节 婴儿期的特点与保育

一、婴儿期特点

(一)体格生长第一高峰

正常足月婴儿出生时体重约 3000g，3 个月体重约等于出生时体重的两倍，一岁时的体重增长为出生时的 3 倍，两岁时体重增长为出生时的 4 倍。足月新生儿出生时的身长约为 50cm，满月时增加 5～6cm，1 岁时约为 75cm，两岁时约为 85cm。出生后第一年是体重、身长增长最快的时期，即第一个生长高峰。

(二)消化道功能发育不成熟、营养需要多

婴儿期生长速度快，需要营养素丰富的食物，但其消化功能尚未成熟，易患消化紊乱、腹泻、营养不良等疾病。出生后 4～6 个月，是学习吞咽、咀嚼敏感期。

铁储备在出生后 4～6 个月常常耗竭，因此，婴儿期最易缺乏的营养素是铁。铁营养状态不良的儿童精神发育和运动发育与正常儿童存在显著差异，典型表现为易激动或对周围事物缺乏兴趣，影响注意力及记忆调节过程。铁缺乏性贫血不仅影响婴儿大脑发育，还影

响发育阶段的认知能力，同时降低机体免疫功能，造成反复感染。

(三)感知觉、行为发育快速期

婴儿期是发育最快的时期，如从 1 个月俯卧抬头片刻到 4 个月时抬头很稳、7～8 个月可用手支撑胸腹、8～9 个月可用双上肢向前爬、11 个月独立站片刻；从 3～4 个月胸前玩手到 9～10 个月可用拇食指拾物；从 3～4 个月发喉音到 6 个月可理解部分名词(妈)、12 个月说第 1 个名称(如"爸爸"或"妈妈")；从 2～3 个月被逗笑到 7 个月玩躲猫猫游戏、9 个月可与人交往(如玩拍手游戏或做再见动作)、12 个月可表示自己的需要。

婴儿 6 个月时产生母婴相依情绪，8～10 个月表现分离情绪，恋母和怕生。母婴相依情绪和分离情绪的产生是儿童个性健康发展的基础。婴儿期是视觉、情感、语言发育的关键期。

(四)睡眠周期短

婴儿较成人有不同的睡眠周期。婴儿的睡眠周期短，约 60 分钟。因此大多数 3 个月以内的婴儿晚上要醒几次，一般一天睡 14～18 小时，有时 3 个月内的婴儿可睡 4 个小时以上不进食。多数 3～6 个月的婴儿开始形成自己的睡眠规律，晚上醒 1～2 次，白天醒的时间长些，深睡眠时间延长，晚上醒的时间减少，可睡 5 小时。约 2/3 的 6 个月婴儿可不再夜里醒。6 个月左右的婴儿开始晚上有规律睡眠后，常常夜里又再醒来。婴儿可能因分离焦虑、过度兴奋、过度疲倦而难以入睡。

夜醒对婴儿生存是有益的。活动睡眠(AS)在婴儿出生后有较重要的生理意义。婴儿睡眠中的活动睡眠可保护婴儿。因婴儿睡眠时需要温暖、食物、呼吸道通畅，如婴儿像成人一样深睡不易醒的话，婴儿会因不能醒过来而发生危险。婴儿的睡眠方式使他们能在睡眠时对危害健康的情况立即做出反应。当婴儿进入深睡眠更快些时，这表明婴儿睡眠逐渐成熟。有些父母常常摇晃或哺乳以帮助婴儿入睡。这样可能对婴儿形成睡眠规律有帮助，但注意不要让孩子依赖成人的帮助睡觉，如长期在成人的怀抱中睡觉，当婴儿夜间短时间醒来后就难以自己再睡，应帮助婴儿学习自己安定入睡。

(五)主动免疫功能不成熟

6 个月后婴儿从母体获得的被动免疫抗体逐渐消失，而主动免疫功能尚未成熟，易患感染性疾病。

二、婴儿期保育

促进儿童早期发展是婴儿期保育的重点，包括婴儿的营养、卫生保健、情感关爱、生活技能培养及智力开发。家庭是婴儿期保健的主体，父母育儿水平与父母接受科学知识能力密切相关。

(一)注重营养与生活习惯的养育

婴儿期营养状况与儿童期生长发育水平密切相关。母乳是婴儿从胎儿过渡到独立摄取营养的天然食品，应提倡纯母乳喂养婴儿4～6个月，然后逐渐以配方奶替代母乳；部分母乳喂养或人工喂养婴儿则应正确选择配方奶；4～6个月的婴儿应开始引入其他食物，为婴儿后期接受成人食物做准备；第一个半固体食物是强化铁的谷类食物，可满足婴儿铁营养的需要。两个月以后婴儿应逐渐定时进食，每日6餐可适应婴儿生长发育快、胃容量较小、消化道功能尚不成熟的特点；3～4个月后逐渐夜间不再进食。婴儿的食物以高能量、高蛋白的乳类为主，即使在婴儿期末(10～12月)每日乳类供能仍不应低于总能量的1/2，并注意维生素D的补充。

在婴儿新品食物的引入过程中，家长应避免或减少食物过敏的发生。婴儿食物过敏常表现为皮肤、消化道和呼吸系统症状，其中以皮肤改变为主，如湿疹和风团，有时婴幼儿对食物过敏的反应仅表现为一种保护性拒食行为。常见的致敏食物有牛奶、鸡蛋，其次为花生、大豆、鱼和橘子。有学者发现在牛奶、鸡蛋、花生三种最常见的致敏食物中，花生过敏最严重，持续时间最长。可见在家庭自制的婴儿食物中过早加入花生、大豆等食物是不适宜的。过敏性疾病家族史对小儿的食物过敏发生有重要的预示作用。

1. 生活技能培训

从婴儿期开始培养婴儿良好的生活能力，如独立睡眠习惯、进食技能(咀嚼吞咽食物，自己用勺、用杯)，有益于其独立能力、情绪控制能力和社会适应能力的发展，是早期重要的发展内容。婴儿期大脑皮质的控制功能逐渐发育，7～8个月后婴儿可坐稳。

(1) 坐定喂食。哺乳时要有固定的地方，到3～4个月时也要在固定的地点，由母亲抱在怀里喂菜水、果汁等。到5个月后婴儿可以坐在高脚靠背椅上喂食，10个月后婴儿可以坐在小靠背椅上，将小碗放在桌上喂食。应让孩子从小就有固定的地点、座位，专心坐定进食。婴儿通过条件反射，形成了习惯，长大后就不会形成坐不住、边走边吃的不良习惯。

(2) 适应餐具。婴儿出生后只会用嘴吮吸乳头，到了1～2个月后可以用小勺试着喂一点水，让他初次适应用小勺喝水，同时适应吮吸奶瓶中的水、菜水或果汁。4个月后适应用小勺吃蛋黄、果泥、菜泥、奶糕等。小勺里的食物不要盛得太满，仅半勺喂下后再喂第二勺。婴儿开始不习惯，常用舌头把食物推出嘴外，这是因为他的舌头还未学会把食物往后送，因此要耐心让其多练习，以逐步适应用小勺进食。习惯了小勺进食将终生受用。9～10个月的婴儿已能在母亲的帮助下两手扶杯喝水，最好用双手柄茶杯，杯内只盛大半杯水，扶着婴儿两手慢慢送进嘴里。11～12个月婴儿学着用勺从小杯(或小碗)中舀食物送进嘴里，开始不适应，小勺未送到嘴边就将食物掉下了，这是由于手眼还不能协调，经训练后1岁半左右方能自助进食。

(3) 学会抓食。婴儿5～6个月时就已能用拇指和其他手指相对抓物，7～8个月时不妨让其学会用自己的手指去抓捏小软糖丸、小圆饼干送进自己嘴里去吃。以后逐步学会抓吃大块饼干、蛋糕、面包、西瓜、橘子瓣等，一口一口咬下来，慢慢吃。这是婴儿还无能力使用餐具自主进食、用手代替餐具自喂自食的过渡时期。这个时期手的清洁卫生十分重要，在进食前后都要为婴儿洗手。

(4) 不吸空奶头。西方国家怕婴儿哭闹影响成人的工作及休息，从婴儿出生就备有安抚奶头数只。据科学研究：新生儿生来具有的吸吮反射持续到出生后4个月将逐步消失。4个月内的婴儿吸吮奶的次数较多，一般能满足其生理需求，随着月龄的增长，辅助食品的逐渐增加，不需要吸吮空奶头，让婴儿吸吮空奶头会吸入大量的空气，引起腹胀，到了饥饿时又影响消化液的分泌，从而影响食物的消化吸收。长期吸空奶头，还会压迫牙床，影响颌面部发育，容易造成门牙排列不齐，不仅影响美观还影响咀嚼功能和正常的发育，甚至更换的恒牙也会排列不齐。

2. 观察并训练婴儿二便

(1) 摸清小便规律。婴儿每天排尿次数及尿量，取决于饮水量和出汗量，如果饮水多，出汗少，排尿次数就会增加，尿量增多；若饮水少，出汗多，排尿次数就会减少，尿量减少。据统计，周岁婴儿每天排尿次数15～16次，平均总排尿量为400～500 mL。由于婴儿的个体差异很大，膀胱容量大小不同，容量大的，所储存的尿液就多，排尿次数就少；容量小的，所储存的尿液就少，排尿次数就多。因此，家长要根据自己婴儿的身体情况、饮食情况、饮水多少、气候及当天婴儿的情绪等因素，摸清婴儿的小便规律，及时提醒小便。

(2) 观察尿液情况。尿液是人体的排泄物，是新陈代谢的废物，如肌酸、肌酐、尿素、尿酸等。正常婴儿的尿液应是淡黄色、清亮的。但有些婴儿的尿液显得混浊，在便盆，可见一层黄白色的沉渣。其实，这种情况绝大多数是生理性的，因为婴儿的肾脏在出生后已担当起清除人体内废物的职责，肾脏要过滤血液，制造尿液，由于婴儿肾脏发育还不够健全，往往将人体内不一定会随便排出的少量盐类(如尿酸盐、磷酸盐、草酸盐、碳酸盐等)轻易地随着尿液排出体外，造成尿液混浊，出现许多沉淀物。

(3) 观察添加新品食物后的大便。婴儿4个月开始就可尝试菜水、果汁水，一直到1岁时可吃各种食物。在添加每一种新食物时，最好单独喂，并在次日观察大便中新品食物排出的情况。因为婴儿单吃母乳时，大便呈金黄色、细腻、柔软。喝牛奶时大便较硬，呈淡黄色，添加了米、面、菜、肉、蛋、鱼等辅助食物后，大便量增多，颜色加深，干燥成形。有时添加青菜后，常在大便中发现菜叶。食物中油脂过多或不易消化，大便则呈稀状，并带有不消化的食物排出。因此，要及时采取措施，如将菜叶切细，将食物煮烂等，使婴儿适应新食物，大便排出正常。便秘常发生在喂牛奶的婴儿中，因牛奶中蛋白质高，乳糖少，易引起大便干结，尤其是不喝开水或少喂水的婴儿更易发生便秘。

对便秘的处理方法是：在牛乳中增加5%～8%的糖，可采用蜂蜜或蔗糖；增加水分，每日除乳汁外，每千克体重至少要喂水50ml，比如8kg重的婴儿每天至少喂水400ml；增加果汁(如橙汁、西瓜汁)及蔬菜泥、果泥等含纤维素较多的食物，促进排便。当婴儿大便干结不易排出时，可在婴儿肛门塞甘油开塞露通便。

(4) 洗澡。每日为婴儿洗澡是一项很重要的保育工作。婴儿皮肤柔嫩，血管丰富，吸收力强，如不注意皮肤的清洁，细菌从毛孔侵入易引起疾病。洗澡可以保持皮肤清洁，减少皮肤感染的机会，促进血液循环，刺激婴儿的触觉。每日洗澡还可以对婴儿的身体进行一次全身检查，以便及时发现皮肤上有无皮疹、出血、损伤或其他异常情况，及时采取措施进行处理。

婴儿洗澡的时间最好在早晨喂奶前。洗澡前家长要先将自己的手洗净，准备好洗澡用具，调整室温在18～22℃，水温为38～40℃。洗澡的次序是：先在小脸盆里洗脸，清洁眼、耳、嘴、鼻及面颊，洗头时用婴儿香皂或婴儿洗头膏抹在婴儿头部，在小脸盆中清洗头部，洗过后，将小脸盆中的肥皂水倒掉，再换干净的水将头冲洗干净。然后再洗全身。6个月前的洗法与新生儿相同。6个月后婴儿能在盆中坐着洗。先用小脸盆洗净头部，再将全身放在大澡盆中为婴儿洗澡。为了避免婴儿滑倒，可在浴盆底放一块橡胶坐垫或浴巾。家长要用一只手弯在婴儿背部，让婴儿靠好，另一只手用毛巾为婴儿从上到下、从前到后清洗。清洗时要注意洗净皮肤皱褶处，如耳后、颈项、腋下、手心、腹股沟、腿弯处。洗完后用大毛巾将婴儿身上的水擦干，再擦润肤油或扑爽身粉，然后穿上衣服。洗澡时动作要轻柔迅速，在10分钟左右洗完。每天洗澡，但不必每次都用香皂或婴儿洗头膏，可以隔1～2天用一次，应用婴儿专用香皂为宜。身体不适时可酌情洗澡。

(5) 衣着。婴儿的衣着要合乎卫生要求：一是要御寒保暖，保护身体，免受外界各种因素的伤害；二是要大小合体，便于活动，有利于生长发育；三是清洁易洗，不刺激皮肤，便于经常更换。面料应选用柔软、吸水性好的全棉制品，既保暖又透气吸汗，不擦伤皮肤，不易引起皮肤过敏。大小要宽松合体、利于行动、便于穿脱，不影响体格发育。1岁以内的婴儿生长很快，不宜穿窄小的衣服，以免限制胸廓的生长和肺部的发育，以及四肢的自由活动。婴儿不宜穿过多过厚的衣裤，从小要养成婴儿少穿衣服的习惯。可以根据婴儿月龄和活动情况来考虑穿衣的多少。

俗话说："如要孩儿安，常带三分寒。"孩子穿多了，一活动就出汗，更容易感冒，影响身体健康。

11～12个月时孩子学会走路，喜坐地玩耍，要穿满裆裤。如果这时还穿开裆裤，容易被病菌污染并侵入外生殖器和尿道口，引起阴道炎、尿道炎。不要给孩子穿紧身裤、尼龙健美裤等，这会压迫外生殖器，不仅影响生长发育，还易引起局部皮肤损伤和发炎。婴儿半岁以后最好穿背带裤，可避免裤带或松紧带勒紧胸腰部，影响骨骼的正常发育。此外，要让孩子从小对自己的性别有所认识，男女性别不得混淆，否则容易造成心理上的偏差，影响今后在社会上的性别角色定位。

婴儿鞋、袜也有讲究，人的每只脚有26根骨头、107根韧带和19块肌肉。一个人的一生中，至少要走1万公里以上的路，因此不能忽视穿鞋的问题。尤其在出生的第一年中，婴儿的脚骨多为正在钙化的软骨，骨组织弹性大，易变形，加上脚的表皮角化层薄，肌肉水分多，容易受到损伤而感染。脚的底部分布着与身体脏器相关的血管和神经，并有许多重要的穴位，人体各部位的器官都能在脚底找到一个固定的反射区。因此，双脚对于人的身体来说，就像树根对于树一样重要。此外，婴幼儿的足弓正处于发育期，鞋能保护足弓，当脚着地走路或负重时，足弓可以缓冲由地面产生的大部分震荡，保护足踝、膝、腰、脊椎和脑不受震动的损伤。

📖 **阅读链接 4-6**

家长应该怎样选择童鞋扫描右侧二维码阅读。

3. 眼睛的保护

眼是人体最重要的器官，人们称它为"心灵的窗户"。有85%的外界信息都是通过视觉输入大脑的。孩子之所以能看见物体，是由于外界物体借助于光线射入眼球，通过角膜、房水、晶状体、玻璃体等折光系统的折射，并通过瞳孔、睫状体的调节，使物像聚集成焦点，投到视网膜上，刺激感光细胞，产生神经冲动，最终沿着视神经传入大脑后产生视觉。

婴幼儿时期是视觉发育的关键时期。婴儿出生后视觉发育尚未完善，眼球较小，眼轴相对短些，屈光系统调节能力差。这个时期，孩子绝大部分是远视。随着年龄的增长，眼轴逐渐变长，眼的屈光状态由远视变为正视。

3岁前视力发展情况如下所述。

初生：视力极低，对强光有瞬目反射，数天后能看见灯光。

2周：用手电筒光自半米处移近婴儿，便会发现婴儿双眼向内转动。

3~6周：能注视较大的物体，双眼可随手电筒光单方向转动。

2个月：双眼追随物体从左到右、从上到下转动。

3个月：双眼随物体按弧形做180°转动，能较长时间注视。

4个月：眼随活动玩具移动，见物伸手去接触。

5个月：能看近物，眼手开始协调，见物伸手能抓到。

6个月：产生色觉，分辨颜色，注视较远的物体，如天上的飞鸟、飞机等。

9个月：注视画面上单一线条，对感兴趣的事能集中注意30~60秒钟，视力大约为0.1。

1岁：能按指令指出娃娃的眼、鼻、耳、头发等，会玩弄玩具，集中注意力3~5分钟。

2~3岁：能识别不同颜色与形状3~4种，注意力集中5~15分钟，视力约为0.5。

根据眼的结构和婴幼儿视觉的特点，家长要加强对孩子的视觉保护，促使其正常健康地发育，加强观察，定期检查，避免强光刺激，居室注意采光，不要让婴儿看电视，注意眼部卫生，加强营养。

4. 耳朵的保护

(1) 气候发生变化时要注意添减衣服，预防感冒，预防中耳炎。

(2) 慎用耳毒性抗生素，如庆大霉素、链霉素等，以免引起药物中毒性耳聋。

(3) 婴儿睡觉侧卧时，要当心不使耳郭扭卷受压。

(4) 给婴儿洗澡时注意不要让水流入耳道内，以免引起炎症。

(5) 最好不要给婴儿挖耳垢，少量耳垢有保护耳膜的作用，如果耳垢过多，应去医院取出。

5. 口腔的保护

母乳喂养方式对于婴儿颌骨发育有一种功能性矫形力，母乳喂养不足或人工喂养婴儿易形成不良吸吮习惯，影响婴儿颌骨发育。注意婴儿用奶瓶的正确姿势，避免将乳头抵压上颌，影响颌骨发育；婴儿经常含乳头入睡可影响乳牙发育，特别是乳牙萌出后，可发生"奶瓶龋齿"。乳牙萌出后就应给婴儿用指套牙刷或小牙刷帮助婴儿刷牙，每晚一次。大婴儿的食物应较粗、软，这样有利于乳牙萌出。7～8月龄婴儿开始学习用杯喝奶，1岁左右完全断离奶瓶，这样有利于乳牙萌出和颌骨发育。

父母多关爱婴儿，可避免婴儿不良吸吮习惯的形成，如避免婴儿在感到不愉快、寂寞、疲劳时常常通过吸吮手指或空奶嘴、咬物品等行为来安定自己。这些不良吸吮习惯可使口腔产生异常压力，形成牙反颌、错颌、颜面狭窄等畸形。

(二)促进情感、感知觉、语言、运动发育

正常婴儿需要父母的关爱，如将婴儿交给其他人抚养是一种忽视婴儿的行为。父母或抚养人应及时满足婴儿的需要，婴儿感觉安全，便会对成人产生信赖感；反之便会产生焦虑不安和恐惧情绪。经常用带有声、光、色的玩具刺激婴儿对外界的反应，可以促进婴儿感知发育。按月龄结合婴儿能力训练，可促进婴儿感知觉、行为发育，提高婴儿神经心理的发育水平。如两个月龄后经常训练婴儿俯卧抬头，婴儿可提前1～2月学会爬行，有利于四肢肌肉协调、胸部及臂力发育，接触周围事物范围扩大。

第三节 幼儿期的特点与保育

一、幼儿期特点

(一)神经心理发育迅速

幼儿脑功能发育已较成熟，可自由行走、跑、跳、上下楼；用笔乱涂画、叠6～7块方积木；能控制两便；喜欢学做简单家务；可独立玩(成人在旁时)，喜欢与小朋友做交往游戏；注意力持续约10分钟，能听完短小的故事，但注意力易分散，可重复听听过的故事、唱简短的歌谣；有30～50个词汇量，该时期是语言表达关键期。自我进食欲望强，可自己用匙进食，但抛洒多。活动范围广，好奇心增强，探索性行为多，易发生事故。幼儿期是个性形成的关键期，自我意识形成，表现"自己来"的意志行为，出现第一个违拗期。性格和情绪有个体差异。

(二)体格生长速度较缓慢

出生后第二年体重增加2.5～3.5kg，两岁时体重约为出生时的4倍(12kg)，第二年身长增长速度减慢，每年约增长10cm，即两岁时身长约85cm。

(三) 消化道、肾功能发育逐渐成熟

两岁左右胃蛋白酶、胰脂酶、胰淀粉酶达到成人水平，平均能量需要为 5460 kJ/d。1 岁后肾小球滤过率、尿素清除率、最大肾小管清除率达到成人水平。

(四) 生殖系统

出生后直到青春期前，生殖系统处于静止期，一直会保持幼稚状态。

二、幼儿期保育

幼儿期运动与语言基本能力的发育，扩大了幼儿的活动范围，使幼儿能主动观察、认知、进行社交活动。幼儿心理活动，尤其自我意识的发展，可使其对周围环境产生好奇心，幼儿还喜欢模仿，但容易被成人过分呵护而抑制其独立能力的发展。幼儿期个性的发展是学龄期儿童形成自信、勤奋或依赖、退缩心理状态的基础。

(一) 促进幼儿语言发育与大运动能力的发展

重视与幼儿的语言交流。幼儿通过游戏、讲故事、唱歌等活动可以学习语言；选择促进小肌肉动作协调发育的玩具，如球、拖拉车、木马、滑梯等，形象玩具如积木、娃娃、听诊器、炊具等，可发展幼儿的想象、思维能力。

1.5 岁幼儿不会说，两岁幼儿词汇量少于 30 个，3 岁时词汇量少于 50 个，构音不清等情况属语言、言语发育迟缓，应到医院诊治。

(二) 自我生活能力

到 2~3 岁，大脑皮质的控制功能发育较完善，幼儿可逐渐自己控制排便。安排规律生活，培养幼儿独立生活能力和养成良好的生活习惯，可为适应幼儿园独立生活做准备，如睡眠、进食、沐浴、游戏、户外活动等。幼儿注意力持续时间短，因此安排学习活动不宜时间过长。

1. 幼儿睡眠

睡眠对幼儿的健康十分重要，它能消除幼儿一天中脑力、体力活动造成的疲劳，使神经系统、骨骼和肌肉、内脏器官等得到休息。尤其是睡眠时人体生长激素大量分泌，有助于促进幼儿身高的增长以及大脑皮层的发育。因此，无论在幼儿园还是家庭，都应保证幼儿充足的睡眠。

保证幼儿的睡眠，一方面要保证幼儿睡眠的时间，另一方面要保证幼儿睡眠时的质量。一般来说，幼儿年龄越小，需要睡眠的时间就越长，如表 4-3 所示。

幼儿的睡眠时间也存在着个体差异。有的幼儿睡眠时间较长，躺下即可入睡，而有的幼儿睡眠时间较短，夜晚入睡迟，中午毫无睡意，让他们提前睡觉或午睡是十分困难的事。幼儿睡眠的质量也很重要，注意不要让幼儿睡前听一些较惊险的故事，或看一些情节较紧张的电视，应使幼儿轻松愉快地入睡，这样可以避免睡眠中出现夜惊或梦魇，使幼儿睡眠

平稳踏实。

表 4-3　幼儿日睡眠时间表　　　　　　　　　　单位：小时

年　龄	夜　间	白　天	合　计
1～3 岁	9～10	2.5～3	12～13
3～6 岁	9～10	2～2.5	11～12

阅读链接 4-7

提高幼儿睡眠质量，教师应做哪些准备扫描右侧二维码阅读。

阅读链接 4-8

培养幼儿良好的睡眠习惯扫描右侧二维码阅读。

阅读链接.docx

2. 排尿排便的指导与训练

幼儿生活在文明社会中，他们必须遵守一切社会文明准则和规范。在排泄方面，他们必须学会控制自己的大小便，知道大小便去厕所，不随地大小便，以及养成一切与排便有关的文明习惯。所有这些都离不开家长和教师的教育指导和适当的训练。

婴儿排尿排便的训练应从其出生起逐步开始进行。训练婴儿排尿排便的关键是让婴儿主动意识到大小便，并能逐渐学会控制。婴儿大脑皮层和相应器官的逐渐成熟，以及对婴儿的适当指导和训练，是婴儿学会排尿排便不可缺少的两个基本条件。此外，成人的耐心也是婴儿学会控制排尿排便不可缺少的重要因素之一。

1）鼓励和引导幼儿自己排尿排便

成人发现幼儿有排尿排便迹象后，应及时指导他们排泄，并对幼儿成功地排尿排便给予表扬和鼓励，以增强其对排尿排便的自信心。对偶尔不小心将尿或粪便排到裤子上或床上的婴幼儿应给予理解，不指责，并消除幼儿因排泄失误而造成的紧张感，稳定幼儿独立排泄的信心。

2）告诉幼儿不要憋尿和大便

幼儿有尿意就应排尿，以避免膀胱过度充盈，失去收缩能力，而发生排尿困难或感染。同样，当幼儿产生便意后也应及时排便，以防止粪便长时间积存，出现便秘。当幼儿因贪玩憋尿、憋大便时，成人应及时提醒他们排泄。

3）培养婴幼儿良好的排泄习惯

培养幼儿用语言表达大小便的习惯。养成幼儿专心排大便的习惯，避免幼儿在蹲坑或坐盆时玩耍。培养幼儿便后用卫生纸擦拭的能力和习惯，女幼儿小便后，也应学会用卫生纸擦净外阴的尿液。培养幼儿便后冲厕、便后洗手的习惯。

4）注意幼儿厕所与便盆的清洁卫生

托幼园所的厕所应保持清洁卫生，经常打扫消毒。幼儿使用过的便盆应立即倾倒，刷洗干净，每日用消毒液浸泡。

5) 仔细观察婴幼儿的排尿、排便情况

若发现幼儿排尿、排便出现问题，及时处理。婴幼儿排尿的次数、数量与当日的饮食量、天气等有着密切的关系。若婴幼儿喝水不多却多次排尿，同时伴有血尿、尿痛的现象，应怀疑是泌尿系统感染，需及时请医务人员进行检查。婴幼儿排便的情况也能反映出其身体的健康状况。若婴幼儿连续几天未排便，说明婴幼儿便秘，应督促婴幼儿多饮水、多吃蔬菜和水果、多运动并帮助婴幼儿排便。若婴幼儿的粪便有酸臭味，很可能是食量过多或消化不良，应教育婴幼儿少吃零食，不暴饮暴食。若发现婴幼儿拉稀而且排便次数较多或是大便的颜色异常，应带孩子去医院检查。

3. 幼儿的着装

幼儿的服装除了要求能保暖和美观外，还要求具备舒适、方便和安全的功能。舒适是指服装的大小与宽松适度、面料柔软、吸湿透气、款式简单、不妨碍幼儿的生长。方便是指服装便于幼儿穿脱和运动。安全是指服装的扣子、带子等不会导致意外事故。总之，保暖、舒适、方便、安全、美观是幼儿着装的基本原则，幼儿的服装应依此购买和制作。幼儿皮肤娇嫩，排汗量多，因而幼儿的贴身内衣应选用纯棉的面料。因纯棉内衣吸湿性、透气性好，而且柔软、保温，十分适宜婴幼儿。而尼龙化纤面料吸水性差，汗水附着在皮肤上，易导致微生物繁殖、腐败发酵，诱发幼儿过敏和湿疹，而且化纤织物对幼儿皮肤的刺激性较大，故不宜作贴身内衣。幼儿内衣也不适宜用丝、毛织品，因为丝毛中含有蛋白质成分，易使过敏体质的孩子出现湿疹。幼儿脖子短，因此衣领最好选择圆领或翻领，这既保暖又便于头部活动。衣袖不可过长，否则会影响幼儿的活动。衣服扣子应光滑无棱角。为了便于穿脱，衣服的纽扣应在幼儿的前襟处。幼儿的衣服应少装饰，尤其应避免将装饰性的小球、小动物、带子、金属标志等悬挂在衣服上，以免发生安全问题。

4. 幼儿的鞋

幼儿足部皮肤薄嫩，保护机能差，肌肉和韧带较柔嫩、松弛，足弓不牢固，足骨尚未骨化，易变形，因此，幼儿穿的鞋大小应适中，软硬要适度，而且应轻便、舒适、透气性好，这样有利于幼儿的运动。幼儿鞋的大小以在后跟处能伸进一个手指为宜，鞋跟高以1cm左右为宜，鞋底应较柔软而且有弹性，并具备防滑的功能。如果幼儿所穿的鞋不舒适，则会使幼儿的足部肌肉松弛、足弓塌陷、足骨变形，甚至引起骨盆的变形。较小幼儿的鞋带最好使用尼龙扣或松紧带，较大的幼儿可穿系带的鞋，但鞋带不宜过长。幼儿夏天穿的凉鞋应特别注意其舒适性和安全性，避免幼儿脚面皮肤受磨、脚底起泡、挫伤脚趾等现象出现。幼儿最好不穿皮鞋。皮鞋弹性差，伸缩性小，鞋帮和鞋底较硬，易压迫足部血管和神经，影响幼儿足底、足趾的发育，造成血液循环障碍。另外，穿皮鞋冬季易生冻疮，还会磨破足部皮肤。

5. 幼儿盥洗

1) 洗手

洗手前幼儿应先卷起衣袖，轻轻拧开水龙头，将手心、手背、手腕浸湿，然后搓肥皂，最好搓出泡沫，使手心、手背、手指缝都被肥皂洗到，然后，用清水冲洗干净，关好水龙头，最后再用毛巾将手擦干。用流动水给幼儿洗手。洗手时，要求幼儿双手略向下，避免水顺着手臂倒流弄湿衣袖。冬天洗手后应擦油。教育幼儿认真洗手，不玩水，不敷衍。

2) 洗脸、刷牙

洗脸时，应先把小毛巾浸湿，把香皂打到小毛巾上，擦洗脸，前额、眼角、鼻孔、口周围、下巴、脖子及耳后等处，要一一洗到，再用流动的水冲洗，最后将毛巾拧干，把脸擦净。

刷牙前应先漱口，将牙刷沾湿，放上牙膏，然后顺着牙缝竖刷，里外刷到，然后再漱口，并将牙刷涮干净，最后毛朝上柄朝下放入牙缸中。

这里要注意的是：幼儿在练习刷牙阶段可以暂不使用牙膏。教会幼儿从后向前挤牙膏。教师和家长应督促幼儿认真刷牙，尤其是牙的内面也应仔细刷。

阅读链接 4-9

培养幼儿良好的盥洗习惯扫描右侧二维码阅读。

阅读链接.docx

(三) 定期健康检查

每 3~6 个月应进行一次体格检查，从预防营养不良、单纯肥胖。应教育家长认识到保存儿童生长资料的重要性，配合医生，继续用生长曲线监测儿童身高生长速度。如发现儿童身高发育有下降的趋势，应到医院做骨龄和内分泌检查。注意保护儿童隐私，如检查女童外生殖器需得到家长许可。

(四) 预防疾病、事故

3 岁以下儿童应尽量不食瓜子、花生等食物，以预防异物吸入引起窒息；因幼儿已可自由行走，好奇心强，不宜让幼儿独自外出或留在家中，以免发生事故；监护人应注意避免幼儿活动环境与设施中有致幼儿烫伤、跌伤、溺水、触电的危险因素。

(五) 合理营养

供给丰富的平衡营养素，每日 5~6 餐适合幼儿生长需要和消化道功能水平，其中乳类供能仍不应低于总能量的 1/3。幼儿的自行进食技能与婴儿期的训练有关，发展独立进食行为，鼓励自己进食，防止强迫进食，避免过多液体或零食摄入而影响进食。注意维生素 D 的补充，坚持每日户外活动 1 小时，进行空气浴、日光浴。

三、疾病筛查

(1) 缺铁性贫血每年健康检查时应做 1~2 次 Hb 筛查，Hb<110mg/L，应治疗。

(2) 每年进行一次视力筛查。

(3) 每年健康检查时应做一次尿、大便常规检查，排除泌尿系统感染和寄生虫感染。

(4) 外生殖器检查。检查两岁后的男童外生殖器发育有无包茎、小阴茎。

(5) 佝偻病。幼儿出现进行性下肢弯曲畸形、手足镯，似维生素 D 缺乏性佝偻病临床表现，通过骨 X 线、血生化检查将低血磷抗生素 D 佝偻病和其他原因的骨骼畸形进行鉴别。

第四节　学龄前期的特点与保育

一、学龄前期特点

(一)性格形成的关键时期

学龄前期儿童脑发育接近成人，动作发育协调，语言、思维、想象力成熟，词汇量增加，急于用语言表达思想，遇到困难产生怀疑，出现问题语言(自言自语)。情绪开始符合社会规范，社会情感发展，逐步产生道德感、美感和理智感。随思维、语言和社会情感的发展和教育的作用，理性意志萌芽(自觉、坚持、自制力等)。个性形成，性格内、外向及情绪稳定性进一步分化。这个时期，个性仍有一定的可塑性。当主动行为失败后，会失望和内疚。成人的态度对发展学龄前期儿童的自信心非常重要。注意力保持时间较幼儿长(约 20 分钟)。

(二)体格生长速度较缓慢

每年体重增长 2kg，身高增长 5～7cm。学龄前期儿童体格生长发育主要受遗传、内分泌因素的影响。眼功能发育基本完成，视深度逐渐发育成熟。但眼的结构、功能尚有一定可塑性，眼保健是此期的重点内容之一。听觉发育完善。学龄前期儿童腋窝汗腺发育不成熟，在相同的条件下躯干、胸部出汗较明显。

(三)免疫活跃

学龄前期儿童淋巴系统发育很快，青春期前达到高峰，以后逐渐消退达到成人水平。出现免疫性疾病。

二、学龄前期保育

学龄前期儿童智力发展较快、独立活动范围扩大。学龄前期儿童良好的学习兴趣、习惯与学龄期的在校学习状况有关，这个时期应注意从日常活动中培养。

(一)加强入学前期教育

加强入学前期教育较为重要，包括培养学习习惯，注意发展儿童想象与思维能力，使之具有良好的心理素质。通过游戏、体育活动增强体质，在游戏中学习遵守规则和与人交往。活动内容应动静结合，在游戏中学习的形式可增强儿童兴趣，时间以 20～25 分钟为宜。

(二)保证充足营养

膳食结构接近成人，与成人共进主餐，每日 4～5 餐(3 餐主食，1～2 餐点心)适合学龄前期儿童生长需要和消化道功能水平，每日摄入优质蛋白质占总蛋白的 1/2，其中乳类供能占总能量的 1/3。

(三)预防感染与事故

集体机构的儿童应特别注意预防传染性疾病，如肝炎、麻疹、痢疾等疾病；预防儿童外伤、溺水、误服药物、食物中毒、触电等事故。

(四)合理安排生活

合理安排学龄前期儿童的生活，不仅可保证儿童的身体健康，还可培养儿童的集体主义精神，以及控制情绪和遵守规则的能力。

(五)体格检查

体格检查每年 1～2 次，记录结果，了解生长速度。如果每年身高增长低于 5 cm，为生长速度下降，应寻找原因。教育儿童注意正确的坐姿、走姿，预防脊柱畸形。

(六)视力保健

每年每个学龄前期儿童接受一次视力筛查(视力表)和眼的全面检查，培养良好的用眼习惯，指导家长、幼儿园教师给儿童创造较好的采光条件，积极矫正屈光不正，加强功能训练，防治各种流行性眼病。

(七)口腔保健

3 岁儿童应学会自己刷牙，培养每天早晚刷牙的习惯，每次 2～3 分钟，预防龋齿。帮助儿童纠正不良口腔习惯，包括吸吮手指、咬唇或物，预防错颌畸形。每半年或每年检查口腔一次。

📝 案例 4-2

如何从小引导孩子进行体格锻炼

孩子那么小，能进行锻炼吗？从什么时候开始锻炼好呢？一般父母对于婴幼儿总是保护多，锻炼少，怕孩子吃不消，甚至生病。

(资料来源：魏颖. 东北农业大学生命科学院，2011.)

案例评析：

婴幼儿时期生长发育非常迅速，身体各部位器官都很娇嫩，尚未发育成熟。骨骼柔软易变形；肌力弱、耐力差；心脏收缩力弱，心跳快；呼吸道和胸腔狭小，肺活量小，呼吸浅，频率快；大脑皮质神经细胞的耐力差，易兴奋也易疲劳；加之孩子对环境的适应能力差，抵抗疾病的能力弱，很容易感染疾病。因此，父母不仅要注意保证孩子生长发育所需的各种营养，促进其生长发育，还要加强保健，精心护理，并从出生的第一年开始，有计划、有步骤地进行体格锻炼，以增强体质，提高抵抗力，预防疾病。

婴幼儿的体质强弱既有先天因素，又有后天因素。其中后天因素起着决定性的作用。如果婴儿出生时很健康，但在其成长过程中缺少体格锻炼，体质就会由强变弱。相反，即使出生时婴儿体弱，但在其成长过程中加强护理、科学喂养、注意体格锻炼，体质就可由弱变强。体质的强弱在一定条件下是可以相互转化的。

若是在婴儿期就开始根据孩子的身心特点，采取适合年龄阶段的体格锻炼方法，并持之以恒，坚持下去，就能奠定良好的健康基础。那么体格锻炼有哪些好处？

1. 促进生长发育

(1) 促进骨骼生长：体格锻炼能使血液循环加快，使骨骼组织获得丰富的营养，对骨骼产生机械刺激作用，使骨骼加速生长，孩子就能长得高大健壮。

(2) 促使肌肉丰满结实：通过体格锻炼，孩子消耗能量增多，血液循环加快，使肌肉组织得到充分的营养，肌细胞随之增大，肌血管网增加，肌纤维增粗，使肌肉逐渐丰满结实，孩子体重增加而不虚胖。

(3) 促进心脏发育：体格锻炼时，肌肉要进行有规律的收缩和放松，它能促使血液循环加快，心肌毛细血管开放，引起冠状动脉扩张，迫使心脏收缩力加强，血液输出量增加，这些都可促进血液循环和心脏的发育。

(4) 强化呼吸功能：在体格锻炼过程中，呼吸系统肌肉活动需要消耗大量的氧气和排出更多的二氧化碳，这会迫使呼吸器官加倍工作，加深呼吸。经常坚持锻炼就可扩大胸廓，增大肺活量，增强呼吸器官的功能，对防止呼吸道常见病有良好的作用。

(5) 增强消化功能：进行体格锻炼，增加了能量的消耗，这就需要补充更多的营养物质，从而迫使消化系统活动加强，消化腺分泌增加，胃肠的消化和吸收功能增强，食欲增加，这样有助于孩子的生长发育。

(6) 增强神经系统的调节功能：身体各部位的协调活动都是在神经系统的统一控制和调节下进行的，大脑神经系统是人体的"司令部"，婴幼儿的神经系统尚处于发育阶段，兴奋和抑制的神经活动不易保持平衡和协调，容易兴奋，也难以抑制。通过体格锻炼，神经系统也能经受锻炼，提高调节功能。

2. 促进动作发展

出生第一年是动作发展最快的时期。在从躺卧到独立行走的过程中，经常进行体格锻炼并不断地训练动作，才能及早学会俯卧、抬头、翻身、坐、爬、站和迈步学走。孩子掌握了基本的动作后，再要求动作正确、协调、灵敏，为以后学跑、跳、平衡、攀登等动作以及从事各种活动打下基础。

3. 增强适应力和抵抗力

婴幼儿的体温调节功能尚不完善，对冷和热的耐受力差，特别是皮肤和呼吸道对冷和热的刺激很敏感。若经常进行体格锻炼，给予适当的冷和热的刺激，能使皮肤和呼吸道不断经受锻炼，使大脑皮质对冷和热形成条件反射，就可以改善体温调节功能。如果孩子对外界环境的变化逐步产生了适应能力和对疾病的抵抗力，遇天冷时则不易感冒，天热时不易中暑，也不易生痱疖。

4. 有利于智力发育

大脑是从事智力活动的主要器官，需要足够的氧气。让孩子经常在户外新鲜空气下进行体格锻炼，不仅可促进血液循环，还可增加血流量，能供给脑细胞更多的氧和养料，使大脑的机能随之增强，孩子的精力充沛，反应灵敏，思维活跃，有利于智力的发育。

三、对体弱儿、残疾儿的保育

幼儿的身体状况存在着个体差异，有的幼儿身体强健，不常得病，而有的幼儿则体质较弱，常患病，有的幼儿身有残疾或患有某些疾病，教师应区别对待，对这些幼儿要格外照顾。

例如，减少体弱儿与恢复期病儿的接触，根据气温情况随时给体弱儿增减衣服，体弱儿出汗后应及时帮其擦干等。

对患有先天性心脏病的幼儿，可让其进行安静游戏，避免做剧烈的运动，睡眠时间可适当延长。

对肥胖的幼儿，在引导幼儿适当节食的同时，应鼓励其积极参加运动，适当增大能量的消耗，减少多余的热能在体内的堆积。

对视力异常、戴眼镜的幼儿，应注意其在体育活动和户外自由活动时的安全，防止幼儿跌倒撞伤。

对患有哮喘、湿疹等过敏性疾病的幼儿，教师应该了解过敏源，尽量减轻和控制幼儿的病情。

思维拓展

1. 新生儿的生理特点有哪些，如何保育？
2. 婴幼儿的生理特点有哪些，如何保育？
3. 学前儿童如何做好入学的准备？
4. 教师对体弱儿童应如何照料？

推荐观看：美国国家地理频道《子宫日记》以及法国纪录片《婴儿日记》。

第五章　学前儿童活动中的保育

本章学习目标

> 学前儿童日常生活中的保育。
> 学前儿童学习活动中的保育。
> 学前儿童运动中的保育。

第一节　学前儿童生活活动的保育

学前儿童日常生活的保育是指托幼机构实施生活日程时对学前儿童的保育工作。日常生活中的保育工作包含着教育因素，如洗手时应让学前儿童学习遵守一定秩序，学会按一定的程序将事情做好。教育中也渗透着保育因素，如就餐前，需要将地板拖一下，以降低灰尘密度，增加空气湿度。在绘画活动上，不仅要提高学前儿童的绘画知识技能，培养欣赏美、表达美的情趣和能力，还要教会学前儿童正确的握笔方法和姿势，注意绘画时间不能太长，以免损伤小手。在日常生活中保教结合，可促进学前儿童全面发展。

一、幼儿园一日生活活动及其重要性

(一)幼儿园一日生活活动的含义

一日生活活动是指学前教育机构把学前儿童每日在园(所)内的主要活动，如入园、进餐、排便、盥洗、睡眠、游戏、户外活动、离园等在时间和顺序上合理科学地安排，相对地固定下来，形成一种制度，也可称之为生活制度。幼儿园一日生活活动可分为四大模块，即生活活动、体育活动、学习活动和游戏活动。

(二)幼儿园一日生活活动的重要性

一日生活活动在学前儿童成长中有着不可小视的作用，具体体现在以下几个方面。

(1) 一日生活活动能满足学前儿童的身心需要，促进其身心健康发展。学前儿童处于身体快速生长的阶段，需要合理的营养、充足的睡眠、一定时间的户外活动。同时，学前儿童神经系统发育不成熟，神经细胞功能较弱，耐受性低，易疲劳，兴奋占优势，易扩散，不易集中，很难控制自己。科学、合理地安排好学前儿童的饮食、睡眠、盥洗、大小便、户外活动，可以使其大脑皮质的兴奋和抑制有规律地交替，进而增进身心健康，这是满足学前儿童心理生理健康发展的基本条件。所以，科学、合理的生活日程有利于学前儿童的生长发育与心理的健康发展。

(2) 一日生活活动有助于培养学前儿童有规律的生活习惯。合理的生活日程安排可以使学前儿童在进餐时感到饥饿，在睡眠前感到困倦，能顺利地从一种活动形式转到另一种活动形式，并形成一系列良好的条件反射，有助于培养学前儿童有规律的生活习惯。

(3) 一日生活活动能提高保育工作的效率。按生活日程开展保育工作就能知道先做什么后做什么，形成良好的一日保育工作规律，为顺利地做好保育和协助教师开展教育工作打下坚实的基础。

二、安排幼儿园一日生活活动的要求

学前教育机构在安排一日生活活动时，必须按照国家要求及学前儿童发展特点，综合地考虑与之有关的各种因素，制定出既切合本机构实际情况又符合学前儿童身心发展特点的科学、合理的生活日程。一般来说，在安排一日生活活动时有以下几个要求。

1. 活动内容的安排要符合学前儿童的年龄特点

学前儿童正处在发育迅速阶段，神经系统发育还不完善，对周围环境的刺激需要付出较大的精力才能适应，如果某一种活动持续的时间过长，就会引起大脑皮层相应区域神经细胞的疲劳。例如，在安排学前儿童睡眠时间时，年龄较小的幼儿睡眠时间比年龄较大的幼儿的睡眠时间要长些。

2. 一日生活活动要符合季节特点

学前教育机构应根据本地区的具体地理位置特征和本园(所)的实际情况，制定相应的生活制度；同时，应考虑到不同的季节特点。以睡眠为例，夏季昼长夜短，天气炎热，学前儿童出汗多、能量消耗大，为了保证其体力及时得以恢复，托幼园(所)中午午睡的时间可适当延长，以补充学前儿童睡眠时间的不足。又如运动时间，夏季和冬季的时间安排是不同的，冬季学前儿童的户外体育活动时间应安排在上午九点以后，而夏季则应在九点以前。因此，托幼园(所)至少应有冬、夏两季不同的作息日程的安排。

3. 不同类型的活动要交替进行

安排一日生活活动时要做到动静结合、组织活动与自由活动结合、个别活动与集体活动结合、室内活动与室外活动交替进行。例如，在组织活动之后，可以安排学前儿童进行自由的游戏活动；在室内较安静的活动之后，可以让学前儿童到户外进行一些体育活动等。幼儿园的一日活动有四大模块，除了生活活动之外，还有游戏活动、体育活动和学习活动，这四个活动内容也要交替进行。生活活动的环节体现在各项活动之中，反过来，其他各项活动也可以融合在生活活动之中。不同性质、不同类型的活动交替进行，可使婴幼儿大脑皮层各机能区的神经细胞以及身体的各个器官系统得到充分的调整，从而促进学前儿童身心健康地发展。再如，学前儿童在从事某项认知活动一段时间以后，应该及时变换为另一种，这样才能使学前儿童大脑皮层的神经细胞得到充分的休息，避免疲劳，以保证学前儿童的健康成长。

4．制定生活制度要考虑家长的实际需要

学前儿童的年龄特点决定了其入园和离园时都必须由家长亲自接送，因此，托幼园所在制定生活制度时，要合理安排学前儿童的入园、离园时间，充分考虑家长的实际情况和需要，方便家长接送，更好地为家长服务。例如，可适当提前入园时间和适当推迟离园时间；托幼园所为幼儿提供的膳食，可以由一餐两点增加到三餐两点；还要为晚离园的幼儿安排好夜护的活动内容。

5．生活日程一般不能随意更改

学前儿童的生活日程建立以后，教师应该严格遵守并加以实施，不可随意更改，以保证学前儿童在园内生活的规律性。但由于学前儿童在园内的活动并不是一成不变的，如组织学前儿童外出活动，进行健康检查等，所以，学前儿童一日生活的安排应保证一定的稳定性和规律性，同时应该具有相对的灵活性。

6．学前儿童家园生活相互衔接

有些新入园的儿童，由于不太适应幼儿园的环境，午睡时常常不能很快地入睡或是较早地醒来，而晚上睡得又比较晚，长此下去会影响学前儿童的生长发育。为此，教师应及时与家长联系做好宣传，建议家长让学前儿童在晚上早些就寝，适当调整学前儿童在家里的作息时间，做到家园双方相互配合，以确保学前儿童健康地成长。

三、幼儿园一日生活活动环节保育工作的主要内容

学前儿童一日生活环节包括来园、户外活动、大小便、盥洗、饮食(进餐)、睡眠、室内游戏、离园八个环节。托幼机构教师要根据学前儿童的生理、心理特点，认真做好各个环节的保育工作。

(一)来园活动

在学前儿童进教室前，生活老师要做好环境清洁、室内开窗通风、擦地、摆桌椅、安全检查以及其他各项准备工作，如准备好玩具、肥皂、毛巾、茶杯等。要热情接待学前儿童及其家长，态度要和蔼、亲切有礼，使学前儿童情绪愉快，愿意来幼儿园，也让家长放心。要培养学前儿童使用礼貌用语的习惯，如向保育员问"早"，对家长说"再见"。要准备好充足的玩具，协助教师组织学前儿童来园活动。生活老师要和学前儿童一起玩，并且允许学前儿童在各种活动中自由转换，让小朋友玩自己喜欢的玩具，做自己喜欢的游戏。生活老师应掌握好哪些婴幼儿需要特别照顾或服药。

1．晨间接待

晨间接待是学前儿童从家庭进入集体生活的过渡环节，教师组织一些有趣的晨间活动可以调节学前儿童的情绪。成功的晨间接待是一日活动的良好开端。教师要提前做好准备

工作。由于每个幼儿入园时间略有差别，因此，晨间接待不宜组织集体活动，需要教师分别接待，要做到以下几点。

第一，热情接待学前儿童，互相问好。对小班幼儿可以抱一抱，亲一亲。教师的情绪和态度对学前儿童有很大的感染作用，要使学前儿童感到亲切、温暖，感到老师喜欢他。接待中，教师还应指导学前儿童有礼貌地问候周围的人。

第二，教师要有礼貌地向家长打招呼和告别，并了解幼儿在家的情况，及时和家长交换意见，同时要在教育观念和方法上给家长以指导。

第三，利用晨间接待，与学前儿童亲切交谈，进行个别教育。如对胆怯、孤僻的孩子，引导和帮助他们更快地适应幼儿园的集体生活。

第四，吸引学前儿童参加集体生活，如利用有趣的玩具、图书、游戏等，吸引那些不愿来园的孩子，转移其注意力，使他们乐意留在幼儿园，参加集体生活。

2. 晨间检查

晨间检查可根据各园的情况，由保健医生负责。检查内容可概括为"一摸、二看、三问、四查"，具体包括学前儿童的清洁卫生和健康状况。要摸摸幼儿的额头是否发热；看脸色和眼神以及咽部有无病状；问问身体有无不舒服的感觉；检查口袋里有无尖硬、不安全的物品等。发现异常情况，应及时处理，必要时应采取隔离、治疗等措施，防止传染病被带入幼儿园。

3. 晨间活动

晨检后，可以让学前儿童做游戏，参加一些劳动或进行自选活动。晨间活动应以小型多样的分散活动为主。学前儿童可根据自己的兴趣、爱好，自由选择游戏主题，自选玩具、自由结伴，参加不同类型的活动，如看图书、搭积木、下棋、折纸、绘画、玩娃娃家、做科学小实验等。

教师可以利用这段时间与幼儿亲切地交谈，对幼儿进行个别教育；可以指导中、大班幼儿做值日生工作，如洗水杯、擦桌椅、给自然角的动物喂食和给植物浇水等，培养幼儿从小热爱劳动的好习惯。

4. 晨间谈话

晨间活动即将结束时，教师要组织学前儿童收拾玩具，整理活动室。之后，要与学前儿童进行简短的谈话，对晨间活动进行总结，对一日活动提出要求，并组织学前儿童进行讨论和总结，谈话时语气要自然亲切，时间不要过长。

(二)户外活动

户外活动主要是指学前儿童在户外进行锻炼，如玩运动器械、散步和自由活动。户外活动是学前儿童一日生活中不可缺少的内容。在气候正常时，应保证学前儿童每天有两个小时的户外活动时间。在进行户外活动时，保育员要做好以下事项。首先，要做好场地的清洁卫生及安全保护工作，并做好场地布置和运动器械的准备工作，还要备好毛巾、茶杯。运动前，要检查学前儿童的服装、鞋子、鞋带等是否存在不安全问题，注意腹部保暖，提醒学前儿童大小便。其次，教师要注意学前儿童在户外活动中的安全，要分组活动，防止拥挤，阻止学前儿童的危险动作，加强安全教育，活动时让学前儿童始终在自己的视线范围之内。在活动中，要帮助幼儿擦汗，随时穿脱衣服，给易出汗学前儿童的后背垫上干毛巾。再次，应对体弱儿童、肥胖儿童进行特殊照顾，对个别儿童进行教育。最后，在整个户外活动中，要加强对学前儿童反应状态的观察，包括面色、精神、食欲、出汗量等方面，要掌握学前儿童的身体状况。

1. 早操

早操能使学前儿童的精神尽快转入兴奋、清醒的状态，提高有机体的工作能力，使学前儿童愉快地开始一日生活。早晨空气清新，也是锻炼身体的好时间，只要天气好，就应坚持在室外做早操。

做操前要选好伴操音乐，让学前儿童排好队，检查着装，提醒幼儿系好裤带、鞋带，依次轻轻地走到室外。到操场后，先让学前儿童听口令或哨声走步、跑步、简单变换队形，排好体操队形，然后听音乐或口令开始做操。

教师指导早操时，要精神饱满，口令清楚，声音洪亮，动作准确，并要及时纠正幼儿不正确的姿势。

2. 户外体育活动

学前儿童在进行了一段时间的集体学习之后，其身体的机能活动性就会暂时降低，产生疲劳，这时应安排学前儿童到户外进行体育游戏，可让他们自选内容、自选器械玩具、自定玩法和自由结伴。教师要积极创造条件，引导、鼓励学前儿童自由地进行各种活动，活动内容要动静交替，活动时要注意安全。

3. 游戏和户外活动

游戏是下午活动的主要内容，教师要精心设计游戏活动。游戏前，幼儿园教师应为幼儿准备充分的游戏材料和玩具，放置好桌椅，注意室内活动场地的安全。游戏中，教师相互配合引导学前儿童参加游戏，注意个别差异，进行个别指导。由于这时学前儿童比较疲劳，注意力不像上午那样集中，教师要特别注意集体游戏与自选游戏相结合，让学前儿童尽可能地按照自己的意愿去选择游戏内容，感受游戏的快乐，从而激发他们对游戏的兴趣，发挥他们的积极性、主动性、创造性。游戏内容要丰富多彩，形式要多样，要注意动静交替。游戏后要组织幼儿整理玩具，检查玩具，并将玩具归类摆放。定期清洁、消毒玩具，保持玩具的整洁、卫生。无论进行哪种游戏活动，都应在饭前半小时转入安静活动。

在天气允许的情况下，每天都要安排一定时间的户外活动，还要有计划地安排娱乐活动和劳动。教师在户外活动中要承担大量的生活照顾及安全保育工作。如玩运动器械是学前儿童最喜欢的活动之一，幼儿常常能玩很长时间而不厌烦。大型运动器械有滑梯、荡船、转椅、平衡木、攀登架等；小型运动器械有脚踏车、手推车、小拖车、摇马、摇船、皮球等。当学前儿童滑滑梯时，教师要站在靠近滑板的一头，以随时保护学前儿童，教师要教育学前儿童不要长时间停留在滑梯平台上，以免拥挤，发生事故。走平衡木时，教师要注意随时保护，搀一搀上木不稳的幼儿，扶一扶摇摇晃晃的幼儿，要允许幼儿走一半跳下去，重新再上平衡木行走，要让幼儿觉得走平衡木很有趣，但要保证安全，要有防护设施。自由活动可以是一段时间，也可以是在其他活动的间隙进行。如活动性游戏后，教师让全体幼儿分散一会儿；或者幼儿在玩一种大型器械后，自己到场地边休息一会儿，然后再去参加其他活动。学前儿童在自由活动中可以自己走走、跑跑、坐坐，甚至在草地上躺一会儿，教师不必加以干涉。

(三)集体教学活动

集体活动时，教师应事先准备好玩具，然后按教学活动计划开展集体教学活动。活动中，要注意观察学前儿童的情绪，教学环节要紧凑，方法要灵活，不断地引起学前儿童的学习兴趣。教学活动进行中，其他人不要随便出入活动室，教师也不要来回走动，以免分散学前儿童的注意力。要注意掌握时间，有计划地结束。在两次集体教学活动之间可休息5~10分钟。两三次集体教学活动结束后，要让幼儿喝水。

(四)饮水

水是构成人体组织的重要物质，人体肌肉、血液、骨骼、牙齿、脊髓、关节、眼球等都含有丰富的水分。

1．学前儿童饮水标量与计算方法

学前儿童对水的需要量取决于学前儿童的活动量、气候、饮食等。通常气温越高，出汗越多，活动量越大，食入的蛋白质、无机盐越多，则需水量越大。牛奶喂养的婴儿比母乳喂养的婴儿需水量多。此外，年龄不同的学前儿童对水的需要量也不同，1岁以内的婴儿，每日每千克体重应摄取120~160mL水；2~3岁的婴幼儿，每日每千克体重应摄取100~140mL水；4~6岁的幼儿，每日每千克体重应摄取90~110mL水。

2．饮水保育内容和方法

学前儿童饮水时要用专用的水杯，水杯要有标记，小班可用小动物作标记，中、大班可用数字作标记。水杯最好放在有格、有门(或帘)的柜子里，杯口朝下，以防灰尘落入。拿水杯时可分批进行，培养学前儿童站排守序拿杯。喝完水后，要让幼儿把水杯放回杯柜里。

(1) 饮水的准备工作。幼儿园老师每天早晨要清洗水桶，备好消过毒的水杯，并根据气候的变化、学前儿童的活动量等情况准备好足量的温度适宜的饮用水。

(2) 学前儿童饮水的卫生要求。学前儿童喝水前应先洗手，然后再取自己的杯子。要求学前儿童喝水时拿稳水杯，喝完水后将杯子放回原处。开始喝水时要提醒学前儿童小口尝试，避免烫伤。若水较烫，应等凉了后再喝。喝水时不要说笑，防止呛咳。同时，教育学前儿童在剧烈运动后、吃饭前不能大量喝水。

(3) 培养学前儿童主动喝水的习惯。学前儿童一天喝水至少两次，即在集体教学活动后和下午起床后。除此之外，还应允许学前儿童随时喝水。幼儿园老师应按时提醒幼儿喝水，每次尽可能喝足量，还应帮助学前儿童养成渴了就会主动饮水的好习惯。对不爱喝水的学前儿童，教师应格外注意引导他们饮水；对体质差的学前儿童、感冒的幼儿、患病初愈的幼儿、经常上火的幼儿、咽喉肿痛的幼儿应提醒他们多饮水。

(4) 培养学前儿童养成喝白开水的习惯。学前儿童应尽量以白开水为饮料，减少甜饮料的摄入量。教师应通过多种形式使孩子明白喝白开水的好处，指导家长平时在家中为幼儿树立榜样，主动饮用白开水，注意培养幼儿喝白开水的好习惯。对于不习惯喝白开水的学前儿童，应由少到多，逐渐增加饮水量。

(五)劳动活动

学前儿童劳动主要是使幼儿通过自己动手，亲眼看到劳动后事物的变化，体验劳动的快乐。另外，通过劳动，教师可以培养学前儿童的责任感、意志力及合作精神。

1. 学前儿童劳动的类型

学前儿童劳动主要有自我服务性劳动和集体服务性劳动、种植和饲养等形式。

自我服务性劳动是指学前儿童独立地照料自己生活的劳动，让学前儿童在穿脱衣服和穿脱鞋等自我服务性劳动中锻炼自己，帮助学前儿童增强独立生活的能力。

集体服务性劳动是指学前儿童为集体做事，如做值日生、摆桌椅、摆碗筷、整理玩具等。学前儿童劳动虽不复杂，但他们承担的服务性劳动都有相应的职责要求，学前儿童需要按着要求去做，不允许他们随意，这是培养学前儿童责任心、养成劳动习惯及激发学前儿童热爱集体情感的重要环节。

种植和饲养是指在教师组织下，由学前儿童做一些力所能及的劳动，使学前儿童亲自体验、了解动植物的生长过程，激发他们的求知欲，激发他们热爱自然的情感，增加爱心服务性劳动。

2. 培养学前儿童爱劳动的习惯

教师要经常要求学前儿童来园后先用湿毛巾擦擦自己的小椅子，然后再帮小朋友收拾桌子，帮老师擦窗台，给自然角的种植物浇水等，做一些力所能及的服务性劳动，以培养学前儿童爱劳动的习惯。通过一段时间的培养，就会发现孩子不仅懂礼貌讲卫生了，也变得热爱劳动并有了一份责任感。

(六)大小便

人的排泄物中含有一些有毒的物质，及时代谢废物有利于人体的消化吸收，排出体内的毒素，有利于身体的健康。幼儿园老师平时应通过对学前儿童大小便的观察，及时发现一些异常情况，并协助家长或医生及时诊断与治疗。

1. 排便的保育内容与要求

(1) 厕所环境。厕所内要保持清洁、干燥，无臭味，便池干净无污垢。

(2) 排便时护理。每次组织学前儿童大小便时应按小组进行，避免拥挤。排便时，幼儿园老师不要离开，要在一旁照顾，对年龄小的幼儿要给以帮助。冬天注意幼儿膝、腰、腹部的保暖，并提醒幼儿排便时间不要超过5～10分钟。

(3) 排便后观察。幼儿排便后，老师要指导年龄大的幼儿用卫生纸从前往后擦净臀部，对年龄小的幼儿要给以帮助。要注意观察大小便有无异常情况，然后对便池及时进行清洗、消毒。

(4) 便盆放置。便盆以白色为宜，口径大小要合适，应放在固定的地方，便盆之间应保持一定的距离。男女幼儿应分厕，便盆分开放置，要指导两岁以上的男孩站着小便。

(5) 提醒学前儿童大小便。根据婴幼儿的年龄、大小便间隔的规律，以及当天学前儿童的情绪、饮食及气候等多种因素提醒学前儿童大小便。对易尿裤子的学前儿童要重点照顾提醒，不要训斥。睡眠前后、户外活动前、嬉水前都要提醒学前儿童排便，要培养两岁以上的学前儿童主动提出大小便。

(6) 根据学前儿童的年龄特点，培养有关生活能力和良好的排便习惯。

① 培养学前儿童良好的排便习惯。应按照听音排便——用声音、动作表示——主动用语言表示——主动如厕的顺序着手培养。即在幼儿3～4个月时，生活老师就在幼儿大小便时用"嘘嘘""嗯嗯"的声音及一定的姿势进行刺激，使幼儿对大小便形成一定的条件反射。7～8个月的幼儿，可坐在便椅上大小便。要培养1岁半的幼儿用声音、动作表示大小便的需求。让两岁以上的幼儿能逐渐控制大小便，能用语言主动表示要大小便，直至能自己如厕，要养成幼儿每天排便的习惯。

② 培养学前儿童专心排大便的习惯，避免学前儿童在坐盆时说话、玩耍、吃东西。

③ 培养幼儿便后穿好裤子的能力。

④ 培养幼儿便后用水冲厕的习惯。

⑤ 培养幼儿便后洗手的习惯。

2. 应注意的问题

(1) 婴幼儿的尿布不宜太厚太宽。

(2) 婴幼儿小便的次数不可过于频繁。

(3) 禁止长时间地将幼儿放在便盆上，以便盆代替座椅，并在上面喂食、玩耍。

(4) 幼儿大小便便在身上，不可训斥、恐吓。

(5) 发现大小便有异常情况，应及时与保健老师联系，并采取正确的处理方法。

(6) 3岁以内的幼儿不宜用蹲式厕所。

幼儿园老师要了解学前儿童大小便的规律，掌握学前儿童的个别差异，根据不同的情况随时提醒个别学前儿童大小便。厕所要保持整洁、干燥、无异味、无污垢，物品堆放要整齐。教育幼儿坐盆时不玩玩具、不玩便器，并注意腰腹部、膝盖的保暖。对体弱儿童要给予个别照顾，对尿床儿、尿裤儿不要训斥，耐心照顾，要及时提醒幼儿主动如厕，不憋大小便。

(七)盥洗

盥洗是学前儿童生活中的一个重要环节，可使学前儿童毛发、皮肤保持清洁，保持皮肤正常功能的发挥，减少皮肤被汗液、皮脂、灰尘污染的机会，提高皮肤的抵抗力，维护身体的健康。同时，可以培养学前儿童爱清洁、讲卫生的好习惯，培养婴幼儿的生活自理能力和独立性。

1. 盥洗保育内容

1) 盥洗前的准备

盥洗前，幼儿园老师应做好盥洗前的准备工作，如准备好肥皂、消毒毛巾、流动水。冬天要备好温度适宜的流动水、婴幼儿护肤品。调节水温时，要先放冷水后放热水，先试水温，手不离开水源。盥洗时，要保持盥洗室地面整洁、干燥，并落实防烫措施，检查防滑设备是否完好。如发现地面有水，要及时拖干。盥洗前，应向幼儿强调盥洗的安全、卫生要求以及注意事项，并应分组进行，避免人多拥挤。在盥洗中，要指导婴幼儿掌握正确盥洗的方法。

2) 盥洗的正确方法

(1) 洗手的正确方法。洗手前，幼儿应先卷起衣袖，轻轻拧开水龙头，水流不要过大，淋湿手，然后擦上肥皂，手心手背手指缝互搓，搓出肥皂泡沫，再用清水冲洗干净，关好水龙头，手在水池内甩几下，最后用自己的毛巾将手擦干。1岁以内的婴儿由老师抱着洗手，1~1.5岁的幼儿可坐在椅子上洗手，1.5岁以上的幼儿可站着配合老师洗手，两岁以上的幼儿要逐步学会自己洗手，并养成餐前、便后、手脏时洗手的好习惯。

(2) 洗脸的正确方法。先用毛巾擦里、外眼角，然后擦前额、两颊、下巴、嘴、鼻子，将毛巾翻过来，再擦耳朵和耳背(有鼻涕的话，先用纸巾揩掉)。冬季洗脸后应涂婴幼儿专用护肤品。

(3) 洗头。为幼儿洗头时，当心别把肥皂沫弄到幼儿的眼睛里，要护住两耳，以免进水。洗完头以后要用干毛巾擦干眼睛和耳孔。

(4) 洗澡。幼儿洗澡应按一定的顺序进行，先洗头、颈、胸腹、背、两臂、两腿，最后洗臀部和脚。

(5) 洗脚。幼儿洗脚时，水温要适宜，用温水浸泡双脚，以加强血液循环。幼儿的脚趾缝、脚背、脚后跟都要洗净，洗净后用毛巾擦干。

(6) 剪手指甲、脚趾甲。幼儿园教师还应定期为幼儿剪指甲(全托儿童应定期剪脚趾甲)，注意不要剪得太深，对剪指甲时不肯合作的幼儿应等其熟睡后再剪，不要强迫进行。使用剪刀时要注意安全。

阅读链接 5-1

婴幼儿生活活动中的保育扫描右侧二维码阅读。

2. 良好卫生习惯的培养

学前儿童良好卫生习惯的培养可从以下方面进行。

1) 培养学前儿童良好的清洁、卫生习惯

(1) 培养学前儿童勤洗手的习惯，知道饭前或便后要洗手，外出游戏归来要洗手，使幼儿养成手脏了就洗的好习惯，随时保持手的清洁。

(2) 培养学前儿童每天洗脸、洗脚、洗屁股的习惯；培养幼儿经常洗头、洗澡、换衣的习惯。

(3) 培养学前儿童饭后漱口、早晚刷牙的习惯。

(4) 培养学前儿童勤剪指甲(趾甲)、勤理发的习惯。

2) 不同年龄学前儿童盥洗能力的培养

学前儿童学会独立盥洗十分重要。尽管使学前儿童养成盥洗的习惯、掌握盥洗的技能很不容易，但保育员仍应遵照一定的原则，有目的、有计划地对不同年龄班的婴幼儿进行盥洗训练和指导，以便学前儿童熟练掌握盥洗技能，形成自觉盥洗的良好习惯。

(1) 洗手。

① 小班幼儿可在教师的指导下，学习并初步掌握洗手的基本方法。

② 中班幼儿会自己按正确的洗手方法洗手，并挂好毛巾。

③ 大班幼儿会自觉独立、正确、迅速地洗手。

(2) 洗脸。

① 小班幼儿会把脸弄湿，用较干的毛巾按顺序洗脸。

② 中班幼儿会使用较干毛巾，有顺序地洗脸，有鼻涕的先擦掉鼻涕再洗脸。

③ 大班幼儿会正确有顺序地洗脸，并洗得干净。

(3) 刷牙。幼儿在练习刷牙阶段可以暂不使用牙膏，幼儿初学刷牙时可由教师帮助挤牙膏，中班幼儿应学习从后向前挤牙膏。

3．盥洗训练原则

学前儿童盥洗训练不能盲目进行，应与其他活动一样有一定原则可循。

(1) 循序渐进。由于年龄的不同，对不同年龄幼儿进行盥洗教育，其内容和要求也各有不同。通常，对小班及更小的幼儿，以幼儿园生活老师全程帮助为好，在小班后期，幼儿园老师可以在部分简单环节放手让幼儿独立完成，难以完成的环节由教师帮助完成。

对中班的幼儿，幼儿园老师应该教其学会大多数盥洗内容的操作方法，并在每日的盥洗环节中指导幼儿练习。幼儿园对中班后期及大班幼儿的盥洗指导，应侧重于困难环节的个别指导，对幼儿的盥洗进行监督和检查。

(2) 不包办代替。学前儿童的盥洗行为十分细微琐碎，在每次盥洗活动中都可能出现意想不到的事。教师需要掌握幼儿的盥洗特点，在学前儿童出现困难时，要给予帮助和提醒。教师切不可认为学前儿童自己洗不干净而取而代之，包办代替，这样做不仅会使学前儿童形成依赖他人的习惯，而且会养成独立性差、自我服务能力低的毛病。

(3) 反复指导、练习。任何一项盥洗内容都包括许多步骤，只有经过反复的练习，幼儿才能熟练掌握，并形成习惯。正因为学前儿童各方面的能力较低，才需要生活教师对他们进行耐心细致的指导。另外，幼儿经常以游戏的心理或敷衍的心态去进行每日的盥洗活动，往往不认真洗或洗不干净。所以，幼儿园教师要通过对幼儿进行反复的持之以恒的指导、训练和督促，才能使幼儿养成良好的卫生习惯和一定的自我服务的能力。

4．盥洗应注意的问题

学前儿童盥洗需要注意以下问题。

(1) 防烫伤。调节水温时，要先放冷水再放热水，用手试温后再给学前儿童清洗。为学前儿童盥洗时，幼儿园老师要做到手不离水源，以便随时掌握水温的变化。

(2) 洗完澡为幼儿穿衣服时动作要轻柔，以免损伤幼儿。

(3) 保持盥洗室地面干燥或采用防滑措施，防止幼儿滑倒。

(4) 用流动水给幼儿洗手时，要求幼儿双手略向下，以免水顺着手腕倒流弄湿衣袖。冬天洗手后应擦上婴幼儿护手霜，要引导幼儿认真洗手，不玩水，不打闹。

(5) 洗脸时，前额、眼角、鼻孔、口周、下巴等处是幼儿经常遗忘的地方，幼儿园老师应及时提醒幼儿。

(6) 洗完澡后，冬天要及时给幼儿穿上衣服，夏天要避免吹电扇，防止幼儿着凉。

(八)进餐

6岁前是学前儿童身心发育最为迅速的时期，新陈代谢旺盛，幼儿每天必须从膳食中摄取充分的热量、蛋白质、维生素等各种营养素，才能满足机体生长发育和活动的需要。如果此时获取的营养物质缺乏，就会阻碍幼儿身体的发育，出现体重过低、抵抗力下降、生长发育停滞等现象，甚至会影响其智力的发展。同时，婴幼儿消化能力弱，胃容量小，需要合理地进餐，才能保证营养素的全面摄入。

1．进餐保育内容

(1) 创设安静、愉快、和谐的进餐环境。进餐前，应保证进餐环境安静、整洁、卫生，并使学前儿童心情愉快。可以适当地放一些优美动听、轻松悠扬的音乐，营造愉快的气氛，使支配婴幼儿消化液分泌神经的兴奋性占优势，消化液分泌增多，可促进食物消化，增进幼儿食欲。进餐过程中不要处理问题，严禁在学前儿童进餐时训斥幼儿，保证幼儿情绪愉快、专心地进餐。

(2) 餐前组织活动。餐前生活老师应与教师互相配合，生活老师负责清洁、消毒桌面，分发饭菜；教师组织幼儿洗手、进餐。洗手时应分组进行，避免拥挤，最好让体弱及吃饭慢的幼儿先洗手、先吃饭。餐前还应该向幼儿介绍当天的饭菜。比如，由老师或幼儿事先到营养室去了解当天菜谱的名称和食物的品种，在开饭前进行餐前介绍，形象化地把当日的饭菜介绍给班上的每一位幼儿，引发并促进其食欲，这对于幼儿来说也是一种饮食文化的熏陶。

(3) 洗手、清洁消毒饭桌、分发饭菜。进餐前，生活老师应先清洗双手，并清洁消毒饭桌。然后指导中、大班的幼儿帮助分发餐具，端上盛好的饭菜。夏天分好饭菜待温度适宜时让幼儿进食，冬天准备温度适宜的热饭、热菜、热汤，并做到随分随吃，注意饭、菜、汤的保暖。

(4) 进餐时间安排及保育。每天按时开饭，每餐进餐时间不少于30分钟。

(5) 三餐的保育。

① 早餐。让幼儿安静地坐在座位上吃早餐，提醒他们不要把牛奶或豆浆碰洒了，要细嚼慢咽。要求幼儿吃完最后一口饭才能离开座位，并把餐具、椅子整齐地放在指定地方。待孩子全部吃完后生活老师要把桌椅按集体教学活动的要求摆好。要让幼儿养成饭后擦嘴、漱口的习惯。吃完饭的幼儿擦嘴、漱口后，可以坐到一边安静地看书或玩玩具。待幼儿全部吃完后，教师可带领幼儿到室外活动10～15分钟(也可在室内活动)，以自由活动、散步为主。

② 午餐。午餐前要让幼儿如厕、洗手，让幼儿坐好，和他们轻声交谈，或让他们听一首优美的乐曲，或听配乐故事、诗朗诵。饭菜打来之后，在吃饭前教师要向幼儿介绍饭菜，以引起幼儿的食欲。饭菜要分开盛，每人一份。教师要观察幼儿的食量，及时添饭，注意培养幼儿文明用餐的习惯；要教育幼儿正确的坐姿和使用餐具的方法，教育幼儿不挑食、不偏食；不要催促他们快吃，要提醒幼儿细嚼慢咽，不弄脏衣服，不大声讲话。为保证幼儿进餐时的良好情绪，教师不要在进餐前后处理问题或批评孩子，要保证幼儿心情愉快，绝不能让幼儿哭叫，更不能用禁止吃饭作为惩罚的手段。饭后，让幼儿自己送餐具，漱口、擦嘴后，再让幼儿到室外活动十几分钟，准备午睡。

③ 晚餐。晚餐的组织与午餐相似，不同的是幼儿经过一天的活动，比较疲劳，注意力分散，有的还急于回家，心情比较烦躁，因此教师要注意引起幼儿的食欲，让他们吃饱、吃好。不要让早来的家长在门口围观，免得幼儿不能安心吃饭。

(6) 进餐中巡视。对不同情况的幼儿可分别采取相应的保育措施。对新入园和病后的幼儿可相应减少进食量，并给予照顾；对胃口小的幼儿采用少盛再添的办法鼓励他多吃一点儿；对挑食的幼儿开始只要他尝一口，让他有一个适应的过程；对于拒食的幼儿不可强行硬塞，要针对其原因找寻相应的对策。当幼儿吃带骨、带刺的食物时，更应密切观察，进行必要的指导、帮助，避免骨、刺卡入喉咙，并提醒幼儿将其放入垃圾盘中。对有不正确进餐姿势的幼儿，要及时给予提醒并纠正。

(7) 根据学前儿童年龄培养进餐能力和良好的饮食习惯。

① 培养4～5个月的幼儿接受小勺喂食。

② 培养6～8个月的幼儿用手拿着饼干吃。

③ 培养10个月的幼儿扶着杯子喝水。

④ 培养1岁半的幼儿左手扶碗，右手拿勺学吃饭。

⑤ 培养两岁的幼儿学用筷子吃饭，专心吃饭，饭菜入口后细嚼慢咽，嘴里不含饭。饭后主动放好餐具，然后用毛巾擦嘴。

⑥ 培养2.5～3岁的幼儿独立进餐，坐姿正确，合理使用餐具，较好地完成进餐全过程。

⑦ 培养4岁以上幼儿帮助分发餐具，将盛好的饭菜端到餐桌上。

阅读链接 5-2

小班幼儿午餐管理案例分析扫描右侧二维码阅读。

阅读链接.docx

2. 学前儿童进餐间隔时间与次数

3~6 岁的儿童一般每两餐之间的时间间隔为 4 小时，每天进餐的次数为三餐两点，每餐进餐时间不得少于 30 分钟。

3. 进餐中习惯、能力的培养要求

让学前儿童保持良好的食欲，并形成与此相应的饮食习惯和能力，是学前儿童教育和保育的一项重要任务。

(1) 引导学前儿童正确使用餐具。学前儿童 1 岁半时，老师就应逐步引导其学习自己吃饭，并能正确使用餐具。学前儿童进餐时身体应靠近桌子，两脚放平，左手扶碗，右手拿匙或筷子。

(2) 培养正确的进餐方法。引导学前儿童细嚼慢咽，不用手抓菜吃，吃一口饭吃一口菜，咽下一口再吃另一口，要求学前儿童把嘴里最后一口饭菜咽下后才能离开饭桌。教育幼儿进餐时不要大声说笑，以免呛着而发生危险。

(3) 培养学前儿童不挑食的习惯。当个别学前儿童在进餐时出现挑食、偏食、拒食现象时，教师要了解原因，针对实际情况，采用多种形式正面引导，既不简单地训斥，也不随意迁就，逐步培养学前儿童养成不挑食的习惯。当学前儿童不挑食时，要及时表扬、鼓励。

(4) 培养学前儿童文明的进餐行为。进餐是维持健康的需要，也是文明的生活习惯的表现。幼儿园教师应逐渐培养学前儿童饭前洗手；进餐时不敲碗筷，不洒饭菜，咀嚼不出声，把吃不了的骨头、鱼刺等放入垃圾盘中；餐后擦嘴、漱口，将用过的餐具分别放在指定的地方等文明进餐行为。

4. 进餐应注意的问题

(1) 每个学前儿童的胃口不一样，即使是同一个学前儿童，每日每餐的胃口也不一定相同。教师要根据实际情况合理掌握，不可勉强。

(2) 两岁以后的学前儿童进餐时，教师也要帮助有需要的学前儿童。喂学前儿童时，每一口的量要少一些，速度也不宜太快。尤其是哭的时候不宜喂饭。

幼儿园教师要创设宽松愉快的进餐环境，餐前组织安静活动，避免学前儿童过度兴奋。对个别吃饭特别慢的幼儿给予适当的帮助，可安排其先吃。对体弱儿、肥胖儿采取相应的保育措施，如对有病学前儿童可给其做点小灶。要注意培养学前儿童良好的进餐习惯和相应的生活自理能力，如不挑食，不偏食，自己独立进餐。要根据季节特点，冬天注意做好防寒保暖工作，做到热饭、热菜、热汤、热茶、热点心；夏天注意做好防暑降温工作，做到饭、菜、汤、茶、点心温度适宜。

(九)睡眠

睡眠对学前儿童的健康十分重要。睡眠是大脑皮层的抑制过程，它能消除学前儿童一天中脑力、体力活动造成的疲劳，对神经系统起到保护作用。睡眠时机体新陈代谢缓慢，能量消耗减少，有利于各种重要脏器功能的恢复。尤其是睡眠时人体激素大量分泌，有助于促进骨骼生长以及大脑皮层的发育。充足和深沉的睡眠能使学前儿童食欲旺盛，情绪愉快，从而促进学前儿童生长发育，增进身体健康。因此，无论在托儿所、幼儿园，还是在家里，都应保证学前儿童有充足的睡眠和好的睡眠质量。

1. 睡眠的保育内容

(1) 创设适宜的睡眠环境。卧室里应保持空气流通，温度和湿度适宜，光线柔和，铺位舒适，被褥清洁柔软，厚薄适宜。生活老师应做到动作轻柔，态度和蔼，说话要轻声，保持环境的安静。要做好睡前的准备工作，生活老师之间要相互配合。睡前可组织婴幼儿进行安静活动，如户外散步、听一些节奏舒缓的音乐。要提醒学前儿童排尿，检查并防止学前儿童将小物品带到床上玩耍。睡前，生活老师应注意保持学前儿童愉快轻松的情绪，使学前儿童在良好的精神状态下安然入睡。生活老师应注意不要在睡前批评或恐吓婴幼儿，也不得给学前儿童讲可怕的故事，不要组织婴幼儿进行剧烈的游戏活动。

(2) 合理安排床位。体弱的学前儿童应安排在背风处；体质较好、怕热的学前儿童可安排在通风处(但不能吹对流风)；尿床和爱说话好动的学前儿童可睡在便于生活老师照顾的地方；感冒咳嗽的学前儿童最好与其他幼儿保持一定的距离。全体学前儿童应头脚交叉睡。

(3) 有秩序地组织学前儿童入睡和起床。按小组分批入睡或起床，年龄小的和体质弱的婴幼儿可安排先入睡，容易哭吵的最后睡。要根据室温脱去相应的衣服、裤子，至少要脱去外衣、外裤和鞋子，并放在固定的地方。冬季要做到衣裤即脱即睡，起床时尽快穿好衣裤，防止婴幼儿着凉。起床以后要做好午检，对脸色通红或精神萎靡不振的孩子可摸头试温，观察其精神状态和检查其身体情况，若出现异常情况应及时与保健员联系，采取相应的措施，根据当天的气温变化适当为幼儿增减衣服。生活老师必须在全体幼儿都穿好衣服后才可整理床铺和被褥。

(4) 做好巡回检查。婴幼儿入睡后，值班的生活老师不能擅离卧室，要认真做好巡回检查，至少每15分钟巡视一次。巡视的首要任务是检查婴幼儿是否有异常情况发生。特别应注意不能让学前儿童蒙头睡，以免呼吸不畅引起窒息。另外，要注意学前儿童是否在被子下面玩玩具、拆弄被褥、玩身上的衣服或玩弄生殖器等。若发现以上情况应及时帮助与引导。巡视中还要注意学前儿童的被子是否盖好，睡姿是否正确，睡得是否安稳，脸色是否正常，体温是否正常。如发现有异常，应及时采取相应措施并报告保健员。对特殊的学前儿童(如惊哭儿、尿床儿、体弱儿)，要做好特殊的照顾。

(5) 要保证学前儿童有充足的睡眠时间。要根据学前儿童的年龄特点安排其睡眠时间，保证其睡好睡足。不可以随意延长或者缩短学前儿童的睡眠时间。但在夏令季节，由于学前儿童出汗多，体力消耗比较大，老师可以适当地延长睡眠时间。

(6) 根据年龄培养学前儿童生活自理能力和良好的睡眠习惯。

2. 良好睡眠习惯的培养

(1) 培养学前儿童独自入睡的习惯。对于3个月以上的婴儿，就要培养其主动入睡的习惯，不要抱在怀里拍拍摇摇以免养成坏习惯，日后成为睡眠困难的小孩。初入托儿所、幼儿园的学前儿童，常会出现睡眠问题。这是因为其首次来到一个陌生的环境，内心会异常焦虑。还有的幼儿在家庭中已养成了睡眠时需要人陪着、哄着，否则就难以入睡的不良习惯。对于入睡困难的幼儿，教师应有耐心，努力去理解幼儿，满足他们的要求。教师可以坐在幼儿的床边，轻拍幼儿，陪伴他们入睡，使幼儿对新环境产生安全感；也可以让幼儿将家中陪睡的小被子或毛绒玩具等带来陪他入睡。当幼儿适应环境后，教师可逐渐减少陪伴的次数，也可根据幼儿的具体情况逐渐拿掉陪伴幼儿的玩具，让幼儿学会独立入睡。

(2) 培养学前儿童在睡前、睡醒后能保持安静，不打扰他人睡眠的习惯。

(3) 培养学前儿童理解、学说有关的词和句子。幼儿园教师在组织幼儿睡眠的过程中，不能忘记"教"的任务。要根据不同年龄幼儿的特点教他们理解有关的语言，学说有关的词和句子。如为1岁半以下的幼儿脱衣服时，就帮助他们理解教师说的话；而对1岁半以上的幼儿，则引导他们跟着学说话。

(4) 培养学前儿童正确的睡眠姿势。幼儿园教师应注意培养婴幼儿正确的睡眠姿势，引导幼儿不俯卧、不跪卧、不用被子蒙头睡觉，培养、鼓励幼儿侧卧或仰卧，因为无论是左侧还是右侧，脊柱总是略向前弯曲的，肩膀前倾，两腿弯曲，两臂自由放置，使幼儿全身肌肉得到最大限度的放松，并使呼吸和血液循环畅通，让全身得到充分的休息，从而保证幼儿的睡眠质量和身体的健康。

(5) 培养学前儿童穿脱衣服、鞋袜的能力。在培养良好的睡眠习惯的同时，要培养学前儿童自己穿脱衣服、鞋袜的能力。教师可以先让幼儿学习脱鞋袜、衣服，然后学习穿衣服、鞋袜。因为对幼儿来讲，脱比穿容易学。而且要根据幼儿的年龄特点，采用具体形象的方法，如念儿歌《扣纽扣》"抓住纽扣，塞进洞洞，一个一个，站好别动"。教幼儿从下往上扣，这样就会获得较好的效果。同时，可用游戏的方式，如"给娃娃穿衣服"等来进行培养。

3. 睡眠应注意的问题

(1) 对于1岁以内的婴儿应按照吃、玩、睡的顺序来安排生活活动。吃完奶的婴儿情绪好，可以让他玩一会儿，逗引他看看玩具，抓抓玩具，引他发声，等婴儿玩够了，有困意了，睡觉自然就容易。不要让婴儿吃完奶就睡，或一边吃奶一边睡。这种情况往往是由于婴儿疲倦，吃到一半就睡着了，而没有吃饱的婴儿不可能睡得好，如果吃不好，睡不好，自然也就没有好的情绪。

(2) 上幼儿园的幼儿因为生理发育的特点，需要有午睡时间。幼儿园教师要注意幼儿午睡的质量，要让幼儿睡足。夏天可适当延长睡眠时间，以补充体能的消耗。

(3) 正确引导幼儿纠正在睡眠中出现的不良习惯，如俯卧睡觉、蒙头睡觉、吮手指睡觉等。

(4) 睡眠环境要保持安静，卧室经常开窗通风，冬天要打开气窗，但要避免对流风。睡前应铺好被子，以创设舒适的睡眠环境。

(5) 严格执行岗位责任制，儿童睡眠时室内不离人，不做私事、不闲谈。教师每隔15分钟巡回观察一次，天冷勤盖被，天热勤擦汗，对情绪不安的幼儿要耐心抚慰，发现异常情况及时处理。

(6) 培养幼儿正确的睡眠姿势，发现不正确的睡姿，要及时予以纠正。

(7) 提醒个别幼儿小便，小便后及时盖好被子，使其继续安静入睡。

照顾好体弱儿童，安排其先入睡、后起床。起床时边给幼儿穿衣边检查幼儿的身体情况，做好午检工作，如摸头试温，观察面色、神态。

(8) 培养幼儿自理能力，指导并帮助幼儿把衣裤、鞋袜放在固定的地方。

(9) 天冷时，起床前先关窗，等全部幼儿穿好衣服后再开窗。

4. 儿童睡眠时间表

儿童睡眠时间如表 5-1 所示。

表 5-1　儿童睡眠时间表

年龄/岁	时间 白天	时间 晚上	昼夜总量/h
3～4	11:50—14:30	19:50—6:40	13.5
4～5	12:00—14:30	20:00—6:30	13.0
5～6	12:30—14:30	20:00—6:30	12.5

(十)着装

学前儿童的服装除了要求美观和保暖外，还要求具备舒适、方便和安全的功能。舒适是指服装的大小与宽松适度，面料质地柔软，吸湿透气、款式简单，不妨碍幼儿的生长。方便是指服装便于幼儿穿脱和运动。安全是指服装的扣子、带子等不会导致意外事故的发生。总之，保暖、舒适、方便、安全、美观是幼儿着装的基本要求。

幼儿园教师要根据气候的变化和学前儿童活动的情况，及时为学前儿童增减衣服，但应注意不要让学前儿童穿得太多，这样可以增强他们抵御和适应气候变化的能力。

1. 穿、脱衣服的保育工作

(1) 鼓励并帮助幼儿学习独立穿脱衣服，不要包办代替。对年龄较小的幼儿，教师应在幼儿遇到困难时给予帮助。

(2) 督促幼儿抓紧时间穿脱衣服，防止幼儿边穿边玩。

(3) 生活老师除检查每个幼儿穿衣的情况外，还应教会幼儿自我检查。

(4) 在秋冬较冷的季节，幼儿穿衣时应尽量减少胸部暴露在外的时间，以免着凉，因而应先穿毛衣或棉衣，再穿裤子、袜子等。脱衣时应先脱袜子、裤子，后脱毛衣或棉衣。

(5) 在给幼儿穿衣裤鞋袜时，要考虑到幼儿的舒适、保暖和安全，要将幼儿衬衣的袖子、衬裤的裤管拉直，衣领翻平整，内衣束进裤子里，裤子拉到肚脐之上，袜跟拉到脚后跟处，鞋子拔上后跟，鞋带系紧。

2. 穿脱衣、裤、袜、鞋技能的培养

(1) 脱开襟上衣。脱开襟上衣时应先将扣子解开，然后手背后逐一拉掉两只袖子。较小的幼儿在解开扣子后，可由成人帮其脱下袖子。

(2) 脱套头上衣。脱套头上衣时，应先将两只袖子脱掉，再将头从领口内钻出。

(3) 穿开襟衣服。穿开襟衣服时，先分辨衣服的里外和前后，用双手抓住衣领向后甩，将衣领披在肩头，用手攥住内衣袖子，再将手伸入外衣袖内；然后翻好衣领，将衣服的前襟对齐；系扣子时可自下而上进行；最后认真检查扣子是否一对一地扣好了，领子是否翻平整了。

(4) 穿套头衣服。穿套头衣服时，应先将衣服正面转到胸前，将头钻入领口，然后找到两只袖子并一一穿上。穿套头衣服的关键是找到正面、领子和袖子，教师应帮助幼儿在衣服的正面做记号，以便幼儿穿时方便，并在这方面做重点检查。

(5) 穿裤子的方法。先辨别裤子的前后，可在幼儿裤子正面做上明显的记号，如花、字、小动物等；双手提好裤腰；先伸进一条腿，再伸进另一条腿；然后提裤子，将内衣塞在裤子里，并扣上扣子或拉上拉链。冬季应检查幼儿穿裤子的情况，防止幼儿将腿伸进两层裤子之间。

(6) 穿袜子的方法。先分辨袜子的不同部位，如袜尖、袜底、袜跟、袜筒；然后手持袜筒，袜底在下面，袜尖朝前，并用两手将袜筒推叠到袜后跟，再往脚上穿，先穿脚尖，再穿脚跟，最后提袜筒。幼儿常会将袜跟穿到脚面上，幼儿园教师应及时指导和纠正，还应教会幼儿将袜筒包住衬裤的裤脚，为穿毛裤做准备。

(7) 穿鞋的方法。先分辨左、右鞋，并将左鞋和右鞋放正，然后两脚分别穿上鞋，用手提上鞋跟，最后系鞋扣或鞋带。在幼儿活动中，教师应该注意观察幼儿的鞋带和鞋扣，发现有带子松开或鞋扣未扣好时，应及时帮助或提醒幼儿系好鞋带，扣好鞋扣。

总之，培养幼儿学习穿脱衣、裤、鞋、袜，也可利用游戏的形式来提高他们学习的兴趣与效果，并贯穿在日常生活的相关环节中，做到持之以恒，并多进行表扬与鼓励，这样效果会更好。生活自理能力的提高将有利于幼儿健康心理的形成，可增强其独立性和自信心。

(十一)离园

离园活动是一日生活活动中的最后一个环节。幼儿的一日集体生活结束后，要离开幼儿园转入家庭生活。晚餐后，教师要和幼儿进行简短的离园谈话，对一日生活活动进行简单的小结，表扬鼓励幼儿的进步，提出要求，然后组织幼儿做一些活动量不大的游戏，如桌面游戏或谈话活动，可以是教师与幼儿谈话，也可让幼儿轻声自由交谈，还可以在室内组织幼儿玩玩具。

离园时老师要检查学前儿童的仪表，保持其干净整洁，并注意腹部保暖。引导幼儿收好玩具，把桌椅摆整齐。教育幼儿有礼貌地告别老师和小朋友后再回家。提醒幼儿不要遗忘自己的衣物。根据需要向家长介绍幼儿在园的情况并听取家长意见。对不能按时接回的幼儿，应继续组织他们进行活动，避免因等待而产生急躁不安的情绪。幼儿园教师要待幼儿全部离园后，再做清洁场地、整理物品的工作，并检查水、电开关，关好门窗，倒掉垃圾。

以上是幼儿园一日生活活动的主要环节及保育指导。科学地组织幼儿的一日生活活动，不仅会对幼儿园各种活动的效果产生积极的影响，还会对幼儿的身心发展，尤其是对幼儿良好的生活习惯、行为习惯和生活自理能力以及智力发展等方面起到促进作用。

阅读链接 5-3

幼儿一日生活活动中的教育与保育扫描右侧二维码阅读。

四、幼儿园生活活动的保育指导

幼儿园一日生活中的生活活动包括进餐、饮水、睡眠、穿衣、盥洗、如厕等，所用时间约占幼儿在园时间的一半。对幼儿生活活动的组织与指导要把握以下要点。

1. 从实际出发，建立合理的生活常规

组织幼儿生活活动应从本园(所)的实际情况出发，从各年龄班的实际情况出发，建立起一个正确的、合理的生活常规。生活常规应渗透在每项生活活动中。合理的生活常规对幼儿来讲应该是可操作的，有助于幼儿顺利地进入各项生活活动的每个环节中，应避免烦琐的、不合理的常规对幼儿的束缚。

2. 坚持一贯性、一致性和灵活性

要培养婴幼儿良好的生活习惯和初步的生活自理能力。在幼儿园中每日重复进行的各种生活活动，是培养幼儿良好生活习惯和自理能力的好时机。保育员应将对幼儿习惯与能力的培养长期地坚持下去，对幼儿的要求应保持一致性，同时应视环境的具体状况和婴幼儿的个体状况灵活对待，不宜强求千篇一律。

3. 保教结合应贯穿于生活活动的各个环节

日常生活活动也是实施教育的良好机会，可使保教目标得以整体地实现，包括在日常的生活活动中应做到保中有教，教中有保，保教结合。如要培养婴幼儿良好的生活卫生习惯与生活自理能力，幼儿园教师必须做到保教结合，而不能事事包办代替，重保轻教。

4. 保教人员要明确分工并密切配合

在开展日常生活活动的保育与教育工作中，既要有明确的分工，又需要教师和生活老师互相之间良好地配合。在各种各样的生活活动中，保教人员的分工要明确，责任要具体，配合要默契，要创造好条件让幼儿去做他们能做的事。保教人员应通过示范、帮助、要求和鼓励，让幼儿逐步学会生活自理，逐渐自立，养成生活有序、生活自理的良好生活习惯。

> **阅读链接 5-4**
> 幼儿一日生活活动中的保育扫描右侧二维码阅读。

五、学前良好卫生习惯及自理能力的培养

学前儿童良好习惯及独立生活能力的培养方法很多，但目前经常用的方法有以下几种。

1．创设整洁有序的环境

托儿所、幼儿园及家庭要经常保持环境清洁卫生，每件物品都要整洁干净、摆放有序，并坚持做到用后放回原处。

2．成人的榜样

教师、生活老师及托幼机构的全体工作人员必须以身作则，并且向家长做宣传，希望家长配合幼儿园，也能以身作则，为孩子树立榜样。

3．示范讲解法

在做每件事之前，教师都要向幼儿讲明道理、要求和方法，同时做到边讲解边示范，以加深幼儿的印象。教师可采用示范讲解的方法，按照一定的顺序反复地示范构成技能的每一个动作，让幼儿掌握各种活动的步骤，在熟练掌握分解动作的基础上再继续提高要求。

4．反复练习法

任何好习惯的形成都是经过无数次的练习才逐步养成的。因此，必须持之以恒、反复练习，绝不能间断。尤其在幼儿形成习惯以前，要不断提醒，经常督促，才能使其牢记。提醒督促时要注意方式方法，要使幼儿愿意接受并能记牢。在幼儿已形成好习惯时，教师仍要多鼓励，以提高幼儿的学习积极性，并通过反复地练习，使其良好的卫生习惯及自理能力真正地形成与掌握。

5．要求合理，正确评价

对幼儿提出卫生习惯和独立生活能力的要求时要明确、易懂、力所能及，要创造条件使幼儿能够达到这些要求，同时要考虑其承受能力。在培养过程中，要经常进行评价，评价要正确，指出其为什么受到表扬，为什么受到批评，同时指导幼儿改进或改正的方法。

6．家园合一

教师要与家长密切联系取得其配合，使家长明确对幼儿进行卫生习惯和自理能力培养的意义、目的、要求、方法，以便家长配合园所共同做好培养、教育的工作。教师要争取家长的配合，要求家长不要包办，要给幼儿尝试锻炼的机会。

教师还可以将练习、检查、鼓励表扬、树立榜样、游戏等方法有机地结合起来进行。

第二节　学前儿童游戏活动中的保育

一、环境与保育

幼儿园环境是指学前儿童在园的生活、游戏、学习、运动所处的物质环境和心理环境。创设良好的幼儿园环境，是促进学前儿童身心健康发展的重要保证，也是幼儿园保育工作的基础。

幼儿园环境创设应考虑学前儿童的需要和发展水平。学前儿童的需要包括生存需要、安全需要、成功需要、交往需要和被爱、被尊重的需要等。

(一)创设益于学前儿童生存的物质环境

1. 满足学前儿童的生存需求

提供必要的生活条件，包括吃、穿、住、用等，是满足学前儿童基本生存需求的基础。供应不足，会导致学前儿童生理发育障碍；供应过量，又超出学前儿童的承受力，同样会带来不利。学前儿童饮食安排方面，营养不足或营养过剩都不利于学前儿童健康成长，当学前儿童每日摄入量不足时，就会影响生长发育，成为体弱儿童；而当学前儿童每日摄入量过多，活动量不足使营养过剩时，就会成为肥胖儿童。因此，幼儿园老师要根据学前儿童的不同年龄特点，既要保证营养的质量，又要提供充足的数量，从而促进学前儿童健康成长。

2. 提供丰富的信息刺激

为了促进学前儿童发展，提供看电视、听音乐、听故事等信息刺激的环境十分重要。但信息刺激一定要保证质量，有教育性，音量要适度，如放音乐的音量要掌握好，因为幼儿园是学前儿童集中的地方，学前儿童很容易兴奋，在听音乐时会又唱又跳，而声音强度达到70分贝以上的噪声不仅会使学前儿童产生不舒服的感觉，还会损伤学前儿童的听力，影响学前儿童心理正常发育。因而在学前儿童保育工作中应给予充分注意。

3. 教育条件不断优化

学前儿童学习环境和活动环境的创设，要从教育、安全等基本点出发，创设既符合学前儿童发展水平，又能促进学前儿童身心良好地发展，融校园、花园、活动乐园于一体的环境，使学前儿童安全、健康、愉快地生活和学习。

(二)创设益于学前儿童发展的安全环境

安全环境可以分为生理安全环境和心理安全环境。

由于学前儿童身心发育尚未完善，自我保护能力差，所以幼儿园的环境创设要有利于学前儿童安全。幼儿园的道路需平坦、无沟洼，园内的围墙和护栏设施应安全、美观、有通透性，尽量消除尖角、凸起、凹坑等，以防伤及学前儿童身体。室外场地应平坦、宽敞、无积水、不堆杂物，大小型运动器械安装要牢固，表面要光滑无锐刺，并安放在泥草地或塑胶地上，有利于婴幼儿安全地开展户外活动。特别要注意排除隐性的不安全因素，如房屋不牢固、药物管理不妥、学前儿童接送不安全等，一定要确保学前儿童在园所安全健康成长。

同时，要为学前儿童创设良好的心理环境，保证学前儿童的心理健康。学前儿童时期是人一生中身心各方面发展最迅速、最重要的时期，学前儿童在成长过程中并不是一帆风顺的，他们会经历许多转折点，也会遇到许多矛盾与困难。由于他们的年龄较小，经验与能力都很缺乏，而且极易受到各种不良因素的影响，因此，学前儿童的家庭、托幼园所和整个社会，都应该为学前儿童的健康发展提供良好的生活环境和教育环境。宽松舒适的生活环境能使学前儿童安心愉悦。幼儿园教师亲切的微笑、温暖的话语、和蔼的态度，会使学前儿童感到安全、愉快，爱的气氛是婴幼儿心理健康发展的安全保障。

(三)创设益于学前儿童成长的活动环境

如果说人类的进步与发展是在不断征服和改造自然的过程中实现的，那么有的发展也必须通过在活动中积累成功经验来实现。

幼儿园必须为学前儿童创设良好的室内外活动场所，以及既能体现儿童化、美化、教育化，又适应各年龄特点的活动环境。因此，园址所在地应是空气流通、阳光充足、地面便于排水、远离空气污染和较强噪声的地区，还要有充足的绿化、草地面积，大型和小型运动器械。室内除卧室、活动室、卫生间外，还需要衣帽室、教具储藏室。要合理布置活动室和公共区域环境，投放满足学前儿童活动的各种玩具、教具和材料，让学前儿童在探索、实践和尝试中获得满足，获得成功。

同时，教师必须采取积极鼓励和耐心引导的方法，帮助学前儿童在各项活动中获得新的本领，享受成功的愉悦。例如，在运动中，宁宁看着其他小朋友走平衡木，自己躲在一边就是不敢走，老师走到宁宁的身边悄悄地说"宁宁已经长大一岁了，应该能走过平衡木，老师搀着你走，好吗？"宁宁点点头，搀着老师的手慢慢地小心翼翼地走过了平衡木，高兴地拍手跳起来。当学前儿童通过自己的努力完成了某项有意义的活动，取得了一定的成绩，获得成功时，就对自己的力量产生了信心，对自己的价值产生了肯定，便会由此产生一种发自内心的满足感。正因为儿童经过自己的努力创造出了一件作品，学到了一项新的本领，他们成功了，他们才体验到了真正的快乐。

(四)创设益于学前儿童社会性发展的交往环境

交往是学前儿童尝试走向社会，完成由自然人向社会人转化的最有效途径。

1. 学前儿童与成人交往的环境

成人必须树立正确的儿童观，热爱、尊重、了解学前儿童，以平等的态度和学前儿童交往，了解学前儿童的内心世界、需求和发展现状，及时进行引导、正面教育，随时表扬学前儿童积极的表现，倾听他们的话语，关注他们的活动。营造与成人之间和谐平等的氛围能激发学前儿童主动交往的兴趣，有利于他们养成活泼开朗、积极向上的良好品格。

2. 学前儿童与同伴交往的环境

同伴之间的友好交往也是十分重要的，学前儿童非常希望被人注意，为人重视、关爱，有爱与被爱、尊重与自尊的需要。例如，有一名幼儿，父母、教师都挺喜欢他，但他在幼儿园里就是不高兴，也不愿意上幼儿园。通过观察、谈话发现，原因在于同伴不理他，不喜欢和他一起玩。小朋友的排斥、拒绝，或者忽视、冷落，对幼儿来说是非常痛苦与不安的。因此，幼儿园教师要有意识地引导学前儿童一起友好相处、玩耍、交流。同时，要注意搭建伙伴教育的平台。同伴帮助同伴是促进学前儿童发展最好的教育方法，引导学前儿童在活动中更多地和小朋友交往，表现他们的积极性，激励他们的主动精神，尽量鼓励学前儿童自己处理与同伴间发生的各种问题，多种交往的形式有利于学前儿童自我意识的增强和语言的发展。

总之，学前儿童的发展与环境有密切的关系。在幼儿园的保育工作中，各种活动应合理交替进行，创设让学前儿童积极参与的环境，使学前儿童保持良好的情绪和活动状态。通过各种环境的创设，可提高活动的兴趣和效果，有效地促进学前儿童身心健康发展。

二、学前儿童游戏中的保育

游戏对成人和儿童虽然都有普遍意义，但对学前儿童尤其具有特殊的价值。对成人来说，游戏只是他们的娱乐需要；对学前儿童来说，游戏则是他们的主要(或基本)活动，学前儿童是在游戏中发展成长的。学前期是游戏期，剥夺学前儿童的游戏活动，便是剥夺了他们的童年，将造成他们发展的畸形。因此，必须重视学前儿童的游戏活动，并要研究在游戏活动中怎样进行教育和保育才是最有效的。

(一)游戏的特点

学前儿童的游戏有以下特点。

1. 轻松愉快性

游戏是一种轻松愉快的活动，以参加游戏活动的过程和在活动中获得发展为目的。通过游戏活动学前儿童在获得欢乐的同时，身心能够得到发展。游戏是没有负担的活动，是一种精神的享受和身体的锻炼。

2. 自愿自由性

游戏是一种自由的活动，可根据自己的兴趣与力量进行游戏，或停止游戏、变换游戏。游戏的种类、内容、玩法也可以有所创新，可以被沿用，也可以被修改和更新。

3. 假想性

游戏是一种假想活动。儿童对游戏的这一特点，作出了明确的解释，游戏就是"玩"，是"假装的，不是真的"。游戏的假想性，是以模仿现实生活的某一侧面为基础，但又不是照样模仿，而是加入了人的想象活动。例如，捕捉类的游戏，既来源于生活中的捕捉现象，又不同于生活，不具有被捕捉的实在意义。又如，幼儿的角色游戏，是以扮演为快乐，所扮演的内容既是对现实生活的反映，又是儿童在特定条件下的假想活动。

4．社会性

游戏具有社会性。游戏的内容、种类与玩法，受到社会历史、地理、习俗、文化、道德影响。因此，游戏总是处在不断的变化与发展之中。

(二)游戏的分类

儿童的游戏灵活多变、不拘一格，分类的方法也不尽一致，如有的可分为活动性与安静性游戏；有的可分为使用器械与不使用器械的游戏；有的可分为智力与体育游戏；有的可分为集体与个人游戏。还有把游戏分为创造性游戏和有规则的游戏两大类：创造性游戏是儿童主动地、创造性地反映现实生活的游戏，是学前儿童典型的、特有的游戏，它包含角色游戏、结构游戏、表演游戏等；有规则的游戏是成人为发展儿童的各种能力而设计的有明确规则的游戏，如智力游戏、体育游戏、音乐游戏等，它一般包括四个部分，即游戏的目的、玩法、规则、结果。有规则的游戏需要成人逐一教会儿童，待儿童熟练掌握后，便可以自由选择了。

(三)游戏对学前儿童发展的意义

游戏对学前儿童的发展有着极其重要的意义。

1．游戏是学前儿童身体发展的需要

学前儿童身体发展需要活动，游戏活动适合各年龄学前儿童身体发展的需要，通过游戏活动可促进儿童身体发展。

2．游戏可给学前儿童带来积极愉快的情绪

游戏因为自由性、多变性、玩具的使用而受到儿童的喜爱，学前儿童以积极的情绪参与游戏，通过游戏过程获得了乐趣。

3．游戏可满足儿童交往的需要

玩具与游戏活动促使幼儿聚在一起，形成共同游戏的状态；幼儿的模仿愿望，在游戏中获得满足，模仿活动促进幼儿积极地交往。

4．游戏可满足学前儿童好奇、好重复、好探索活动的愿望

在游戏中，幼儿的好奇心可在活动中得到满足。幼儿可在游戏中进行他们感兴趣的活动和探索性的尝试。

总之，游戏活动从婴儿期已经开始，但有意识的、自主的游戏活动，则在幼儿期表现明显，4～5岁儿童进入象征性游戏的高峰期，5～6岁儿童在规则游戏和建构游戏中表现出了更大兴趣和发展水平。因此，游戏是对学前儿童进行全面发展教育的重要形式。

(四)游戏环境的创设

学前儿童游戏环境可从以下几个方面创设。

1．提供充足的游戏时间

在幼儿园的一日生活中，应提供给幼儿充足的游戏活动时间，上午、下午可有较长的游戏时间(30~40分钟)，也可有较短的游戏时间，如早晨入园时间、活动间隙时间等。可以根据时间的不同，开展不同的游戏，以利于学前儿童自主参与游戏，做游戏的主人。

2．创设儿童游戏场地

场地是儿童做游戏必备的空间条件。两千多年前，柏拉图设想的儿童教育，便是从提供良好的、宽敞的、露天的游戏场地着手的。柏拉图的这一主张至今仍有现实意义。

幼儿园的室内外都应该有游戏场所。理想的活动室面积应尽可能大些，桌椅等设备的摆放要适当、合理，留出固定地方供儿童做游戏、摆放玩具，以保证儿童游戏的顺利进行。即使设有宽敞的活动室，也需在游戏的时间里，搬动桌椅为儿童腾出游戏的地方。需要指出的是，为儿童在室内创设游戏的场所，必须克服怕麻烦的思想，要积极为儿童游戏创造条件。场地狭小、桌面拥挤都会限制儿童的活动，影响游戏的进行。教师要从儿童需要游戏的基本思想出发，充分利用室内外一切可利用的环境，巧妙地安排游戏的场地。全日制幼儿园适合将睡眠室开辟为游戏场地(采用折叠床或床垫作睡具)，有条件的可设立活动区(固定的或移动的)和各类专用活动室，有目的地投放玩具材料，让学前儿童开展游戏。

室外的游戏场地也是必需的，应提倡儿童每日至少有两个小时以上的户外活动时间。各季节的气候各不相同，要因时制宜，尽可能地让儿童有更多的时间进行户外活动，包括游戏活动。室外的游戏场地要平坦、有遮阴处，不远离活动室。各班最好有专用的场地，全园也要有共用的游戏场地。游戏场里要放置一些大型的设备和用具，如体育游戏的大型器械和玩具、小房、大型积木等。室外场地的布置要合理，以不妨碍儿童奔跑、活动为原则，避免因设备密集而妨碍儿童的活动和发生不安全问题。

3．创设游戏环境和配备游戏材料

游戏是学前儿童自发、自主地与空间、材料、玩伴相互作用的情景性活动，所以游戏环境成为影响幼儿游戏行为最直接的因素之一。而幼儿园是幼儿游戏的主要场所，幼儿的游戏水平、幼儿在游戏中的发展直接取决于教师为其创设的游戏环境。因此，创设有利于幼儿利用多种经验、开展互动的游戏环境十分重要。

玩具是游戏的物质基础，儿童游戏离不开玩具。因此开展游戏活动必须准备游戏材料和配备适合的、充足的玩具。在多数情况下，儿童的游戏是由玩具引起的，如儿童看到了玩具炊具、玩具餐具以及炊事员、服务员的服饰，便玩起了餐厅的游戏，看见积塑和积木便玩起了结构游戏。学前晚期儿童，有时事先产生玩某一些主题游戏的愿望，再去选择或自己制造玩具。总之，不论哪种情况，玩具均是帮助儿童在游戏中实现假想、满足愿望的必需物，没有玩具就没有游戏活动。学前儿童是通过玩具来认识事物，丰富知识，开展各种活动的。

(五)玩具的选择

玩具是学前儿童游戏的抓手，选择好能获得事半功倍的效果。幼儿园老师要学会选择相应的玩具。

1. 玩具的作用

(1) 发展学前儿童的动作，增强体质。
(2) 发展学前儿童的感知觉及认识能力，促进智力发展。
(3) 发展学前儿童模仿理解和运用语言的能力。
(4) 培养学前儿童良好的行为习惯。
(5) 催生学前儿童愉快情绪，培养对美的感受力。

2. 玩具的分类

可供儿童游戏的玩具有成型玩具(或称专门化玩具)和未成型玩具(或称非专门化玩具)两大类。成型玩具如娃娃、玩具汽车、积塑、玩具餐具等。未成型玩具则指一些废旧物品，如各式小瓶子、纸盒子、碎布头、小棍等。

1) 成型玩具

成型玩具主要可分为以下几种。

(1) 角色游戏玩具。娃娃在角色游戏中起着重要的作用，娃娃玩具能增强角色游戏的情节性，能更好地反映人与人的关系、性别、不同民族、不同国家的人的模拟形象。娃娃的装束不同，可以表现不同职业，不同大小的娃娃对儿童皆宜，有条件的可兼备之。除娃娃玩具以外，还有房子、家具、餐具、炊具、陈设、装饰、生活用品等玩具；模拟动物玩具；主题玩具，如医院玩具、邮局玩具、商店玩具、交通工具玩具等。

(2) 表演游戏玩具。儿童扮演人物或动物角色，需要有服装、头饰、背景及其他用品。例如，苹果树布景，狐狸的尾巴，老爷爷的胡子、眼镜和手杖，老奶奶的帽子和提篮等，还有表演木偶戏的木偶头、皮影戏的皮影形象以及可供表演的简易戏台，以及供桌上进行表演游戏的玩具等，教师可根据幼儿园各班儿童经常表演的故事内容加以准备。

(3) 结构游戏玩具。结构游戏玩具有：由基本几何形体构成的大、中、小型的成套积木；各种积塑块、积塑片、积塑粒等；金属的、木制的、塑料的装拆建造玩具；玩沙、玩雪、玩水使用的工具玩具，如小铲、木锹、小桶、模子，还有在做这类游戏时使用的塑料、木制或金属制的小动物、小人、小房子、交通工具、小瓶等。

(4) 智力游戏玩具。智力游戏玩具主要有：各种镶嵌、装、套玩具，如镶嵌板、拼图、套盒、套塔等；图片型、实物型的智力游戏玩具，其内容基本以《幼儿园教育纲要》为依据，如日用品、交通工具、蔬菜、水果、动物、植物等图片或实物，按类制作成套；便于使用的各种棋类和竞赛性智力玩具，如儿童跳棋、象棋、军棋、迷宫、插红旗等。

(5) 体育游戏玩具。主要的体育游戏玩具如表 5-2 所示。

(6) 音乐游戏玩具。如小铃铛、铃鼓、小喇叭、玩具钢琴等各种儿童小乐器。

表 5-2　儿童体育游戏玩具

玩具类别	举　例
大型的体育活动设备	荡船、滑梯、秋千、攀登架、转椅、爬梯、平衡木、脚踏滚筒等
中型体育玩具	木马、儿童三轮车、儿童两轮车、地上垫、拱形圈、跳下台等
小型体育玩具	投掷板或投掷环、套圈、各种球(大/中/小型皮球、乒乓球、羽毛球、吹塑球、儿童足球)、铁环、长短绳、小推车、小拉车、沙包、冰鞋、滑雪板、救生圈、哑铃、旗帜、马缰绳等

(7) 技术玩具。技术玩具是指借助发条、电、惯性动力或无线遥控而活动的玩具，如玩具车、坦克、小熊跳舞等。这些玩具对开阔儿童眼界、发展求知欲、增强快乐感等都起着重要作用，但在幼儿园的各类玩具中，其所占比重较小。

(8) 娱乐玩具。娱乐玩具有钩钓玩具、碰球和夹球玩具、游戏棍以及一些动物和人物的滑稽造型玩具等。这类玩具有供儿童娱乐、消遣的作用。

以上玩具除购买外，也可提倡幼儿园自制，因为根据儿童游戏的需要，自制玩具既经济又实用，很受儿童的欢迎，如制作木偶头、炊具、娃娃服装等。

2) 未成型玩具

未成型玩具在儿童游戏中，有着特殊的、不可低估的作用。实验研究表明，儿童使用未成型玩具做游戏，在以物代物的功能上，可以一物多用，还可以相互组合成另一新的象征物，如儿童用半个皮球当锅、碗、船，与其他物品结合又可当作蘑菇、屋顶等，这就显示了未成型玩具在游戏中的多种用途。而成型玩具在游戏中所代替的物体一般只能是固定模拟的物体，如玩具电话只能是电话的代替物，而不能有其他的功能。因此未成型玩具在游戏中比成型玩具的功能更多，未成型玩具为儿童的思维和想象的积极活动提供了便利条件。未成型玩具一方面起着以物代物的作用，另一方面可为儿童提供制造玩具的条件。当儿童不满足于用成型玩具直接作为代替物时，他们便开始用各种未成型玩具制作玩具，如用电光纸和小棍做小风车，用厚纸和绳子做望远镜，用中型纸箱做成汽车车身(儿童将其套在腰部到处跑，便是开汽车的游戏了)。

幼儿园教师应该重视对废旧物品(无毒的、无污染的、安全的)的收集，以便向儿童提供多样的未成型玩具，如旧轮胎、秸秆、果实、木箱、纸箱、各种瓶和盒、绳子、木片、塑料品、旧服装鞋帽等，同时备一些经常使用的工具，如尺子、糨糊等，并将上述物品放置在儿童便于取用的地方，由儿童自行使用。

上述两大类玩具都为游戏活动所必需，各有其自身的功能。成型玩具对 4 岁以下的儿童来说更能激发他们做游戏的愿望与兴趣，而 4 岁以上的儿童对未成型玩具更感兴趣，他们已不再满足于使用成型玩具了，他们愿意使用未成型玩具进行创造性的活动。因此，在配备上述两类玩具时，应考虑到儿童年龄的差异性。

3．选择玩具的要求

(1) 选择的玩具要符合学前儿童的年龄特点，并能发展学前儿童某一方面的能力。如摇铃是婴儿练习抓握的好东西，而滑梯却是 1 岁半到大龄幼儿玩耍的好伙伴。小班幼儿可选择能促进动作发展的玩具，如大皮球、手推车、三轮儿童车；选择简单的智力玩具，如套盒、拼图、娃娃及娃娃用具、动物玩具；选择中、小型结构玩具，技术玩具等。未成型的玩具在小班不宜选得很多。从品种数量上来说，幼儿小班的玩具品种不必过多，但相同品种的玩具一定要多，以适应小班儿童喜欢模仿的特点，避免人为造成争抢玩具的现象。中、大班的玩具在品种上应增多，供角色游戏用的成型玩具要能反映广泛的主题内容，体育玩具、音乐玩具应多样化、复杂化，智力玩具要有一定的难度。大班的玩具应该有较充足的种类与数量，以满足儿童日益增长的智力活动的需要。

(2) 玩具要有艺术性和可变性。玩具要体现艺术性，形象正确美观、颜色鲜艳和谐、声音悦耳动听，能够激发学前儿童快乐的情绪，为学前儿童所喜欢。同时应具有可变性，结构灵活多变，可以反复地变化着玩，这不是因为学前儿童头脑简单，而是他们富有想象力。如有一种外观真实的金属小火车，能够连接，能在上面堆小积木，搭成一列列小火车后，如果把火车分散，就成了一辆辆小卡车，又可以玩卡车游戏了。这样的玩具学前儿童十分喜欢，玩的时间也长。

(3) 玩具要符合安全卫生的要求。玩具要便于洗晒、消毒。凡是带有木刺、缺口、尖角的玩具易伤害婴幼儿，不要给他们玩。有些上了油漆的泥娃娃、带毛的小动物、易碎的玻璃制品也不宜作为学前儿童的玩具。一些易传染疾病的玩具，如喇叭、口琴等更不宜作为托幼机构的集体玩具。

(4) 玩具要结实耐玩、使用轻便、经济实惠。塑料玩具、木制玩具、布类和长毛绒玩具使用起来都比较轻便，学前儿童百玩不厌。

(5) 提供一些无固定用途的半成品，可以利用一些废旧物品作为材料，如半只皮球、小木片、废轮胎、废纸盒、瓶瓶罐罐等。因为这些东西有多种功能，使用方法灵活，不必受事先设计的单一用法的限制，可凭借学前儿童的想象力随游戏的开展而变化其功能和用法。

4．玩具使用时的注意事项

为充分发挥玩具在游戏中的作用，除供给幼儿充分的玩具外，教师还需要注意以下几点。

(1) 要保持玩具新颖、整洁。教师可采取玩具交替轮换出现的办法，即一些玩具玩的时间长了，可暂时收起，更换另一些玩具，过一段时间再摆出之前的玩具，以再度引起儿童的兴趣。不允许提供破损的玩具，因为破损的玩具有可能使儿童失去兴趣，易造成不爱惜玩具的心理。对破损玩具要及时修整或处理。

(2) 让儿童自由地选择玩具。玩具属于儿童，应便于儿童使用。因此，玩具应放在儿童易于取放的地方(适合儿童高度的玩具柜或玩具箱)，并允许儿童在自由活动时能自由地选择玩具。要改变由教师向儿童分发玩具的做法，还要改变在儿童选择玩具后，不允许儿童更换玩具的做法。总之，应给儿童选择玩具的充分自由。

(3) 引导儿童正确地使用玩具、爱护玩具。每当新玩具出现时，应让儿童知道玩具的性能、玩法及如何保护。如小班出现盒式新积木时，可以让幼儿认识、感知并学习玩法。此外，还要在班上建立玩玩具规则，如想玩别人的玩具要先跟人家商量，经他人允许才能玩；

玩完的玩具要放回原来的地方，要放整齐；取放玩具要轻，要小心，不损坏，玩完一种玩具收好以后再取另一种玩具等。建立规则时，还要具体地向儿童示范怎样做才是爱护玩具。

(4) 收拾整理玩具。玩具玩毕，幼儿园老师要指导学前儿童放好玩具。玩具在玩具架上的位置要合理、固定，如大积木放在底层，形象玩具放在上面，各种颜色、大小、形状不同的玩具要相互交叉安放。

(六)游戏活动中的保育

游戏是学前儿童自由自主的活动，但也包含着大量的教育和保育工作，要体现教中有保、保中有教，要对学前儿童全面负责。既要明确分工，又要密切配合；既要丰富学前儿童的活动内容，也要组织好各个活动之间的过渡环节，更要做好保育工作并指导各类游戏活动的展开。

1．做好游戏活动前的准备工作

(1) 根据幼儿的年龄特点做好准备工作。要做好游戏活动前玩具和材料的准备工作，小龄班玩具品种可以少一些，但数量必须要多，如皮球应该每人一个(最好略多几个)，可以让孩子挑选。而大龄班玩具品种可以多一些，每一种的数量可以少一些，但总数量要多，尽量做到人手一份并有余，以便幼儿自由交换和选择。

(2) 根据游戏的内容和要求投放玩具和材料。游戏活动要根据不同的游戏内容和要求准备相应的玩具和材料，如娃娃家要准备娃娃、餐具、家具；结构游戏要准备不同材质的拼搭积木；阅读要准备图书、卡片等。

(3) 准备玩具和材料的要求。玩具的品种要齐全、数量要充足，要根据不同的年龄班级提供和配置相应玩具物品、材料和辅助物，让学前儿童自由选择。

(4) 场地的安排要安全、宽敞、互不干扰。游戏场地的安排以及区角的设置都要注意安全、宽敞，做到地面平坦，橱柜、玩具柜的摆放分隔要平稳，留有活动空间，便于学前儿童游戏玩耍。同时要注意区角之间安排的内容要以不相互干扰为宜，如阅读角的旁边不宜开展音乐角、活动性游戏。

(5) 生活老师应经常检查玩具，如有破损，应及时修整。因为破损的玩具容易造成幼儿不爱惜玩具的心理，有时也会对幼儿造成伤害。在检修玩具时，也可帮助和指导幼儿一起做。

(6) 幼儿园教师要注意检查幼儿是否携带不安全物品，尤其是金属小刀、针等，为幼儿暂时保管必需物品。结合物品检查，指出携带不安全物品的危险性，对幼儿进行安全教育。

(7) 排除与幼儿游戏活动无关的人与物。学前儿童自我控制能力差，注意力容易被新异的人与物吸引，因此，为了保证幼儿游戏的质量，保教人员在游戏活动之前应尽量排除与幼儿游戏无关的人与物。

2．游戏活动中的保育工作

幼儿园游戏活动的保育工作对学前儿童的健康成长至关重要。游戏中的保育工作总体看需要教师从以下几个方面着手。

(1) 保持游戏环境的安全与卫生。室内外的游戏活动，都要注意游戏的安全与卫生，注意场地的平坦、宽敞、无积水、不堆杂物、清洁卫生。

(2) 教师在游戏中担任角色，参与游戏，照顾个别婴幼儿。教师必须掌握本班儿童的年龄特点与游戏的发展水平，参与婴幼儿游戏活动，做孩子的伙伴，担任游戏中的角色，有针对性地给予帮助和引导。要关心每个幼儿，不能偏爱，必须随时了解每个孩子在什么地方，在干什么，不应该有被遗忘的儿童。特别对个别有需要的儿童、体弱儿童更要细心照顾和帮助。

(3) 生活老师要协助教师解决婴幼儿游戏中的问题。在游戏活动中，生活老师应协助教师注意观察幼儿游戏，适时指导幼儿游戏，帮助解决游戏中的问题，照料生活上的需求，如提供玩具或材料，解决孩子之间发生的纠纷，或者照顾孩子小便、喝水等。

(4) 引导幼儿取放玩具。游戏中，教师应引导学前儿童自由取放玩具，养成随时取放玩具的习惯。

(5) 加强安全保护。幼儿园老师应加强巡视检查，及时发现和制止幼儿的危险或不卫生的举动，如把玩具含在口中、在幼儿密集处挥舞玩具等。还要经常清点人数，若有缺失，及时处理，采取对策。要根据幼儿活动量及气温的变化，及时帮助或提醒幼儿擦汗和增减衣服。照顾体弱幼儿，减少其运动量，对心肌炎患儿等特殊幼儿，要根据病情给予特殊照顾和护理。

(6) 幼儿园教师应注意观察幼儿游戏的进展情况，对学前儿童给予一定的帮助和指导，但是绝不能代替、包办。必要时，老师可扮演游戏角色，加入幼儿的游戏活动，推动游戏情节的进展。

3. 游戏活动结束时的整理工作

在组织幼儿结束游戏时，教师应注意掌握时机，尽量采用游戏的方式，使幼儿愉快地结束游戏，以保持幼儿对游戏的兴趣。游戏活动结束时，幼儿园老师要收拾整理游戏场地和游戏材料，进一步清点、整理玩具；也可指导学前儿童一起分类整理摆放玩具，看是否有遗失或损坏玩具，使他们养成整理玩具、善始善终的良好习惯。同时，组织幼儿盥洗，幼儿园教师要组织幼儿洗手、如厕、饮水，必要时还应组织幼儿洗脸。注意根据幼儿身体状况，帮助或提醒幼儿增减衣服。最后，还要做好玩具的清洁卫生工作。生活老师应将用过的玩具进行清洁，做到玩具无灰尘，可以用水清洗的就用水，不能用水洗的要经常在直射阳光下暴晒。

(七)对各种游戏活动的保育工作

游戏中幼儿园老师不仅仅要做好上述的保育工作，还要结合不同游戏的特点有针对性地做好相应的保育工作。

1. 自由游戏活动的保育工作

为了使儿童的个性得到全面的发展，在幼儿园的一日生活活动中，必须安排学前儿童有自由活动的时段与时间，让学前儿童在自由活动中真正体现出"自由"二字，要做到五个自由:让学前儿童自由选择游戏活动的内容;自由选择游戏活动的场所;自由选择游戏活动的玩具;自由选择游戏活动的伙伴;自由选择游戏活动的方式。教师要为学前儿童创设自由活动的条件,既不包办代替,也不限制强加,而是给予必要的启发和指导,要"管而不死、活而有序",要放手让儿童通过自身的活动,克服困难,获得经验。

2. 结构游戏的保育工作

结构游戏是一种创造性游戏,也是学前儿童的一种自主游戏。凡运用各种玩具或材料,通过排列、拼搭、接插、黏合、穿编、螺旋等所进行的构造活动都称为结构游戏,它可为孩子们提供广阔的创造天地,是一种充满童趣和想象的创造性游戏。

而对较小的幼儿来说,结构游戏就是运用积木、胶粒、木珠等结构玩具搭、插、穿,在自由构造中发展小肌肉动作,催生愉快的情绪,发展创造力和想象力,还有利于培养婴幼儿认真耐心、爱动脑筋的好习惯,如搭积木、插花片、穿木珠、搭建各种简单的造型等。

幼儿园教师在结构游戏活动开始前可以提供各种结构材料,数量要充足,颜色、形状要能满足游戏的需要。要根据学前儿童年龄的特点和游戏的内容有选择性地配置,还要充分利用胶泥、彩纸、大小纸盒、各种易拉罐、塑料小瓶等废旧材料作为辅助材料,使结构游戏更充满创意。

教师可利用建筑物图片或自己搭建的物体让学前儿童仔细观察欣赏,加深印象。当学前儿童有了初步的构造能力后,鼓励他们大胆动手构造,还可以经常问孩子:"你搭的是什么?"教师可根据建筑物的形象启发学前儿童确定建筑物的名称,以发展学前儿童的语言、想象力和创造力。

3. 活动性游戏的保育工作

活动性游戏是以发展学前儿童基本动作,如走、跑、跳、钻爬、投掷、平衡等的游戏活动。活动性游戏可以通过游戏的方式来增强学前儿童的活动能力,促进其身体健康。

1) 活动前的保育

(1) 检查安全。检查户外或室内场地是否平坦、安全、宽敞、不堆杂物,清除妨碍学前儿童活动的物品,扫清场地上的积水,最好是松软的泥草地;检查大型运动器械的安全性能,如是否安全牢固,有无断裂、松动、脱落等异常现象,以确保学前儿童活动安全。

(2) 为学前儿童活动做好检查和准备。活动前要提醒学前儿童大小便,检查学前儿童是否适合锻炼,脱去不利于运动的外套,裤脚不要拖在地上,要系紧鞋带,最好穿运动鞋或跑鞋,并让婴幼儿适当做些准备工作,以满足锻炼时的需要。

(3) 准备好必需的安全卫生、数量充足的活动器械、玩具或头饰。应做到活动器械充足,活动玩具齐全,还要根据学前儿童的年龄特点和游戏活动内容来准备,如不同年龄段的活动器械(滑梯、转椅、攀登架等)。

(4) 教师组织、启发幼儿充分利用各种自然物和废旧物品,如核桃、树皮、树叶、易拉罐、碎布等自制玩具,并鼓励幼儿在游戏活动中充分使用自制玩具。

(5) 做好生活用品的准备工作。备好干湿毛巾、水桶和水杯,备好足量适温的水。

2) 活动中的保育

教师要随时注意观察学前儿童活动的情况，如学前儿童在活动中提出喝水，要注意提醒并观察学前儿童喝少量的水，以免喝得过多增加心脏负担，不利于继续活动。

3) 活动后的保育

(1) 做好收整工作。活动结束后，生活老师要做好收整工作，将活动器械分类摆放好，帮助和提醒学前儿童将自己的衣物带回教室。

(2) 做好保育护理工作。活动结束后教师组织幼儿休息，生活老师要做好生活上的护理工作，如及时擦汗，提醒小便、洗手、穿上外套，并适当让幼儿喝水。

4．角色游戏的保育工作

角色游戏是指按婴幼儿的意愿，通过扮演角色、使用玩具，创造性地反映婴幼儿生活经验的一种游戏。当2～3岁幼儿逐渐脱离对成人的依赖，表现出一定的独立性时，成人的生活、成人的世界引起他们极大的兴趣，他们产生了想当大人、要求介入成人的活动、表现成人生活的强烈愿望。他们通过扮演角色力图创造性地再现成人的生活。因此，通过使用玩具等替代方法去模仿成人的言行。角色游戏在幼儿园游戏中占重要地位。

角色游戏的主题较多，如娃娃家、医院、商店、交通、邮电局、公园或儿童乐园、戏院、工厂和农村等。在角色游戏中，"娃娃家"是学前儿童最熟悉、最喜欢的家庭生活的游戏主题，学前儿童通过扮演家庭中主要成员角色(如长辈：妈妈、爸爸、爷爷、奶奶、外公、外婆；平辈：哥哥、弟弟、姐姐、妹妹)，表现角色的生活、工作和他们对事物的态度，从而产生对家庭的喜爱之情。同时学前儿童在"娃娃家"游戏中操作各种玩具和材料，反映丰富的家庭生活内容，可使他们获得相关的知识和相应的生活常识，获得语言交往和合作的经验。

作为教师，应掌握有关角色游戏的内容，做好游戏前的准备工作。开展角色游戏时，做好保育工作，游戏结束做好收整工作。下面以"娃娃家"游戏为例进行介绍。

1) 做好游戏前的准备工作

(1) 根据游戏活动的内容和学前儿童的年龄特点准备相应的玩具和材料。如娃娃家游戏中小小班幼儿正处在自我游戏阶段，他们还不知道以角色的身份参与游戏，只是单纯模仿成人的动作，对抱娃娃、给娃娃吸奶、喂娃娃吃饭、拍娃娃睡觉感兴趣，所以要为每一个孩子准备一个娃娃、一只奶瓶、一只碗、一把小勺，让他们独自模仿着玩；而小班玩娃娃家处在平行游戏阶段，他们会自己选择玩伴，一人做爸爸、一人做妈妈，两人组成一个家庭，所以要为每一个家庭准备一个娃娃、一套餐具、一张小床，以及被子、服饰等辅助品；到了中班，玩娃娃家已处在最高峰期，他们会自选组成有爸爸妈妈、爷爷奶奶、叔叔阿姨的一个大家庭，所以要准备娃娃和成套的服装、炊具、餐具、家具、用具、家用电器，以及建造材料和辅助品等。由此可见，对小年龄班级提供的玩具物品品种要少一点，每一品种的数量要多一点，做到每人一份且略多余；而对大年龄班级提供的玩具物品则要品种多一点，每一品种的数量可以少一点但要充足，以满足不同年龄段儿童的游戏需要。

(2) 准备玩具的品种和数量。准备的玩具品种要齐全、数量要充足，要根据不同的年龄班级提供和配置相应的玩具物品和辅助物，以便让婴幼儿自由选择。

(3) 提供半成品材料。半成品材料可以提供各色彩泥，让幼儿团丸子、搓麻花油条、捏饺子馄饨、做大饼等；可以提供各类彩纸，让幼儿撕面条、包糖果、做饼干等；可以提供被子和各色服装，让学前儿童模仿成人铺床叠被子，模仿成人洗衣服、晾衣服、熨衣服、叠衣服等。总之，提供的半成品可以让学前儿童在游戏中既能玩玩乐乐，又能达到动手动脑的目的。

(4) 场地的安排。要注意娃娃家游戏的场地安排，场地必须安全、宽敞、互不干扰。

2) 教师指导游戏的开展

教师在游戏中可以充当角色，做孩子的玩伴，一起游戏，也可以以客人的身份参与游戏，增添游戏的情趣。当孩子有需求时，教师要适时地帮助解决，如缺少材料帮助"购买"；一起整理房间以起示范作用；发生矛盾能及时解决；喝水、小便能及时照顾护理等。

3) 游戏结束做好收整工作

游戏活动结束后，教师应指导婴幼儿收拾玩具，分类别整理摆放好。

第三节 学前儿童学习活动中的保育

《幼儿园工作规程》指出，幼儿园的教育活动是有目的有计划引导幼儿主动活动的多种形式的教育过程。此种活动是由教师依据目标计划设计与组织的，是有目的、有计划的活动；此种活动是幼儿在教师的引导下呈现主动活动参与状态，幼儿的主动性、活动性应得到最充分的发挥，从而使教育活动发挥积极的教育作用；此种活动是以多样化的形式组织的，以激发幼儿的兴趣和培养幼儿的各种能力，使幼儿在教育过程中感受到各种教育的影响，从而有利于幼儿经验的积累和能力的发展。

一、学前儿童学习活动的指导

学习活动虽然是以教师为主的高结构活动形式，但幼儿园教师也要掌握有关学习活动的指导要领，了解学习活动的过程，体现学习活动的价值。因此，教师要共同关注教育的过程，负起教育和保育的职责。

(一)学前儿童学习活动的特点

学前儿童由于身心各方面都得到了发展，因而除游戏外，常常愿意模仿哥哥、姐姐或成人那样进行学习。事实上，这一时期，学前儿童也可以在一定时间内，在一定程度上进行一些有目的、有组织的学习活动。通过学习，让幼儿掌握一些知识和技能。然而，幼儿的学习是不同于小学生的学习的。其不同点主要表现在以下两方面。

(1) 小学生的学习是一种社会义务，需要通过考试、评分来标志一定的学习水平；而幼儿的学习主要是通过学习掌握周围生活中有关自然和社会的粗浅知识与技能，进行基本动作训练，培养文明卫生习惯和道德品质，为入小学做准备。

(2) 小学生学习有明确的目的和任务，幼儿的学习常常与游戏分不开。年龄越小，游戏成分越大，五至六岁，才会逐渐形成把学习当成任务来看待。

(二)学习活动内容的确定

学习活动内容的确定应以本班阶段性的保教目标及学前儿童现有水平和兴趣为依据，即强调选择学习内容的目的性，对学习内容的选择要依据循序渐进的原则加以编排，以利于学前儿童接受。

(三)组织幼儿学习活动的途径

1. 利用环境资源组织学习活动

充分利用幼儿园周围的环境资源组织学习活动，不宜将学前儿童关闭在活动室内，依靠书本开展教学活动。应将学前儿童带到大自然中去，带到社会生活中去观察、活动、感受，也可将自然界、社会生活中的景和物带进幼儿园的课堂。

2. 充分运用学前儿童的感官参与学习活动

在学习活动中充分考虑学前儿童的感官活动，使学前儿童各种感官处于积极活动状态，而多种感官的积极参与，有助于学前儿童在学习活动中的积极性、主动性和创造性的发挥，使他们获得直接的、深刻的感受和体验。同时要用各种方法培养学前儿童的学习兴趣，使他们形成良好的学习习惯。

3. 运用灵活多样的学习活动形式

在学习活动中，应灵活运用多种活动形式(集体活动与个别活动)，不宜一律采用全班性的学习活动形式，也不宜无目的地改变活动形式。多种活动形式的采用，有利于学前儿童在学习活动中获得应有的发展。

4. 提供参加学习活动的机会

为学前儿童提供充分参加活动的机会，通过师生互动和生生互动，使学前儿童能主动地学习，全方位地得到发展。

(四)组织幼儿学习活动的注意事项

幼儿园教师组织幼儿学习活动时一定要注重活动过程，关注个别差异，因人施教，使每个幼儿都能充分参与学习活动过程，动脑动手，主动地表达表现，激发活动的兴趣，培养活动的能力。

学习活动最理想的结果是促进每个幼儿在不同水平上得到充分的发展，使每个幼儿都处于积极发展与提高状态。但由于学前儿童的经验与能力存在着水平差异，因此不宜强求学前儿童在同一时间内达到同样的发展水平，应从发展的观点正确评价学前儿童在学习活动中的发展与进步。

二、学习活动中的保育工作

幼儿园教师在学习活动中处于组织与指导地位，需要做好以下几个方面的工作。

(一)学习活动不同阶段的保育工作

1. 学习活动前的准备工作

(1) 布置学习环境，做好环境卫生工作。幼儿园教师要根据不同学习活动的内容和要求布置学习环境，做到环境整洁、舒适、安静、通风，注意采光，光线应明亮柔和。

(2) 摆放好桌椅、教具、材料和学具。生活老师要了解学习活动的内容，主动配合教师做好准备工作，摆放好桌椅、教具、材料和学具。

2. 学习活动中的保育指导工作

幼儿园教师在学前儿童学习活动中要做好教学活动的组织工作，及时根据幼儿年龄特点选择学习内容和教学方法开展教学活动，以保证教学活动顺利且有效开展。

(1) 班里的生活老师要协助教师集中幼儿的注意力，维持教学活动的秩序，以保证教学活动的正常进行。

(2) 学习活动中的观察和照料。在学习活动进行中，教师应观察婴幼儿的身体、情绪及参与活动的情况，特别要关注个别体弱婴幼儿，以便必要时给予特殊照料。

(3) 学习活动中配合教师示范。学习活动中保育员应根据需要帮助教师出示、操作、演示教学用品和用具，及时、适时、周到地配合教学，必要时可以协助教师做一些示范动作；协助教师示范使用教具和玩具，还要承担一定的角色任务。

(4) 学习活动中配合教师指导。在婴幼儿开展学习活动时，保育员应配合教师做好活动过程中的指导工作，按教师要求进行帮助与鼓励，避免过度帮助和代替。提醒纠正婴幼儿不良坐姿和握笔姿势，关注婴幼儿良好学习行为的培养。

(5) 在教学活动开展的过程中，保育员不要打扫卫生，不要随意走动，一般不要讲话，保持安静，以免分散幼儿的注意力，影响教学活动的开展。

(6) 幼儿园教师要善于运用恰当的方式维持活动秩序。要注意指导方式，以免因对他们限制过多而挫伤他们活动的积极性。要及时处理活动中发生的特殊情况，以保证教育活动的顺利开展。

(7) 关注幼儿的特殊需要，包括各种发展潜能和不同发展障碍，与老师密切配合，共同促进幼儿健康成长。

(8) 善于发现幼儿感兴趣的事物、游戏和偶发事件中所隐含的教育价值，把握时机，积极引导。

此外，幼儿园教师还应在教学练习时指导、督促、检查幼儿的学习情况，帮助幼儿解决操作中的困难和纠纷，以便使幼儿完成教学活动任务。还要加强活动中的卫生保健，如及时纠正幼儿不正确的学习姿势，严防操作物品时发生意外事故等。

3. 学习活动结束后的收整工作

做好学习活动结束后的整理收拾工作。帮助教师收拾整理活动中使用的玩教具和材料，并检查是否有缺损。如有缺损要及时与教师联系，必要时应及时制作和准备，以备不时之需。根据需要将桌椅归位，并摆放整齐，必要时要进行擦洗。清洁环境，打扫干净活动室；收拾整理教具、玩具，教具放回原位，玩具分类整理摆放好；收拾整理幼儿作品，摆放整齐有序。中大班生活老师可指导幼儿一起做值日生。同时，还要组织幼儿及时盥洗、如厕、饮水。

阅读链接 5-5

学前儿童学习活动中的保育工作扫描右侧二维码阅读。

阅读链接.docx

(二) 不同学习活动的保育工作

幼儿教师在组织学前儿童学习时，要根据学习内容做好相应的保育工作。

1. 语言活动的保育工作

在开展语言活动时要注意语言活动的环境创设，活动室必须是舒适、明亮的，桌椅的摆放必须符合婴幼儿的身高，教具学具的准备必须符合婴幼儿的年龄特点，符合教学内容和要求。下面以阅读活动的物品准备和相关保育工作为例。

(1) 根据不同年龄分别选出学前儿童适用的图片或图书、卡片。年龄较小的幼儿阅读的图书要画面大、色彩鲜艳、背景清晰、角色少而突出、主题单一、形象真实；年龄较大的幼儿阅读的图书则可以是角色稍微多一些、主题明确、有一定教育意义的图书。而所选择的图书画面可以是单页、双页，一页分上下、左右。对图片和卡片的选择，年龄较小幼儿选择的图片和卡片内容是在生活中最常见、最熟悉的；而年龄较大儿童选择的图片和卡片内容则可以是在生活中不常见到、不十分熟悉的。如认识水果时，年龄较小的幼儿应选常吃的苹果、梨、香蕉、橘子的阅读卡片；年龄较大的幼儿则选择葡萄、草莓、菠萝、枇杷等阅读卡片。认识交通工具时，年龄较小的幼儿应选择常见的公共汽车、小轿车、卡车的图片；年龄较大的幼儿则选择救护车、消防车、大吊车等图片。

(2) 阅读环境的要求。一要注意卫生、空气新鲜、安静舒适、减少或消除噪声；二要注意采光，光线要柔和，要有足够的光线，光线从左前上方射下。提醒学前儿童不要在太阳光直射下看书，阴天和下雨天要开灯。

(3) 学前儿童阅读时用眼卫生的要求。一要注意用眼卫生，眼睛和书本的距离为30~35 cm；二要注意桌椅要适合学前儿童身高，阅读时坐姿要端正；三要注意阅读的时间不宜过长，一般在20分钟左右。

2. 数学活动的保育工作

皮亚杰认为，数学开始于对物体的动作，真正理解数意味着儿童通过自己的活动发现能动地建立关系。因此构建初步的数概念以幼儿对物体的探究所获得的感性认识为基础。

作为数学活动的合作者,生活老师应配合教师在数学教学中积极创设情境,让幼儿通过动手操作、自主探索、实践应用等主体活动去亲近数学、体验数学、"再创造"数学和应用数学,真正成为数学活动的主人。

1) 营造融洽、愉悦的氛围,诱发幼儿积极性

营造安全的探究氛围是学前儿童主动学习和探究的基本前提和条件。课堂教学是教与学双边活动的主要阵地,课堂教学中师幼之间的情感可直接影响学前儿童的学习情绪,师幼情感是激发学前儿童学习动机,提高学习能力的有利因素。因此,教师要营造一种生动活泼的教学氛围,让学前儿童在教师创设的童话世界、儿童乐园、愉悦的环境中自觉主动地参加学习,使学前儿童形成求知的心理愿望和性格特征,形成一种自主学习知识、运用知识的心理趋向。如在中班"认识7"的活动中,学前儿童胸前分别挂着1~6的数字卡片扮演数字娃娃,老师胸前也挂着一张数字卡片"7"以数字伙伴的身份与幼儿交朋友玩游戏,一起参与活动,让他们觉得老师是他们的好伙伴,与他们的关系是很密切的;再在活动室周围挂上数量分别是1~7的物品,让幼儿根据自己身上的数字找相应数量的物品。这样,通过游戏就能较好地调动幼儿的主动参与和自主学习的积极性,让他们不断体验到自由感和成功感,感觉到学习数学不是一种负担,而是一种乐趣,使幼儿在融洽、愉悦的教学氛围中自觉形成主动学习的良好习惯。

2) 设疑激趣,激发学前儿童的好奇心

设疑是探索的起点,兴趣是求知的发动机。人的思维过程始于问题情境,问题情境具有情感上的吸引力,能使幼儿产生学习的兴趣,激发其求知欲与好奇心。在数学教学过程中,教师应从幼儿的主体地位出发,围绕教学的目的,设置问题情境,边设疑边解惑,开拓幼儿思维,激发幼儿的学习兴趣。积极启发、热情鼓励幼儿质疑,激励幼儿大胆探索问题,使幼儿从不敢问到敢问,从不会问到善问,引导幼儿自觉参与学习。

例如,学习5的序数,教师可在活动室创设"动物园"情境,设置并成一排的猫、狗、鸡、羊、兔之家,在每只动物的家中贴上多幅图片(每幅图片上有5只相同的动物,其中一只动物的颜色不一样,在每幅图片中的位置也不一样)。活动开始时以参观"动物园"的形式让幼儿自由观察,请他们数一数:动物园里有几种动物?小狗的家排在第几?这时有的小朋友说小狗的家排在第二,有的说小狗的家排在第四。教师进行设疑:为什么小狗的家在排列顺序上不一样呢?通过这样的设疑,诱发幼儿的学习兴趣。把幼儿的学习兴趣调动起来后,再请幼儿自己进行释疑:原来小朋友数的方向是不一样的,从左往右数小狗的家排第二,而从右往左数小狗的家排第四。接着让幼儿自由寻找动物图片,引导幼儿对图片进行观察,主动发现颜色不同的动物在图片中的排列顺序,以及让幼儿通过给动物排队的形式,继续进行5的序数的自主学习活动。通过幼儿与环境的互动,使幼儿在活动中从质疑到解疑,从探索到实践,开拓思维,激发幼儿大胆发表自己见解的积极性,激发学习兴趣,发挥幼儿的主体作用,培养幼儿自主学习的能力。

3) 营造角色氛围,培养幼儿的参与性

游戏是幼儿最喜欢的教学活动,它能使幼儿在轻松、愉快的气氛中学知识,掌握知识,而角色游戏是幼儿园各项活动中最具活力、最具综合性的活动。开展角色游戏活动既能让

幼儿发挥主观能动性，又能促进幼儿实践能力的培养和自主学习能力的发展，是促使幼儿自主学习的一种较有效的教学形式。如在学习 5 以内的加法题时，通过组织角色游戏"百货商店"，让幼儿分别扮演售货员、顾客，提供多种 5 以内数量的货品。活动开始时，由于幼儿对扮演的角色和角色的对话不熟悉，会出现一些问题，这时教师应耐心指导和鼓励，帮助幼儿大胆游戏，并通过评选最佳售货员、顾客的形式激励幼儿，这样游戏很快就能顺利进行下去了。通过这种有趣的、寓教于乐的角色游戏活动，可以树立幼儿对数学美的感受，激发幼儿学习的兴趣。

4) 创设活动区，发展幼儿的主动性

数学教学要根据幼儿"玩中学、学中玩"的学习特点，利用幼儿在园活动时间长，自主活动时间多的特点，精心设置数学活动区，让幼儿通过在数学活动区玩一玩、摆一摆、拼一拼等自主探索性活动，增强幼儿的学习主动性，提高学习兴趣，诱发探索精神，培养自主学习习惯和实践操作能力。如小班的数学区，可以设置一些几何图形，让幼儿利用它们自由地进行拼图、摆弄。起初幼儿的拼图、摆弄是没有形状意识和规则的，操作探索一些时日后，幼儿慢慢地懂得了有形状有规则地摆拼几何图形。再摸索了一段时间后，幼儿又懂得了从美观的角度把几何图形的颜色和形状搭配起来进行拼图，拼出来的图形越来越有模有样，也越来越漂亮了。因此，设置数学活动区不仅可以让幼儿随时根据需要在数学活动区开展丰富多彩的活动，而且可以让幼儿在数学活动区里探索数学的奥妙，发展幼儿的自主学习，培养幼儿的实践能力和创新精神。

5) 引导实践操作，培养幼儿的探索性

在数学活动中，教师要根据教学要求，提供丰富的探索性的操作材料，应用不同的活动形式，引导幼儿开展探索性的实践活动，让幼儿在实践中自己发现、获取和巩固数学知识。如教大班幼儿"学习二等分"时，在幼儿理解"二等分"的含义后，为每位幼儿提供圆形、正方形、长方形三种几何图形，用激励和鼓励的语言，请幼儿自己动手进行几何图形"二等分"的实践操作，比比看，谁"二等分"分得最好，方法最多。在教师的鼓励下，全班幼儿很可能都跃跃欲试，立即动手进行操作。有趣的数学实践操作活动，可以激发幼儿的学习兴趣，增强幼儿自主学习的能力。

3. 科学教育活动的保育工作

学前科学教育活动是学前儿童认识周围世界、获取知识经验的重要途径。《幼儿园教育指导纲要》指出："幼儿的科学教育是科学启蒙教育，重在激发幼儿的认识兴趣和探究欲望，尽量创造条件让幼儿参加探究活动，科学教育应密切联系幼儿的生活进行。"生活中处处都有科学，科学就藏在孩子对自己周围具体的物质世界的好奇和探索中。

学前儿童是科学教育活动中的主体，幼儿园老师是"支援者"和"引路人"。在科学教育活动中教师必须提供足够的素材，以使每一个孩子都能得到观察、操作和探索的机会。

1) 活动前要准备好充足的材料

学前儿童认识事物的方式大多来自他们的直接经验。学前儿童对科学知识的认识更是如此，它是学前儿童不断地在与材料相互作用的过程中，通过主动探索、反复尝试操作而获得的，这也是学前儿童获得的最感性、最直接的知识。因此，教师应精心地为学前儿童选择操作材料。操作材料是引发学前儿童主动探究的刺激物，也是他们观察、思考和探索的中介和桥梁。准备科学教育活动材料需要注意以下几点。

第一，材料充足。丰富、充足的材料，会使学前儿童都能有探索的条件和机会。

第二，材料应具有科学性、趣味性。教师在提供材料时一定要考虑材料是否具有科学性、趣味性，如果材料只具有科学因素，儿童不易进入其中，那就没有实际意义。如果材料只具有趣味性，又会失去科学发现的真正作用。例如，在准备活动《充气玩具》的材料时，应选择色彩鲜艳、形象可爱的玩具作为主要的探索材料，以引起幼儿观察和探究的兴趣。

第三，材料应具有层次性。科学教育活动中，学前儿童不可能同时实现同一个目标。多变化、多功能、多层次的材料，可满足不同水平学前儿童的需要，引发不同水平学前儿童的探究愿望，使他们的活动更为丰富和深入。科学教育活动的关键不是师生之间的静态知识传递，而是通过老师引领，学前儿童以感知、操作、发现问题以及寻求答案等一系列的探索活动，培养学前儿童的科学探究兴趣。多层次的素材，是达成这一目标的重要保证。

学前儿童的科学经验主要是在与材料的互动中获得的，教师在为学前儿童提供操作材料时，要考虑材料的层次性。例如，在让学前儿童探索厨房小工具时，教师可以提供操作难易程度不同的小工具，鼓励学前儿童自选。在此过程中，学前儿童可根据自己的生活经验和操作技能选择自己喜欢的材料，这样更容易让学前儿童获得成功的体验。提供有层次性的操作材料，更要关注学前儿童的原有经验和发展经验，在幼儿原有经验的基础上，尽量让学前儿童通过"跳一跳"的努力而获得成功。

2) 活动中幼儿园教师应定位好自己的角色

幼儿园教师在幼儿园科学教育活动中，首先要做好"旁观者"角色。一个积极的旁观者，才能减少活动中口口相传的比率，才能细致地观察到幼儿在活动过程中的表现。幼儿在活动中的情绪表现，是教师判断科学活动开展是否成功、有效的重要标准。科学活动重在激发幼儿的认识兴趣和探究欲望，使他们从中体验到成功感，获得自我满足的愉悦，知识的传递是第二位的。其次，幼儿园教师还要做好"支援者"角色。老师要能包容孩子们在活动中的错误，对于幼儿的错误要予以宽容和理解，幼儿才会在活动中大胆地去探索。给每一个幼儿以安全感，尊重他们的独特看法和见解，并能耐心倾听他们的想法。再次，幼儿园教师更要做好"引路人"角色。在大班的科学教育活动《聪明的动物》中，要使孩子们初步了解常见动物的各种保护自己的办法。这些动物中有的是孩子们常见的，有的是孩子们平时很少关注的，或者只能是孩子们通过其他媒介才能接触和了解到的。教师可以让幼儿自己来掌握认识的顺序，并在适当的时机及时回应，逐步激发幼儿的求知欲，给幼儿展现自我、提升经验的时间和机会。最后，应注意到不同孩子之间的差异，认识到不同幼儿之间不同的认知水平和思考方式，并充分利用这些差异性，以促进不同的孩子获得不同的成长。

3) 营造平等、接受、宽容的交流氛围

平等、接受、宽容的交流氛围是学前儿童大胆自由表达的基础，幼儿园教师是营造这种互动氛围的主角。教师在儿童交流的过程中，要不断地向儿童传递温暖、支持、教育的信息，运用语言和非语言引导儿童自由表达。如教师在与幼儿交流中有亲密的身体接触，包括摸摸孩子的头、背，更容易吸引和维护儿童的注意力；用轻柔的语气和语调与孩子交流；用鼓励的眼神注视孩子；对于孩子的观点给予积极的肯定，淡化他们在交流中的错误；允许发表不同的意见，肯定他们的求异思维。这些策略的积极运用，会让幼儿感到教师和他们站得一样高，从而促使孩子大胆猜测，大胆尝试，自由、充分地表达，利用一切可利用的自然空间。

4) 及时记录获得的信息

记录获得的信息，能使幼儿关注探究过程和事物的变化，把抽象的信息变成具体的图表。尽管幼儿的记录结果极为幼稚，他们只会用一些简图或符号，但是这些都是幼儿获取知识的过程，有助于幼儿原有认识与当前操作结果相比较，从而调整原有认识，主动建构新经验。教师应针对不同年龄的幼儿选择适当的记录方式，保证幼儿探索的积极性。小班幼儿的语言表达能力和绘画水平都处于初级阶段，所以教师可在倾听幼儿观察描述的基础上，配合图画协助幼儿进行记录；可为幼儿提供已画好背景的记录卡，引导幼儿自主观察，并用简单的符号随时记录自己的观察发现。中班幼儿有了一定的自我表现欲望和与他人讨论自我经验的意识，所以教师可采用给幼儿提供记录卡和记录需要的一些图示，引导幼儿对照图示自主进行记录；还可给幼儿提供一些半成品材料，投放在区角中，让幼儿随时随地使用这些材料记录自己的猜想与观察到的现象。大班幼儿已经明显表现出主动学习的愿望，并且能够运用多种手段较为清晰地描述自己的所见所闻，所以教师可给幼儿准备一个记录本，引导幼儿随时观察随时记录，并将已记录完的记录本投放在图书区中给更多的幼儿观看；还可给幼儿提供多种辅助性材料，让幼儿选择自己喜欢的方式进行观察记录。

4. 音乐活动的保育工作

音乐活动对学前儿童的右脑开发至关重要，能培养学前儿童对音乐活动的兴趣。但在音乐活动中，不能忽视对学前儿童的保育工作。

(1) 注意音乐活动的环境创设。音乐室要注意通风、清洁、宽敞。根据音乐活动的内容或教师的要求安排座位，可以是马蹄形，可以是半圆形或圆形，也可以是纵队形的。

(2) 根据音乐活动的需要以及教师的要求准备相应的物品。应根据活动需要准备相应的物品，如钢琴、录音机、磁带等；各种辅助材料，如纱巾、绸袋、纸花等；各种小乐器，如小铃、小鼓、小钹、小木鱼、小摇鼓、响板、沙球、小手风琴、小钢琴等。

(3) 要注意保护学前儿童的声带。选择音域适合儿童特点的歌曲，节奏和拍子不宜太复杂。要让学前儿童轻松愉快地歌唱，歌唱的速度不宜过快，唱歌地点必须空气新鲜，温度不宜太低，避免在户外唱歌，也不宜在烈日下唱歌。

5. 美术活动的保育工作

美术活动中的保育工作表现在以下几个方面。

(1) 应根据教师的教学要求和内容，准备相应的用品和材料。在进行绘画、纸工、泥工和综合活动前要准备好与之相适应的教具和范例，准备好各种材料。如绘画活动准备铅画纸或纸张、蜡笔、水彩笔、勾线笔、各种颜料，以及半干湿的抹布、剪刀、橡皮、糨糊等；纸工活动准备各种颜色的手工纸、剪刀、笔、双面胶、小纸篓等；泥工活动准备各种颜色的彩泥、泥工板、泥工刀和辅助品等。

(2) 准备的用品和材料要符合年龄特点，用品要齐全，数量要充足。准备的用品和材料首先要符合幼儿的年龄特点，如小小班的幼儿绘画活动，只需要准备铅画纸和蜡笔即可，随着年龄班提升，准备的材料也应随之增多。其次，准备的用品要齐全，数量要充足，略多于婴幼儿数，如果一个班有 25 名幼儿，必须准备 30 份左右，以满足婴幼儿活动中的需要。

(3) 美术活动中的环境以及安全卫生要求。一要注意采光，光线要柔和、充足，光线从左方射下，不要在太阳光直射桌面时绘画，阴天和下雨天要开灯。二要注意学前儿童用眼卫生，眼睛和桌面的距离为 30～35 cm，活动时间不宜过长。三要提醒学前儿童注意正确的坐姿和握笔姿势，笔杆和纸应呈 60°角，拿笔时食指较大拇指低些，笔尖离开纸的距离为 3 cm；同时注意桌椅要适合婴幼儿身高，前臂以平放在桌上为宜，椅子的摆放要面向老师、黑板；要注意坐姿端正，胸离开桌边的距离约为一拳。四要会挑选用具，如铅笔、蜡笔、绘画颜料、橡皮泥等不含有毒物质的用具，各种文具用品使用时要避免产生外伤危险，如剪刀要圆头。五要做到活动结束后敦促学前儿童洗手。

6．探索活动的保育工作

学前儿童生来好奇，他们总是在不停地探索周围的世界，而大自然好比一个为儿童敞开的知识宝库，吸引着他们去探索、去发现。通过观察种子发芽、冰雪融化、春蚕吐丝、蚂蚁搬家等，孩子们会感受到大自然的新奇，从而激发强烈的求知欲望。大自然又好比一个有趣的实验室，通过学前儿童自身的感知操作活动，去发现颜色的变化，水的浮力，磁铁的吸引力，数量、图形、时间和空间的关系……在这些发现活动中，学前儿童不仅获得了知识和经验，更重要的是发展了观察力、判断力、思维力、想象力和创造力。学前儿童在探索活动中可以运用多种感官，动手、动脑，去观察、理解、想象，去推理、假设、检验，在活动过程中使各种认知能力都得到发展。

在探索活动中，教师首先要使探索实验活动室保持整洁、通风、宽敞、明亮，橱柜和货架要平稳牢固，摆放物品要方便学前儿童操作和做实验，桌椅要符合婴幼儿的身高。其次，在活动前要了解探索活动的具体内容，以及能根据教师的教育要求准备探索的器材和材料。最后，要协助教师关注婴幼儿的操作和实验活动，及时帮助解决婴幼儿在活动中的需求。活动结束后，教师要引导婴幼儿收拾整理探索实验室，分类整理好器具和材料。

阅读链接 5-6

幼儿教师日常保育工作的要求与对策扫描右侧二维码阅读。

阅读链接.docx

第四节　学前儿童体育活动中的保育

《幼儿园教育指导纲要》明确要求："幼儿园必须把保护幼儿的生命和促进幼儿的健康放在工作的首位。"幼儿园的健康教育涵盖方方面面的内容，其中体育活动就是幼儿园健康教学的形式之一。在幼儿园体育活动中，教师普遍认为：只要幼儿每天进行了户外运动，比如跑步、跳跃、做游戏、玩大型器械……幼儿就锻炼了，就完成了《幼儿园教育指导纲要》中"促进幼儿生长发育、发展基本动作、提高运动能力、培养良好个性品质"的任务了。幼儿园体育活动固然要注重"时间的保证""形式的多样"和"内容的趣味性"，但是，幼儿体育活动如不注重运动量的控制，没有科学、合理的运动负荷和心理负荷的设计和安排，其对幼儿身心的促进、发展就难以实现效益的最大化。运动强度和密度以及幼儿参加运动的时间也是影响运动量不可忽略的因素。运动的强度是指完成身体运动所用力量的大小和机体紧张的程度。运动的强度越大，就表明活动量相对越大。运动的密度有时也称练习密度，是指在一次体育活动中，幼儿身体实际练习的时间和活动总时间的百分比。活动的密度越大，表明活动量相对越大。由于学前儿童年龄小，身体机能调节能力较弱，自我保护意识尚在萌芽阶段，做好学前儿童体育活动中的保育工作，保障学前儿童体育活动的安全，是教师和生活老师共同的重要职责。

一、学前儿童体育活动的主要形式

学前儿童体育活动主要是通过体操、体育器械活动、基本动作活动、自然因素锻炼来实现的。这些活动旨在提高学前儿童身体素质和动作协调的能力，以及适应环境的能力，增强其对疾病的抵抗能力，为学前儿童的身体健康奠定基础。具体包括以下几种形式。

(一)体操

体操是发展学前儿童动作的重要手段之一，体操活动是以全面锻炼身体、具有体现美为特征的体育活动。在不同的年龄阶段配有相应的体操，如保健操、竹竿操、模仿操、花色操、广播体操、韵律操和轻器械操等。这些体操可以在户外或者室内做。

(二)体育器械活动

体育运动器械是指自行车、摇摇车、滑梯、跷跷板、木马、爬桶、转椅、蹦床、荡船、秋千、攀登架等可以带动儿童身体运动的器械。

体育器械活动是幼儿园开展较广泛的活动，它是运用器械开展儿童体育活动的一种形式。这些活动能激发和培养学前儿童的运动兴趣；能满足学前儿童在日常生活和运动中难以满足的运动需要，如爬高、滑下、摇晃、操作器械活动等使学前儿童获得由多种运动刺激所引起的技能舒适感，促进他们运动知觉情感和运动能力的发展；它适于集体活动，也适于个人活动和小组活动，它可给学前儿童自主性、独创性发挥提供较好的条件。

(三)基本动作活动

婴幼儿期是婴幼儿动作发展最迅速的时期，而出生后的第一年和第三年是关键期。婴幼儿动作的发展包括全身动作和手的动作发展。全身动作从抬头逐渐发展到翻身、坐、爬、站、走、跑、跳、攀登、平衡、投掷等动作。动作从喜欢模仿他人的运动和动作，到喜欢和同伴合作、竞争；从不平衡到平衡、协调、敏捷。而手的动作是从大把抓，到利用拇指和食指并用的捏拿，再进一步发展到一些复杂精细的动作。

学前儿童动作发展的规律是从上到下、由近及远、由大到小、从正到反。幼儿园教师要遵循学前儿童动作发展的规律，发展基本动作。学前儿童动作发展虽有年龄特点，但它们之间是有衔接的，后发展的动作是以先发展的动作为基础的。因此，教师要关注学前儿童的动作发展，既要发展该年龄应达到的动作要求，又要注意巩固前一阶段的动作。

可以通过设计丰富多彩的室内外活动性游戏，让学前儿童练习走、跑、跳、钻爬、投掷等动作，提高学前儿童的动作水平，加强学前儿童的活动能力，促进身体健康成长。

(四)利用自然因素锻炼

利用自然因素锻炼也称为三浴锻炼，是指科学地利用空气、阳光和水等自然因素来锻炼学前儿童身体的一种方法，即空气浴、日光浴和水浴，简称三浴。

二、学前儿童体育活动中的保育工作

在学前儿童运动时，教师要注意学前儿童动作发展的规律，也要注意生理机能变化的规律，更要关注在运动中的安全、卫生和保育工作。

(一)器械活动的保育

器械活动是学前儿童通过器械的使用开展的活动，器械活动中要注意做好以下保育工作。

(1) 运动器械要适合学前儿童的年龄特点。幼儿园各种体育活动设施和运动器具要适合不同儿童的年龄特点，注意安全，防止外伤。大型运动器械应放置在泥草地上，最好有专人看管；小型运动器具要分类整理，放在固定的地方，便于取放，按需备足，人手一份，略多于幼儿数，便于幼儿交换选择。

(2) 定期清洁和检查。运动设施、器具安装要牢固，表面要光滑，没有尖角，每天检查是否损坏，发现损坏应停止使用，及时修理。对无法修理的要搬离现场，以防意外，一定要确保学前儿童的人身安全。要注意清洁卫生，每天擦洗、定期消毒。

(3) 应注意观察学前儿童活动的进展情况，对学前儿童给予一定的帮助和指导，做好活动中的安全保护。如投掷时不要面对面投，幼儿持器械做操时注意调整好间隔距离，一些稍有难度的活动需要保护等。

(4) 注意培养学前儿童自理能力和自我保护意识。在生活老师的指导下学前儿童要知道热了要脱衣，冷了要穿衣，累了要休息，渴了要喝水，出汗要擦汗，腹部要保暖等自我保护方法。同时知道在运动中不小心将要跌倒时，不要以手撑地，应用肩先着地，防止手臂撑地而造成骨折，不要在运动中玩闹嬉笑(如推撞别的小朋友)，以免造成伤害事故。

(5) 活动前，要组织学前儿童做好准备活动，以使机体逐步适应较大的运动量。如果在室内进行体育活动，应保持场地清洁卫生、无杂物，保持室内良好的通风以及适宜的光照。大部分体育活动是在户外进行的，教师应根据天气状况，选择适宜的活动场所。例如，夏季尽量在阴凉处，冬季最好在向阳背风处。老师还应检查地面上有无碎石子、树枝、碎玻璃等危险物品，并及时清理。场地若有积水，应及时擦扫干净。生活老师还应根据教师的安排和活动需要画好场地，摆放好体育活动器材。要在活动前认真检查场地、器械、服装等方面的安全卫生。可以指导幼儿相互检查衣着，如查看鞋带是否系好，裤腿是否过长等，发现问题，及时处理。应注意检查幼儿是否携带不安全物品，尤其是金属小刀、针等，结合问题对学前儿童进行安全教育。

(6) 活动过程中根据学前儿童的生理反应，教师要调整运动量，不能使幼儿过度劳累；要求幼儿饭前饭后不做剧烈运动等。活动中，教师之间要密切配合，维护活动时的秩序，发现问题，及时处理。如发现有的幼儿在活动时常常大声喊叫，或者挥舞器械，扰乱其他幼儿的正常活动等问题时，应采取给幼儿讲道理等方式让幼儿自觉停止这类行为。

(7) 根据幼儿活动量及气温的变化，及时帮助或提醒幼儿擦汗和增减衣服。照顾体弱幼儿，减少其运动量，对于心肌炎患儿等特殊幼儿，要根据病情给予特殊照顾和护理。

(二)基本动作活动的保育

基本动作活动的保育可以参照户外活动的保育要点，同时要做到以下几点。

(1) 教师做好活动前的准备工作，为学前儿童做好场地、活动器具等准备工作。

(2) 教师要为学前儿童做好户外活动前的必要准备，如如厕、增减衣物、整理装束、系好鞋带等。

(3) 教师要做好活动过程中的指导，生活老师要照料好学前儿童，特别是注意对体弱儿的照料，照顾因身体不适不能参加活动的学前儿童。

阅读链接 5-7

"阳光体育"户外活动中保育员的配班技能扫描右侧二维码阅读。

阅读链接.docx

(三)利用自然因素锻炼活动的保育

1. 空气浴

空气中的氧气能促进身体的新陈代谢，也有杀菌作用。空气湿度、温度和气流的变化，对学前儿童的生长发育是一种刺激，可以提高和改善大脑调节体温的机能。经常到户外活动，新鲜空气被吸入后，新陈代谢加强，促进血液循环，神经系统得到调节，可使呼吸变得慢而深，呼吸功能增强，会使学前儿童面色红润、精神饱满、心情愉快、食欲增强、睡眠良好。

老师要让孩子多到户外活动，呼吸新鲜空气，要在风和日丽的上、下午经常带孩子去操场，去公园看花、看树、捉迷藏，接触新鲜空气，活动室也应保持空气流通、新鲜。

婴儿期刚开始到户外去的时间要短些，可以从几分钟逐步延长到 1 小时，再过渡到《幼儿园规程》提出的要求，每日体育活动不少于 1 小时，户外活动不少于两小时。夏天尽量在阴凉地方如树荫下进行活动，冬天气温在 5℃ 以下时可在室内开窗活动。

2．日光浴

进行日光浴锻炼之前，应进行至少一周的空气浴锻炼，以提高学前儿童对外界环境的适应性。日光浴场所应选择绿化好，空气清新流畅，又能避开强风的地方。夏季可安排在上午进行，春秋两季可在午后进行，大风或非常炎热和寒冷的天气不宜进行。

1) 晒太阳

晒太阳能预防和治疗学前儿童佝偻病，即每露出 1 cm 的皮肤，光照一个小时，便可合成维生素 D 36 个单位。另外，还可增加皮肤的抵抗力和对冷、热空气刺激的适应能力，促进血液循环，使全身感到温暖，还可刺激骨髓的造血功能等。由于太阳光中的紫外线不能透过玻璃及较厚的衣服，故可结合户外活动进行。应逐步将婴儿的袖口、裤脚卷起，除去尿布，露出手臂、小腿、臀部，脱去帽子，使皮肤直接接触阳光。晒太阳的时间冬天以上午 9 时到下午 4 时为宜；夏天应以上午 9 时之前，下午 4 时以后为宜。开始时每天晒 3～5 分钟，随月龄的增长，可每天适当在树荫下进行，约半小时，避免太阳直射头部并注意保护眼睛。

2) 开窗睡眠

托幼机构的活动室和卧室内空气应流通、新鲜。特别在睡眠时，学前儿童如能呼吸到清凉而新鲜的空气，便能刺激呼吸道黏膜，增强呼吸道的抵抗力，并得到充足的氧气；能促使学前儿童很快入睡，并睡得深沉。由于降低了室内空气的污染率，因而可降低呼吸道的感染率，有益于健康。春、夏、秋季可把窗户全部打开，冬天学前儿童入睡后可开窗，当室温下降到 3～4℃ 时，应把窗户关上。一天开窗两次，每次 15 分钟，还需注意避免对流风。开窗睡眠应注意从小开始，体弱儿要离开窗户远些。睡前脱衣时、起床穿衣时，应先将窗户关上避免着凉。

3．水浴

利用水浴进行锻炼的方法很多，一般应从夏季开始，再逐渐过渡到冬季。

1) 冷水洗手、洗脸、洗脚

冷水洗手、洗脸、洗脚能增强学前儿童对外界冷、热气温变化的适应能力，预防感冒，提高皮肤抵抗力，防止手脚生冻疮。一般应先从夏季开始，用冷水(即自来水)给婴幼儿洗手、洗脸、洗脚，使他们逐渐习惯，以后春秋季节也可坚持下去，冬季可用温水(一般 23～26℃)，时间不宜过长，洗后必须立即用干毛巾擦干，擦到皮肤微红为止。

2) 冷水摩擦

冷水摩擦是利用水进行锻炼方法中刺激最温和的一种，其功效与其他锻炼一样。当婴儿6个月起即可开始进行。6~12个月的婴儿进行擦浴，开始时的水温应为33~35℃，以后每隔2~4天降低水温1℃，但不能低于18℃，一般应保持在25℃左右。擦浴最好在清晨进行，开始时为1~2周的干擦期，以便为湿擦做好准备，即用柔软的厚绒布或毛巾分区摩擦身体，擦至皮肤出现轻度发红为止。先从上肢开始，然后擦背、腹和下肢，摩擦方向一律由远心端向近心端移动，每次摩擦时间为1~1.5分钟。如进行湿擦后一定要再用干毛巾擦干皮肤，以免受凉。摩擦时要用大毛巾包裹好其他不擦的部位，擦完后让婴幼儿静卧10~15分钟。

3) 冷水冲淋

冷水冲淋这种方法刺激比较强，一般用莲蓬头或喷壶进行，开始时水温以35~37℃为宜，以后每隔2~3天降低水温1℃左右，最低水温婴儿掌握在25~27℃，幼儿为22~24℃，但要保持一定的室温。冷水冲淋要依次冲淋各个部位，先上肢、下肢，后前胸、腹部、两肋，最后背部。冲淋时间为20~40 s，水源高度不超过40 cm，距离婴幼儿颈部15 cm，冲淋后应立即用干毛巾擦干，使皮肤潮红，以免受凉。

4) 游泳和嬉水

游泳和嬉水在摩擦、冲淋的基础上进行，夏季可组织婴幼儿在水池中嬉水。为了保证婴幼儿的健康，必须遵守有关规定，注意水池的水质清洁卫生及安全。

婴幼儿游泳，气温一般应掌握在30℃左右，水温从37~37.5℃之间开始，以后逐渐下降，婴儿不低于28℃，幼儿不低于25℃。一般水温可掌握在33~35℃，关于水池进水量深度，根据儿童年龄特点及嬉水要求而定，一般涉水嬉水时，水深为20~25 cm；而嬉水游泳时，水深以平婴幼儿腰部为宜。嬉水池的容积以每次进水池的儿童数为标准，以有利于保持水质的清洁为原则，平均不少于每人1 m^{2}左右，人数多时可以分批下水。

(1) 对嬉水婴幼儿的要求。

① 一般在6个月以上的健康婴幼儿才能下嬉水池，凡不能独立行走的均要用气圈，大小要适宜。要有保育员专门照顾，在水中托举嬉戏，不可将婴幼儿单独放在气圈上，以保证安全。如家长不同意或婴幼儿不愿下水者，不要勉强。

② 嬉水活动时间，一般安排在进食前、后一小时左右。出大汗时，要待汗擦干后方可下水。儿童在水中嬉水时间，根据当日气温、水温、婴幼儿年龄和情绪灵活掌握，注意个别差异，刚开始时1~2分钟，以后适当延长，以不超过20~30分钟为宜，避免过累。

③ 下水池的婴幼儿要穿短裤，必须提前小便，做好淋浴和臀部清洁，婴儿由成人抱入池中，幼儿要走过含氯脚部清洁池后才能下水；下水前要活动四肢，下水后先轻轻拨水，再进行各种嬉水活动。不会游泳时不要在水中站着不动，可用双手划水，在水中走动，让水摩擦身体。

④ 出水后即刻擦干身体，换上干净衣服；滴眼药水，预防眼病；通过体操运动取暖。

(2) 下水游戏时对教师的要求。

① 凡与急性传染病有密切接触的、处于慢性病恢复期的，有皮肤病、沙眼、中耳炎、

结膜炎的，不宜参加集体嬉水活动；凡当天感冒、腹泻或疾病正在恢复中的，都不宜下水。(对下水婴幼儿也是如此)

② 保持水质清洁卫生，下水前也须走过含氯脚部清洁池；禁止在池中或池边吐痰、揩鼻涕、穿塑料鞋，严防水质污染。

③ 下水前、中、后都要随时清点婴幼儿人数，注意观察，如发现缺少应及时寻找；婴幼儿情绪不好，不喜欢玩水，应立即离池，并继续加强观察，发现异常及时处理。

④ 为确保儿童嬉水安全卫生，幼儿园教师应负责管理嬉水池的水质余氯及水温测定，做好记录，指导定期换水，准备急救药品，掌握基本的急救方法。

(四)玩沙、玩水、玩雪的保育

玩沙、玩水是学前儿童很喜欢的活动，活动中需要做好保育工作。

1. 玩沙的保育工作

玩沙需要一定的条件，具体如下所述。

第一，在室外应有较大的沙箱或沙坑。边缘应高于沙面，以防止沙土流失。沙箱、沙坑最好设在向阳的地方，便于学前儿童多晒太阳。沙箱周围应留出便于学前儿童蹲、站的地方。

第二，沙箱、沙坑不使用时应盖上盖子或盖上油布，以保持沙土的清洁，因为沙土里经常会混入一些碎石、泥土、废纸及其他腐蚀物。

第三，定期翻晒、清洁、过筛，使沙土保持清洁、松软；在气候干燥的季节，还要经常洒水，这样既可保持沙土的湿度，又可以预防沙土飞扬。

第四，准备好玩沙所必需的用具和玩具，用具如勺子、小桶、小铲、各种容器、木片，玩具如积木、塑料小动物、各种车辆、空心模型等，也可收集一些辅助物，如亭子、假山(用炉渣或用泡沫塑料制成)、纸花、小彩旗、小树枝、纸船、各种瓶盖等。

活动开始前，要提醒儿童卷起袖子，最好戴上脚套和袖套，在夏天玩沙可以赤脚。玩沙前让儿童知道如何正确玩沙，不要对儿童反复强调"不要扬沙土，不要把沙土随便乱扔"，这反而会起消极暗示作用。玩沙不要太拥挤，让学前儿童有较大的空间。要注意观察个别婴幼儿玩沙时扬沙，看到孩子将沙子弄到自己或别的婴幼儿鼻子里、耳朵里或嘴巴里，应马上予以制止。

游戏结束后，应督促儿童收拾起沙土上的各种物品，放在指定的地方。要求儿童在沙箱或沙坑内拍拍手、跺跺脚，以抖掉沙土，并脱下袖套和脚套拍打身上的沙土，到水池边用肥皂洗净双手。

2. 玩水的保育工作

玩水游戏一般应在夏季进行，它既可满足学前儿童活动的要求，又能让学前儿童愉快、凉爽。

玩水前必须准备数只大盆和一些勺子容器及能浮于水面的玩具，玩水前必须教给学前儿童正确的玩法，注意纠正个别学前儿童乱泼水、把水洒在地上或将水溅到别人的身上的错误行为，但不要事先作反面提醒，有条件的可围上防水兜。玩水结束后收拾好玩具，并将玩具晾干分类整理摆放好，然后倒净大盆和容器里的水，将大盆和容器放到固定的地方，并及时提醒学前儿童用毛巾擦干手。

3．玩雪的保育工作

玩雪能锻炼学前儿童抵御寒冷的能力，强壮身体。幼儿园教师要给学前儿童一些铲子、勺子等工具，和学前儿童一起玩，或堆个雪人让学前儿童欣赏。玩雪一般以 15 min 左右为宜，回室内前掸掉身上的雪。

(五)幼儿园教师对学前儿童参加体育活动的要求

1．运动前了解学前儿童的健康状况

运动前，教师要做好运动前运动场地、运动器械和器具、玩具和生活用品的准备，如如厕、增减衣物、整理装束、系好鞋带等工作。还要了解学前儿童的健康状况，特别是对体弱儿、肥胖儿和班内身体不舒服的儿童，或者因身体不适不能参加活动的儿童，都要做到心中有数，并对这些儿童给予更多的关心和照顾。

2．掌握各年龄学前儿童运动的时间

根据各年龄学前儿童运动的特点，幼儿园教师应掌握好幼儿运动的时间，不要让幼儿过于疲劳，可以参照表5-3中各年龄段的活动时间。

表5-3 幼儿体育活动负荷参考

项目	指标			
年级与年龄段	托班(2~3岁)	小班(3~4岁)	中班(4~5岁)	大班(5~6岁)
活动时间/min	5~15	15~20	18~25	20~30
活动平均心率/(次/min)	60~130			
运动密度	30%~60%			

3．观察学前儿童在运动中的生理反应状况

根据运动量与学前儿童反应状态对照表(见表 5-4)观察学前儿童在运动中的活动量与密度，如脸色相当红、出汗较多、情绪精神略有疲乏，说明活动量比较大了，要及时提醒学前儿童休息。

4．加强生活护理

幼儿园生活老师在学前儿童运动中应加强生活上的保育工作，悉心照顾，做好护理。如随时帮助或提醒学前儿童增减衣服，及时帮助或提醒学前儿童擦去汗水；学前儿童需要喝水的、小便的一一给予帮助。运动结束时不仅要收拾好器具和玩具，归类摆放，还要提醒学前儿童将衣物带回活动室。协助教师让学前儿童洗手擦脸，稍作休息后穿好外衣，有需要喝水的让学前儿童喝少量的水。

表 5-4　运动量与学前儿童生理反应观察一览表

时间	外显指标	生理反应		
		轻度疲劳	中度疲劳	非常疲劳
活动中	面部色泽	稍红	相当红	十分疲劳或苍白
	排汗情况	不多	较多	大量出汗
	呼吸情况	中速较快	显著加快	呼吸急促、表现节奏紊乱
	动作反应	协调、准确、步态轻稳	协调、准确，但速度降低	动作失调、步态不稳、用力颤抖
	注意力及反应	注意力集中、反应正常	能集中注意力，但不够稳定、反应力减弱	注意力分散，反应迟钝
	运动情绪	愉快	略有倦意	精神疲乏
活动后	饮食情况	良好、食量增加	食欲一般、食量降低	食欲降低、食量减少、恶心、呕吐
	睡眠质量	入睡快、睡眠良好	入睡较慢、睡眠一般	很难入睡、睡眠不安
	精神状况	精神愉快、情绪好	精神略有不振，情绪一般	精神恍惚、厌倦练习

阅读链接 5-8

浅谈幼儿园户外体育活动中的保育工作扫描右侧二维码阅读。

5．加强安全措施

生活老师在学前儿童运动中更要关注安全工作，不能随意离开学前儿童所处的运动场所，或者打扫卫生，更不能聊天，要全身心地参与、观察、照顾学前儿童运动。同时，要配合教师教育学前儿童在运动中不玩危险的物品，不做危险的动作，不推挤不吵闹，注意自身安全。

第一，运动中锻炼的内容和方法，应按学前儿童的体质、年龄，季节的变换等不同特点进行安排。

第二，在运动前，尤其对参加凉水冲淋、游泳嬉水等重要项目的学前儿童，必须全面了解他们的健康及发育状况，如患有急性或慢性疾病者不宜参加；对体弱、胆怯者要个别照顾。

第三，在运动过程中，如发现有寒战、出汗过多、面色苍白、头晕、精神萎靡、情绪不好者应暂停锻炼，马上休息，加强观察，或适当供应糖水，同时应及时与保健老师联系，采取相应的措施。

第四，运动的时间一般不宜在空腹或饭后 1～1.5 小时内进行，以免影响食欲和消化吸收，空腹时个别学前儿童会出现头晕。

第五，运动中的锻炼要注意逐步适应，应从刺激性较小的冷水洗手、洗脸开始，逐步发展到凉水冲淋或游泳嬉水等。

为了培育新生一代体格健壮、品德优良、智力发达，每位教师必须结合本园所的实际，创造条件，组织实施各项运动。

另外，要在活动中和活动后注意观察学前儿童的生理反应(可参见表5-4)。

在活动后教师要让学前儿童做整理活动，不要马上停下来。活动全部结束后清点、整理器械，并摆放整齐。发现有损坏时，及时与有关人员联系，进行简单的修理。

教师还要清点人数，整队回班。然后组织幼儿洗手、如厕、饮水，必要时还应组织幼儿洗脸。注意根据幼儿的身体状况，帮助或提醒幼儿增减衣服。

阅读链接 5-9

幼儿体育活动中保育工作的有机渗透扫描右侧二维码阅读。

思维拓展

1. 简述生活日程的重要性和制定生活日程的要求。
2. 简述生活活动的组织与指导要点。
3. 简述生活活动的管理内容与方法(重点：睡眠、进餐、盥洗、排便)。
4. 计算一个体重为15.31kg的5岁幼儿，每天至少需要饮水多少毫升。
5. 如何为学前儿童创设相适应的游戏环境？
6. 如何做好学前儿童游戏活动前的准备工作及游戏活动中的保育工作？
7. 如何做好娃娃家游戏和活动性游戏前的准备和保育工作？
8. 如何做好学前儿童运动中的保育工作？
9. 如何做好学前儿童玩沙、玩水中的保育工作？

第六章　学前儿童的身体保健

本章学习目标

> 幼儿教师常用的护理方法。
> 特殊儿童的家庭及幼儿园的护理知识。
> 学前儿童常见疾病和传染病的症状、护理和预防。

第一节　托幼机构常用护理法

在日常生活中，有时会遇到儿童发生疾病，比如，突然抽风、晕倒等，需要立即进行救护。而测体温、测脉搏等都是常用的护理方法。

一、测体温

小儿的体温比成人略高，正常体温(腋表)为 36~37.4℃。一昼夜之间，小儿的体温有生理性波动。

给小儿测体温时，要测腋下，这样既安全又卫生。测体温前，要先擦去腋窝的汗，把水银表的水银端放在腋窝中间，注意别把表头伸到外面。夹好后，扶住孩子的胳膊，以免体温表位置移动量不准或折了表。一般测 5 分钟即可，时间太短、太长都会影响所测体温的准确性。

二、测脉搏

脉搏是左心室收缩、血液经动脉流动时所产生的波动。数脉搏常选用较表浅的动脉，手腕部靠拇指侧的桡动脉是最常采用的部位。

因脉搏易受体力活动及情绪变化的影响，为减少误差，需在小儿安静时测。连测 3 次 10 秒钟的脉搏数，其中两次相同并与另一次相差不超过一次脉跳时，可认为小儿已处于安静状态(例如，第一个 10 秒钟测量结果为 16 次，第二个 10 秒为 15 次，第三个 10 秒仍为 15 次)，然后测一分钟的脉搏数。

三、高热护理

高热是指体温超过 39℃。发烧是人体的一种防御反应，但是，发高烧就需要采取降温的措施了。因为婴幼儿的神经系统还未发育成熟，高烧会引起惊厥，也就是"抽风"。

常用的退烧方法有药物降温和物理降温两种。药物降温就是吃退烧药，打退烧针；物理降温是用冷敷、热敷等方法降温。

冷敷的操作方法：把小毛巾折叠成几层，浸在凉水里，拧成半干，敷在前额，也可以敷在颈部两侧、腋窝、肘窝、腘窝、大腿根等大血管通过的地方。每 5～10 分钟换一次毛巾。也可以用热水袋灌进凉水或碎冰，作成冰枕。

热敷的操作方法：用 29～32℃的温水，擦拭婴幼儿的前额、腋下、大腿根部。

进行物理降温要注意避风。

四、喂药

对婴幼儿喂药时，如果是药片，要压成粉末，放在小勺里，加点糖和少许水，调成半流状，也可用果汁、糖浆调药。喂药时，应先把小儿抱坐在大人腿上，将孩子的右胳膊放在大人左侧腋下靠近背部，大人再用左臂压住小孩的左胳膊，使他动弹不得。然后，把小勺从孩子的嘴角伸进去，轻轻压住他的舌头，见他咽下去了，再取出小勺，慢慢地把药全喂下去。喂完药后，喂点糖水或奶，免得药物刺激胃黏膜，引起呕吐。

五、滴鼻药

滴鼻药时，让幼儿仰卧，肩下垫个枕头，头尽量后仰，使鼻孔朝上，或坐在椅子上，背靠椅背，头尽量后仰。这样可以避免药液通过鼻咽部流入口腔，或仅滴到鼻孔外口。右手持药瓶，在距鼻孔 2～3cm 处将药液滴入鼻孔，每侧点 2～3 滴药液，轻揉鼻翼使药分布均匀，滴药后保持原姿势 3～5 分钟。

六、滴耳药

若药水存放在冰箱内，用前要在室温下放置片刻再用，否则有可能导致眩晕等不适。

点耳药时，让幼儿侧着躺，病耳向上。如外耳道有脓液，可先用棉签将脓液擦净，再滴药。左手轻拉耳壳，使外耳道伸直。右手持药瓶将药水从耳道后壁滴入 2～3 滴药液。轻轻按揉耳屏使药液分布均匀。滴药后保持原姿势 5～10 分钟，在外耳道口塞一块卫生棉球，防止药液流出弄脏衣服。

七、滴眼药

眼药应放在阴凉干燥的地方保存。用前必须仔细查对药名、浓度,以防止用错药。大人洗干净手,再给孩子点眼药。小儿眼部如有分泌物,先用干净毛巾擦净。滴药方法是:用左手食指、拇指轻轻分开孩子的上下眼皮,让小儿头向后仰、让他向上看,右手拿滴药瓶,把药滴在下眼皮内(不是滴在角膜上),每次1~2滴,然后让小儿轻轻闭上眼睛,用拇指、食指轻轻提上眼皮,让小儿转动眼球,使药液均匀布满眼内。若需要涂眼药膏,最好在睡前涂药。

八、止鼻血

止鼻血时需注意:安慰幼儿不要紧张,安静坐着,头略低(注意不是仰头,仰头时血流入咽部,将血咽下,可引起恶心、呕吐。另外虽从鼻孔流出的血很少,但很可能是大量出血),张口呼吸,捏住鼻翼10分钟,同时用湿毛巾冷敷鼻部和前额。

出血较多时,可用脱脂棉卷塞入鼻腔,填塞紧些才能止血。若有麻黄素滴鼻液,可把药洒在棉卷上,止血效果更好。止血后,2~3小时内不要做剧烈运动。若无法止血或幼儿经常出鼻血,应去医院诊治。

若自鼻孔流出的血不多,但幼儿有频繁的吞咽动作,一定让他把"口水"吐出来。若吐出的为鲜血,说明仍在出血,血未流出是因为幼儿将流入咽部的血咽下,要送医院处理。因鼻后部出血难用一般的止血方法止住,若大量失血,十分危险。

如果常发生鼻出血,而且皮肤上常有瘀斑、小伤口出血也不易止住,应去医院做全面检查。因为鼻出血可能是全身疾病的一种表现。这种有"出血倾向"的幼儿,发生鼻出血时难以止住,应尽早去医院处理。

九、晕厥

晕厥是过去一直没有异常,突然脑部血液供应不足,致使脸色发白、呕吐、眩晕,甚至意识不清的现象。过度疲劳、长时间站立、惊讶、恐慌、外伤等精神或肉体上的刺激,都会引起此现象,学前儿童更为多见。应进行以下急救处理。

(1) 放低头部,抬高脚部使其静躺,解开衣服纽扣,松缓带子。
(2) 为了恢复患者意识,可以纸条刺激鼻孔,恢复后,让其饮用糖水。
(3) 保持体温。盖上毛毯保温,如果意识尚未恢复,应请医生治疗。

为了预防晕厥,平常应注意营养,有规律地进食三餐,生活节奏正常,适度运动,保证充足的睡眠。

十、惊厥(抽风)

幼儿出现惊厥的原因很多,高烧惊厥较为常见,如患上呼吸道感染、流脑、中毒性痢疾等均会使幼儿高烧,进而惊厥。此外,由于幼儿缺钙而引起的手足抽搐,或患有颅痫、低血糖或中毒等也会引起幼儿惊厥。幼儿惊厥的表现通常是突然发作,意识丧失,头向后仰,眼球凝视,呼吸细弱且不规则,口唇青紫,四肢和单侧或双侧面部抽动,持续的时间可由 1～2 分钟到十几分钟甚至几十分钟不等。幼儿惊厥后,成人千万不可惊慌失措,不可大声呼叫或用力摇晃、拍打幼儿。对此,应采取以下措施。

(1) 让幼儿侧卧,便于及时排出分泌物,防止异物进入气管。同时,松开衣领、裤带,保持血液循环的畅通。

(2) 不要紧搂幼儿,可轻按幼儿抽动的上下肢,避免幼儿从床上摔下。

(3) 将毛巾或手绢拧成麻花状放于上下牙之间,以免幼儿咬伤舌头。但如果幼儿牙关紧闭,无法塞入毛巾,不可硬撬。

(4) 随时擦去痰涕。

(5) 用针刺或重压人中穴,即唇沟的上 1/3 处。

💡 **注意:** 在急救处理的同时,应做好去医院的准备工作。当幼儿发烧时,切忌包裹过严过厚,否则会使体温持续上升,导致惊厥。

十一、虫咬伤

夏秋季节蚊虫增多,被蚊虫叮咬的机会也随之增多。幼儿中较多见的有被蚊子叮咬、蜂类蜇伤、洋辣子刺伤。蚊子咬伤时可用清凉油、绿药膏、酒精、氨水等涂抹患处。蜂和洋辣子刺伤时,伤口处疼痛红肿,此时可先用橡皮膏将皮肤中的刺粘出来,然后用肥皂水涂抹伤处。若为黄蜂蜇伤,可将食醋涂于伤处。

十二、中暑

日光长时间照射幼儿的头部或天气过于炎热,可致使幼儿中暑,从而出现头疼、头晕、耳鸣、眼花、口渴甚至昏迷等症状。应采取以下措施处理。

(1) 将幼儿移至阴凉、通风处,解开其衣扣,让其躺下休息。

(2) 用凉毛巾冷敷头部,用扇子扇风,帮其散热。

(3) 让幼儿喝一些清凉饮料,或口服十滴水、人丹等。

💡 **注意:** 炎热的夏季,幼儿户外活动时间应避开早 10 点半至下午 2 点半,因为此时的阳光正处于最灼热的阶段。炎热季节幼儿可在树荫下或阴凉处游戏,避免阳光直接照射。天气炎热时,教师应提醒幼儿多喝水。

十三、冻伤

幼儿冻伤多为轻度冻伤，多见于耳朵、面颊、手、足等处，仅伤及表面，局部红肿，有痛和痒的感觉。可用冻疮药膏涂抹局部。由于受冻处常易复发，不易根治，因此，建议家长平时应注意不要给幼儿穿过小的鞋子，洗手后将手仔细擦干，脚爱出汗的幼儿应及时换掉汗湿的鞋垫或袜子，并注意经常按摩手、脚、耳、鼻等处。

第二节　特殊幼儿的一般护理知识

特殊儿童是相对于"正常儿童""普通儿童"而言的。特殊儿童的概念有广义和狭义之分。广义的理解，是指与正常儿童在各方面有显著差异的各类儿童。这些差异可表现在智力、感官、情绪、肢体、行为或言语等方面，其中包括超常儿童、有行为问题儿童等。《美国特殊教育百科全书》将特殊儿童分为天才、智力落后、身体和感官有缺陷(视觉障碍、听觉障碍)、肢体残疾及其他健康损害、言语障碍、行为异常、学习障碍等类型。狭义的理解，专指残疾儿童，即身心发展上有各种缺陷的儿童，又称"缺陷儿童""障碍儿童"，包括智力残疾、听力残疾、视力残疾、肢体残疾、言语障碍、情绪和行为障碍、多重残疾等类型。各个国家规定的具体种类数量和名称不尽相同，如美国的法令规定残疾儿童有11类，日本的法令规定有8类。

按照广义的特殊儿童进行分类，台湾的"特殊教育法"的分法值得一提。按这种分法，首先将特殊儿童分为天赋优异与身心障碍两大类。身心障碍则包括下列几方面：①智能不足；②视觉障碍；③听觉障碍；④语言障碍；⑤肢体障碍；⑥身体病弱；⑦性格异常；⑧行为异常；⑨学习障碍。其实，在我们一般的幼儿园里大多不存在以上前五类儿童。最为多见的就是后四类的特殊幼儿，即身体病弱、性格异常、行为异常和学习障碍的幼儿。

一、身体病弱幼儿的护理

这一类的幼儿可能是最多见、最常见的。体弱幼儿一般有两种：一种是长期的，比如患有哮喘、气管炎以及过敏体质的或早产儿等；另一种是临时体弱幼儿。还有一些是不愿喝水的、不愿去小便的、长期进餐困难的幼儿。

(一)长期体弱幼儿的护理

(1) 患哮喘和支气管炎的幼儿，他们往往在秋冬季和初春的季节高发。幼儿哮喘的表现因年龄的不同而有所不同，哮喘可能是阵发，或相隔数月才发作一次，也可能几乎每天都有喘鸣，也可能只表现夜间咳嗽。得了哮喘的幼儿，哮喘发作的前期症状是咳嗽，有的孩子微喘，特别是晚上睡觉时间、在幼儿园午睡时间。如果在午睡时间教师发现哮喘和支气管炎的幼儿有症状，就要及时告知家长采取药物措施，并在平时注意幼儿的保暖，避免感冒。

(2) 过敏体质包括皮肤的过敏、食物的过敏等，对于过敏体质的特殊幼儿，教师要和家长确定幼儿会对哪些食物或东西等过敏，并要和保健老师、生活老师沟通联系，提醒她们注意幼儿的食物及接触的东西。比如，他们一般都不能吃海鲜类的食物，而且是长期的，在幼儿膳食的配制过程中要为这样的幼儿特殊制作。

(3) 来自纽约 Syracuse 大学的心理学研究人员表示，尽管随着医疗技术的不断改进，早产婴儿的存活率大大提高，他们成长为健康儿童的可能性也较之以往显著增加，但这些早产儿仍然在未来的生活和学习中面临诸多难题。研究人员发现，早产儿长大后学业不佳而且成为学校里的"问题学生"的可能性几乎是非早产儿的 3 倍。

作为一个群体，早产儿在智力和学业测试上的得分也比足月产下的婴儿低。研究人员称："现在早产儿在学校里遇到诸多困难这一现象已非常普遍，这一点令人震惊，需要专业的教育人士对此给予高度重视。"

研究人员是在对 118 名早产儿进行了 10 年的跟踪调查并将其与 119 名足月产下的婴儿进行对比之后得出上述结论的，这些早产婴儿大多是在 24 至 31 个星期就提前出生了。研究人员将两组婴儿在认知和学习能力、学业成绩以及班级学业名次保持的时间等方面进行了比较。此外，研究人员还对两组婴儿分别在出生时、15 个月、2 岁、4 岁、7 岁以及 10 岁时的相关社会关系、行为表现以及健康状况进行了对比。

研究人员发现，61%的早产儿在学校学习成绩不佳，或者被老师称为"问题儿童"，而足月产下的婴儿中这一数字为 23%，老师和家长对早产儿在社会关系、行为表现方面的评分大多为"中、差"等级。而且，很多早产儿还被查出存在学习方面的心理障碍，包括精力无法集中，而专家表示患有这种疾病的人在美国总人口中的比例为 3%～5%。

因此，研究人员指出，家长和医生都应该对出生时体重较轻的早产儿给予更多关注，必要时应该尽早对早产儿实施心理引导，以免他们长大后在行为表现、社会关系以及学业方面受到不良影响。

在儿童入园时，教师要与家长沟通联系，了解班级哪些孩子是早产儿，以便将来在日常生活中、在健康方面以及行为方面多关注这些孩子，对于出现问题行为的儿童实施教育引导。

(二)临时体弱儿的护理

往往临时体弱幼儿的家长会提醒教师："我们家孩子今天哪里不舒服。"需要教师特别照顾的，除了多提醒幼儿喝水、休息，上午班的教师或者接到家长提醒的教师要及时通知另一位教师和生活老师。此外，还要做到多留意、多观察，比如可能这个孩子昨天发了烧，今天退烧来园，教师就要在上午的时间里和下午午睡醒来之后给孩子测体温，甚至在午睡时注意体温和脸色，因为一般幼儿发烧会反复，而午睡之后的时间往往是体温反复的时机。

针对肥胖儿童的护理，要根据幼儿园里一日生活中的各个环节来制订计划。在早上来园后的户外活动中，应让肥胖的孩子适当地加强运动，比如让他们跳跳绳或者围着操场跑跑步。另外，在午餐时适当地给孩子增加一些粗粮(如粗粮馒头、玉米、紫薯等)，因为粗粮既可以增加饱腹感，又不会引起发胖，同时控制主食的量，吃饭时细嚼慢咽、先喝汤，多添加蔬菜等。

(三)不愿喝水的、不去小便的、长期进餐困难的幼儿

细心的教师会发现，班级里总有这么几个孩子不愿去喝水、不愿去小便，教师在休息时间提醒大家去喝水的时候，他们会说："老师我不渴。"但是喝水对孩子身体健康的重要性是众所周知的，家长也是很关注的。特别是小班的家长对孩子生活上的关注最为明显，如果孩子一旦生病，家长会将幼儿的生病归罪于在幼儿园喝水喝得少。

那么教师该怎么做呢？首先要了解孩子不喝水的原因。

(1) 贪玩。

(2) 懒惰、习惯成人倒好水送到嘴边，也是我们常说的自理能力特别弱的幼儿。

(3) 不会用杯子喝，特别是小班幼儿，在上幼儿园以前大多使用的是宝宝吸管杯。

护理方法有下述几种。

(1) 师生一起喝，干杯。

(2) 生活环境的创设暗示，小水滴的颜色表示上下午的喝水量。

(3) 讲道理(小朋友要喝水，就像小树和小花的成长需要水一样)。

(4) 小班喝水时，教师要站在通道口，关注每一个幼儿是否饮水，中班就可以利用值日生督促幼儿喝水，从而养成幼儿自主喝水的习惯。

(5) 语言激励(你看，你不喝水，小便的颜色黄黄的，闻起来臭臭的；喝过水的小朋友嘴唇湿湿的，像抹过唇膏一样好看)。

(6) 对不会用杯子喝水的小朋友，要与家长联系，小班最初亦可提供吸管。

长期进餐困难的幼儿主要指食欲不佳、胃口不好，吃任何食物都不香的幼儿，对于这样的幼儿要及时与家长联系，去医院就诊，从而排除生理上的原因。还有一些幼儿长期吃饭速度慢，教师要帮助他们寻找原因，是否与咀嚼能力、吞咽能力、食管细等有关，并想办法解决。

二、性格异常幼儿的护理

幼儿性格异常包括不合群、脾气怪异、特胆小、不自信、爱表现等，这类幼儿在各个班级里都比较多见。

(一)爱引起老师注意的幼儿的护理

有些幼儿特别奇怪，比如大家围坐在老师前面上课，他会跑出来逛一圈，或者你刚想教育他一番的时候，他却朝你笑；还有的你告诉他不要翘小椅子，他还故意翘给你看，这样的孩子一般都是想引起老师的注意。从心理上分析，这是情感没有得到满足造成的，还

可能是逆反心理。

案例 6-1

班里有位小朋友叫琪琪，她不太爱说话，但是上课的时候却能跟着老师学唱歌，比较听话，老师对她也就比较放心，对她也不怎么操心。可是最近教师发现她突然变了，变得让教师有些失望和惊讶，不管教师怎么和她说话，她就是不开口，这让教师很头疼。她现在比较调皮，总是做出一些让人意想不到的事情，比如，看动画片时她突然不见了，教师以为她上厕所，就到厕所看了一下，但是没有，又到外面找还是没有，原来她一个人趴在桌子下面不知道在干什么。教师觉得很奇怪，事后想了想，觉得有可能是她对动画片不感兴趣。教师又对她进行了一段时间的观察，发现她真的变了，老师讲课的时候提问别的小朋友，琪琪总是替别人回答，睡觉的时候弄床发出声响，她喜欢爬卧室的楼梯，喜欢带头跑到里面的活动室玩，喜欢坐在马桶上半天不起来等。针对这种情况，班里的教师一起商量，会不会因为老师对她比较放心，而对她关心不够呢？她变得调皮就是想引起老师的注意，希望老师多抱抱她、关心她呢？

(资料来源：孙王英．特殊儿童的观察与护理．2011．有改动)

案例评析：

案例中的孩子因为想得到老师的关心，而从一名乖孩子变成了调皮的孩子，这给幼儿教师敲响了警钟：要时刻关心班级里的每一个孩子，教师的言行影响着班级里的每个孩子。

对于这样的孩子的护理方法如下所述。

(1) 座位安排要离老师近一些。

(2) 老师在必要的时候可以抚摸孩子的头、握握手。

(3) 在回答问题的时候，可以早一些提问她。

(4) 利用午休、午餐、歇息时间和孩子做一些交谈或者对有进步的孩子给予拥抱以满足其情感需求。

(二)不合群的孩子的护理

心理学中所讲的"不合群"是指儿童在与同龄人交往过程中表现出来的孤独、寂寞或懒于交际的一种特殊心态。

孩子从三四岁以后，就有了与小伙伴相处的愿望，此时孩子与家庭成员的交往需求已扩大到周围的环境和更多的小朋友。如果家长阻止孩子的这种社交行为，就是对孩子的压抑，日久天长会使孩子形成孤僻的性格，一旦与人相处自然就会不合群。此外，一些自尊心过强和过弱的孩子在集体生活中也会感到不适应。自尊心强的就会看不起别的小朋友，而缺乏自信心的孩子则会胆小、懦弱，缺少与小伙伴交往的信心和兴趣，即便勉强在一起也常是不欢而散。

案例 6-2

不合群的晓晓

一位外地来的新转来的孩子——晓晓，家中有比他大五岁的姐姐，父母做生意，平时由爷爷奶奶抚养，父母性格都比较内向，不善于表达，晓晓身体弱小，每次到幼儿园都低头不语，神情沮丧，一副事不关己的漠然神情，在区域活动时，小朋友有的玩过家家，有的玩超市，还有的搭积木，玩得不亦乐乎，唯独晓晓一个人呆呆地坐在椅子上不加入同伴的游戏，有时小朋友们经过他的身边不小心踩了他的脚，他抬手就打，上幼儿园两周，晓晓的脸庞总是低垂。

(资料来源：百度文库，http://wenkun.baidu.com/view/4813e75c0029bd64793e2cba.html.)

案例评析：

晓晓长期由爷爷奶奶照顾，老人教育观念淡薄，父母忙于做生意，疏于对孩子的说服教育，与孩子间交流甚少，使孩子不懂得如何与外人交流沟通，缺乏爱的关怀。另外，陌生的学习生活环境和人际环境，让晓晓长期处于孤独中，使他更沉默寡言，缺乏自信不合群，不能很好地融入进去，成为不合群的一个。

解决办法： 家长应挤出一些时间亲近孩子，每天有一定的时间与孩子交流沟通，引导幼儿说出自己一天在幼儿园的所见所闻。创造条件与小伙伴一起玩耍，节假日带孩子出去玩，多为孩子提供交往锻炼的机会。与孩子多做一些亲子游戏，让孩子感受到爱的关怀，在幼儿园教师应组织一些活动，让孩子与集体相互了解和接纳，了解与同伴相处的正确方法。要善于发现孩子身上的闪光点，抓住时机进行鼓励，为孩子建立自信，总之，对于不合群的孩子，教师和家长应共同配合，帮助孩子在爱的关怀下茁壮成长。

三、行为异常幼儿的护理

儿童的行为异常主要指儿童的退缩行为、强迫行为和恐惧行为等。

(一)退缩行为

退缩行为多见于 5~7 岁的儿童，主要表现是：好静不好动，孤僻、胆小、怯懦、退缩；不敢或不愿到生疏的环境去，偶尔到了一个新的环境，往往会不习惯、不适应，情绪低落，哭闹；与小朋友玩时也常常"不入群"。发生的常见原因是家长过分溺爱，形成了孩子的"依赖性"。家长过分粗暴，也可形成孩子的恐惧感，家庭巨大变故，如其直接抚养人的死亡或父母离婚等，都会对孩子产生不良影响，导致其出现退缩行为。

案例 6-3

某幼儿园教师针对有退缩性行为幼儿的观察实录与分析及应对措施

观察对象：李辉，男，2002 年 8 月 29 日出生。

观察时间：2005年8月29日至2005年12月1日。

观察目的：帮助幼儿改变社会退缩行为，适应新环境，乐意上幼儿园。

观察实况：大哭入园。

开学了，新生李辉入园，好长一段时间里，他每天总是双手缠绕着妈妈的脖子，双脚紧夹车椅，放声大哭，不肯入园。妈妈硬把他往教室里一推，嘴里骂骂咧咧地走后，教师过来劝他，但怎么劝也没用，一般约半个多小时后，他才开始透过泪眼观察教室里的每个人，一遇到老师的眼就把头低得很厉害而且吸吮手指，一整天除了老师牵他的手去厕所，无论怎么抱也抱不出门半步，他整天不讲话，只有中午老师喂饭时，才能看见他的嘴动。

分析：上学哭闹，是一般幼儿常有的事。但正常幼儿的适应期很短，像李辉这样持续多日，且孤僻、固执的小孩还不多见。他喜欢低头、吸吮手指、怕与人接触，教室里这么新鲜的玩具和游戏怎么也吸引不了他，说明这个小孩与正常的小孩有不同的地方，他的害羞、焦虑等种种表现反映出他有典型的儿童社会退缩行为的特征。对这样的儿童的教育，主要的是要消除他的这一不正常心理特征才行。为此，首先要弄清他这一现象的原因。于是，我采取了初步措施。

(1) 家访：我了解到李辉从小住在乡下，和他奶奶住在同一大院内，平常不与其他同伴交往，接触范围小，只会讲家乡土话。最近刚刚进城，但其父常常出差在外，其母是一家工厂的计件工，经常加班，接送小孩匆匆忙忙，没有时间了解孩子的情况，缺乏与孩子的交流。这些情况说明，李辉有着形成社会退缩行为表现的客观条件。我们可以先从外部因素的改变着手，进一步观察其变化并作适当调节。

(2) 主动亲近他。从李辉低着头的神态中，我观察到他有恐惧、陌生、孤独的心理，于是我主动关注、亲近他，给他擦眼泪、抚摸他，经常陪他。我经常这样做的结果，在观察的初期并未获得理想的效果，但我没有灰心，继续注意观察。

观察实况：他认我这个老师了。

十月的一天早晨，又哭又闹的李辉又被妈妈"塞"进了教室。我抱起他，他拉着我的衣服喊："打电话，打电话。"我对他说："不哭，我去打电话。"他坐在椅子上不断重复"不哭，打电话。"随着晨间活动的开展，他的哭声渐近尾声，但仍以顽强的毅力拒绝一切活动。

分析：他抱住我并开口说话，说明他已经承认我的存在，他要我去打电话说明他已经理解了我平时对他说的"宝宝来上学，妈妈在上班"的话了。在此基础上我适当调整了引导措施。

(1) 在活动中亲近他，我经常同他搭积木或给他讲故事，多看他，对着他讲话，帮他摆脱孤独感，让他意识到，他在集体中、整体中。

(2) 争取家长配合。就李辉的情况，我与其母建立了联系。根据和她妈妈接触的情况，我觉得，李辉的行为表现其家庭影响是主要的原因，因此，要使李辉目前的状况得到改善，先要使他的家长对他的态度有所改变，得到家长的配合才行。于是，我建议他的家长定一份《家庭教育》，并决定和他多接触、多交流。

观察实况：他走出教室了。

这天，李辉哭着，脚却知道往教室挪了。晨间活动时，有一块积木滚落下来，他用脚踢了一下，积木滚动了几下，停住了。他抬眼看了看四周，没有人注意，他又踢了几下，忽然望见了我，便缩回了脚，坐好低着头，手指仍不紧不慢地在嘴唇上磨蹭。我拿积木给他，他不要，我走开，他好一会儿才慢慢拿起来，见到别人的眼光立即不动。户外活动开始了，他又坐着不动，知道我要来招呼他，他双手抓住桌面，脚紧夹椅子，准备拼命大哭一场。我没有去理他，只对小朋友们说："昨天的那个电话修好了，我们去玩打电话的游戏。"电话只是院内一个半人高的玩具而已，上面套着铁链，取下来就像一个电话听筒，小朋友都爱玩。当小朋友散出去后，我有意装着不经意地说："我要出去打电话了，教室里还有人啊，一起出去玩吧？"我说这话时，看也不看他，不给他犹豫的机会，拉着他的手做出来了。来到院子里。我让他先打电话，他拿起话筒就说"妈妈快来接我"并不肯放手。其他小朋友说："你打好了，给我打打吧。"他松开手，又大哭，"妈妈来，妈妈来"，喊个不停。

教师感受：我的不经意，终于把他引出教室，解决了一要他出教室他就抱着桌腿大哭大闹的问题。我想，这其中适当的冷处理也是有作用的。在经过了两个月的集体生活后，它能从游戏的旁观者转变为自己单独游戏，这是一个大的转变，为了使他消除孤独感，能参与集体活动，我采取了如下教育措施。

（1）创设游戏环境，增添游戏内容，创立贴星星等小玩意奖励吸引他，并让他在同伴身边玩相似的玩具，让他多模仿。

（2）通过家园联系册我了解到李辉近来家里的情况：他会许多儿歌，在家常自言自语地念。这说明李辉小朋友内心还是蛮想学的。于是，我建议他妈妈多给孩子一些鼓励，多交谈。

（3）经常和他共同合作捏橡皮泥、剪纸、搭梯子，增强他的动手能力，在合作制作过程中，诱导他的主动性，发展他的动手能力、欣赏能力和成就感。

观察实况：哭声小，没有泪水。

进入冬季，李辉入园时，穿戴多了，经常戴着帽子、手套，穿着大衣，整个一个套中人，当帮他褪去围脖、手套等物时，他就大哭。讲道理，他也不听，死命护住自己的东西，别的老师也来教育他，可最终都摇头走开了，认为这样的孩子真少见。但我发现他的哭声比以前小些，没有泪水，低着头，手指机械地磨蹭在唇间，眼睛向上、向四周瞄，别人碰他，他便往里坐一下，再碰他一下，它就对小朋友或者老师大哭："他打我，他打我！"不断重复几十遍，惹得小朋友们不敢碰他。

教师感受：尽管李辉仍然在哭，但他是哭着向老师和其他小朋友告别人的状，这是他希望引起别人的注意、求救于人的信号，说明他正在迈向与人相处的第一步，这时积极的引导教育对他来说很重要，于是在教育中我注意了以下环节。

（1）教育其他小朋友要和他说话，聚集在他面前做游戏，便于他看到，让他用心与别人交流。

（2）每人分得的一个放衣柜子上都贴上苹果、五星、花之类的图形，特别给李辉的柜子上贴上一只小白兔图案。

（3）让他目睹其他幼儿进教室后，自己放衣物入柜，回去时自取的做法。

(4) 放学时，我经常对他亲切地说："再见，明天早上我等你。"

(5) 经常与他妈妈交流，及时了解他的情况，以便调整对他的教育。最近她妈妈说，现在他已不那么想他奶奶了，想也没用，只是脚前脚后跟着我，我也不打他了。这说明家长的做法也有改变，对小孩的行为改变是有益处的。

观察实录：他笑了。

虽然李辉还是哭着走进教室，但停止哭后坐下，老师帮他拿掉帽子、手套放入他的柜子中，他已经习惯了。有一个周末过后，他穿着新衣服进来，我说："这衣服真好看，谁买的？""妈妈。"他笑着回答我。这是他入园以来的第一次笑，羞涩的笑。从这个星期开始，他已经能默默地参与大家的活动，如做操、跳绳、在桌上折纸等。

教师感受：李辉的种种不良行为已有所改善，有些还比较明显，说明以上种种措施有一定的合理性、适应性。继续为之，将会引导他表现出正常的行为，达到教育好他的基本目的。

这时我最纳闷的是为什么他至今早晨入园仍要一直哭个不停。后来我细问原委才知，原来每天他上学时，他妈妈总要他喊"老师早"，他不肯喊"老师早"不等于他不接受老师，很可能是腼腆害羞。于是每次早晨入园，我主动地喊他早，给他打招呼，把他领进教室。几次下来，他习惯了，哭着上幼儿园的情况也得到了改变。好了一段时间后，又是哭着来幼儿园的，问他自己哭的原因，原来是他妈妈答应晚上带他出去玩，结果没去，他妈妈不守信用，还恐吓他，要打他。事后我与他妈妈交换意见，他妈妈红着脸说，昨晚下雨了不能出去。尽管这是客观原因，但是如果家长善于换一种方式向孩子解释清楚，孩子恐怕会不至于如此。还有几次早晨哭，是因为她妈妈没有给他买他要吃的早饭，他不顺心，其实这可能是他妈妈怕迟到，来不及买，也可能是他妈妈随便说说而已，岂料这个孩子是个认真的孩子，得不到满足，他便逐渐怨恨起妈妈，向我告状。看来，家长的言行在自己看来是个不经意的事情，但对孩子产生的影响是巨大的，不同的言行对孩子的引导作用是有很大价值差别的，作为家长必须意识到这一点。

小结：

有资料显示：儿童社会退缩行为多见于5～7岁的儿童。造成社会退缩行为的原因可能与遗传有关，也可能与儿童以往的经验有关，如缺乏与他人进行社会交往的经验与技能。适时地转变儿童的这一不良行为，对儿童身心的健康成长非常关键。在李辉小朋友开始哭闹着入园时，我观察他的目的，只是为了让他尽快适应环境，乐意上幼儿园，但是经过一个月的观察记录，我发现李辉在与人交往和相处时候所显出的踌躇、害羞，在人际关系上出现的困难，与儿童社会退缩行为表现十分相似。这引起了我的兴趣和注意，经过近一个学期的努力，收到较好的效果，我有如下体会。

(1) 注意观察小孩的生活习惯，了解其家庭的生活背景，综合分析其形成原因以及原因的主次方面，是教育成功的前提。这其中，在不同的时期、不同的氛围里原因可能会变。我们不妨经常从孩子本身、家庭、教师自己这三方面多加以分析，以求原因的真实准确性。

(2) 树立教育孩子就是与孩子一起生活的观念，让他们最终知道自己是幼儿整体中不可缺少的一员，对教育是很有益处的。幼儿与青少年不同，幼儿几乎没有独立能力，幼儿心理客观上存在着对别人的依赖性,我们正是借助于他们的这一依赖性,建立起与他们的教育感情,让他们在老师的示范中,在其他小朋友的活动影响中,逐步学会自己活动,慢慢走向独立。那种缺乏与孩子共同生活的教育,虽然有可能会"教好"孩子(吓住、管住),但是这样的教育对孩子的身心是无益处的,不可能指望以此转变幼儿的异常行为。

(3) 要经常与家长交换意见,掌握小孩的细微变化,和家长一起寻找孩子的闪光点多予鼓励,适时指出家长教育中的问题,提供一些有益的教育意见。只有家园配合,教育一致时,才能收到良好的教育效果。

(资料来源:家长帮,http://www.jzb.com/bbs/thread-5574594-1-1.html。)

(二)儿童强迫行为

儿童强迫行为是指儿童往往重复地进行某种动作,如反复洗手,明知不必要,但无法控制自己,别人劝阻也不听。这类孩子的家长常常过于刻板、拘谨,教育方法不当,致使孩子的精神过于紧张。也可由头部外伤或精神创伤引起。

对于这样的儿童,教师和家长可通过提高孩子认知水平来缓解。每个人的认知都会有一定的局限性,孩子就更是这样了。他们想事情时,只能就自己所知道的较小范围来分析事物,有时就会不正确地过分责备自己。如果这时父母给孩子列举一些同类型的人或事,扩大孩子对社会、对周围的人和事的了解,孩子就不会在一件事情上过多在意,从而形成开阔的思维方式。

父母还可以多增加和孩子之间的交流。由于工作较忙,许多父母没时间或没精力和孩子进行交流。孩子有了焦虑的事,父母也没有注意到,或觉得孩子不会有什么大事。其实,孩子的愁事,也不比大人的少!亲子交流的方法有很多。接孩子上下幼儿园的路上,和孩子聊一聊,听听他们在幼儿园一天做了些什么,不管好坏正误,对于孩子自己的事和其他小朋友的事,不必每件事都作评价;培养一种家庭交流气氛,这样就可以很大程度上缓解孩子的压力,减少发生因焦虑而产生强迫行为的机会。

📝 案例 6-4

网上关于妈妈对于幼儿强迫行为的几则吐槽

@陌上花开:我儿子两周岁,明显的强迫症,不管玩什么都摆得整齐,给玩具排队,自己排不好,有一点歪了,他也发火,脾气太大了。

@艾伦:宝宝两岁四个月,饼干如果碎了,必须粘起来,如果你告诉他没法粘回原样,那好,准备接受他的号啕大哭吧,一边哭一边说粘起来,粘起来,无论怎么解释都是没有用的……

@糖果果:宝宝两岁半,睡觉就要固定的那两张被子(米老鼠毛毯和猴被被),其他都不要!无论多热都要盖这个!

@蓉蓉:我家宝贝快3岁了,典型的认鞋子,拖鞋都已经短得没法穿了,就是不肯换。最近两个月特别在意鞋底是否干净,一天得看好几十次,而且还要看其他人的鞋底。

(资料来源:家长帮,http://www.jzb.com/bbs/thread-7073204-1-1.html。)

案例分析：

孩子有这些类似"强迫症"的表现，其实，是因为他们开始有了自我意识，有了主见，通常也被称为秩序敏感期。

宝宝的秩序敏感期，还会表现为这样的三个阶段：因为秩序的破坏而哭闹，秩序一旦恢复就会安静下来；为了维护秩序而说"不"，自我意识开始萌芽；为了维护秩序而固执，要求一切重新开始。宝宝"固执"的这个阶段，可能是爸妈最为苦恼的时期。秩序敏感期，对培养安全感很重要！宝宝在秩序敏感期的表现，有时会让爸爸妈妈觉得"不可理喻"，但事实上，秩序敏感期对孩子至关重要。蒙台梭利指出，在幼儿的九大敏感期当中，秩序感是人的第一需要，它影响着一个人一生的习惯和品行。对于我们的宝宝来说，秩序感是一种心灵需要，当它得到满足的时候，就产生了一种自然的快乐，从而形成安全感。像是形影不离的小熊玩偶、一成不变的睡前程序、进门必须由爸爸开门等，一旦这些秩序被打破，宝宝就会焦虑不安，不知所措。

为了度过秩序敏感期，爸妈可以这样做。

(1) 顺着但不惯着

▶在不触碰原则的时候，顺着宝宝就行。

▶玩具要放在指定的位置？好，顺着他！

▶需要指定的人来帮忙洗澡？好，顺着他！

▶需要他来按电梯？好，顺着他。已经有人按了怎么办？那就再做一次吧。

尊重宝宝的秩序，也是就是最好的办法。

当然，顺着并不是惯着。对于不能妥协的原则性问题，不能满足的"秩序"，爸爸妈妈可以灵活变通，温暖的拥抱、耐心的解释、转移注意力、寻找替换目标等等都是可行的办法。

(2) 让宝宝有选择权

孩子执拗说"不"的时候，爸爸妈妈也可以参照大多数人的经验：给宝宝定一个大致的规矩范围，在这个可以接受的范围内，宝宝可以有选择权。这样既可以保护宝宝的自主性，又不会使他过分放纵，形成以自我为中心的观念。

如果宝宝要做的事超出了这个范围，妈妈可以温和但态度坚决地制止，并且告诉宝宝"妈妈是爱你的，但这样做是不好的"。所以说，宝宝的强迫症，只是成长中的一个阶段，总会过去的。

(三)儿童恐惧行为

儿童恐惧症的表现：无缘无故地害怕，怕黑、怕狗、怕猫、怕上学等，有时怕到全身出冷汗、面色苍白、浑身发抖的程度。发生这种病的原因除与孩子的心理状态有关外，常与大人的恫吓或受到惊吓有关。

当孩子表现出忧虑和恐惧时，家长很自然地想到保护他，带着他逃离困境。但是，如果家长发现孩子进行正常社会生活的能力受到阻碍时，就要帮助他学会应对问题，而不是逃避问题。为人父母的职责是控制世界给孩子的冲击，调控他对生活的尝试，教会他如何恰当地应对新事物，战胜恐惧的环境。如果孩子处于忧虑之中，强迫他面对恐惧是无益的，如果孩子对自己的忧虑不能自控，那么强迫他一蹴而就地克服恐惧，只会增加对他心灵的伤害。比较而言，让他在家长的支持和安慰下渐渐熟悉环境，会显得更明智一些。这是一个潜移默化的过程，也是一门用于治疗成人病态性恐惧症的技术。如果家长害怕蜘蛛，想象一下家长被强迫拾起一只塔兰特拉毒蜘蛛时的感受，家长会感到无比的恐惧和痛苦。但是家长要是在别人的帮助下隔着纸巾去触摸一只浅色、不能动弹、没有黑毛腿的小蜘蛛，就会觉得可以战胜恐惧，就会跨出克服恐惧心理的第一步。同样的道理，想想当孩子循序渐进地面对他恐惧的事物而担惊受怕时，家长在情绪上的反应对于孩子克服他的恐惧心理是有益还是无益。孩子的恐惧心理常常和他有过的特定经历有关。被狗叫恐吓过一次、被马蜂蜇过一回、听过的一个故事，或看过的一个电视节目，都可能促使孩子对某些东西产生恐惧症。有些事情在家长看来微不足道，而对于孩子来说却充满恐惧。在另外一些情况下，家长的恐惧症也会转移到孩子身上，如果家长害怕蜘蛛，那么你看到蜘蛛时的反应就会提醒你的孩子，因为家长对蜘蛛的恐惧感，他也就"学会"了这种对蜘蛛的恐惧感。所以家长本身要给幼儿做榜样，如果家长不想让孩子恐惧，那么自己先要无所畏惧，假如家长不能避免恐惧的话，那就尽量不让孩子发现。

大部分行为异常的儿童，经过心理治疗是可以治愈的。当然，首先家长要有信心，而且要耐心，要想一日成功是不现实的。对儿童行为异常的治疗只有个别严重的病例才需药物医治。由于需长时间服药和有一定的副作用，最好请医生指导用药。

四、学习障碍幼儿的护理

现代都市小家庭许多家长抱怨自己的孩子学习不专心，没兴趣，没信心，依赖性强，学习态度不佳，并经常恨铁不成钢地说："这孩子就是存心不爱学习，贪玩。"其实，这是一种误解。现代教育心理学把这类孩子总称为学习能力障碍(LD)[①]。

所谓学习障碍是指智力正常，看上去聪明，只是在听、说、读、写、算的能力的获得与运用上出现困难，并因为这些能力的落后导致学习上的失败。

人的学习能力是不同的，有的7岁的孩子可以做二三年级的功课，有些7岁的孩子却只会做幼儿园中班的课业，当我们要求他们做一年级的课业时，他们就会表现出不专心，多动，拖拉。实质上，这是由于他们觉得一年级功课太难，学不会造成的。每个孩子都希望自己学习好，但不可能人人都有能力学习好，重要的是考查儿童的学习能力。那么，存在学习障碍的儿童在行为上有哪些表现呢？

(1) 上课注意力不集中，好动，坐不住。

(2) 写字经常丢一画、多一笔，部首张冠李戴。

(3) 写作业时间拖得太久。

(4) 经常忘记计算过程中的借位与错位。

---

① 静进. 学习能力障碍研究现状[J]. 中国心理卫生杂志，1994，8(1)：42-45.

(5) 记忆某些事物的能力强，而读、写、算方面能力弱。

(6) 不爱阅读或阅读能力差。

(7) 好动，但缺乏运动技巧。

以现在的家庭教育和家长智力的遗传来看，学习障碍的孩子是比较少的。在幼儿园里，教师能看到的学习障碍可能是这个孩子教也教不会，这大多是由于他们的注意力不集中而引发的学习障碍，或者个体之间的差异所造成的。这需要教师因材施教，当然不排除真正感统失调的孩子。入学以后的学习障碍常常是学习习惯不良造成的。

对于学习能力落后的孩子，仅靠批评教育是不行的，必须针对他们的能力弱点，进行补救性训练。教师首先要了解孩子的学习能力的强弱特点，然后根据这些特点进行有针对性的教育。

五、注意力不集中孩子的训练方法

孩子上课时注意力不集中学习成绩差，教师和同学都会反感孩子的，这是很多家长都担忧的事。注意力是通向知识世界的窗户，没有它，再多的知识也无法进入孩子的大脑，那么该怎样解决孩子的注意力不集中呢？

(1) 保持自己的声音平静缓慢。孩子做了错事，家长生气是正常的，但也是可以控制的。

(2) 预料到孩子可能会出麻烦，并做好准备；在麻烦到来时，努力使自己的情绪保持冷静。

(3) 避免经常使用表示否定态度的语言，如"不许""停止""不"。

(4) 把孩子的坏毛病同孩子本身区分开来。比如，可以和孩子说："我喜欢你，但我不喜欢你不听话。"

(5) 对任何积极的行为给予肯定，做出反应，哪怕是很小的行为；如果家长不带成见，有意寻找孩子身上的优点，肯定会找到一些的。

(6) 争取在房间内为孩子留出一块自己的空间，避免用鲜艳的色调装饰房间，保持房间的俭朴整洁。把书桌摆放在空空的墙下，使它远离干扰，这有利于孩子的注意力集中。

(7) 一次只做一件事。把玩具存放在带盖的盒子里。一次只给他一件玩具。如果孩子在画画或在读书，家长要关上收音机或电视。多重的刺激会使他不能精力集中。

(8) 给孩子制定一个非常清楚的作息表。规定好起床、就餐、玩耍、看电视和就寝的时间表。要求孩子遵守时间安排，但当孩子出现不遵守时间的现象时，也要灵活处理。过一段时间后，家长的作息安排将成为孩子自己的习惯。

六、前庭觉的训练

前庭觉是掌管人的平衡感的，能避免孩子在移动时跌倒，并自我保护。前庭平衡与日常生活息息相关，不论行站坐卧、吃饭洗澡、搭车开车还是读书写字，都需依赖前庭的协调。由于前庭系统和大脑在宝宝 1 岁前的可塑料性极强，所以，家长不妨针对不同月龄孩子的需求来设计活动，借此增加孩子前庭感觉经验，培育出平衡感佳、动作敏捷、反应灵敏、学习快速、情绪稳定的孩子。

孩子的前庭系统早在胎儿期就已经开始发展运作，所以，越早给予适当的刺激，对于孩子的平衡感、反应灵敏度和动作敏捷度、情绪稳定性越有助益。通过简单的游戏来启蒙，不给孩子一点儿压力，是最好不过的了。

1. 摇啊摆

指导目标：强化中枢神经及大脑运动神经功能，丰富亲子互动。

指导重点：让幼儿平躺，大人抓住其两腿，上下屈伸、开合，左右摇晃。

让幼儿平躺，大人抓住其双手，上下屈伸、闭合，左右摇动。

让幼儿平躺，大人抓住其右脚，向左摇过左脚位置，接着换左脚、右手及左手，这种过中线的活动，对幼儿的身体协调帮助很大。

大人用双手扶抱儿童，让他屈着身体左右摇晃，并将他抱紧一些。动作不宜太快，缓慢、正确、渐进式地进行，以免让幼儿感到不适。

延伸活动：可协助幼儿左右翻身，或向前翻跟斗。

2. 骑马游戏

指导目标：强化前庭觉，使前庭信息正确不扭曲，以提升学习效率。

指导重点：大人装成马，让幼儿牵着四肢爬行。大人学马一样趴在地上，幼儿用双手抓住大人的后颈，双脚夹住大人的腰部，大人开始慢慢地爬行；幼儿也可模仿大人的动作，两人并行爬行，大人可引导幼儿抬高头部学马嘶叫；幼儿也可模仿骑师坐在大人的背上，大人学马将四肢往上蹬高，幼儿则抓住大人的颈部，以适应摇晃。做这些游戏时，必须注意别让幼儿摔下来造成意外伤害。

3. 弹跳

指导目标：强化前庭平衡及运动企划能力。

指导重点：大人盘腿坐着，让幼儿坐在腿上，左右摇晃；或是准备一个旧沙发或旧床垫，大人举起幼儿后，将他轻轻丢入沙发中，让他的身体在软垫上自由弹动。一开始时，幼儿可能会害怕，先别举太高，尽量放低，等他习惯后再逐渐升高，但仍要注意不要让幼儿弹到沙发外面，以免受伤。

4. 拍打气球

指导目标：强化前庭觉、中枢神经系统及运动协调能力。

指导重点：以绳子垂吊数个气球，高度约离儿童伸手可及20厘米处。让儿童由地上跃起，用手来拍打气球。由于儿童必须仰头，在手眼协调下才能完成这项游戏，因此有助于儿童头部活动及前庭觉的成熟。

延伸活动：和儿童一起拍飘在空中的气球，仰首跳跃时需配合儿童的身高。也可让儿童手拿拍子，边跳边拍气球，以强化其手眼协调能力。

5. 坐球游戏

指导目标：强化前庭及脊髓中枢神经健全发展，促进身体协调发展。

指导重点：儿童可以轻轻坐在坐球上，上半身保持垂直放松的姿势，闭上眼睛，慢慢调整呼吸，直到完全放松，每次10～30分钟不等。也可在坐球上，轻轻晃动手脚进行律动舞蹈。

延伸活动：以球代替椅子，让儿童坐在坐球上看电视、吃饭、做功课，可使其脊髓神经的发展更为健全。

6. 螃蟹先生

指导目标：强化前庭觉和中枢脊髓神经协调，促进大小肌肉灵活。

指导重点：儿童举起双手和耳朵平高，双脚略弯曲，往左和往右连续横行，如螃蟹走路状；或者双手轻轻放下，侧着头，踏脚向前、向左、向右走；也可双手平举向前，或伸开摆放在两侧，踏脚向前、向左、向右走。

延伸活动：儿童双手高举小皮球，或双手各夹一个小皮球，向前、向左、向右踏脚走步。

7. 投篮球

指导目标：强化前庭觉、手眼协调及运动企划能力。

指导重点：可以在墙上挂一个用纸箱或篮子做成的篮球架。让儿童抓起较大的球，走过去将球放入篮子内。不够高时，以板凳垫高。可让儿童拿较小的球，以投球的方式丢入篮子内。

延伸活动：也可在地上放个箱子，让儿童以俯卧姿势，将球丢到箱子内，连续丢20～30次。

七、身体平衡的训练

平衡能力反映了身体的肌肉力量及其协调能力、中枢神经系统处理信息的速度、各种感觉器官的功能及灵敏程度，是一个人身体综合素质的体现。

平衡能力不足会导致姿势或运动发展迟缓，影响孩子的认识能力。除了增强体质外，身体平衡能力训练还可以促进大脑发育，开发孩子的智力，所以平时应注重对孩子进行身体平衡能力的训练。

1. 端水

有些家长怕孩子摔碎碗具，或弄伤自己，一般不让孩子在家里端饭端汤，这其实是浪费了锻炼孩子身体平衡能力的机会。所以在家里应有意让孩子端水，让他坚持"一碗水端平"而不洒。家长把端水的机会让给孩子，或者设置端水的游戏活动，对孩子的平衡能力会大有裨益。

安全提示：让孩子练习端的应该是冷水，千万不要选热水，并可借机向孩子进行"热水烫人"的安全教育。

2. 路沿石上"开火车"

晚饭后，一家人可以到户外散步，只要遇到路沿石，家长就可以叫孩子一起"开火车"。家长把路沿石当成火车，孩子在前面走，家长在后面走，看谁先掉下来。为了避免掉下来，大脑就必须协调全身的每一块肌肉，做好平衡。有路沿石的地方，是练习孩子身体平衡能力的好去处，路沿石处处有，平衡能力就可以随处练。

安全提示：要选择宽度适合的路沿石，过于狭窄的路沿石容易踏空跌倒。路沿石不能过高，以离路面 10cm 以内为宜。在路沿石上练习平衡时不要跑，家长要控制好孩子的行进速度，以慢走为主。

3. "开"自行车

家长可以把小型的自行车推到空地上让孩子"开"。让孩子在车上坐稳，两手扶住车头，大人站在自行车侧面，一手做保护孩子的准备，另一手扶正车身，兼做"动力"，轻轻地把车向前推。车子前行，孩子是"司机"，"开"自行车时孩子若将自身的平衡感觉和自行车的稳定性结合起来，可以锻炼更高层次的身体平衡能力。

安全提示：自行车要小，孩子"开"自行车时身体不能过于前倾。大人对自行车的推进速度要慢，并且要及时修正孩子在"开车"过程中的失衡状态，对孩子进行细致的安全防护。

4. 单腿站立

这是从体育教师那里得来的方法，教师常会在操场上用单腿站立的方法训练学生的身体平衡能力。具体做法有两种：可以让孩子睁着眼睛单腿站立，保持姿势，另一只脚尽量长时间不落地；也可以让孩子闭着眼睛单腿站立，这是难度比较高的训练方式，对锻炼大脑的平衡效果较好。

安全提示：站立时要选取裸地或草坪，不要在水泥等硬地面上进行训练。进行闭眼单腿站立训练时，大人要在一边细心防护，防止孩子跌倒。

八、精细动作的训练

孩子的智慧在他的手指上，手不仅是运动器官，而且是智能器官，正所谓心灵手巧。精细动作就是孩子运用手尤其是手指的操作能力，而这种能力的本质，就是手眼脑的协调能力。

3 岁前是孩子精细动作能力发展极为迅速的时期。良好的操作能力是一种基本的素质，是学习任何一种特殊技能的前提条件。操作能力的高低，往往决定孩子将来学习各种技能的快慢、准确性与牢固程度以及能够达到的水平。

(一)从"发现"小手到主动够物

新生儿就具有原始的抓握反射，当你用食指或其他易于抓握的东西放在他们手心的时候，他们就会本能地紧紧抓住它。2~3 个月时，他"发现"自己的小手，于是就开始尝试用这双神奇的小手，进行各种主动的探索活动。

1. 触摸抓握

一般在0~3个月时，孩子还没有"发现"自己的小手，家长应当经常和他们一起做一些触摸抓握的游戏。尽量让他们接触各种不同质地、形状的东西，如硬的小块积木、小电池、塑料小球、小瓶盖和小摇铃，软的海绵条、绒毛动物、橡皮娃娃、吹气玩具、衣领被角、干净的树叶、小草、芹菜根等，以丰富他们的触觉经验，锻炼手的抓握本领。

2. 做手指按摩操

家长每天都可以给他们做手指按摩操。按摩的部位可以是手指的背部、腹部及两侧，但重点是指端，因为指尖上布满了感觉神经，是感觉最敏锐的部位，按摩指端更能刺激大脑皮层的发育。按摩时每个指头每回按摩两个8拍，每天1~2遍。

3. 戴花手套帮助幼儿"发现"小手

为使幼儿早日发现自己的小手，可以用一双色彩鲜艳的婴儿袜子，将末端剪开，再从侧面剪一个孔，套在幼儿的手掌上，让拇指从袜筒侧面露出来，其余四指从袜子的末端露出。可将幼儿的小手举在他们的眼前晃动，并说"手、手"。一旦幼儿"发现"了自己的小手，他们就会常常花许多时间把手翻过来调过去地看个没完。这是他们观察了解自己身体部位最初的探索活动。

4. 主动够物

在幼儿发现了小手之后，就应该及时培养他做"在视觉引导下"的够物活动。先是够桌面上距手2~3cm远的各种便于抓握的玩具，如哗铃棒、塑料钥匙等；同时学习击打、够取悬吊在眼前不易移动或半固定的玩具，如填充了海绵或布条的成人的手套；再学习够取易移动而不易抓住的玩具，如"健身架"上悬吊的塑料小球或会翻跟斗的小熊等。

对于几个月的婴儿来说，主动够物是一项复杂的技能。当婴儿发现他们眼前新奇的玩具后，首先是将握着的小手张开，接着，在视觉的引导下，小手接近物品，最后才准确地抓住并握在手中。为帮助婴儿学会这个本领，在他们3个月左右时，可以教他们和你"握手"。当家长边说"握握手"并把手伸向他们的手时，你会惊讶地发现，幼儿竟然会张开小手和你相握、向你问好。

5. 对捏

当宝宝能用四指耙弄桌上的小丸如维生素药片时，就可以训练他们手指对捏的能力。需要注意的是，小丸应由大到小，可从花生米大小的馒头到维生素C药片；小丸应放在宝宝手的虎口之间，这样就会促使他们用拇指和其他手指配合捏起小丸而不是停留在用四指耙弄小丸的水平。假如宝宝总是用拇指和其余几个手指配合抓起东西而不是单独使用食指与拇指配合对捏，可以将宝宝的中指、无名指及小指握在你的手里，让他们只能学着用拇、食指对捏。最自然的办法，是给宝宝添加固体食物时，将饼干或烤馒头片掰成小块，放在干净的盘子里，让他捏着吃。

(二)对捏能力的进一步运用

(1) 撕纸：9~10个月，当宝宝掌握了对捏的本领后，他就会寻找机会运用自己的本领。许多家长抱怨这时的孩子喜欢撕书，其实他是在尝试自己刚学会的手的操作技能。为了满足宝宝能力发展的需求，可以给他一些干净的纸，上面先撕一些小口子，让他练习撕纸。撕纸带来的嘶嘶作响以及纸的大小的变化等，都能极大地激发他的兴趣，而乐此不疲地玩个不停。

(2) 投小丸入瓶：1岁左右，可以让宝宝练习捏起小丸放进直径约3cm的透明玻璃瓶内，以训练他熟练地捏起小丸并准确地、有意识地放入瓶中的技巧。

(3) 一页页翻书：1岁半左右，可以让宝宝学习捻起书一页页地翻书。在和他一起看《婴儿画报》等图书时，逐步训练他自己翻页。开始时他可能一次翻过好几页，你可先将手放在一页书的下面，让他捏起一页翻过来。等这个动作熟练后，可反复用"慢镜头"示范捻起书页，一页页地翻；还可把一张照片放在要翻开的一页下面，使他翻开这一页后找到照片。如此反复练习，宝宝在两岁前就能熟练掌握一页页翻书的技能。

(4) 捏橡皮泥：两岁半左右，可以让宝宝学捏橡皮泥或一小块面团，搓圆用手掌压扁就成了块烧饼；捏一个圆球，上面插一根火柴就成了苹果。除了食品，可以给他捏几只小动物，办一个"动物园"；捏几个人和家具，做"娃娃家"的游戏，以提高他学捏橡皮泥的兴趣。

第三节 学前儿童常见疾病和传染病的护理

宝宝从出生到长大成人，在这漫长的过程中生病是难免的。有病找医生诊治固然重要，但对于疾病的恢复来说，护理更为重要。周到细心的护理，有利于增强各种疾病的治疗效果，减少并发症，使宝宝早日康复。

一、常见呼吸道疾病

(一)上呼吸道感染(上感)

上感是由细菌或病毒引起的鼻咽部炎症。体弱儿常反复发生上感。

1. 症状

(1) 上感症状轻重不同。较大儿童多为鼻咽部症状。鼻塞、流鼻涕、打喷嚏、咳嗽、乏力，可有发热，一般经3~4天可自愈。

(2) 3岁以下小儿可因高热(体温39℃以上)出现惊厥，多发生在病初突发高热时。

(3) 若出现高热持续不退、咳嗽加重、喘憋等症状时需及时诊治。

2. 护理

(1) 婴幼儿的"上感"有90%是由病毒引起的，因此遇到婴幼儿感冒有发烧咳嗽时，不要马上服抗生素,应该以清热解毒、止咳化痰的中药为主。如果并发了细菌感染,比如细菌性肺炎,可以在医生指导下服用抗生素。退热药一般需要每隔 4 小时才能喂一次,而且低烧或中度发烧可以不服退烧药,高热时(39℃以上)再服。如果服药后发烧不退,又没到 4 个小时,可以采取物理降温的方法退烧,比如用冷毛巾冷敷颈部两侧、大腿根部、双腋窝部,或洗温热水澡(注意千万别着凉)、头枕凉水袋等。

(2) 病儿宜卧床休息,多喝开水。饮食应有营养、易消化。

3. 预防

早晨坚持用冷水洗脸。组织幼儿户外活动时,穿戴不宜过暖,并根据季节变化,提醒幼儿增减衣服。合理安排饮食。

(1) 应加强锻炼,多组织幼儿在户外活动,幼儿每天的户外活动时间不少于两个小时。

(2) 活动室及卧室经常通风,常晒被褥,室内空气保持清新。

(3) 随着气候的变化,督促各班保育员及时为孩子添减衣服。入秋之后,不可添衣过快,一般比成人多一件即可。适当地让孩子经受冷、暖不同气候的刺激,使他们增强适应气候变化的能力。

(4) 冬春季,少去人多的公共场所。工作人员患上感要避免与幼儿接触。

(5) 做到生活有规律,饮食有节制,保证幼儿的营养需要。少吃肥腻、甜味食品。

(6) 教会幼儿洗手的方法,勤洗手。

(二)肺炎

肺炎是小儿最常见的一种呼吸道疾病,3 岁以内的婴幼儿在冬、春季节患肺炎较多。由细菌和病毒引起的肺炎最为多见。

1. 症状

(1) 小儿得了肺炎主要表现为发热、咳嗽、喘息。肺炎的发病可急可缓,一般多在上呼吸道感染数天后发病。最先见到的症状是发热或咳嗽,体温一般为 38~39℃,腺病毒肺炎可持续高烧 1~2 周。

(2) 身体弱的小婴儿可不烧甚至体温低于正常水平,会有咳嗽、呛奶或奶汁从鼻中溢出。得了肺炎的小儿普遍都有食欲不好、精神差或烦闹睡眠不安等症状。重症病儿可出现鼻翼扇动、口周发青等呼吸困难的症状,甚至出现呼吸衰竭、心力衰竭。病儿还可出现呕吐、腹胀、腹泻等消化系统症状。

2. 护理

(1) 要保持安静、整洁的环境,保证病儿休息。工作中常见到在患儿的身边总是围着许多长辈亲朋,这样一方面由于人多吵闹,不利于患儿休息,同时人多,呼出的二氧化碳积聚在内,污浊的空气不利于肺炎的康复。因此,室内人员不要太多,探视者逗留时间不要太长,室内要经常定时通风换气,使空气保持流通,以利于肺炎的恢复。

(2) 应注意合理的营养及补充足够的水分。肺炎患儿常有高热、胃口较差、不愿进食,所以饮食宜清淡、易消化，同时保证一定的优质蛋白。伴有发热者，给予流质饮食(如人乳、牛乳、米汤、蛋花汤、牛肉汤、菜汤、果汁等)，退热后可加半流质食物(如稀饭、面条、蛋糕之类的食品)，因为肺炎患儿呼吸次数较多及发热，水分的蒸发比平时多，故必须补充适量的糖、盐水。

(3) 加强皮肤及口腔护理。尤其是汗多的病儿要及时更换潮湿的衣服，并用热毛巾把汗液擦干，这对皮肤散热及抵抗病菌有好处。对痰多的病儿应尽量让痰液咳出，防止痰液排出不畅而影响肺炎恢复。在病情允许的情况下，家长应经常将小儿抱起，轻轻拍打背部，对卧床不起的患儿应勤翻身，这样既可防止肺部瘀血，也可使痰液容易咳出，有助于康复。

(4) 保持呼吸道通畅。小儿患肺炎时，肺泡内气体交换受到限制，体内有不同程度的缺氧。如果鼻腔阻塞或气管、支气管内有大量痰液，会影响空气的吸入，加重缺氧。因此，家长要及时为患儿清除鼻分泌物并吸痰以保持呼吸道通畅，且要防止黏稠痰堵塞及奶汁、药物呛入引起窒息。室内要保持一定的湿度，避免空气干燥，以利于痰液咳出。

(5) 按时服药、打针，以免影响疗效。由于小儿抗病能力较差，尤其是小婴儿病情容易反复，当家长发现小儿呼吸快，呼吸困难，口唇四周发青，面色苍白时，说明患儿已缺氧，是病情加重的表现，必须及早抢救。

3. 预防

(1) 初春为感冒流行季节，尽可能少带幼儿去公共场所。

(2) 坚持锻炼身体，增强抗病能力，同时注意气候的变化，随时给幼儿增减衣服，防止伤风感冒。

(3) 如果自己的孩子已感冒或咳嗽，并出现以下一种或几种情况，应及时请医生治疗：呼吸比平时加快，每分钟多于 60 次(小于两个月的孩子)，或 50 次(2～12 个月的孩子)，或 40 次(1～4 岁的孩子)；呼吸声音粗大；呼吸有间断；吸气时胸廓凹陷；鼻翼扇动；发出哼哼声；不能喝任何液体，一喝就呛；皮肤呈青紫色。

(4) 合理喂养，防止营养不良。

(5) 教育小儿养成良好的卫生习惯，不随地吐痰，让婴幼儿多晒太阳。不断地增强婴幼儿的抗病能力是预防该病的关键。

二、消化系统疾病

1. 病因

(1) 感染。因吃了被细菌、病毒、霉菌污染的食物，或食具被污染，引起胃肠道感染，夏秋季多见。

(2) 饮食不当。多发生于人工喂养的婴儿。

(3) 腹部受凉，贪吃冷食冷饮，引起腹泻。

2. 症状

(1) 腹泻症状较轻者，多由饮食因素或肠道外感染所致。大便呈稀糊状或蛋花汤样，体温正常或仅有低烧，食欲受影响不大。大便次数一般在数次至十余次，这一类腹泻比较容易恢复。

(2) 腹泻症状较严重者，多因肠道内感染所致，即发生了急性肠炎，它在婴幼儿腹泻中占比甚高。其特点是：起病急，一日腹泻十次至数十次，大便水样，尿量减少或无尿，食欲减退，伴有频繁呕吐。因大量失水，使机体表现为精神萎靡、眼窝凹陷、口唇及皮肤干燥、皮肤弹性差，甚至会昏迷，危及生命。

3．护理

(1) 腹部保暖；每次便后用温水洗臀部。

(2) 已有脱水，无论程度轻重，均应立即送医院治疗。无脱水，可服"口服补液盐"，根据袋上注明的量，倒入适量温开水，搅匀后即可饮用。

(3) 不要让腹泻的幼儿挨饿。

4．预防

(1) 小儿腹泻，关键是把好"病从口入"关：监督食堂搞好饮食卫生，不吃腐败变质的食物，做好食具的消毒工作，培养幼儿形成饭前、便后洗手的习惯。

(2) 按照婴幼儿的年龄特点需要制订膳食计划。每1~2周制定一次带量食谱，做到蛋白质、糖、脂肪、微量元素、谷类达到标准量，并多吃新鲜蔬菜和水果。

(3) 避免腹部受凉。腹部受凉后，肠蠕动加快，除感到疼痛外，会使食物、水分和肠内物在肠内停留时间缩短，吸收减少，同时出现腹泻。

(4) 对患病儿进行隔离：在一般人的印象中，幼儿腹泻并不传染。诚然，幼儿腹泻不像痢疾、伤寒、肝炎那样具有强烈的传染性。但细菌或病毒引起的幼儿腹泻，对幼儿仍有传染性。幼儿腹泻主要通过消化道传染，通过与患儿接触或者接触患儿大便污染的环境可被传染，也可能造成流行。因此，在防腹泻的同时，应做好患病儿的隔离及所用便具的消毒工作。

三、与营养有关的疾病

(一)佝偻病

佝偻病在婴儿期较为常见，是由于维生素D缺乏引起体内钙、磷代谢紊乱，而使骨骼钙化不良的一种疾病。[1]

1．病因

(1) 日光照射不足。人体中维生素D的主要来源是经阳光中的紫外线照射皮肤后，产生内源性维生素D，户外活动少，则易患佝偻病。

---

[1] 叶纪. 解读小儿佝偻病[J]. 孩子，2009(11)：60.

(2) 生长过快。早产儿、双胞胎，出生后生长速度较快，对维生素 D 的需要量较多，易患本病。

(3) 长期腹泻。长期腹泻可导致人体对钙、磷的吸收减少。

(4) 人工喂养时牛奶中钙、磷的比例不适当，影响钙的吸收，所以人工喂养的乳儿易患佝偻病。

2. 症状

(1) 佝偻病早期阶段，婴幼儿表现为情绪不稳、容易被激惹，睡眠不安。

(2) 多汗，与气候冷暖关系不大。因头部多汗，由于头皮受汗液刺激而在枕头上来回蹭痒，使枕部头发脱落，形成枕秃，如图 6-1 所示。有的患儿还表现为食欲不振。

(3) 如果没有发现佝偻病的早期症状或治疗不及时，病情会继续发展，进入活动期时，逐渐出现骨骼变化。

① 方颅。如图 6-2 所示，颅骨呈方形，显得头大脸小。

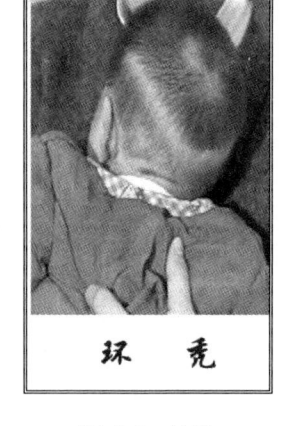

图 6-1 枕秃

② 前囟晚闭。1 岁半尚未闭合。

③ 串珠肋。如图 6-3 所示，在肋骨上距胸骨几厘米处，有钝圆形的隆起，尤其前胸靠下的几根肋骨比较明显。隆起自上到下呈一串珠子样，称串珠肋。

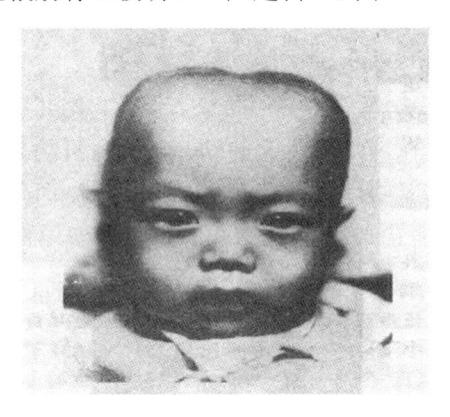

图 6-2 方颅

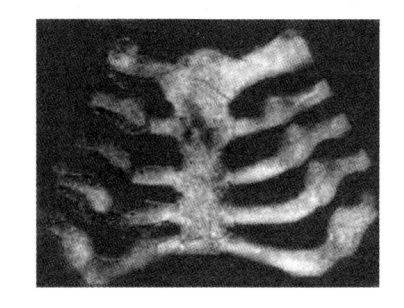

图 6-3 串珠肋

④ 鸡胸。如图 6-4 所示，胸骨向前突出，胸廓变窄。

⑤ 婴儿会坐以后，可见脊柱后凸或者侧弯，学习爬行时，腕、踝处骨骺胀大，形似手镯(如图 6-5 所示)或脚镯状(如图 6-6 所示)。

⑥ 婴儿会走以后，下肢因为负重而出现弯曲，呈现 X 形腿或者 O 形腿，如图 6-7 所示。

⑦ 病情严重者甚至全身肌肉松弛，坐、立、行等动作发育滞后，条件反射形成较晚，语言发育迟缓。

3. 护理

(1) 病儿多汗、体弱，应注意保暖，随时增减衣服。

(2) 按医嘱用药。不可滥用鱼肝油或维生素 D 针剂，以免过量中毒。

(3) 注意皮肤护理。佝偻病患儿头部爱出汗，要注意全身皮肤及头部的清洁，有汗及时擦干，勤洗澡、勤换内衣。

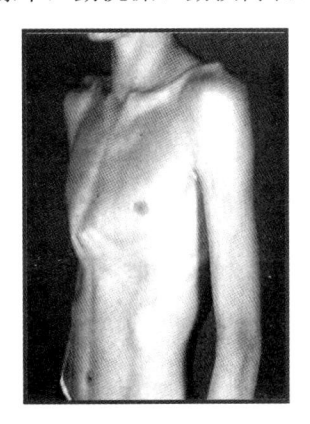

图 6-4　鸡胸 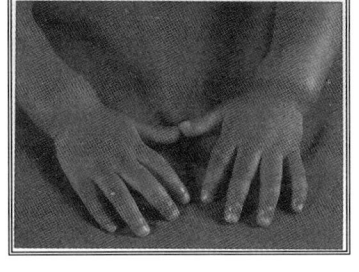　　　图 6-5　骨骺胀大成手镯状 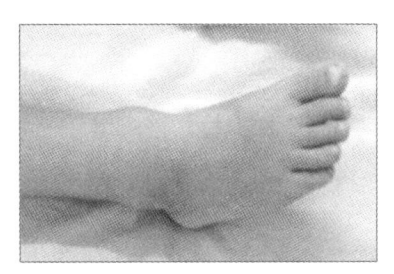　　　图 6-6　骨骺胀大成脚镯状

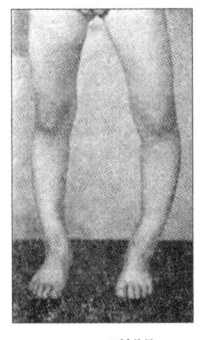

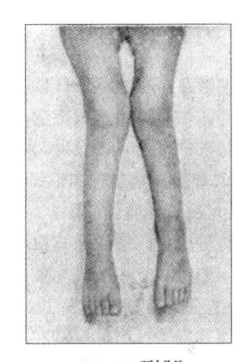

(a) O 形腿　　　(b) X 形腿

图 6-7　下肢畸形

4. 预防[①]

(1) 提倡母乳喂养。及时添加蛋黄、肝等辅食，从中获得一部分维生素 D。母乳喂养婴儿，即使患佝偻病，也很轻微。

(2) 多晒太阳。通常，由于怕热怕冷或住高楼等原因，多数家长都不愿带小孩到户外活动，只是抱着小孩在室内隔着玻璃晒晒太阳。这样，太阳光中的紫外线是不能充分透过玻璃而进入人体的，因此就起不到作用，也就无法预防佝偻病的发生。

(3) 对 6 个月后断乳的婴儿，人工喂养、食欲低下、生长过快或有急慢性疾病者可补充适量钙剂。

(二)营养性缺铁性贫血

常见的小儿贫血多是由造血物质的摄入不足或吸收利用障碍而引起的营养物质缺乏造

[①] 崔煜环，薛均来，胡亮. 浅谈小儿佝偻病的预防[J]. 基层医学论坛，2010，14(5)：188～189.

成的。红细胞的主要原料是蛋白质和铁，由于缺铁而引起的贫血，称为营养性缺铁性贫血，多发于6个月至3岁儿童。它是小儿贫血中最常见的一种类型，起病缓慢，开始多不引起家长的注意。

1. 症状

营养性缺铁性贫血一般表现为皮肤黏膜逐渐苍白，以口唇黏膜、甲床、手掌最为明显，患儿常有烦躁、厌食、无力、毛发干枯、消瘦、智力发育迟缓等症状。

2. 护理

(1) 饮食上特别注意给予高铁、高维生素C的食物。如动物肝脏、瘦肉、血、蛋黄、豆类、木耳、香菇、海带等食物。纠正幼儿偏食的习惯。

(2) 注意观察病儿上皮组织中皮肤、指甲、趾甲、舌、口腔、食道方面及精神方面的与缺铁有关的异常症状、体征变化，并给予对症处理。

3. 预防

(1) 合理地安排膳食内容：食物力求多样化、营养化。让孩子多吃各种肉食，如瘦猪肉、鸡肉、鱼、肝、海带、黑木耳、绿色蔬菜及时令水果等。

(2) 培养儿童良好的饮食习惯：定时、定量、不偏食。

(3) 预防感染性疾病及寄生虫病，如钩虫感染，发现患病及时治疗。

(4) 按时体检，及时发现轻度贫血患儿，建立登记、治疗、复查制度，直至恢复正常。

四、五官疾病

(一)弱视

1. 病因

弱视是指视力不正常，但查不出影响视力的明显眼病，验光配镜也不能矫正。弱视是儿童视觉发育障碍性疾病。弱视的原因包括以下几种。

(1) 先天性弱视。

(2) 斜视性弱视[1]。斜视是指双眼向前平视时，两眼的黑眼珠位置不匀称，一只眼的黑眼珠在正中，另一只眼的黑眼珠向内(如图6-8所示)、向外(如图6-9所示)、向上、向下偏斜。

斜视可使小儿产生复试(视物成双)，这种视觉紊乱使人极不舒适。为消除这种紊乱，大脑就会抑制来自偏斜眼的视觉冲动，日久，偏斜眼形成弱视。

(3) 屈光参差性弱视。两眼屈光度数不等，可导致弱视。

(4) 形觉剥夺性弱视。婴幼儿时期，由于种种原因不适当地遮盖过某只眼睛，该眼因缺少光刺激，致视觉发育停顿，形成弱视。

---

[1] 许娜，李平华. 斜视性弱视发病机制的研究进展[J]. 国际眼科杂志，2006，6(5)：1139～1142.

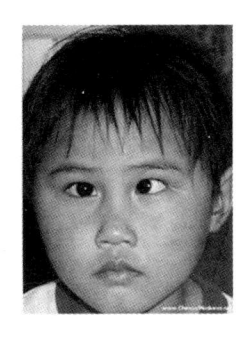

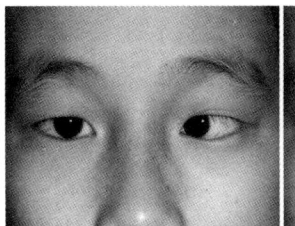

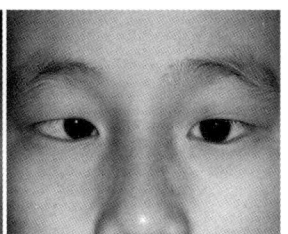

图 6-8　内斜视

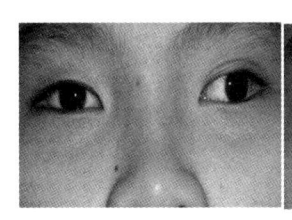

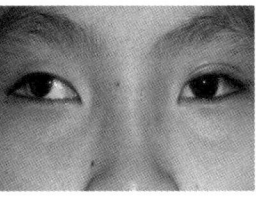

图 6-9　外斜视

2. 危害

正常视功能包括立体视觉，即物体虽然在两眼视网膜上单独成像，但大脑能将其融合成一个有立体感的物像，称双眼单视功能。儿童弱视，不能建立完善的双眼单视功能，难以形成立体视觉。

3. 治疗和预防

弱视、斜视的治疗愈早愈好。因此，早期发现，积极治疗弱视和斜视，就成为恢复患眼正常视觉功能的关键因素。幼儿园应定期给幼儿测查视力。

(二)急性结膜炎

1. 症状

急性结膜炎俗称"红眼病"，是由病毒或细菌引起的传染性眼病，以春夏季多见。细菌性结膜炎一般常有脓性及黏性分泌物，早上醒来时上下眼睑被粘住，眼睛怕光，疼痛，有异物感。病毒性结膜炎症状略轻，眼分泌物多为水样。结膜炎的发炎部位是眼球表面及上下眼睑。内侧的结膜发炎，表现为白眼珠发红，故名"红眼病"。

2. 护理

(1) 切勿将眼包扎，包扎眼部会妨碍眼部分泌物排出，反而有利于细菌繁殖。

(2) 坚持点眼药，常用 0.5%新霉素或 0.25%氯霉素眼药水，每 1~2 小时点一次，临睡前可涂抗菌素眼膏。给病儿点眼药前，护理人员应洗手。

3. 预防

(1) 教育幼儿不用手揉眼睛。

(2) 手绢、毛巾等要专用，用后煮沸消毒。用流动水洗脸。

五、肠寄生虫病

(一)蛔虫病

1. 症状

(1) 成虫在肠道内寄生，由于机械刺激常引起脐周围阵发性疼痛，片刻可自行缓解。

(2) 蛔虫的代谢产物或死亡后的裂解物为有毒物质，可引起低烧、多汗、夜惊、磨牙等症状。

(3) 蛔虫有喜移行及钻孔的特点。当人体内发生某些变化，如发烧、服不足量的驱虫药等，可刺激蛔虫，引起多种并发症。常见的有胆道蛔虫病、蛔虫性肠梗塞等。

2. 治疗和预防

(1) 积极治疗蛔虫病，以减少散播虫卵的机会。集体儿童机构可于9～10月间集体驱蛔，因6～7月间最易感染蛔虫卵，9～10月间已长为成虫。常用驱虫药为驱蛔灵、肠虫清等，药量遵医嘱。

(2) 改善环境卫生，讲究饮食卫生、个人卫生。

(3) 粪便无害化处理，消灭蛔虫卵。

(二)蛲虫病

1. 症状

雌虫夜间产卵使肛门周围和会阴部奇痒，影响睡眠，间接影响小儿的精神、食欲。因瘙痒抓破皮肤可使肛门周围皮肤发炎。

2. 治疗和预防

(1) 避免重复感染。要给小儿穿满裆裤睡觉，并于肛周涂上药膏，以粘住虫卵并止痒。早晨用肥皂和温水洗净药膏，换下的内裤洗净并煮沸消毒，连续10天即可见效。

(2) 培养个人卫生习惯，如饭前、便后洗手，勤剪指甲，不吮吸手指等。

(3) 勤换衣服，勤晒被褥。

(4) 驱虫药有驱蛔灵、肠虫清等，药量遵医嘱。与患儿生活在一起的蛲虫病患者应同时进行治疗，以杜绝相互感染。

六、皮肤病

(一)湿疹

1. 病因

可因食物引起过敏，如牛奶、羊奶、鱼、虾、蛋等；也可因灰尘、羊毛、化纤等引起过敏。但往往很难找出准确的原因。

2. 症状

湿疹多发生于2~3个月的乳儿，多在面部，最初，在前额、两颊、头皮等处出现小米粒大小的疹子，有痒感，以后又有液体渗出，干燥后形成黄色痂皮。

3. 护理

(1) 乳母应尽量少吃刺激性食物，多吃含维生素丰富的食物。
(2) 不要用碱性肥皂给幼儿洗脸，可用中性硼酸软皂。
(3) 衣服、尿布要漂洗干净，以免刺激皮肤。
(4) 不用化纤、羊毛织品做贴身的衣服、帽子等。
(5) 打扫房间时要先洒水，避免尘土飞扬。
(6) 给幼儿勤剪指甲，以免抓伤皮肤引起感染。

(二)痱子、痱毒

1. 病因

痱子是夏天最多见的皮肤急性炎症。夏季气温高、湿度大，身体出汗过多，不易蒸发，汗液浸渍表皮角质层，致汗腺导管口闭塞，汗腺导管内汗液潴留后，因内压增高而发生破裂，汗液渗入周围组织引起刺激，于汗孔处发生疱疹和丘疹，形成痱子。汗腺排出不畅，是长痱子的主要原因，若因搔抓后发生感染可成痱毒。

2. 症状

(1) 痱子多发生在多汗或容易受摩擦的部位，如颈、胸背、肘窝、腋窝、腘窝等处，小孩可发生在头部、前额等处。初起时皮肤发红，然后出现针头大小的红色丘疹或丘疱疹，密集成片。生了痱子后剧痒、疼痛，有时还会有一阵阵热辣的灼痛等。
(2) 痱毒初起为小米粒大小的脓疱，可扩大成豆粒大或杏核大，渐变软，破溃，流出黄稠的脓液。

3. 护理

(1) 保持皮肤清洁，经常用温水给孩子洗澡，当孩子出汗时应及时擦干，保持皮肤干燥，勤换衣服，宜穿棉布做的宽松衣服。
(2) 应尽量不抱孩子，以免将大人的体温传递给孩子，让孩子单独在凉席上玩。不要让孩子在塑料布上睡觉，也不要给孩子脱得光光的，以免皮肤直接受到刺激而发生痱子。
(3) 如果已发生了痱子，勤洗澡是最好的治疗方法。洗澡时要用温水，凉水及热水均不好，忌用刺激性的碱性肥皂，洗澡后要立即擦干，然后涂上痱子粉或爽身粉，其作用是吸汗、清凉、保持干燥。
(4) 注意给孩子多饮水及吃清淡易消化的食物，少吃油腻和有刺激的食物。室内注意通风。
(5) 发生痱毒的可服清热解毒的中药。

七、常见传染病的护理与预防

(一)什么是传染病

传染病是由病原体引起的一类疾病。传染病的基本特征如下所述。

(1) 有病原体。
(2) 有传染性。
(3) 有流行性、季节性。
(4) 有免疫性。

(二)传染病的一般临床特点

从病原体侵入人体到发病以至恢复,一般经过下述四个阶段。

1．潜伏期

从感染病原体到出现最初症状,称为潜伏期。潜伏期的长短因病原体的种类、数量、毒力及人体免疫力的不同而不同。

2．前驱期

病原体不断生长繁殖产生毒素,可引起患者头痛、发热、乏力等全身反应,称为前驱期,为时1～2日。

3．症状明显期

患病后逐渐会出现某种传染病特有的症状,如猩红热出现细密皮疹,乙型脑炎出现颈项强直等典型特征。多数传染病发病过程中伴随发热,但不同传染病发热持续时间长短不同。

4．恢复期

症状逐渐减轻至完全康复。

(三)传染病发生和流行的三个环节

1．传染源

传染源是指体内有病原体生长、繁殖并能排出病原体的人或动物。传染源一般可分为以下三种。

(1) 病人。
(2) 病原携带者。
(3) 受感染的动物。

2．传播途径

病原体自传染源输出,侵入他人体内的过程称为传播途径。传染病主要有6种传播方式。

(1) 空气飞沫传播。

(2) 饮食传播。

(3) 虫媒传播。

(4) 日常生活接触传播。

(5) 医源性传播。

(6) 垂直传播。

3. 易感者

易感者是指对某种传染病缺乏特异性免疫力，容易受感染的人。人群中对某种传染病的易感者越多，则发生该传染病流行的可能性就越大。

(四)传染病的预防

1. 管理传染源

管理传染源，应做到早发现、早报告、早隔离治疗。

(1) 早发现病人及病原携带者，可有效控制传染病的传播。

(2) 若发现传染病人或怀疑传染病人，应及时报告卫生防疫部门，以预防并控制传染病的流行。

(3) 及时隔离病人、接触者及怀疑传染病人，有条件的托幼园所应设隔离室。

2. 切断传播途径

做好日常消毒工作；教育幼儿养成良好的卫生习惯；经常开窗通风保持室内空气新鲜；管理好幼儿的饮食，注意炊事用具、餐具的消毒等。

3. 保护易感者

(1) 增强儿童体质，提高非特异性免疫能力。

(2) 预防接种。

八、幼儿常见传染病的护理及预防

(一)水痘

水痘是由水痘病毒引起的呼吸道传染病，传染性极强，多发于冬、春季。易感者多为6个月以上的婴幼儿。

1. 症状

感染水痘后，潜伏期为10～21天。发病初期1～2天多有低热，随后出皮疹。皮疹出现顺序为头皮→面部→躯干→四肢。初为红色，细小斑丘疹，数小时后变为圆形的，有薄膜包围的"露珠"状疱疹。疱疹大小不一，壁薄易破，周围有红晕，有痒感。疱疹液开始清亮而后变混浊。3~4天后疱疹变干结痂；若无继发感染，脱落后不留疤痕。皮疹以躯干、腰、头皮多见，四肢稀少，呈向心性分布，常成批出现。在同一时间可见斑疹、疱疹、干痂。如无并发症，整个病程约为两周。

2．护理

(1) 保持皮肤清洁，防止小儿搔抓皮肤，可用炉甘石擦剂止痒。

(2) 保持小儿活动室、睡眠室空气流通。少带幼儿到公共场所，避免让幼儿接触病人。

(3) 发现病儿应及时隔离、治疗，隔离至皮疹全部干燥、结痂，没有新皮疹出现方可回班。

(4) 接触者检疫21天。病儿停留过的房间开窗通风3个小时。

3．预防

(1) 接种疫苗：1周岁以上未得过"水痘"的易感人群，均可接种水痘疫苗，疫苗可提供至少14年的长期保护。

(2) 做好预防疫苗的注射工作。

(3) 若发现患儿，及时做好隔离工作。隔离患儿至皮疹全部结痂变干后为止，对密切接触儿检疫21天。

(4) 经常给幼儿洗澡、换衣服，保持皮肤清洁，手要勤洗、指甲勤剪，坚持锻炼身体，增强抗病能力。

(5) 活动室、卧室要勤通风，并对所用的玩具及其他用品彻底清洗，然后用紫外线消毒。

(6) 水痘病毒与带状疱疹病毒有共同抗原性，有的成年人接触水痘可患带状疱疹，未患过水痘的儿童，接触带状疱疹患者后，也可发生水痘，希望家长尽量避免幼儿接触带状疱疹的病人，以防感染水痘。

(7) 提醒家长不要带患儿去公共场所。

(二)风疹

风疹是由风疹病毒引起的呼吸道传染病。风疹病毒在体外的生存能力很弱，因此传染性较小。本病多发生于冬、春季。

1．症状

(1) 潜伏期为10~21天。

(2) 前驱症状较轻，表现为低热、咳嗽、流鼻涕、乏力、咽痛、眼发红等类似感冒的症状。

(3) 在发热的1~2天内开始出皮疹，皮疹为淡红色或红色斑丘疹，从面部、颈部开始，24小时内遍及全身。手掌、足底没有皮疹。皮疹一般在3天内消退。出疹期间病儿精神良好。

(4) 常伴有耳后、颈后及枕后淋巴结肿大等症状，可持续2~7天。

2. 护理

(1) 患风疹后，家长要注意让患儿卧床休息，多喝开水。

(2) 饮食以流质或半流质为主，即牛奶、稀粥、蛋羹等。

(3) 做好五官的护理，可用棉花蘸生理盐水清洗鼻腔，年龄大的患儿可用盐开水漱口；在清洗完鼻腔分泌物后，可涂以石蜡油或金霉素软膏，以保护鼻腔黏膜。

(4) 预防风疹可接种风疹疫苗，也可服用清热解毒的中药。

(5) 孕妇勿护理风疹病人，以免感染风疹，致胎儿畸形。

(三)猩红热

猩红热是由乙型溶血性链球菌引起的急性呼吸道传染病，主要经飞沫传播，也可由被污染的用具、食物、玩具等传播，多发生于冬、春季。

1. 症状

(1) 潜伏期为2～5天。病初以发热、头痛、咽痛、呕吐为主，咽部发红，扁桃体红肿，有脓性渗出物。

(2) 1～2天内出皮疹，从耳后、颈部、胸部迅速波及躯干、四肢。全身皮肤潮红，布满针尖大小的点状红色皮疹，手压可退色。在腋窝、肘弯、腹股沟等处，皮疹细密如条条红线。面部充血潮红，口唇周围皮疹稀少，呈环口白圈。舌面光滑，舌乳头肿大，像杨梅，称"杨梅舌"。皮疹2～4日内消失，1周左右开始脱皮。少数病儿可并发急性肾炎等疾病。

2. 护理

隔离病儿至少7天。遵医嘱，彻底治疗。

一旦发现孩子得了猩红热，要马上予以隔离治疗。

(1) 供给充足的水分和营养，一般需要注射青霉素或口服红霉素等抗生药物。

(2) 要注意皮肤的清洁卫生，并防止孩子用手抓挠，以免发生继发感染，必要时也可使用止痒软膏。

(3) 高烧时可服用退烧药或进行物理降温，如用冷毛巾敷头部、枕冷水袋、温水擦浴等。

(4) 在病后2～3周时要检查尿，因少数病人可并发急性肾炎。

3. 预防

(1) 病人应进行住院隔离治疗并强调卧床休息。

(2) 在冬春流行季节要搞好个人卫生和环境卫生，提倡通风换气和湿式扫除。学校与托幼机构在该病流行期间要加强晨检，发现病人应立即隔离，病人所污染的衣物应煮沸和洗烫消毒，空气用一般的消毒剂进行消毒。

(3) 尽量少带小儿去公共场所及参加集会。

(四)流行性感冒(流感)

流感是由流感病毒引起的呼吸道传染病。病毒经飞沫传播。人群对流感普遍易感，常发生流感大流行。

1．症状

(1) 潜伏期为数小时至数日。

(2) 发病急，寒战、发热，体温可达 39℃ 以上，伴有头痛、倦怠乏力、关节肌肉酸痛等，还可出现恶心呕吐、腹泻等消化道症状。

(3) 流感全身症状明显，而呼吸道症状较轻。

(4) 儿童患流感容易并发肺炎。

(5) 发热 3～4 天后逐渐退热、症状缓解，乏力可持续 1～2 周。

2．护理

(1) 应卧床休息，退热后不要急于活动。

(2) 多饮水，吃有营养、好消化的食物。

3．预防

(1) 增强体质。

(2) 流感流行时，少去公共场所，减少聚会。

(3) 保持室内空气新鲜；注意随天气变化增减衣服。

(4) 接种流感疫苗。

(五)流行性腮腺炎

流行性腮腺炎是由腮腺炎病毒引起的呼吸道传染病，传染性较强，主要经飞沫传播，多发于冬、春季。易感者多为两岁以上的儿童。

1．症状

(1) 潜伏期为 14～21 天。

(2) 一般先于一侧腮腺肿大、疼痛，后波及对侧，4～5 天消肿。腮腺肿大以耳垂为中心，边缘不清，表面发热，有压痛感，咀嚼时疼痛。伴有发热、畏寒、头痛、食欲不振等症状。

(3) 若出现嗜睡、头痛、剧烈呕吐等症状，应及时就医。

2．护理

(1) 病儿宜卧床休息；多喝开水。

(2) 吃流质或半流质食物，避免吃酸辣的食物。

(3) 要常漱口，保持口腔清洁。

(4) 可服用板蓝根治疗，腮腺肿痛时，可冷敷，或以中草药外敷。

3．预防

(1) 隔离病儿，至腮腺完全消肿。

(2) 接触者检疫观察约 3 周。

(3) 可服板蓝根冲剂预防，也可注射腮腺炎疫苗。

(六)细菌性痢疾

细菌性痢疾是由痢疾杆菌引起的肠道传染病，多发生于夏、秋季。病人及带菌者的粪便污染了水、食物等，经手、口传播。

1. 症状

(1) 潜伏期为1～3天。

(2) 起病急，高热、寒战、腹痛、腹泻。一日可泻十次到数十次，为脓血便。排便有明显的里急后重感(总排不净大便的感觉)。

(3) 少数病人中毒症状较严重，表现为高热、精神萎靡或烦躁不安，很快昏迷、抽风。

2. 护理

(1) 应卧床休息，保证充足的睡眠。

(2) 饮食一般以流质或半流质为宜，忌食多渣、多油或有刺激性的食物，瓜果桃梨、雪糕等生冷之物也暂勿食用，以免增加胃肠负担，加重胃肠功能紊乱。恢复期可按具体情况逐渐恢复正常饮食。

(3) 注意个人卫生，饭前便后及手触摸可疑污染物品后，一定要用肥皂和流动水将手洗干净。

(4) 注意腹部保暖，禁止冷水浴。

3. 预防

(1) 早期发现、隔离及治疗病人及带菌者。

(2) 饭前便后要洗手，不要随地大便；做到生熟分开，防止苍蝇叮爬食物。

(3) 注意饮食卫生。注意食品必须新鲜，不吃变质、腐烂、过夜的食物，存放在冰箱的熟食和生食不能过久，熟食应再次加热。生吃的食品及水果要清洗干净，最好再用开水洗烫。

(七)手足口病(发疹性口腔炎)

1. 症状

春、夏季是手足口病的多发季节，一般七、八月份达到高峰，起病一般较急，患儿常有发热，体温38～40℃，热程多为2～7天。病初部分患儿多伴有流涕、咽痛、厌食、呕吐、腹泻等症状。病后不久在患儿手足远端部位如手指、手掌、足趾以及口腔出现红色小丘疹，并迅速转为小疱疹，直径2～4mm，如米粒大小，呈圆形、椭圆形，周围有红晕。一般本病以手、足、口腔疱疹为主要特征，故通称为手足口病。口腔疱疹多分布在舌、颊黏膜、口唇、硬腭、咽、扁桃体等处，并很快变成小溃疡，患儿流涎(流口水)、吃东西时痛，甚至影响进食。

2. 护理

1) 消毒隔离

一旦发现宝宝感染了手足口病,应及时就医,避免与外界接触,一般需要隔离两周。

宝宝用过的物品要彻底消毒:可用含氯的消毒液浸泡,不宜浸泡的物品可放在日光下暴晒。

宝宝的房间要定期开窗通风,保持空气新鲜、流通,温度适宜。有条件的家庭每天可用乳酸熏蒸进行空气消毒。减少人员进出宝宝房间,禁止吸烟,防止空气污浊,避免继发感染。

2) 饮食营养

如果在夏季得病,宝宝容易引起脱水和电解质紊乱,需要适当补水和加强营养。

宝宝宜卧床休息1周,多喝温开水。

患儿因发热、口腔疱疹,胃口较差,不愿进食。宜给宝宝吃清淡、温性、可口、易消化、柔软的流质或半流质食物,禁食冰冷、辛辣、咸等刺激性食物。

3) 口腔护理

宝宝会因口腔疼痛而拒食、流涎、哭闹不眠等,要保持宝宝口腔清洁,饭前饭后用生理盐水漱口,对不会漱口的宝宝,可以用棉棒蘸生理盐水轻轻地清洁口腔。

可将维生素 B_2 粉剂直接涂于口腔糜烂部位,或涂鱼肝油,也可口服维生素 B_2、维生素 C,辅以超声雾化吸入,以减轻疼痛,促使糜烂早日愈合,预防细菌继发感染。

4) 皮疹护理

(1) 宝宝衣服、被褥要清洁,衣着要舒适、柔软,经常更换。

(2) 剪短宝宝的指甲,必要时包裹宝宝双手,防止抓破皮疹。

(3) 臀部有皮疹的宝宝,应随时清理大小便,保持臀部清洁干燥。

(4) 手足部皮疹初期可涂炉甘石洗剂,待有疱疹形成或疱疹破溃时可涂 0.5%碘伏。

(5) 注意保持皮肤清洁,防止感染。

(6) 小儿手足口病一般为低热或中度发热,无须特殊处理,可让宝宝多喝水。

(7) 体温在 37.5~38.5℃的宝宝,给予散热、多喝温水、洗温水浴等物理降温。

(八)麻疹

麻疹是由麻疹病毒引起的急性传染病,通过呼吸道飞沫传播,病人是唯一的传染源。患病后可获得持久免疫力,第二次发病者极少见。未患过麻疹又未接种过麻疹疫苗者普遍具有易感性,尤其是 6 个月至 5 岁幼儿发病率最高(占 90%)。

1. 症状

潜伏期为 8~12 日,一般 10 天可治愈。典型的临床症状可概括为"三、三、三"。前驱期 3 天:出疹前 3 天出现 38℃左右的中等度发热,伴有咳嗽、流涕、流泪、畏光,口腔黏膜出现灰白色小点,针头大小,外周有红晕,叫科氏斑(这是特点)。出疹期 3 天:病程第 4~5 天体温升高至 40℃左右,红色斑丘疹从头而始渐及躯干、上肢、下肢。恢复期 3 天:

出疹 3~4 天后，体温逐渐恢复正常，皮疹开始消退，皮肤留有糠麸状脱屑及棕色色素沉着。

2. 护理

1) 高热的护理

绝对卧床休息至皮疹消退、体温正常。室内宜空气新鲜，每日通风两次(避免患儿直接吹风以防受凉)，保持室温于 18~22℃，湿度 50%~60%。衣被穿盖适宜，忌捂汗，出汗后应及时擦干并更换衣被。监测体温，观察热型。高热患儿可用小量退热剂，忌用醇浴(酒精擦浴)、冷敷，以免影响透疹，导致并发症。

2) 皮肤黏膜的护理

及时评估透疹情况。保持床单整洁干燥与皮肤清洁，在保温情况下，每日用温水擦浴更衣 1 次(忌用肥皂)，腹泻儿尤应注意臀部清洁，勤剪指甲防抓伤皮肤继发感染。如透疹不畅，可用鲜芫荽煎水服用并抹身，以促进血液循环和透疹，并防止烫伤。

加强五官的护理。室内光线宜柔和，常用生理盐水清洗双眼，再滴入抗生素眼液或眼膏，可加服维生素 A 预防干眼病。防止呕吐物或泪水流入外耳道发生中耳炎。及时清除鼻痂，翻身拍背助痰排出，保持呼吸道通畅。加强口腔护理，多喂水，可用生理盐水或朵贝液含漱。

3) 饮食护理

发热期间给予清淡易消化的流质饮食，如牛奶、豆浆、蒸蛋等，常更换食物品种并做到少量多餐，以增加食欲利于消化。多喂开水及热汤，利于排毒、退热、透疹。恢复期应添加高蛋白、高维生素的食物。指导家长做好饮食护理，无须忌口。

4) 病情观察

麻疹并发症多且重，为及早发现，应密切观察病情。出疹期如透疹不畅、疹色暗紫、持续高热、咳嗽加剧、鼻扇喘憋、发绀、肺部罗音增多，为并发肺炎的表现，重症肺炎可致心力衰竭。患儿出现频咳、声嘶，甚至哮吼样咳嗽、吸气性呼吸困难、三凹征，为并发喉炎的表现。患儿出现嗜睡、惊厥、昏迷，为脑炎的表现。出现并发症时可导致原有结核病的恶化，应予以相应护理。

5) 预防感染的传播

对病人采取呼吸道隔离至出疹后 5 天，有并发症者延至疹后 10 天。接触的易感儿隔离观察 21 天。病室通风换气进行空气消毒，患儿衣被及玩具暴晒两小时，减少不必要的探视，预防继发感染。该病流行期间不带易感儿童去公共场所，托幼机构暂不接纳新生。为提高易感者的免疫力，对 8 个月以上未患过麻疹的小儿可接种麻疹疫苗。接种后 12 日血中出现抗体，1 个月达高峰，故易感儿接触病人后两日内接种有预防效果。对年幼、体弱的易感儿肌注血丙种球蛋白或胎盘球蛋白，接触后 5 日内注射可免于发病，6 日后注射可减轻症状，有效免疫期 3~8 周。

6) 家庭护理

指导麻疹患儿无并发症时可在家治疗护理。医务人员每日家庭访视 1~2 次，并进行上述护理指导。

3. 预防

(1) 最有效的办法就是净化室内环境，保持空气清新。班级老师应每天定时开窗户适度通风，保持空气流通，让阳光射入室内。早晨来园后，先用有效浓度消毒液擦玩具柜及室内家具、门把锁等处，然后用清水擦拭一遍。防止幼儿病从口入。

(2) 抓好入园幼儿的晨检工作。幼儿一入园，教师就应注意观察孩子的精神状态，对发热、精神状态不佳的幼儿进行密切的观察，及时采取相应的治疗措施。若发现有 3 名以上的幼儿出现相同症状时，园里要及时采取相应的消毒隔离措施，并根据病情及时上报。

(3) 班级老师每天要对缺席幼儿及早查明原因。如因患传染病请假，则要上报园级，保健老师应对园内幼儿及时采取预防措施；如孩子在家里接触传染病人，家长要及时通知幼儿园。

(4) 消毒工作是疾病预防工作的关键，幼儿园在原有的基础上必须进一步完善消毒措施，对孩子的生活、活动空间采用开窗通风和每日紫外线灯消毒及用消毒水拖地，幼儿餐具、餐桌、毛巾、水杯等生活用具严格按要求进行定期消毒等。定时把幼儿被褥清洗消毒。严把食物的采购、储存、加工、烹调制作关，不购买三无食品和变质的食品，做到生熟分开、每餐有留样，要求各班用温开水给幼儿漱口，防止幼儿喝生水等。

(5) 利用教学、宣传橱窗等多种形式进行健康教育，教育幼儿养成良好的卫生习惯。督促幼儿勤洗手、喝开水、吃熟食、常剪指甲、勤换衣服。要求班级开展卫生方面的主题活动，让孩子树立起自我保护意识，掌握简单的卫生生活常识。

(6) 加强日常工作保育，尽量避免带孩子到人多的地方去。幼儿园应开展丰富多彩的户外体育活动，以增强幼儿体质。在膳食方面要加强营养，让孩子多吃蔬菜、水果。保证孩子充足的睡眠，根据气候变化，随时为幼儿增减衣服。鼓励幼儿讲究个人卫生，做好个人防护。传染病流行期间，尽量少带孩子去人群集中的公共场所。作为家长，要为孩子做好相应的预防接种，如接种流感、肺炎等疫苗。

(7) 幼儿园应提醒家长认真做到早发现、早治疗、早报告。"三早"有助于预防传染病的发生和加重。切忌不要给孩子乱吃药而延误病情。

(九)甲型 H1N1 流感

甲型 H1N1 流感是由甲型流感病毒引起的呼吸道传染病。流感病毒主要通过飞沫经呼吸道传播，在人群密集的环境中更容易发生感染。而越来越多的证据显示，微量病毒可留存在桌面、电话机或其他平面上，再通过手指与眼、鼻、口的接触来传播。感染者有可能在出现症状前感染其他人，感染后一般在一周或一周多后发病。小孩的传染性会久一些。人群对此病毒普遍易感；肥胖者、孕妇、5 岁以下儿童及 65 岁以上老年人是甲型 H1N1 流感的高风险人群。

1．症状

(1) 甲型流感的症状与普通流感十分相似(如发烧、咳嗽、流涕、头疼、咽疼、身体酸疼、呕吐等)，凭症状(即患者的描述)根本无法确诊。

(2) 持续高热3天以上；剧烈咳嗽，咳脓痰、血痰，或胸痛；呼吸频率快，呼吸困难，口唇紫绀；神志改变：反应迟钝、嗜睡、躁动、惊厥等；严重呕吐、腹泻，出现脱水现象。

(3) 白细胞总数一般不高或降低。重症患者多有白细胞总数及淋巴细胞减少，并有血小板降低。

2．预防

(1) 养成良好的个人卫生习惯，包括睡眠充足、吃有营养的食物、多锻炼身体、勤洗手，要使用香皂彻底洗净双手。洗手的方法如下所述。

① 打开水龙头冲洗双手。
② 加入洗手液，用手搓出泡沫。
③ 最少用20秒时间揉搓手掌、手背、指隙、指背、拇指、指尖及手腕，揉搓时切勿冲水。
④ 洗搓后再用清水将双手彻底冲洗干净。
⑤ 用干净毛巾或抹手纸彻底抹干双手，或用干手机将双手吹干。
⑥ 双手洗干净后，不要再直接触摸水龙头，可用抹手纸包裹水龙头，把水龙头关上；或泼水将水龙头冲洗干净后再关水。

(2) 注意室内通风。减少到人群密集场所的机会，对于那些出现身体不适、出现发烧和咳嗽症状的人，要避免与其密切接触。疫期可以考虑戴专用口罩，降低风媒传播的可能性。

(3) 定期服用板蓝根(可以考虑有一定的规律性)，大青叶、薄荷叶、金银花作茶饮。

(4) 接种疫苗，随时消毒。

3．治疗

(1) 对症处理：对疑似和确诊患者应进行就地隔离治疗，强调早期治疗。

(2) 注意休息、多饮水、注意营养，密切观察病情变化。

(3) 发病初48小时是最佳治疗期，对高热、临床症状明显者，应拍胸片，查血气。

阅读链接 6-1

幼儿问题行为的家庭原因分析扫描右侧二维码阅读。

阅读链接.docx

思维拓展

1．联系曾经在部分地区流行的"H7N9禽流感"，谈谈在集体儿童保教机构中如何预防传染病及其流行。

2．欢欢在幼儿园中发高烧，出现抽风、昏厥等症状，教师给欢欢量体温，达到39.2℃，为避免患儿发高烧造成严重的后果，就要采取降温措施。假如教师采用物理降温法应如何进行？应注意什么问题？

3. 做游戏时，小强因跑得太急，不小心跌倒在地上，鼻子流血了，小强也因鼻子流血大哭起来。如果你是教师，当时在现场，你将采取什么应急措施？

4. 预防意外事故的发生是促进幼儿健康的重要方面。某园所教师带幼儿外出春游，发生了溺水事件。假如你是这位幼儿教师，你将怎样进行溺水急救的现场处理？同时最大限度地避免对孩子的伤害，让家长感到满意？请描述具体步骤和你采取的果断措施。

第七章　学前儿童的安全与保育

> **本章学习目标**
> - 幼儿园的安全措施。
> - 学前儿童安全教育。
> - 学前儿童安全行为训练。

由于技术的发展和进步，人们的生活质量不断提高，它一方面给人们带来了极大的物质利益和生活享受，另一方面也给人类的生存增添了许多危险和危害因素。现代生活方式比起传统生活方式对人为意外事故更为敏感，意外事故发生后可能造成的损失更难以控制。发达国家的经验已经证明，现代生活中的意外事件随着新技术的广泛应用和生活方式及内容的变化，越来越成为人类最烦恼的事情。生活意外事故是指人们日常生活中由于人为原因(直接或非直接的)，造成的不期望或意想不到的人的生命与健康危害及损害的事件。如交通事故、火灾、触电、溺水、坠楼、中毒(煤气、石油气、天然气体中毒，食品中毒等)、刺割、运动伤害、爆炸(燃气爆炸、高压锅爆炸等)、烫伤等。意外伤害已成为儿童的头号杀手，在现代社会已成为现实和共识。

第一节　幼儿园的安全措施

安全工作一直是幼儿园的重中之重，长期以来，幼儿园都是把幼儿的安全放在首位的。为了保证幼儿的安全，教师对待每天的工作必须细致周到，使幼儿能在幼儿园里学得开心，玩得高兴。

一、场地、房舍

幼儿园的房舍除了幼儿所在的教室外，应该有音体室、保健室、隔离室、办公室，还应该有专门为幼儿做饭的厨房等。

幼儿的教室是否宽敞、明亮，决定着将来幼儿在这里能否生活得舒适。幼儿的生活空间在幼儿园的分级标准里是有严格规定的，如在一级幼儿园里幼儿的人均教室使用面积必须达到 $2.5m^2$ 以上，即使是三级幼儿园也要达到人均 $1.5m^2$。房间过小，或一个班的幼儿过多，都会使孩子的生活质量受到影响。

幼儿园建筑不宜超过两层。小、中班设在楼下，大班设在楼上。为了便于幼儿上下楼和保证安全，要做到以下两点。

(1) 楼梯护栏垂直线之间净距离不应大于 0.11m，当净距离大于 0.20m 时，必须采取安全措施。

(2) 楼梯踏步的高度不应大于 0.15m，宽度不应小于 0.26m。除设成人扶手外，在靠墙的一侧应设幼儿扶手，高度不应超过 0.60m。楼梯两侧不靠墙时，两侧都应设有幼儿扶手。

二、学前儿童活动中意外伤害处理

合理配备保教人员，可以避免因幼儿过多，保教人员照看不过来而发生的意外伤害，比如一些小外伤、骨折等。一旦发生意外，保教人员应及时处理。

(一)扎刺的处理

幼儿周围的物品并非十分光滑，如带刺的花草、木棍、竹棍等。竹刺、木刺扎入皮肤后，有时有一部分露出皮肤，有刺痛感，应立即取出。具体处理办法是：先将伤口用自来水或生理盐水清洗，然后，用消过毒的针或镊子顺着刺的方向把刺全部挑、拔出来，不应有残留，并挤出瘀血，随后再用酒精消毒伤口。如果刺扎在了指甲里或难以拔除，应送医院处理。

(二)跌倒蹭破皮肤的处理

幼儿奔跑、跳跃时不慎跌倒，很容易蹭破膝盖、胳膊肘，尤其在穿衣较少的夏季更为常见。蹭破皮肤后应先观察幼儿伤口的深浅，若伤口较浅仅仅蹭破了表皮，只需将伤口处的泥沙清理干净即可。如果表皮擦伤，首先用双氧水或生理盐水冲洗伤口，清除污物和沙土后，涂红汞或龙胆紫。如伤口较深且出血多，应立即止血，可用消毒纱布将局部包扎压迫止血后，送医院进一步处理。

(三)挤伤的处理

幼儿的手指经常被门、抽屉挤伤，给幼儿造成伤害，严重时，可出现指甲脱落的现象，应及时发现并处理。具体办法是：若无破损，可用水冲洗，进行冷敷，以便减轻痛苦；疼痛难忍时，可将受伤的手指高举过心脏，以缓解痛苦。若有出血，应消毒、包扎、冷敷。若指甲掀开或脱落，应立即送医院治疗。

(四)碰伤的处理

碰伤多数都是头部，由于身体发育的特点，2～4 岁的幼儿头颅占整个身体比重的 1/4，跌倒后头先着地，平地上一般只擦破皮、瘀血。如果没有破皮，可迅速采用冷敷的方法，防止皮下继续出血，以达到止血、消肿、止痛的目的。具体操作方法为：用毛巾包上冰块、冰棒，或蘸冷水冷敷 5～10 分钟。破皮先清创并检查伤口深度，一般浅表性破皮处可用生理盐水清创，然后敷创可贴，这样，没有刺激感，幼儿不会因为跌倒后惊慌、疼痛再加上药物刺激而大哭不止。

(五)跌伤的处理

注意幼儿创伤部位和幼儿跌倒损伤后的反应，如果发现幼儿跌倒后，有一段时间意识丧失，几秒十几秒后才有反应，应该注意观察有无呕吐、嗜睡等。遇到这种情况时，应立刻将幼儿平抱着送医院检查处理，观察数小时。严重跌伤昏迷醒来后，观察护理时应每隔一小时叫醒幼儿一次或遵从医嘱。

(六)头部摔伤的处理

幼儿玩耍时摔伤头部，不为少见，有时出血，有时不出血。对此，应采取的措施如下所述。

(1) 出血时，马上用一块清洁的纱布轻轻按压伤口，以达到止血的目的，并及时送医院。

(2) 摔伤后未见出血，要对幼儿进行 24 小时的密切观察，如果出现以下症状应及时送往医院急救：①受伤后有恶心、呕吐的现象；②受伤后有过意识丧失的现象，或正处于意识丧失的状态；③头部剧烈疼痛；④眼、耳、鼻周围有出血症状；⑤有抽风、麻痹、言语障碍等症状。

> 注意： 教育幼儿摔伤头部后务必及时告诉老师。

(七)骨折的处理

幼儿跌倒后，身体某部位着地，并且不能立刻爬起来，教师要先了解着地部位及当时的详情，不要牵拉或强行抱起幼儿，让他自己试着起来，并注意观察受伤部位。如果腿、脚等部位发生骨折，幼儿不能站立行走，这时教师应将其他幼儿迅速组织好，及时对受伤的幼儿进行处理，否则，孩子骨折移位将影响医生治疗。具体的处理方法如下所述。

(1) 前臂骨折：用一块从肘关节至手掌长度的木板或用一本 16 开杂志，放在伤肢外侧，以绷带或布条缠绕固定，注意留出指尖，然后用三角巾把前臂悬吊于胸前。

(2) 上臂骨折：把长达肩峰至肘尖的衬垫木板或硬纸板，放在伤肢外侧，以绷带或布条缠绕固定，然后用三角巾把前臂悬吊于胸前。

(3) 上肢骨折：如无固定器材，可利用躯干固定，将上臂用皮带或布带固定在胸部，并将伤侧衣襟角向外上反折，托起前臂后固定。

(4) 锁骨骨折：可用三角巾固定法，先在两腋下垫上大棉垫或布团，然后用两条三角巾的底边分别在两腋窝绕到肩前打结，再在背后将三角巾两个顶角拉紧打结。

(5) 肋骨骨折：可用多头带固定法，先在骨折处盖上大棉垫或折叠数层的布，然后嘱伤员呼气后屏息，将多头带在健侧胸部打结固定。

(6) 大腿骨折：用一块相当于从足跟至腋下长度的木板放在伤肢外侧，然后用 6~7 条布带扎紧固定。

(7) 小腿骨折：可用两块由大腿至足跟长的木板，分放于小腿内、外侧，或仅用一块木板放于大腿、小腿外侧，然后用绷带缠绕固定。

(8) 胸腰椎骨折：病人不宜站立或坐起，以免引起或加重脊髓损伤，抬动病人时不要让病人的躯干前屈,必须仰卧在担架或门板上运送。

(9) 颈椎骨折、脱位:患者头仰卧固定在正中位(不垫枕头)。两侧垫卷叠的衣服,防止颈部左右转动。勿轻易搬动,否则有引起脊髓压迫的危险,发生四肢与躯干的高位截瘫,甚至死亡。

保教人员应组织好幼儿的各种活动,全面细致地照顾幼儿,不得擅离职守。幼儿睡眠时保教人员应进行巡视。幼儿在小游泳池内玩水或在浴室内洗澡时,保教人员不得离开。要有组织地开展游泳活动。

三、环境设施

学前儿童生活环境首先要消除意外事故的隐患。幼儿活动场地要经常打扫,清除砖头瓦砾、碎玻璃,保持场地平坦及清洁。

幼儿园的家具、玩具要牢固,没有尖角和裂缝,以免引起幼儿外伤。玩具的大小与轻重应适合幼儿,过小的玩具易造成异物入体,而过重的玩具则易造成砸伤,带子弹的玩具极易造成身体的伤害,也不要选购。不宜用口吹的玩具。不要让幼儿玩塑料口袋,以免无意中套在头上,口、鼻被紧裹,发生意外。

幼儿园门上不宜加设弹簧,电灯开关要注意安全,不宜采用插头式的,电插座应该安装在幼儿接触不到的地方。热水瓶也应放置在幼儿接触不到的地方,以免造成烫伤。火柴、刀、剪等危险物品避免幼儿直接接触,应妥善存放。

📝 案例 7-1

在中班幼儿的一次手工活动中,教师为了教育孩子们注意使用剪刀的安全,就告诉孩子们:"大家剪时要小心,今天这些剪刀都是新的,很锋利的,不能剪到小手,小手会剪破流血。也不能剪到衣服,衣服也会剪破的。"结果,一名幼儿真的悄悄剪了小手指上的表皮,虽不至于流血,也很危险了,另一个幼儿则把同桌一女孩子的羽绒服剪了一个小口。

(资料来源:幼教网,http://www.youjiao.com/e/20091027/4b8bd448d93ec.shtml。)

案例评析:

这是一位工作不久的教师在课堂上发生的事件,这位老师有基本的安全教育意识,却由于没能运用正确的安全教育策略而导致一节课发生两次意外事件。幼儿年龄小,好奇心强,对于一切新鲜事物都乐于去尝试,可是却缺乏正确的判断能力,有的家长或教师喜欢用禁止式的方法,如告诉幼儿"不玩火""不把手指插入电插座的孔内""不用绳索套在颈项上""不探身窗外""不拿滚烫的东西"等。禁止其实是一种消极的做法,很可能带来不良的后果:幼儿原来并没想到要做的事,经成年人一提起,反而刺激了他们的好奇心,想尝试一下,这就弄巧成拙了。

(一)剪刀、小刀等文具的划伤与切伤的处理

幼儿在使用剪刀、小刀等文具或触摸纸边、草叶和打碎的玻璃器具、陶器时，都可能会发生手被划破的事故。具体处理办法是：用干净的纱布按压伤口止血，止血后，在伤口周围用75%的酒精由里向外消毒，敷上消毒纱布，用绷带包扎。如果是玻璃器皿扎伤，应先用清水清理伤口，用镊子清除碎玻璃片，消毒后进行包扎。

案例 7-2

幼儿在喝豆浆时，由于豆浆太烫，手一抖把豆浆弄洒了，手指被豆浆烫红了。刚刚参加工作的教师很紧张，带着孩子去找校医，却没找到。看着孩子红红的手指，她只好又带着孩子去医院。正巧孩子的妈妈是一位护士，她看到孩子的小手因为没能及时处理而烫起一个水泡，就赶快帮孩子处理。她一边处理一边委婉地对老师说："其实孩子当时只要在自来水上多冲一下就没事了。"

(资料来源：幼教网，http://www.youjiao.com/e/20091027/4b8bd448d93ec.shtml.)

案例评析：

在幼儿园，有很多这样的案例，由于教师缺乏必要的安全救助常识而延误时机，导致原本可以减轻的意外伤害事故变得后果严重，给幼儿造成不必要的伤痛和伤害。

(二)烫伤的处理

夏日天气炎热，皮肤暴露在外的机会比较多，是宝宝烫伤的高发季节。小宝宝好奇心强、自我保护的意识还较弱，同时宝宝的动作还不协调，回避反应又迟缓，一旦爸妈在看护时稍有疏忽，就容易发生烫伤意外。小儿皮肤娇嫩，一旦烫伤，受伤程度要比成人严重得多，即使伤势较轻也可能会留下疤痕，严重时甚至可危及生命。家长及教师应注意以下几点。

(1) 开水应提前灌入保温桶内，夏季桶盖不要盖严，保持水温在35～40℃即可。

(2) 夏季厨房烧的菜汤、稀饭、豆浆、牛奶应提前烧开晾一会儿，再分发给各班。

(3) 各班教师应保持进餐前幼儿良好的秩序，播放轻松音乐等待开饭，培养幼儿的良好习惯。开饭时应事先把碗分发到桌子中间，然后分别将饭盛到碗内容量的2/3，感觉温度可以，再请幼儿轻轻端在自己面前就餐。

如果发生烫伤，不要惊慌，迅速将幼儿带到冷水龙头前用冷水冲患处15分钟。冷却处理后，如果是比较小的幼儿，可以将患处泡在凉水中，再用剪刀将衣服剪开，然后将伤处用干净的纱布包好，送到医院。家长和教师见到孩子烫伤，千万不能马上涂抹药膏，有些药膏根本起不到保护创面的作用，相反甚至能造成创面的污染和损害，医生在去掉药膏的时候特别油腻，很可能造成创面的再次损伤。

四、药品、有毒物品

建立严格的药品保管制度。放药品的位置要固定，药品应放在幼儿够不到的地方，并贴上标签。内服药、外用药宜分开放置，以防拿错或误服。药品用后要放回原处。给幼儿服药前仔细核对药名、姓名、剂量，并按时给患儿喂药。服药情况应有交接班记录。对有药物过敏的幼儿要有记载，要求医务人员与班上的教师必须做到心中有数。

有毒物品，如杀虫剂和消毒剂，除应贴上标签外，更需妥善保管，平时应上锁保存，使用时应有记录，用完的瓶罐统一回收处理，切不可随便丢弃，以免造成意外事故。组织幼儿劳动时，不得让幼儿使用或帮老师拿消毒剂、杀虫剂。不要带幼儿到刚洒过农药的园田里去玩耍，消毒厕所所用消毒剂的浓度要适宜，不可太高。

五、防暑降温及防寒保暖工作与保育

(一)防暑降温工作的实施

1. 防暑降温工作的目的

夏日，气温很高，学前儿童容易出现中暑现象，因此，做好防暑降温工作非常重要。其主要目的有以下三点。

(1) 预防夏季肠道传染病和防止食物中毒。
(2) 预防幼儿中暑、烫伤和意外事故的发生。
(3) 预防皮肤病，如痱子、热疖、脓疱疮。

2. 防暑降温的准备工作

幼儿园对防暑降温应做好如下准备工作。

准备好凉席，电风扇，空调，竹帘，室温表，清凉饮料，洗澡用的肥皂、毛巾、沐浴设施，嬉水池，嬉水的玩具，祛痱水，风油精，必要时可搭凉棚。

3. 防暑降温工作的实施

(1) 饮食。饭菜要清淡爽口，饭菜、汤、茶、点心要温凉，提醒婴幼儿多喝凉白开水。
(2) 睡眠。卧室保持宽敞通风，铺位宽松，凉席保持清洁，定期消毒，适当延长午睡时间。在幼儿熟睡时如用电风扇，应开微风挡，使用空调应注意适当调节温度，并定时开窗换气通风，保持室内空气流通。
(3) 盥洗。多洗澡，每日至少两次。勤洗头，最好用低温水洗。如果用热水洗，要预防烫伤。对于出汗多的婴幼儿，应为其勤擦汗、勤换衣。
(4) 活动。活动时间应安排在上午九点前，下午四点后，并选择通风蔽阴处。活动量小些，避免剧烈运动。活动时间不宜过长，要注意多休息，多让幼儿玩水嬉水。

(5) 环境。环境布置要符合防暑降温的要求，有阴凉感。教室保持通风，对有阳光直射的门、窗要加竹帘，底层也可搭遮阳篷。为了降低室温可用凉水拖地板，每日2~3次。使用电扇要注意安全，用空调要注意室温调节适当，使室内外的温差不要过大，并定时开窗通风，保持室内新鲜空气流通。

(二)防寒保暖工作的目的及设施准备

1．防寒保暖工作的目的

冬日，天气寒冷，尤其是北部地区，幼儿园的防寒保暖工作不容忽视。防寒保暖工作的目的在于防止呼吸道感染、冻疮、烫伤、煤气中毒、窒息。

2．防寒保暖工作准备

幼儿园在进行防寒保暖时应做好如下准备工作。

准备好棉门帘、电暖器及防护栏、加厚的棉被褥、空调、棉拖鞋、保暖桶、保暖饭盒，婴托所要备好棉裤。

3．防寒保暖工作的实施

(1) 饮食。饮食要做到"五热"，即热饭、热菜、热汤、热茶、热点心，分发饭菜要做到随盛随吃。

(2) 睡眠。婴幼儿的盖被、垫被要及时加厚并勤晒太阳，要防止婴幼儿蒙头睡，以免引起窒息。冬季睡眠时要关上窗户，打开气窗，但要防止吹对流风。睡下时，做到脱衣即睡。起床时，做到立即穿上衣服，防止着凉。

(3) 盥洗。洗手用温水，洗脸用热毛巾，洗后涂抹护肤霜。洗澡时用取暖设备，但要注意安全。洗好后及时穿好衣服，防止着凉。并注意安全使用取暖设备，防烫伤，防触电，防煤气中毒。

(4) 活动。户外活动时间应安排在上午九点后，下午四点前。尽量在阳光多的场地活动，并适当增加活动量。如遇大风或天气寒冷，可适当减少户外活动的时间。

(5) 环境。过道要装棉门帘，取暖器要装防护架，以防烫伤。环境布置可采用一些暖色调的装饰，使用空调要注意温度适宜，并适时开窗通风，保持室内空气新鲜，以防感冒。

六、幼儿园的安全检查制度

幼儿园要设专人定期、不定期地检查园内的房屋、场地、家具、玩具、生活用品、器械等，防患于未然。如幼儿的运动器械要随时检修，检查秋千的绳索是否仍然结实；铁制的运动器械是否生锈，边角有无卷起、焊接处有无脱离、螺扣是否脱落，以免幼儿运动时发生意外。

幼儿园还应加强对门卫的严格管理，建立、健全严格的家长接送制度，要求幼儿的接送者必须是幼儿的父母、祖父母或固定的接送人，并制作接送卡片。

幼儿的情绪变化很大，有时因为在与班上教师或小朋友交往中发生不愉快，或因父母早上来园时没有讲好条件，送到班上后，趁教师不注意，也会返回去找爸爸妈妈；或者在一日活动中某一时刻在院中玩耍，出于好奇从大门口溜走。要教育幼儿懂得发生问题求助于教师，教师是幼儿最信赖的人，教育幼儿牢记父母的姓名、家庭住址、工作单位，以及自己所在的幼儿园。孩子无论在教室，还是在院中游戏，应该始终在教师的视线之内。出去散步之后，回到教室，教师都应该及时清点人数，以便能及时发现问题。特别要强调的是，外出散步、参观时，要善于组织管理幼儿，俩人手拉手排成队，能力差的幼儿要和班上能力发展好的孩子手拉手。出发前讲清楚纪律要求、教学目的要求。外出参观、散步前，教师要事先了解散步的环境，周围的建筑环境，设计好路线，然后才能组织幼儿外出。外出时，一个教师在最前面，一个教师殿后，步伐不能太快，压住排头的速度，并随时清点人数。教师引导幼儿观察时要随时掌握幼儿的兴趣反应等。总之，安排外出参观安全第一，不可掉以轻心。

为了预防事故的发生，还可以采取以下措施。

(1) 树立安全观念，加强安全管理，严格落实规章制度，实行安全一票否决制。在组织幼儿一日生活中，必须时刻考虑排除各种不安全因素，培养幼儿的安全意识，经常向幼儿传授安全常识，逐步提高幼儿的自理自卫能力和应变能力。

(2) 在各项活动中，教师要加强指导和保护。在体育活动中，应根据幼儿的身体条件和个性特征，安排适当的活动项目，精心准备和检查活动器材，对不适合某一运动的幼儿不要强求一律，对适合的幼儿也要注意保护。教师一定要有计划地组织并参与到幼儿的活动当中，将幼儿的活动控制在自己的视线之内，尽职尽责。

(3) 掌握幼儿的情绪变化，防止游戏向不利于幼儿安全的方向转化，注意发现情绪不稳定或出现宣泄情绪，特别要及时提醒神经兴奋的幼儿安静下来。幼儿玩耍时与同伴发生争执吃了亏，会作出报复行为，老师要特别注意重点保护。总结经验教训，开展安全无事故月活动。

(4) 有针对性地开展安全防护工作，严格检查幼儿园的设施设备，分析发生事故的原因。

第二节　幼儿园安全教育

安全需求是人类生存最基本、最重要的需求，安全就是生命。幼儿好奇好动，爱探索，生活经验贫乏，自我保护能力差，是社会成员中最脆弱、最易受到伤害的弱势群体，幼儿又是祖国的未来和希望，因此，幼儿园的安全教育十分重要。

《幼儿园教育指导纲要(试行)》明确指出："幼儿园必须把保护幼儿的生命和促进幼儿的健康放在工作的首位。"目前，上至国务院，下至地方政府、教委和公安部门都非常重视学校和幼儿园的安全工作，要求各学校及幼儿园牢固树立"以人为本""安全第一""预防为主"的理念，切实做好安全工作。应该说，大多数幼儿园都很重视幼儿的安全问题，但目前幼儿的安全教育实效还不尽如人意。2006年的一项调查显示，76.6%的幼儿有过在游戏中摔伤或碰伤的经历；66.8%的幼儿有过从床上摔下的经历；25.8%的幼儿有过从楼梯上摔落的经历。2010年，我国幼儿园连续发生恶性安全事件，幼儿安全事故频频发生，意外伤害已成为威胁幼儿生命安全和健康成长的第一杀手。

目前，幼儿园安全教育存在以下两个主要问题。

第一，重保护，轻教育。家长和教师偏重对儿童采取全方位的保护，认为少活动就可减少危险事故的发生。有的园甚至减少幼儿户外活动的时间，剥夺了孩子们通过实践锻炼提高自我保护能力的机会。虽然教师和家长在竭尽全力地呵护幼儿，以尽量减少事故的发生，但我们应该清楚地认识到：成人对孩子的保护毕竟是有限的，因此在关注和保护孩子的同时，更重要的应该是教给他们必要的安全知识，增强孩子的自我保护意识和能力。

第二，重安全知识的灌输，轻安全行为的训练。日常进行安全教育时大部分是保教人员对幼儿进行"该做什么，不该做什么"的教育，忽视逃生教育和避难技巧训练。这种教育方式属于灌输式的被动教育，幼儿常常是"左耳进，右耳出"，其效果可想而知。从知到行之间有一段距离，幼儿知道怎么做，但如果不加以实践、练习和巩固，他们是不会自动产生相应的安全行为的。按皮亚杰的观点，儿童的行为不会自动产生，也不能由教师或父母传授而获得，只能是通过儿童的主动建构而内化到他们的认知结构中。

因此，要切实保障幼儿的生命安全和身心健康，提高幼儿园安全教育的有效性，在加强幼儿安全管理的同时，要加强幼儿的安全教育。在教育方法上，教师可采取示范与讲解相结合，以及游戏的方式，注意正面引导和随机教育，把安全教育落到实处。对幼儿进行的安全教育，大致包括以下几个方面。

一、园中安全教育

《幼儿园教育指导纲要试行》指出："要密切结合幼儿的生活进行安全、营养和保健教育，提高幼儿的自我保护意识和能力。"只有结合幼儿的日常生活，让幼儿学习一些自我保护的方法和技能，变消极躲避为积极预防，才能够使各种意外伤害发生的可能性降到最低。

要让幼儿明确一日生活中各个环节和各项活动的具体要求，知道应该怎样做，建立良好的生活秩序，避免出现幼儿的伤害事件。尤其应注意下述各点。

(1) 入园——不带小刀、扣子等危险物品进园。

(2) 进餐——安静进餐、细嚼慢咽，不说笑(以免呛着)。

(3) 睡眠——正确睡姿，不把杂物带到床上玩，不含着东西睡觉。

(4) 行走——行走时抬头挺胸，手前后自然摆动，学会靠右行走，不猛跑(以免碰撞、摔倒)。

(5) 游戏等活动——在运动和游戏时要有秩序，不拥挤推撞；在没有成人看护时，不能从高处往下跳或从低处往上蹦。要遵守游戏规则和集体纪律。

(6) 专题或渗透性的安全教育活动——知道日常生活中的安全行为。

(7) 离园——有序活动，静待家长，安全返家等。

幼儿年龄小，自觉性和自制力较差，而习惯的养成又不是一两天就能奏效的。因此，除了提出要求和教给方法外，还要经常提醒，不断强化，逐步形成幼儿的自觉行为，从而养成良好的常规习惯。

案例 7-3

一个阳光明媚的中午，孩子们正津津有味地享受着食堂为他们准备的中餐。班上的明明和扬扬向来吃饭速度较快，今天也不例外，赶着争"第一"。然后问教师吃完后到哪里玩。那天周四本来就有个分享活动，再想这俩孩子平时的表现都很不错又会照顾自己，于是教师放心地说："拿好自己的玩具到走廊上一边晒太阳一边坐在板凳上玩玩具好了。"两个孩子听后兴高采烈地抱着各自的玩具上走廊去了。甚至还没两分钟，教师想去了解一下孩子的活动状况。可哪晓得，教师还没走近孩子，明明就拿着眼镜哭丧着脸向教师诉苦：扬扬因抢玩具把他推倒，眉角被眼镜刮到正渗着血……仅那么"一会儿"工夫就出现这种事情，幸好没伤到眼珠，万一伤到了，后果不堪设想！

(资料来源：六一宝宝网站，http://www.61baobao.com/jiaoan/201104/9138.html.)

案例评析：

幼儿园生活，除了组织适合幼儿身心健康成长的系列游戏、活动外，更重要的是保证幼儿的游戏、活动安全。孩子的年龄使孩子对任何事物都想玩一玩，但如果没有成人的看护，孩子很难保证自身在游戏中的安全，就会导致各类安全事故的发生。当然这类安全事故也隐藏在幼儿与同伴间的相处中。通过这件事情，作为孩子的"老师"很有必要做到以下两点。

(1) 以这例安全事故为例在孩子中间展开讨论：如何与同伴友好相处？怎样学会谦让？当发生事故但又无成人在场帮助时，孩子应该怎样处理事故？

(2) 放手让孩子游戏、活动，前提是在教师的视线范围内，因为安全无侥幸！游戏是孩子的天性，玩具是孩子的最爱。幼儿在园的一日生活与活动中，几乎有一半时间是在和玩具打交道。因此，对幼儿进行玩具安全教育十分重要。幼儿玩不同的玩具，应有不同的安全要求。如玩大型玩具滑梯时，要教育幼儿不拥挤，前面的幼儿还没滑到底及离开时，后面的孩子不能往下滑；玩秋千架时，要注意坐稳，双手拉紧两边的秋千绳；玩跷跷板时，除了要坐稳，还要双手抓紧扶手等；玩中型玩具游戏棍时，不得用棍去打其他幼儿的身体，特别是头部；玩小型玩具玻璃球时，不能将它放入口、耳、鼻中，以免造成伤害等。

案例 7-4

晚上，3岁的孩子一个人在客厅玩耍，父母都在厨房里忙着。孩子跑过来，将一个空药瓶交给妈妈："妈妈，把它扔到垃圾桶里好吗？"妈妈吃惊地问："宝宝，里面的药片呢？"孩子得意地笑了，指指嘴巴："妈妈，我都吃下去了。"这下可不得了，惊慌失措的父母赶紧带着孩子去医院检查、洗胃了。

(资料来源：幼教网，http://www.youjiao.com/e/20091027/4b8bd448d93ec.shtml.)

案例评析：

由于孩子年龄小，安全意识差，自我保护能力差，当他们由于好奇而去尝试一些事情时，却不料危险已经悄悄来到身边了。虽然多数家长经常担心孩子会发生意外伤害，但对于某些能够引起意外伤害的家庭环境因素却不够注意，不少大人不注意保管好家里的药品，放在孩子能拿得到的地方，他们想不到由此可能会导致孩子家庭药物中毒的发生。

一旦幼儿出现异物入体的情况，保教人员应及时处理，以免造成不可挽回的伤害。

异物入体的处理方法如下所述。

1. 眼内异物

幼儿眼内异物最为多见的是小沙粒、小飞虫等东西。异物入眼后，可粘在眼结膜的表面，进入眼睑结膜囊内，也有的嵌在角膜上。对于不同的情况，应采用不同的方法。具体的方法是：让幼儿轻轻闭上眼睛，切不可揉搓眼睛，以免损伤角膜。教师清洁双手后，方可为幼儿处理。沙粒粘在眼结膜表面时，可用干净柔软的手绢或棉签轻轻拭去。若嵌入眼睑结膜囊内，则需要翻开眼皮方能拭去。翻上眼皮的方法是：让幼儿向下看，用拇指和食指捏住他的眼皮，轻轻向上翻即可。若运用以上各法都不能取出异物，幼儿仍感极度不适，则有可能是角膜异物，应立即去医院治疗。平时应注意培养幼儿爱护眼睛的意识，不用脏手揉眼，不互相扔沙子，眼睛不舒服时应立即告诉老师。

2. 气管异物

气管、支气管异物多见于 5 岁以下的幼儿，幼儿口含食物或小物件，哭闹、嬉笑时最易发生气管异物。幼儿气管有异物时，会出现呛咳、吸气性呼吸困难、憋气、面色青紫等现象，此时情况紧急，应立即加以处理。

气道部分堵塞的处理方法：如果是食物堵塞气道，家长可以鼓励孩子咳嗽，如不能咳出，就要送医院；如果是尖锐的物品堵塞气道，不要使劲咳嗽，以免扎破柔软的组织，应立即送医院处理。

1) 0～1 岁婴儿气管全部堵塞的处理方法

(1) 首先判断婴儿是否昏迷。

(2) 如果没有昏迷的话，先检查嘴里是否有明显的异物，有的话将异物拿出来。

(3) 没有的话，救护者先坐下，左手手臂放在大腿上作为支撑，让孩子趴在左手手臂上，头略低，脚略高，左手托住孩子的下巴，用右手的掌根以向下向前的方向，击打孩子两个肩胛骨中间的位置，连击 5 下。如图 7-1 所示。

图 7-1 气管堵塞的处理方法 1(0～1 岁婴儿)

(4) 然后将孩子翻过来，观察一下嘴里有没有异物，如果有就拿出来。如图 7-2(a)所示。

(5) 如果没有，用右手的食指和中指按压孩子乳头连线中点下一横指的地方，以向下向前的方向用力按压 5 次，再观察有没有异物。如图 7-2(b)、7-2(c)所示。

(6) 有就取出，没有则重复刚才的步骤。

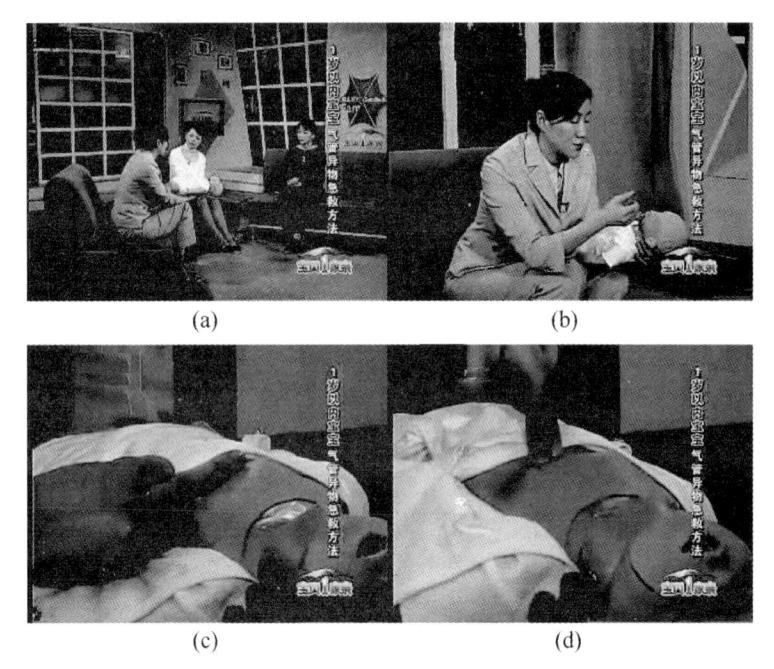

图 7-2 气管堵塞的处理方法 2(0～1 岁婴儿)

2) 2～3 岁儿童气管全部堵塞的处理方法

(1) 让孩子站在地上，救护者跪在地上，双手从孩子的腋下穿过去，右手握拳。如图 7-3(a)所示。

(2) 找到肋骨交叉的地方和肚脐连线的中间位置，将拇指的关节放在这个位置上，左手托住右手，以向内向上的方向连击 5 次。如图 7-3(b)所示。

(3) 观察嘴里有没有异物，如果有的话就取出来，没有就接着重复这个过程。

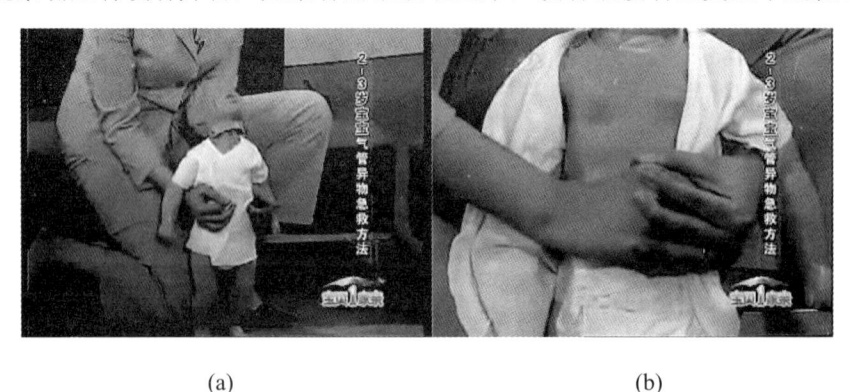

图 7-3 气管堵塞的处理方法(2～3 岁儿童)

3) 3岁以上儿童以及成人气管全部堵塞的处理方法

救护者可以采用站姿，手的位置和救护方法与2~3岁的儿童相同，如图7-4所示。

图7-4 气管堵塞的处理方法(3岁以上儿童)

3. 外耳道异物

外耳道异物一般可分为两种：一种是非生物异物，如幼儿玩耍时塞入的小石块、纽扣、豆类等；另一种是生物异物，如小昆虫等。幼儿外耳道异物属非生物异物和水时，可用倾斜头、单腿跳跃的动作，将物品跳出。若无效，应上医院处理。切不可用小棍捅、用镊子夹，否则易损伤幼儿外耳道及鼓膜。若外耳道异物为小昆虫，可用强光接近幼儿的外耳道，或吹入香烟的烟雾将小虫引出来。若不见效，应立即上医院。

4. 咽部异物

咽部异物以鱼刺、骨头渣、瓜子壳、枣核等较为多见。异物扎在扁桃体、咽后壁或舌根，有时用压舌板压住舌头就可以看到，可轻轻用镊子拔出。但卡在下咽部的异物，就必须用特殊的检查方法才能看到，这时千万不要用吞饭团、吞馒头的方法往下压，因为这样可能把刺压入组织深部，引起深部组织化脓感染。尖锐的异物用力下压时，有可能刺伤咽部大血管，引起出血。最好的办法是到医院，请医生用特制的钳子，在喉镜下将异物取出。

5. 鼻腔异物

幼儿出于好奇，常把豆子、小珠子、纽扣、橡皮等较小的物品塞入鼻中，这不仅会影响呼吸，还会引起鼻腔炎症，甚至引起气管异物。因此教师应仔细观察，及时取出异物。具体的方法是：深吸一口气，用手堵住无异物的一侧鼻子，用力擤鼻，异物即可排出。若异物未取出，切不可擅自用镊子夹取圆形异物，否则会将异物捅向鼻子深处，甚至落入气管，危及生命，应马上去医院处理。

二、交通安全教育

据有关部门统计，全国交通事故平均每50秒发生一起，平均每两分40秒就会有一个人丧生于车祸。更让人痛心的是，因交通事故死亡的少年儿童占全年交通事故死亡人数的10%，且呈逐年上升的趋势。因此，对幼儿进行交通安全教育不容忽视。交通安全教育主要包括以下几个方面。

(1) 了解基本的交通规则，如"红灯停、绿灯行"，行人走人行道，上街走路靠右行，不要在马路上踢球、玩滑板车、奔跑、做游戏，不横穿马路等。

(2) 认识交通标记，如红绿灯、人行横道线等，并且知道这些交通标记的意义和作用。

(3) 教育幼儿从小要有交通安全意识，养成遵守交通规则的良好习惯。在对幼儿进行交通安全教育时，可选用一些儿歌或故事以增加趣味性。

交通安全儿歌：

过马路

马路上，汽车嘀嘀嘀，
小朋友，过路要注意，
红灯停一停，绿灯再前行，
左右看好，斑马线上安全行。

红绿灯

交叉路口红绿灯，指挥交通显神通；
绿灯亮了放心走，红灯亮了别抢行；
黄灯亮了要注意，人人遵守红绿灯。

三、食品卫生安全教育

幼儿大多爱吃零食，也喜欢将各种东西放入口中，因而容易引发食物中毒。幼儿园除了要把好食品采购、储藏、烹饪等方面的卫生关外，还必须教育幼儿不吃腐烂的、有异味的食物。幼儿在幼儿园误食有毒有害物质的情况更是多种多样，如园内投放的各种花花绿绿的毒鼠药，因保教人员工作失误而误放在饮料瓶中的消毒药水等，都可能被幼儿误食。因此，保教人员在平时要教育幼儿不随便捡食和饮用不明物质。另外，目前孩子服用的药大多外观漂亮，口感好，深受孩子"喜欢"，有的孩子甚至把药品当零食吃，因此，要教育孩子不能随便吃药，一旦要服药，一定要按医生的吩咐在成人的指导下服用。饮食安全教育的另一方面是饮食习惯的培养。如教育孩子在进食热汤或喝开水前必须先吹一吹，以免烫伤；吃鱼时，要把鱼刺挑干净，以免鱼刺卡在喉咙里；进食时不嬉笑打闹，以免食物进入气管等。

四、消防安全教育

对幼儿进行消防安全教育，主要包括下述内容。

(一)要让幼儿懂得玩火的危险性

(1) 不要玩火柴或打火机。玩火柴或打火机不仅会烧到自己，而且若控制不住火势，还会引燃其他物品甚至整个房间，造成火灾。

(2) 不要拿着点燃的蜡烛在床上、床下、衣柜内等狭小的地方找东西。这样做很容易引起火灾。另外，点燃的蜡烛应远离易燃易爆物品，更要注意蜡烛及烛台的平稳。

(3) 夏天，使用蚊香时，一定要放在金属支架上或金属盘内，并远离桌、椅、床、蚊帐等可燃物品。切忌把蚊香直接放在木桌、纸箱上。

(4) 不要在家中、阳台、楼道里玩火、放烟花爆竹，如果看到有人这么做，要制止他。

(5) 拧天然气、煤气罐开关都是大人的事情，小朋友还小，控制不了火候，所以不应乱动。

(二)让幼儿掌握简单的自救技能

如教育幼儿一旦发生火灾，要马上逃离火灾现场，并及时告诉附近的成人。当发生火灾，自己被烟雾包围时，要用防烟口罩或干、湿毛巾捂住口鼻，并立即趴在地上，在烟雾下面匍匐前进。

(三)带幼儿参观消防队并进行火灾疏散演习

带幼儿参观消防队，看消防队员的演习，请消防队员介绍火灾的形成原因、消防车的作用、灭火器的使用方法及使用时应注意的事项等。另外，还可以进行火灾疏散演习，事先确定各班安全疏散的路线，让幼儿熟悉幼儿园的各个通道，以便在发生火灾时，能在教师的指挥下统一行动，安全疏散，迅速离开火灾现场。

火灾安全儿歌：

火灾

火灾起，怕烟熏，
鼻口捂住湿毛巾，
身上起火地上滚，
不乘电梯往下奔，
阳台滑下捆绳索，
盲目跳楼会伤身。

五、防触电教育

触电是日常生活中比较常见的意外伤害，少年儿童因触电而死亡的人数占儿童意外死亡总人数的10.6%。对幼儿进行防触电教育，应告诉幼儿注意下述各点。

(1) 在室外玩耍时，千万不要爬电线杆，遇到落在地上或垂在半空的电线时，一定要绕行。

(2) 在家时千万不要用湿手直接去开灯、关灯或接触其他电源开关等。

(3) 不要随便安装开关、插座，更不要摆弄、修理电器或电力设备。

(4) 千万不能用手指、小刀和钢笔去触、插、捅多用插座，那样是非常危险的。

(5) 不要在电线上晾晒衣物。

(6) 雷雨天时不要在田野里行走，也不要在大树或变压器下避雨，这样做很容易触电。

(7) 一旦发生触电事故，不能用手去拉触电的孩子，而应及时切断电源，或者用干燥的竹竿等不导电的东西挑开电线。

安全用电儿歌

电插座、电插头，
还有电线和灯口，
看见千万别伸手，
安全第一记心头。

六、防溺水教育

溺水是造成中国1~14岁儿童意外死亡的第一大原因，其中4岁以下的婴幼儿占52%，看护不力是婴儿和初学步幼儿溺水的主要原因。婴幼儿的溺水多发生在家中或家附近。婴幼儿一旦发生溺水，两分钟后便会失去意识，4~6分钟后身体就会遭受不可避免的伤害，短短几分钟的疏忽可能导致无可挽回的严重后果。为了避免这类事件的发生，家长在看护儿童时尤其要多加留心。

对幼儿进行防溺水教育，应告诉幼儿牢记下述各点。

(1) 不能私自到河边玩耍。

(2) 不能将脸闷入水中。

(3) 不能私自到河里游泳。

(4) 伙伴失足落水时，要及时就近叫成人来抢救。

(5) 告诉幼儿游泳规则，让幼儿知道自然水域游泳安全知识，告诉幼儿一定要在有防护和可游泳的水域游泳。

(6) 幼儿不要在没有成人看管下单独游泳、滑冰、捕鱼或从事水上娱乐，如果捕鱼或游泳，必须有水性好的成人陪同，并携带救生设备。

(7) 不要让幼儿直接潜(跳)入水中；除非他已学会直接潜入的方法，并在成人的监护下进行。

(8) 带幼儿游泳时，父母应该注意水域深浅，并教会孩子用脚试水深浅。

(9) 在水中不要吃东西，因为幼儿有可能被呛噎。

(10) 检查幼儿经常去的地方是否是没有任何护栏的水池，若水池没有护栏，要教育幼儿注意安全。

一旦幼儿发生溺水情况，保教人员应及时进行急救[①]。

首先大声呼救寻求帮助，同时马上确认宝宝的意识、呼吸和脉搏。

---

① 贝兰. 溺水急救法[J]. 农业知识：增收致富，2005(7)：51.

多数溺水者被救起时已处于昏迷状态(儿童溺水两分钟就会失去意识),抢救不及时4~6分钟即死亡。

步骤一:迅速救上岸。

由于孩子溺水并可能造成死亡的时间很短,所以应以最快的速度将其从水里救上岸。若孩子溺入深水,抢救者宜从背部将其头部托起或从上面拉起其胸部,使其面部露出水面,然后将其拖上岸,见图7-5所示。

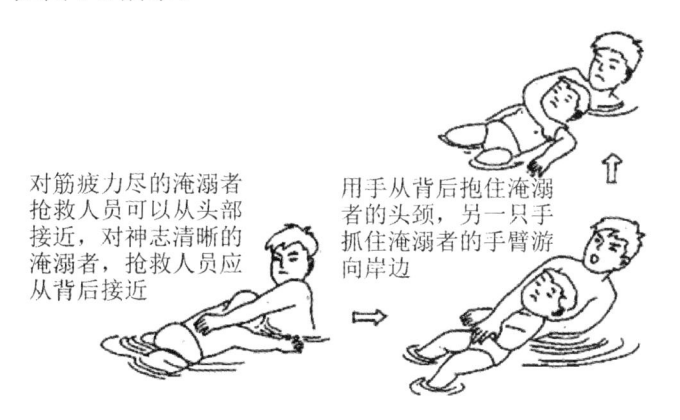

图7-5 水中救护方法

步骤二:清除口鼻里的堵塞物。

孩子被救上岸后,立刻撬开其牙齿,用手指清除口腔和鼻腔内的杂物,再用手掌迅速连续击打其肩后背部,让其呼吸道畅通,并确保舌头不会向后堵住呼吸道。

步骤三:倒出呼吸道内的积水。

倒出呼吸道内的积水有两种方法。

方法1:抢救者单腿跪地,另一腿屈起,将溺水儿童俯卧置于屈起的大腿上,使其头足下垂。然后颤动大腿或压迫其背部,使其呼吸道内的积水倾出,如图7-6所示。

方法2:将溺水儿童俯卧置于抢救者肩部,使其头足下垂,抢救者做跑动动作就可倾出其呼吸道内的积水,如图7-7所示。清理积水之前,先要用手清除溺水儿童的咽部和鼻腔里的泥沙及污物,以保持呼吸道畅通。注意倾水的时间不宜过长,以免延误心肺复苏。

图7-6 伏膝倒水法　　　　图7-7 肩背倒水法

步骤四：水吐出后进行人工呼吸。

对呼吸及心跳微弱或心跳刚刚停止的溺水者，要迅速进行口对口(鼻)式的人工呼吸，同时做胸外心脏按压，分秒必争，千万不可只顾倾水而延误呼吸心跳的抢救，尤其是开始几分钟。抢救工作最好由两个人来进行，这样人工呼吸和胸外按压才能同时进行。如果只有一个人的话，两项工作就要轮流进行，即每人工呼吸一次就要胸外按压3～5次，并尽快与医疗急救机构联系。

人工呼吸方法如下所述。

1. 开放呼吸道

使宝宝取仰卧位，立即清除口腔内的呕吐物或异物，以防呼吸道阻塞，然后仰头托起下颌，以防舌后坠，使呼吸道有效开放，如图7-8所示。

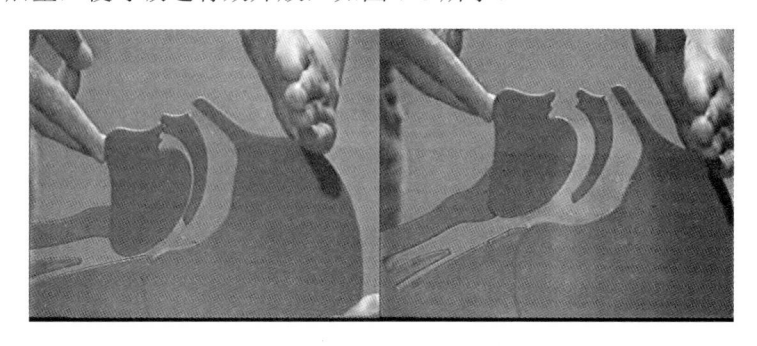

图7-8 开放呼吸道方法

2. 观察呼吸

使宝宝呼吸道畅通后观察呼吸是否停止，为确保宝宝呼吸道的畅通，要将毛巾、小枕头或小臂垫在宝宝的脖子下，然后注意看宝宝胸部有无起伏，听听口鼻有无呼吸的声音，确认呼吸是否已经停止。

3. 口对口呼吸

救护者深吸一口气后，用口唇严密包盖于患儿口部，用一手拇、食两指捏住患儿鼻孔，用适当力量向患儿口对口吹气，当气体进入胸腔后放开鼻孔，停止吹气，使气体被动排出。每次吹气1～1.5秒，可见胸部有起伏即可。吹气与排气的时间比例为1∶2，吹气次数儿童为20～40次/分钟，婴幼儿为30～40次/分钟。

4. 观察确认胸部有无起伏

吹气后松开手，确认胸部有无起伏，如果有空气从宝宝口中呼出，则说明人工呼吸方法是正确的，继续吹气两次后，用5秒钟确认有无脉搏跳动。

5. 等待救护

如患儿有微弱的自然呼吸，人工呼吸应与患儿的自然呼吸节律相一致，不可相反，人工呼吸应持续至患儿呼吸恢复正常后或急救车到达。注意在向孩子嘴中吹气时不要过多或过于使劲，因为宝宝的肺容量较小，过度使劲吹气有可能会损害宝宝的肺。

心脏按压或心脏复苏的方法如下所述。

使病儿仰面躺在平直的木板或平整的地面上，背部必须为硬物支撑。

1) 0～1岁婴儿

诊脉部位：在肘内部和大腿根部诊脉。

按压手法：双手环抱患儿胸部，双手大拇指置于两乳头连线中点下一横指处，其余4指并拢，置于婴儿背部，拇指与其他四指相对同时按压，深度约为2cm，每分钟按压100～120次，如图7-9所示。

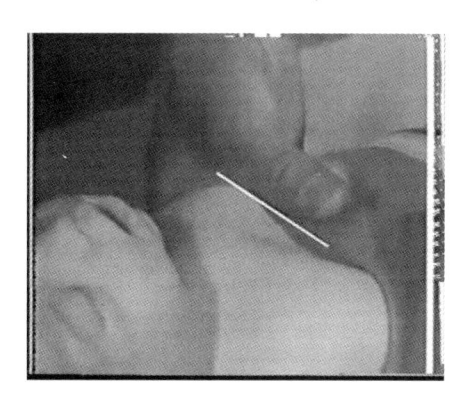

图7-9 心脏按压方法(0～1岁婴儿)

2) 1～8岁儿童

诊脉部位：在喉结的横侧面诊脉。

按压手法：用一只手掌的外缘处肉较厚的部分在儿童胸骨中下1/3处，以每分钟80～100次的速度压迫(压迫程度以受压处在受压时陷入2～3cm即可)，如图7-10所示。

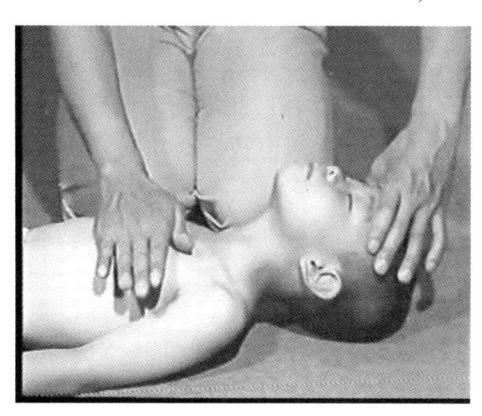

图7-10 心脏按压方法(1～8岁儿童)

注意：胸外心脏按压时，要垂直向下用力，挤压面积不可过大，用力不可过猛，以免引起其他意外。

做心脏按压的同时，还要口对口做人工呼吸，吹气与按压之比，1人时吹两口气按压8～10次，两人时吹一口气按压4～5次，每间隔4分钟检查一次动脉搏动和自主呼吸的有无，如图 7-11 所示。

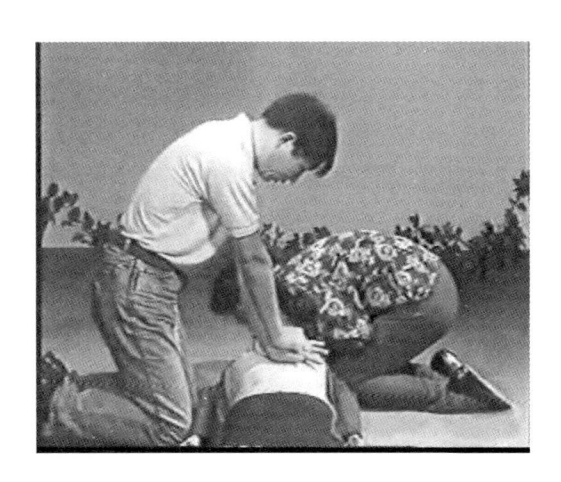

图 7-11　心脏按压与口对口人工呼吸法

步骤五：吸氧。

事故现场如果具备较好的医疗条件，可对溺水者注射强心药物及吸氧。现场如有呼吸兴奋剂可拉明、洛贝林等，可立即注射；现场若没有兴奋剂，则用手或针刺患儿的人中等穴位。

步骤六：喝热茶水。

经现场初步抢救，若溺水者呼吸心跳已经逐渐恢复正常，可让其喝下热茶水或其他营养汤汁后静卧。仍未脱离危险的溺水者，应尽快送往医院继续进行复苏处理及预防性治疗。

七、防地震教育

近年来，我国地震频发，从 2008 年 5 月 12 日的四川汶川地震，到 2010 年 4 月 14 日青海玉树县地震，再到 2013 年 4 月 20 日四川雅安市地震，我们无法控制诸如地震这样的自然灾害，但是我们完全可以在日常生活中教会幼儿掌握一些遭遇灾难时的自救方法，以便在危急关头尽可能地减少伤亡事件的发生。

地震发生时，在不同场所的避难措施如下所述。

1. 如果在家中

选择易形成三角空间的地方躲避。如是平房，可逃出房外，外逃时注意用被子、枕头、安全帽护住头部。室内安全地点有：卫生间、厨房、储藏室等狭小空间，承重墙(注意避开外墙)。

2. 如果在幼儿园

听从教师的安排，就近"蹲下、掩护、抓牢"。如迅速抱头、闭眼，躲在承重墙墙角、各自的课桌下或课桌旁，不能在窗下或横梁下躲避，尽量蜷曲身体，降低身体重心，将一个胳膊弯起来保护眼睛不让碎玻璃击中，另一只手用力抓紧桌腿。在墙角躲避时，把双手交叉放在脖子后面保护自己的头部和颈部，闭上眼睛和嘴，用鼻子呼吸。不能慌张、哭闹或随意乱跑；不大声叫喊，以保持体力等待救援。室外幼儿不要回教室，迅速撤离到幼儿园空旷场地蹲下，并把双手交叉放在脖子后面保护自己的头部和颈部，注意避开高大建筑物、危险物。

3. 如果在电影院、体育馆或商场

不要拥向出口，注意避开吊灯、电扇、空调等悬挂物，以及商店中的玻璃门窗、橱窗、高大的摆放重物的货架。就近"蹲下、掩护、抓牢"。地震后听从指挥，有秩序撤离。

4. 如果在车内

应抓牢扶手避免摔倒，降低重心，躲在座位附近，不要跳车，地震过后再下车。

5. 如果在开阔地

尽量避开拥挤的人流。避免与家人走失。

地震避险儿歌

遇地震，先躲避，
桌子床下找空隙，
靠在墙角曲身体，
抓住机会逃出去，
远离所有建筑物，
余震蹲在开阔地。

八、防雷电教育

夏季，雷雨多发，每年人畜被雷击的事件时有发生，为增强防雷自护能力，教师要向幼儿介绍一些防雷电安全小常识。

(一)室内避雷

(1) 打雷时，首先要做的就是关好门窗，防止雷电直击室内或者防止球形雷飘进室内。
(2) 遇到雷雨天气，不要站立在灯泡下，应将家用电器的电源切断，以免损坏电器。
(3) 雷雨天气时，尽量不要拨打、接听电话或使用电话上网，应拔掉电源和电话线及电视闭路线等可能将雷电引入的金属导线。
(4) 在室内也要远离进户的金属水管以及与屋顶相连的下水管等。
(5) 晾晒衣服被褥等用的铁丝不要拉到窗户、门口，以防铁丝引雷致人死亡。

(二)户外避雷

(1) 遇雷暴天气出门，最好穿胶鞋，这样可以起到绝缘的作用。
(2) 不要在打雷时拨打或接听手机，最好关掉手机电源。因为雷电的干扰，手机的无线

频率跳跃性增强，很容易诱发雷击和烧机等事故。但公共聚居地都装有避雷装置，人们处在这种环境中相对安全，雷电仅仅会干扰手机信号，顶多也仅是损坏芯片，对人体不会造成致命的伤害。一旦处于空旷地带时，人和手机就会成为地面明显的凸起物，手机极有可能成为雷电选择的放电对象。

(3) 不要快速开摩托车、骑自行车。因为身体的跨步越大，电压就越大，雷电也越容易伤人。

(4) 乘坐在车内一般不会遭遇雷电袭击，因为汽车是一个封闭的金属体，具有很好的防雷电功能。但是乘车遭遇打雷时千万不要将头、手伸出窗外。

(5) 不宜在孤立的大树下躲避雷雨。打雷时最好与树干保持 5m 的距离，下蹲并双腿靠拢。

(6) 遇到突然的雷雨，当头发出现发硬竖起来，这时你应该蹲下，降低自己的高度，同时将双脚并拢，减少跨步电压带来的危害。

(7) 当你站在一个空旷的地方，如果感到身上的毛发突然立起来，皮肤感到轻微的刺痛，甚或听到轻微的爆裂声，发出"叽叽"声响，这就是雷电快要击中自己的征兆。遇到这种情况，幼儿应马上蹲下来，身体倾向前，把手放在膝盖上，曲成一个球状，千万不要平躺在地上。不要用手撑地，应同时双手抱膝，胸口紧贴膝盖，尽量低下头，因为头部较之身体其他部位更易遭到雷击。

(8) 远离建筑物外露的水管、煤气管等金属物体及电力设备。

(9) 看见闪电几秒钟后就听见雷声，说明你正处于近雷暴的危险环境，此时应停止行走，两脚并拢并立即下蹲，不要与人拉在一起，最好使用塑料雨具、雨衣，不要使用金属雨具。

(10) 如果来不及离开高大物体，应马上找些干燥的绝缘物(非金属物品)放在地上，并将双脚并拢站在上面，切勿将脚放在绝缘物以外的地面上，因为水能导电。

(11) 不要拿着金属物品在雷雨中停留。不要手持金属体高举过头顶。丢掉身上佩戴的金属饰品，如钥匙、发卡、项链等，放在 5m 以外的地方。

(12) 不宜在水边、洼地停留，水体导电能力好，易遭雷击，要迅速到附近干燥的房子中去避雨。若是山区找不到房子，可以在岩石下或山洞里避雨。

(13) 如果看到高压线遭雷击断裂，应提高警惕，因为高压线断点附近存在跨步电压，身处附近的幼儿此时千万不要跑动，而应双脚并拢，跳离现场。

(14) 幼儿在空旷的地面或水面上会成为所在平面的凸起点而被雷电击中，这时候不要进行户外球类运动，如高尔夫球、足球等。切勿游泳或做其他水上运动。雷雨天气时不要停留在山顶或高楼平台上，在空旷处不宜进入孤立的棚屋、岗亭等。

第三节　学前儿童安全行为训练

安全教育不能光说不练，除了加强幼儿安全意识的教育外，重点应放在幼儿安全行为的训练上，促进其自动化安全行为的形成。幼儿安全行为包括以下两个方面。

(1) 预防性安全行为，即在日常生活中表现出来的旨在保护自身生命的安全行为，如不把异物放进口鼻中、安全用电、外出遵守交通规则等。

(2) 安全自救行为，即在出现意外灾害时能沉着应对，学会自救避险，如拨打急救电话、火灾自救、地震避险等。

游戏是幼儿喜欢的活动，也是幼儿学习的最佳方式，因此应在各种不同的游戏中自然融入安全教育的内容，在有趣、愉快的游戏中尝试解决各种问题，这不仅使幼儿从中获得力所能及的防灾、避害和逃生、自救的方法以及保护自己的经验，也可满足幼儿情感的需要，获得成功和信心。因此，游戏是幼儿园安全教育的重要途径，通过各种游戏进行安全行为的练习，能取得显著的效果。

一、在愉快的游戏中有意识地学习

(一)角色游戏

角色游戏是幼儿期最典型的游戏，幼儿通过角色扮演，可创造性地反映现实生活。教师要充分挖掘角色游戏中的安全教育因素，尤其是蕴含其中的安全行为方面的表现，发挥其安全教育的作用。例如，幼儿在玩"娃娃家"游戏时，教师一方面要营造自由、宽松、温馨的游戏氛围，让幼儿充分享受游戏的乐趣；另一方面可有意识地发展出"不给陌生人开门""不要吃陌生人的东西""不跟陌生人走"等游戏情节，组织开展"红绿灯"游戏，让幼儿掌握"红灯停，绿灯行""行人要走在人行道上或斑马线上""过马路要看红绿灯"等有关规则。幼儿在愉快的游戏中可以获得丰富的安全知识，更重要的是，他们通过游戏性质的角色表演，可以获得深刻的自我保护意识，得到自我保护行为的锻炼。

(二)体育游戏

生活中的意外事故防不胜防。幼儿反应的敏捷性、动作的协调性及手臂、大腿肌肉的力量，影响着幼儿的安全自护。可以通过"抓尾巴""大风和树叶"等有趣的游戏，增强幼儿躲闪、呼喊等快速反应能力；还可以设计专门的体育游戏演习求救技能，如尝试越过障碍物。通过这些有目的、有针对性的体育游戏，提高幼儿的行动反应力。一旦面临相应的危险事情，经过训练的孩子因为有行为和心理的准备，自救逃生的可能性就会大大增加。

(三)情境游戏

师幼共同创设一种模拟意外或灾难的特定情境，让幼儿设想、体验身临其境时的正确应对方法。它具有仿真性、情景性和角色性的特征。例如，创设一个"火场逃生"的场景：某处发生火灾了，旁边有水、毛巾、被子、衣服、门、窗等多种物品，幼儿当场进行保护自己的逃生演练。通过情境游戏活动，可培养幼儿从小具有灾难自救的意识，并能想出一定的办法解决遇到的有关灾难自救方面的问题，进一步提高幼儿战胜灾难的勇气、信心和智慧。

(四)表演游戏

表演游戏是按照童话、故事中的角色、情节和语言，进行创造性表演的游戏。它包括故事剧、哑剧、木偶戏、故事表演、分角色阅读等活动。表演游戏形象直观，符合幼儿的思维特点。教师应鼓励幼儿运用身体和声音来阐释或扮演故事(或童话)中的角色，将作者的言词变为幼儿自己的运动和语言。表演游戏的情节将直接指导幼儿的学习生活，这样幼儿便能更深有体会地接受和理解故事内容。如针对小班幼儿自我保护方面的《迷路的小花鸭》，针对中班幼儿社会交往中自护方面的《金鸡冠的公鸡》，针对大班幼儿交通安全知识方面的《马路上的比赛》，教师可通过准备材料和提供环境支持幼儿游戏，调动幼儿参与活动的激情，鼓励他们进行探索。幼儿可以根据情节大胆表现，在游戏中懂得自护、自救的方法，在以后的实际生活中，幼儿可以学以致用，达到事半功倍的效果。

(五)结构游戏

通过结构游戏，设置一些交通安全情景，是幼儿获得直观的交通安全知识的最有效办法。如在中班开展的"红绿灯""开汽车""交通警察"等结构游戏中，幼儿首先可以搭建马路，有汽车道、人行道、人行横道线、红绿灯标志。刚开始时，幼儿的游戏是无规则意识的，汽车总撞到行人，汽车和汽车也总相撞。在游戏讲评时，教师可以和幼儿就"怎样遵守交通规则"展开激烈的讨论，教师则不失时机地加以引导。这样，幼儿可以通过一次次的游戏，慢慢地认识规则，知道规则的重要性，知道应该怎么做，不能怎样做。在懂得这些交通安全规则和常识以后，司机便会自觉地在汽车道上开车，遇到行人和人行横道线慢行；行人也会看红绿灯标志。这说明，幼儿在游戏中亲身尝试发现的问题、获得的经验，要比教师无数次的说教印象更为深刻。通过这些游戏，幼儿能够了解不遵守交通规则、闯红灯的危险，知道外出要跟随大人、不能在马路上玩耍。幼儿在愉快的游戏中获得了丰富的交通安全知识，在看似游戏性质的角色表演中获得了最为深刻的感性认识，规则意识、自我保护意识也得到了培养。

(六)亲子游戏

《幼儿园教育指导纲要(试行)》强调指出："家庭是幼儿园的重要合作伙伴。"幼儿园的安全工作离不开家长的参与和支持，与家长的沟通是幼儿园安全教育顺利进行的前提。亲子游戏对于良好的亲子依恋的形成，具有积极的意义。亲子依恋是双向的情感联结，是积极的亲子交往的产物，它对幼儿的身心健康发展，甚至对人的一生发展都有重要影响。亲子游戏一方面可以使幼儿感受到父母的关注与爱，与父母形成亲密的情感联系；另一方面，使成人能敏锐地察觉到幼儿对游戏的反应，并适时采取适合幼儿发展水平的方式来调整游戏，使幼儿的游戏能力得到提高，并且也发展了幼儿的合作互动能力。如大班亲子游戏活动《安全属于你我他》等，既让幼儿感受到与家人游戏的快乐，增进亲情，相互影响，相互促进，又使幼儿懂得用简单的安全知识来保护自己。幼儿会把在亲子游戏中获得的对待事物的态度、方式、方法迁移到自己的现实生活中，而在游戏中获得快乐体验和愉快情绪，更有利于身心的健康发展。

二、在未雨绸缪的演习中实践

2010年3月，福建省某幼儿园发生火灾后，幼儿园教师立即组织300多名孩子有序疏散到园内的空地上，整个过程只用了3分钟。火灾发生后，工作人员立即使用灭火器、水管等灭火工具积极组织自救，10分钟后大火被消防大队成功扑灭。这次火灾能得到有效控制，没有造成人员伤亡，就是该园定期组织消防演练的成效。有些自然灾害如地震等是人力所无法控制的，那么在发生地震或大火，出现雷雨或台风天气时，如何把伤害减至最低限度呢？实践证明通过组织模拟演习活动，教育幼儿在突发情况下如何保护自己，逃生时避免混乱和踩踏等是有效的方法。如模拟演习活动：地震时听到警报声，告诉幼儿听从教师的指挥，有序地下楼，逃生时不扭头向后看，要快速跑到平坦的广场，远离高楼等建筑物。针对恶性伤害的"恐怖事件"，幼儿园也要组织相应的演练。模拟演习活动能使孩子掌握在突发情况下有序逃生的方法，当灾难发生时，能冷静、正确地保护自己。经过多次的模拟演练，幼儿自救的意识增强了，自救动作更迅速。

进行安全模拟演习前要做好充分的准备，比如幼儿园事先制定切实可行的应急自救或疏散演习预案，各班教师要根据幼儿的认知水平，向幼儿讲清为什么要进行演习即演习的目的、意义，使幼儿做好心理准备，还要注意丰富幼儿的知识经验，引导幼儿思考、讨论防灾、避震、躲避伤害等自救的方法，然后再进行实战演习，才能起到应有的作用。除了其他安全行为练习和巩固外，幼儿园要未雨绸缪，将安全模拟演习常态化：除了各班平时加强教育和训练外，最好一学期开展2～3次全园性的大型演习，让幼儿对紧急情况和突发灾难有较好的应对。

三、在适度的"自然后果法"中内化

法国教育家卢梭提出了自然后果法，即让幼儿从行为的自然后果中获得经验和教训，使孩子为自己的所作所为带来的后果负责。自然后果法可以帮助幼儿从自己的经验中学习，他们在自己的不恰当甚至危险行为导致的后果中获得体验，从而调整自己的行为方式。例如，孩子的手指被火烫了一下，知道被火烫了会疼，以后就再也不会随便接近火了。如果他曾从高处跳下时被摔疼了，以后走到高处自然就小心了。这就是孩子从自然的后果中懂得了如何去做。当然，这种"自然后果法"仅适用于不会导致幼儿身心的严重伤害、没有生命危险以及不给家庭带来重大财产损失的情况。如果幼儿玩火而成人不及时阻止，则可能出现家毁人亡的严重后果。

如果说前面几种方式或多或少有"教育"的痕迹，那么自然后果法则是儿童通过自己的过失行为获得必要的警示，其抵触情绪小，能够引以反省，促使其改正过失，表现出正确的行为。有时，幼儿并不必然体会自身行为和后果之间的联系，这就需要教育者帮助幼儿找出他们的行为和结果之间的因果关系来有效地引导幼儿。与此同时，还要对孩子的行为加以具体指导，使幼儿弄清楚：做事或行动应当注意哪些安全事项，使他们在实践中得到锻炼。如在家喝豆浆太急被烫手后，家长要指导孩子通过触摸试探、吹凉等方法预防烫伤。

四、在家庭生活中巩固

教师要指导家长在家庭生活中开展安全教育。父母可充分发挥家庭教育的优势，从孩子幼年时就加强对安全行为的训练，培养和提高孩子的自我保护能力。如家长平时带孩子外出时，应指导幼儿观察马路上的交通标志，并遵守交通规则，安全出行；指导幼儿明白走失时怎么办，让孩子牢记父母的姓名、工作单位、家庭住址及联系电话等。

阅读链接 7-1

关于幼儿园安全教育的思考扫描右侧二维码阅读。

思维拓展

1. 怎样预防学前儿童意外事故的发生？
2. 幼儿园应该进行哪方面的安全教育？
3. 如何判断学前儿童腿受伤后是否骨折？骨折后应怎样处理？
4. 学前儿童异物入体应怎样处理？

阅读链接.docx

第八章　托幼机构设备、物品的保管与环境卫生

本章学习目标

> 微生物知识与消毒隔离。
> 幼儿园室内物品的保管。
> 幼儿园室外环境卫生。

第一节　微生物基础知识

一、微生物的概念

微生物(microorganism)是指广泛存在于自然界，体形微小，具有一定形态结构，并且能在适宜的环境中生长繁殖以及发生遗传变异的一大类微小生物。

由于这类微小生物体形微小、结构简单、肉眼直接看不见，必须借助光学显微镜或电子显微镜放大数百倍、数千倍，甚至数万倍才能观察到。

真正看见并描述微生物的第一个人是荷兰商人安东·列文虎克(Antony Van Leeuwenhoek, 1632—1723)，他利用自制的显微镜发现了微生物世界(当时被称为微小动物)，他的显微镜放大倍数为 50～300 倍。他的显微镜构造很简单，利用这种显微镜，列文虎克清楚地看见了细菌和原生动物，首次揭示了一个崭新的生物世界——微生物界。

二、微生物的特点

(1) 体积小，面积大。肉眼不可见。测量单位用 μm 或 nm。杆菌的平均长度约为 2μm；1500 个杆菌首尾相连等于一粒芝麻的长度；10 亿～100 亿个细菌加起来重约 1mg。

(2) 吸收多，转化快。细菌获取营养的方式多种多样，其食谱之广是动植物完全无法比拟的。纤维素、木质素、几丁质、角蛋白、石油、甲醇、甲烷、天然气、塑料、酚类、氰化物、各种有机物均可被微生物作为粮食。

可见，生物个体越小，其单位体重消耗的食物越多，3g 地鼠每天消耗与体重等重的粮食；1g 闪绿蜂鸟每天消耗两倍于体重的粮食；大肠杆菌每小时消耗 2000 倍于体重的糖。

(3) 生长旺，繁殖快。微生物有着惊人的繁殖速度，大多数微生物几十分钟内就可以繁殖一代。大肠杆菌37℃时在牛奶中滋生，12.5分钟即可分裂一次；大肠杆菌一个细胞约重 10~12g，平均20分钟繁殖一代，24小时后有 4 722 366 500 万亿个后代，重量达到4722t，48 小时后有 2.2×10^{43} 个后代，重量达到 2.2×10^{25}t，相当于 4000 个地球的重量。

(4) 易变异，适应强。微生物的突变频率一般为 $10^5\sim10^{10}$，但因其繁殖快，数量多，与外界环境直接接触，因而在短时间内可出现大量变异的后代。如流感病毒。微生物适应性强，易变异(耐药性产生的原因)。此外，微生物还具有抗性最强、休眠最长、起源最早、发现最晚等特点。

(5) 分布广，种类多。微生物种类繁多，现在已知的约有10万多种，在自然界中(土壤、水体、空气、动植物体内和体表)都生存有大量的微生物。有人估计，自然界中还有80%~90%的菌种有待我们去认识，而目前对已发现的微生物开发利用的也只有10%左右。分析表明，微生物占地球生物总量的60%。如万米深海的硫细菌；85km高空的微生物；地层下128m和427m的沉积岩中的细菌。[①]

三、微生物的种类

微生物有真核细胞型，即细胞核的分化程度较高，有核膜、核仁和染色体，胞质内有完整的细胞器；还有原核细胞型，即细胞核分化程度低，仅有原始核质，没有核膜与核仁，细胞器不很完善；另一类是非细胞型，没有典型的细胞结构，亦无产生能量的酶系统，只能在活细胞内生长繁殖。常见的就是细菌、真菌和病毒。

(一)细菌

细菌是一类细胞细而短、结构简单、细胞壁坚韧，以二分裂方式无性繁殖的原核微生物，分布广泛。

1. 细菌的形态与结构

(1) 球菌：多数球菌直径在 1μm 左右，外观呈球形或近似球形。由于繁殖时分裂平面不同，可形成不同的排列方式，分为双球菌、链球菌、葡萄球菌等。

(2) 杆菌：杆菌的形态多数呈直杆状，也有的菌体稍弯，多数呈分散存在，也有的呈链状排列，分为棒状杆菌、链状杆菌、球杆菌等。

(3) 螺形菌：菌体弯曲，呈弧形或螺旋形。如幽门螺杆菌。

细菌虽小，但仍具有一定的细胞结构和功能，包括细胞壁、细胞膜、细胞质和核质等。

2. 细菌的繁殖

细菌的生长速度很快，一般约20分钟分裂一次。若按此速度计算，细菌群体将庞大到难以想象的程度。但事实上由于细菌繁殖中营养物质的逐渐消耗，有害代谢产物的逐渐积

[①] 魏颖. 东北农业大学. 生命科学学院，2011.

累，细菌不可能始终保持高速度的无限繁殖。经过一段时间后，细菌繁殖速度会逐渐减慢，死亡菌数逐渐增多，活菌增长率随之下降并趋于停滞。

3. 芽孢

有的细菌在环境恶劣时会变成休眠体芽孢，以此保护自己，并在适宜的条件下再重新转变成为营养态细胞。一般的芽孢在普通的条件下可保存几年至几十年的活力，世界上最古老的芽孢存活了 2.5 亿年。其对热力、干燥、辐射、化学消毒等理化因素有强大的抵抗力，杀灭芽孢最可靠的方法是高压蒸汽灭菌。

(二)真菌

真菌是一类有细胞壁，无叶绿素，以寄生或腐生方式生存，少数为单细胞，多数为多细胞，能进行无性或有性繁殖的一类真核细胞型微生物。

真菌包括单细胞与多细胞两类。单细胞真菌呈圆形或卵圆形，称为酵母菌；多细胞真菌由菌丝和孢子组成，并交织成团，称丝状菌或霉菌。

真菌生长的最适温度为 22～28℃，最适的 pH 值为 4～6。其繁殖能力强，但生长速度比细菌慢，常需 1～4 周才能形成菌落。真菌对热的抵抗力不强，一般加热 60～70℃，1 小时即被杀死，但对干燥、日光、紫外线和一些化学消毒剂有抵抗力，对 2.5%碘酒、10%甲醛则较敏感。

(三)病毒

病毒属非细胞型微生物，在自然界分布非常广泛，可在人、动物、植物、真菌和细菌中寄生并引起感染。

病毒是体积最小、结构最简单的微生物，它仅有一种核酸(DNA 或 RNA)作为其遗传物质。病毒必须在宿主活细胞内寄生，依靠细胞提供的能量、营养物质及生物大分子合成机制，完成病毒的复制过程。

病毒与人类的关系极为密切，人类的传染病约 75%是由病毒引起的。有些病毒传染性极强，可引起世界大流行(如流感、艾滋病等)。

阅读链接 8-1

艾滋病扫描右侧二维码阅读。

阅读链接.docx

四、微生物的主要分布

微生物是地球上最早的生物，广泛分布在自然界各处，飘浮于空中、栖息于土壤各层，土壤是微生物生活的最佳环境。

微生物还可游弋于各类水域，水是仅次于土壤的微生物分布、定居的第二场所。

微生物也可浮着于人和动物植物体表和体内。空气中的微生物主要来源于带有微生物菌体及孢子的灰尘，这类微生物大多数是腐生性的，还来源于人和动物，它们大多数是通过呼吸道排出的，其中也包含病原微生物，悬浮在大气中。

人自出生后，外界的微生物就会逐渐进入人体。在正常人体皮肤、黏膜及与外界相通的各种腔道(如口腔、鼻咽腔、肠道和泌尿道)等部位，存在着对人体无害的微生物群，包括细菌、真菌、螺旋体、支原体等，称为正常菌群。能使宿主致病的为致病菌或病原菌，不能造成宿主感染的为非致病菌或非病原菌。有些细菌在正常情况下并不致病，但其在某些条件改变的特殊情况下可以致病，这类菌称为条件致病菌或机会致病菌。

人体体表及体内存在着大量的微生物：皮肤表面平均约有 10 万个细菌/cm^2；口腔细菌种类超过 500 种；肠道的微生物总量达 100 万亿，粪便干重的 1/3 是细菌，每克粪便的细菌总数约为 1000 亿个；每张纸币约带 900 万个细菌。

五、微生物与人类的关系

绝大多数微生物对人、动物、植物都是有益的，而且有些是必需的。也有少数微生物能引起人和动植物的病害或物品的腐蚀、变质。

1. 微生物的益处

绝大多数微生物对人和动物是有益的，已广泛应用于农业、食品、医药、酿造、化工、制革、石油等行业，发挥了越来越重要的作用。例如与我们日常生活密切相关的酸奶、酒类、抗生素、疫苗等。

2. 微生物的危害

微生物中也有一部分能致使人及动、植物发生病害，这些具有致病性的微生物，称为病原微生物。如人类的许多传染病(感冒、伤寒、痢疾、结核、脊髓灰质炎、病毒性肝炎等)，均是由病原微生物引起的。

第二节 消毒隔离

一、托幼机构的消毒工作

托幼机构应环境整洁，并有绿化防尘措施，有一定面积的绿化场地和室外活动场所，应做到无积水、无垃圾、无蚊蝇滋生地、无鼠害。

活动室、教室和寝室应有纱窗和纱门，防止苍蝇、蚊子等有害生物侵入和隐匿。幼儿被褥要单独叠放，不得混杂堆叠在一起。室内要经常保持空气流通，定期进行消毒，传染病流行期间，应每日消毒一次。

(一)托幼机构各环节消毒要求

1. 手的消毒

教会孩子六步洗手法。

(1) 掌心相对，手指并拢，相互揉搓。
(2) 手心对手背沿指缝相互揉搓，交换进行。
(3) 掌心相对，双手交叉指缝相互揉搓。
(4) 弯曲手指使关节在另一手掌心旋转揉搓，交换进行。
(5) 拇指在掌心旋转揉搓，交换进行。
(6) 将五个手指尖并拢放在另一手掌心旋转揉搓，交换进行。

肥皂搓手时间≥1min，瓶装洗手液、肥皂定期更换。

2. 个人生活用品

牙刷定期更换(3个月)；护肤品、牙膏防止交叉污染；梳子定期清洗，随时保洁；被褥个人专用，定期换洗。

3. 清洁用具、拖布、抹布等

专用、专放并有明显标记；抹布、笤帚等用后及时清洗干净，晾晒、干燥后存放；拖布清洗后应晾晒或控干后存放；消毒时将拖布全部浸没在消毒液中。

消毒后可直接控干或晾干存放，或用清水将残留的消毒剂冲净后控干或晾干存放，拖布不要悬挂在水龙头上方。

4. 图书玩具

图书、玩具每日通风晾晒一次。适用范围：不能湿式擦拭、清洗的物品。

5. 餐饮器具

煮沸：100℃，≥15min；蒸汽：100℃，≥20min。
红外消毒碗柜：125℃，≥15min(消毒后温度降至40℃以下再开箱)。
化学消毒剂浸泡：含氯消毒剂250mg/L浸泡20~30min。
消毒处理后的餐具要求：清洁、干爽、无油腻、无污物，不得检出大肠菌群、致病菌。

6. 室内空气

(1) 定时开窗通风换气。每半天开窗通风一次，每次至少10~15min。在外界温度适宜、空气质量较好、保障安全性的条件下，可采取持续开窗通风的方式。

(2) 紫外线照射。室内无人情况下，每次照射≥30min，有病例的班级每天必须进行紫外线消毒。紫外线照射消毒适用范围：不具备开窗通风空气消毒条件和发生传染病时使用。应使用移动式紫外线杀菌灯。按照每立方米需要1.5瓦计算紫外线杀菌灯管需要量。禁止紫外线杀菌灯照射人。考虑到紫外线兼有表面消毒和空气消毒的双重作用，移动式紫外线灯车可安放在桌面上1m处。每周对紫外线灯进行擦拭，并登记。有条件的可每半年对紫外线等强度进行检测，确保紫外线灯的正常使用。

7. 物体表面

桌、椅、坐车、围栏、熟食台、玩具、台面、家具表面、楼梯扶手、拖鞋等，用符合卫生部《托儿所幼儿园卫生保健工作规范》的消毒剂100～250mg/L，擦拭或浸泡消毒10～30分钟。每天至少清洁、消毒一次。有病例的班级，加大消毒浓度、作用时间和频次。

8. 衣服、被褥、毛巾类织物

阳光下暴晒≥6小时；煮沸消毒≥20分钟或蒸汽消毒≥15分钟。

9. 房屋地面(厕所)

用符合卫生部《托儿所幼儿园卫生保健工作规范》的消毒剂400～700mg/L，表面擦拭消毒10～30分钟。每天至少消毒一次。有病例的班级，加大消毒浓度、作用时间和频次。

厕所：通风、定时打扫，地面用清洁拖布擦拭。出现污染情况随时擦拭清洁，保持地面干燥，便器用后及时清洗干净，清洁、无异味，小班蹲坑扶手每天消毒。

(二)托幼机构发生传染病后的消毒

1. 疫源地消毒

疫源地消毒即对现在存在或曾经存在传染源的地方进行消毒。其目的是杀灭由传染源排出的病原体。根据实施消毒时间的不同，疫源地消毒可分为终末消毒和随时性消毒。

(1) 终末消毒。当病人或带菌者已离开，在疫源地进行最后一次彻底消毒。如托幼机构发生传染病后，应对发病班级进行终末消毒。

(2) 随时性消毒。传染源尚在疫源地，对其排泄物和所污染的物品以及场所及时进行消毒，目的是迅速杀灭从机体排出的病原体。如对菌痢病人的大便应进行随时性消毒。

2. 发生传染病后的消毒

1) 发生传染病的消毒隔离要求

(1) 发生传染病后要做好发病登记并及时做传染病报告。

(2) 立即隔离传染病(或疑似)患者，发病班级做好终末消毒。

(3) 对同班儿童及保育员进行医学观察，如发病班和其他班共用盥洗室(包括厕所)、卧室、餐厅，凡与传染病患者密切接触的儿童及保育员均应作为医学观察对象，在观察期间不并班、升班和接受新生。

(4) 医学观察期间，环境及各种物品应严格按要求进行消毒。

(5) 发生肠道传染病病人班级的餐具应与其他班级分开消毒和存放，并做好保洁工作，餐具先消毒后清洗再消毒。

2) 一般传染病的消毒及病毒性肝炎、结核的消毒

一般传染病的消毒及病毒性肝炎、结核的消毒如表8-1所示。

表 8-1　一般传染病的消毒及病毒性肝炎、结核消毒

消毒对象	消毒方法		
	预防性消毒	一般传染病消毒	病毒性肝炎、结核消毒
空气	开窗通风，每天 2～3 次，紫外线照射 1.5W/m^3，30 min；空气消毒剂喷雾，按使用说明使用	紫外线照射 1.5 W/m^3，1 h；空气消毒剂喷雾，按使用说明使用	
房屋(厕所)地面、墙面、台面、家具	0.2%过氧乙酸喷雾或洗刷；500 mg/L 有效氯消毒剂喷雾或洗刷	0.5%过氧乙酸喷雾或洗刷作用后 30 min；1000 mg/L 有效氯消毒剂喷雾或洗刷作用后 30 min	0.5%过氧乙酸喷雾或洗刷作用后 1 h；2000 mg/L 有效氯消毒剂喷雾或洗刷作用后 1 h
桌椅、坐车、围栏、熟食橱、熟食台、营养室专用抹布	0.2%过氧乙酸抹擦或浸泡 20 min；250 mg/L 有效氯消毒剂抹擦或浸泡 20 min	0.5%过氧乙酸抹擦或浸泡 30 min；500 mg/L 有效氯消毒剂抹擦或浸泡 30 min	0.5%过氧乙酸抹擦或浸泡 1 h；1000 mg/L 有效氯消毒剂抹擦或浸泡 1 h
清洁用具、便器	0.2%过氧乙酸浸泡 30 min；500 mg/L 有效氯消毒剂浸泡 30 min	0.5%过氧乙酸浸泡 30 min；1000 mg/L 有效氯消毒剂浸泡 30 min	0.5%过氧乙酸浸泡 1 h；2 000 mg/L 有效氯消毒剂浸泡 1 h
毛巾、衣服、被褥、玩具	煮沸 10 min；0.2%过氧乙酸抹擦或浸泡 30 min；250 mg/L 有效氯消毒剂抹擦或浸泡 30 min	煮沸 15 min；0.5%过氧乙酸抹擦或浸泡 30 min；500 mg/L 有效氯消毒剂抹擦或浸泡 30 min	煮沸 20 min；0.5%过氧乙酸抹擦或浸泡 1 h；1000 mg/L 有效氯消毒剂抹擦或浸泡 1 h
食具、饮具、奶具、熟食具、压舌板	煮沸 10 min；0.2%过氧乙酸抹擦或浸泡 10～30 min；250 mg/L 有效氯消毒剂抹擦或浸泡 10～30 min	煮沸 15 min；0.5%过氧乙酸抹擦或浸泡 30min；500 mg/L 有效氯消毒剂抹擦或浸泡 30 min	煮沸 20 min；0.5%过氧乙酸抹擦或浸泡 1 h；1000 mg/L 有效氯消毒剂抹擦或浸泡 1 h

(三)托幼机构常用消毒药液的配制

1．常用消毒药名称介绍

1) 含氯消毒剂

(1) 范围。可以杀灭一切致病微生物，适用于生活环境、水、玩具、便器等的消毒。

(2) 使用方法如下所述。

① 浸泡法。即将待消毒物品完全浸没于含氯消毒溶液中。

② 抹擦法。即对大件物品或其他不能用浸泡法消毒的物品用浸有消毒液的湿布抹擦消毒。

③ 喷雾法。适用于墙面、地面及污染的物体表面的消毒。

④ 干粉消毒法。适用于对排泄物的消毒。

(3) 注意事项。粉剂及水剂均应在阴凉处避光、密封保存，粉剂还应注意防潮。含氯消毒剂应在有效期内使用，使用溶液应现配现用，最长使用期不超过 3 天。溶液配制后应用测氯试纸监测药液浓度，当浓度低于规定使用浓度时应停止使用。因药液有腐蚀性不宜用作金属器械、有色织物的消毒。消毒时若存在大量有机物，应适当提高使用浓度或延长作用时间或进行两次消毒。

2) 过氧乙酸

(1) 范围。可以杀灭一切微生物，可用于体温表、压舌板、手、衣物、空气等的消毒。

(2) 使用方法。除了可以用浸泡法、抹擦法、喷雾法外，还可以用熏蒸法对室内空气和污染的物体表面进行消毒，即将过氧乙酸水溶液倒入蒸发器皿内，将门窗关闭加热熏蒸 2h 后开窗通风。

(3) 注意事项。过氧乙酸化学性能不稳定，溶液应现配现用每天更换，如使用 AB 液，A 液和 B 液混合后 24h 以上才能用。过氧乙酸对金属有腐蚀作用，配制溶液最好用塑料容器。过氧乙酸对天然纤维织物有漂白和褪色作用，消毒后应尽快用清水洗净。

3) 碘伏

(1) 范围。能杀灭细菌繁殖体、部分真菌与病毒，适用于皮肤、黏膜等的消毒。

(2) 使用方法。可用浸泡法、刷洗法。

(3) 注意事项。应在阴凉处避光、防潮、密封保存。消毒时若存在大量有机物，应适当提高使用浓度或延长作用时间或进行两次消毒。

2．消毒药液配制的计算

1) 以药物商品剂型为 100%的基数配制

计算公式：所需药量=欲配制浓度×欲配制数量

加水量=欲配制数量-所需药量

【例题 8-1】欲配制 0.5%的过氧乙酸溶液 3000mL，需要过氧乙酸原液多少毫升？加水多少毫升？

所需药量=0.5%×3000 mL=15mL

加水量=3000ml-15 mL=2985mL

答：需要 15mL 过氧乙酸原液，加水 2985mL 即可配成 0.5%的过氧乙酸溶液 3000mL。

2) 固体消毒药品的配制

将所需药量计算好并称好后，放入有刻度的容器内，加水至所需配制数量即可。现经常使用的固体消毒药品有消毒灵粉剂、含氯消毒泡腾片、漂白粉等。

【例题 8-2】欲配制 3%的消毒灵溶液 2000mL，需要消毒灵多少克？加水多少毫升？(消毒灵溶液按每克 1 毫升计算)

所需药量：60mL×10g/mL=60g

答：需要 60g 消毒灵粉剂，加水至 2000mL 即可配成 3%的消毒灵溶液 2000 mL。

【例题 8-3】欲配制 500mg/L 有效氯消毒剂 4000mL，需要含氯消毒泡腾片几片？加水

多少毫升？(含氯消毒泡腾片每片含有效氯500mg)

所需药量：500mg/L×4L=2 000mg=4 片

答：需要 4 片含氯消毒泡腾片，加水至 4000mL 即可配成 500 mg/L 有效氯消毒剂 4000mL。

3．消毒药液配制方法

1) 准备消毒药物

应在保健人员的指导下选用消毒药物，并计算出消毒药的所需用量。

2) 准备配制消毒液所需的容器

配制消毒药液时应使用有刻度的量杯及盛器、注射器等容器。如果限于条件，在急用时可临时用普通盛器代替量杯，各种盛器的容量为：一汤勺水约 10 mL、一只普通饭碗或一只普通玻璃杯水约 250 mL、一只普通脸盆约 5000 mL 即 5 L 或 5 kg 水、一只普通提水桶约 10 000 mL 即 10 L 或 10 kg 水。

3) 配制程序

在盛器内放入计算好的消毒药物和水，应先加水再加消毒药物，用玻璃棒搅拌药液，待药物彻底溶解于水后，将盛器加盖。

4) 配制消毒药液的注意事项

(1) 所用的消毒药物必须有卫生行政部门批准的有效许可证，并在有效期内使用。

(2) 根据药物特性配制，配制后使用期限是过氧乙酸当天配当天用，含氯制剂 1～3 天调换一次，碘伏每天调换并应注意观察消毒液的颜色，如颜色明显变浅应及时调换。

5) 消毒药液使用的安全要求

(1) 消毒药物应由专人妥善保管，放在阴凉避光的橱柜内并上锁。

(2) 配制好的消毒药液容器应加盖，放在小儿碰不到的地方，不可以放在无标记的盛器内，或在幼儿活动场所随便放置，以防小儿误服或接触到药液。

(3) 在使用消毒药液的过程中应注意保护皮肤，药液浓度较大时应戴手套，操作时小儿不应在周围。

(4) 使用含氯消毒剂消毒小儿的餐桌后，应用清洁的湿抹布擦去残留在桌面的药物。

二、幼儿园里的隔离

1. 隔离

1) 隔离的概念

隔离即将传染病人或带菌者安排在特定的环境中，不与外界接触，使患者能得到及时的隔离治疗，以便于管理和消毒。隔离的目的是防止传染病向外扩散。

2) 隔离的方式

(1) 隔离室隔离。一些患传染病但症状轻微者如水痘、腮腺炎等，患儿家中无人照顾而托幼机构设隔离室的，可在隔离室隔离。隔离室应符合以下消毒隔离要求。

① 隔离室不设在紧靠活动室或营养室的房间及儿童易到达的场所。同一病种患儿可隔离在一间隔离室，但一室内不能同时隔离两个以上病种的病儿。

② 隔离室的一切物品用具必须专用，并按要求进行消毒，使用后未经消毒的物品不可带到室外。

③ 隔离室应有专人负责，做好患儿的观察护理及环境物品的消毒工作，并做好记录。

④ 非隔离室工作人员不可进入，患儿离室后必须做好终末消毒。

(2) 住院隔离。患法定传染病的患儿应按病种要求送医院隔离治疗。

(3) 家庭隔离。对某些患轻型传染病，病情不严重的患儿如水痘、腮腺炎、手足口病等，可采取在家庭内隔离的方式，由社区医务人员上门指导护理病儿和消毒的具体方法。

应注意：患儿不可到邻居家串门，以免传染病扩散。

2．幼儿园应具备的隔离条件

幼儿园应设有保健室及隔离观察室，应配备以下物品：隔离衣、体温表、压舌板、手电筒、毛巾、肥皂、便器、清洁用具、消毒药械等。隔离观察室应有专人负责，做好观察护理及消毒工作，记录完整。

同一隔离观察室内不能同时隔离不同病种的患儿，当患儿离开隔离室后须进行终末消毒。当有隔离患儿时，进入隔离观察室的工作人员必须换上隔离衣，出室后必须脱下隔离衣，并做好手的清洁消毒。

隔离观察室内的污物和污水必须经严格消毒后方可处理。室内必须配有空气消毒设备，定期进行空气消毒。

3．医学观察

接触过传染病的人称为接触者，对接触者应进行医学观察。医学观察期的计算应从最后一例传染病人隔离起至该病最长潜伏期为止，如在医学观察期间出现新病例，则从最后一个病人隔离日起重新计算医学观察期。常见传染病的医学观察期及观察内容如表 8-2 所示。

表 8-2　常见传染病的医学观察期及观察内容

病　名	医学观察期/天	医学观察内容
甲型病毒性肝炎	45 天	精神、食欲和小便颜色等有无异常，并做好记录
细菌性痢疾	7	1. 做好大便次数及性状记录，对大便异常者采肛试培养一次，并在园所内暂作隔离以待大便培养结果 2. 班级出现续发确诊病人时，对班内密切接触的儿童和保育员进行带菌检查
麻疹	21 天(如已注射"丙球"者，则应延长至 28)	注意儿童上呼吸道卡他症状、口腔黏膜斑和皮疹
猩红热	12	注意儿童有无咽喉炎或扁桃体炎的症状，可疑患者及时送医院治疗
百日咳	21	注意儿童有无呼吸道卡他症状
水痘	21	注意观察儿童有无皮疹
腮腺炎	21	注意观察儿童有无发热、单侧或双侧腮腺肿痛

> **阅读链接 8-2**
>
> "手足口"传染病扫描右侧二维码阅读。
>
> 阅读链接.docx

第三节　幼儿园室内物品的保管

一、物品管理的基本要求

物品管理，包括对班级的玩具、教具、图书、餐具、家具、其他用具、婴幼儿的被褥和衣物等的管理。

托幼机构的相关教师要做好每件物品的登记入册，做好正常使用记录和保养维修，定期清点。

1．做好登记入册

托幼机构中的所有物品都属于公共财物，每一件物品都应该分类登记造册，明确物品数量、采购日期和使用人，以便定时清点管理。物品登记表示例如表8-3所示。

表8-3　小班耐用物品登记表

物品名称	数量	材质或品牌	颜色	质量	购入日期	检查日期
桌子(幼儿用)	6	木头	蓝色	完好	2000年7月	2009年2月
小椅子(幼儿用)	40	塑料	红、蓝	完好	2000年7月	2009年2月
电视机	1	海信	黑色	完好	2008年8月	2009年2月

2．定期将实物与记录核对

学前教育机构物品繁多，对于班级内的公共设施、设备，如桌椅、橱柜、钢琴等每一件物品都应该妥善管理，做到定期清点核对，如果出现不符应及时查找。对于机构的物品除清点外，还要定期检查用品质量，出现损坏要做损坏登记并及时上报、及时修理或更换，以保证各项工作的顺利进行。如有借出，应及时登记并索还，以免丢失。

日常工作中，应该加强对教室内设备的爱护和保养，配合园所对这些设备进行常规的维修。细心观察教室内的墙面、地板、天花板、屋顶、门窗、供暖设备、上下水管道、家具(如桌椅)、电器(如电风扇、插座等)等设备使用情况，发现异常，要及时报修或更换，避免出现危险。

二、建立物品管理制度

为了使学前教育机构环境优美、干净，要培养婴幼儿良好的生活习惯，完善学前教育机构的物品摆放规则，加强学前教育机构的物品管理。具体物品管理制度示例如下所述。

(1) 每班有班柜一组，由各班教师根据本班教学要求和婴幼儿身高、数量、年龄等特点，按照易认、拿取方便、安排合理、摆放整齐、美观等原则摆放物品。

(2) 班柜设有带锁门一个，用于存放教师私人用品、婴幼儿贵重物品、教师领取的教学用品。

(3) 学前儿童水杯、毛巾按本班幼儿数量领取或归还，放置在水杯、毛巾的固定位置，做上标记，专人专用。

(4) 学前儿童书包、书本等学习用品由各班教师安排固定放置位置，贴上标签做标记。教师(或家长)在婴幼儿书包上写上婴幼儿的姓名，让婴幼儿和家长便于认领。

(5) 学前儿童衣物由各班教师安排固定放置位置，贴上标签做标记。摆放时要求整齐，易拿取。学前儿童拿取时要征得教师的同意，若家长或婴幼儿将衣物弄乱，教师要将其摆放好，让家长和婴幼儿觉得幼儿园干净整齐，爱惜教师的劳动成果。婴幼儿的衣物相同的，教师(或家长)可在衣物隐蔽处写上婴幼儿的姓名，以便于区别认领。

(6) 学前儿童入园带来的贵重物品，如玩具、图书、零食等，教师一律收缴，放在固定位置，保管好，待其回家时归还，并交代家长和婴幼儿以后不能带以上物品入园。

(7) 玩具、教具、学习用品、学前儿童日常生活用品等物品由各班老师安排固定放置位置，贴上标签做好标记，以便于拿取和保管。

(8) 每天下班前对教室及班柜进行收拾、整理及卫生清洁，教室其他位置不放置其他任何物品。

(9) 教师如需要教学用品和日常生活用品，应向幼儿园办公室书面提出。领取时须填写领用登记表，不可未经允许拿用幼儿园物品，借用须及时归还。

(10) 非消耗品在离园时需要登记归还，遗失或损坏的物品按购买原价金额赔偿。爱惜幼儿园物品。

(11) 消耗品必须以旧品替换新品，但纯消耗品(如直线纸、备课纸)不在此限。

(12) 教师领用的物品根据需要放置保管好，本着节约的原则领取、使用。

三、玩具、教具和图书的管理

(1) 玩具应分类别摆放在固定的位置，做好检查记录。

(2) 教具应分类编号，放在固定位置。分类柜应贴上编号和教具的名称，便于寻找和取放。

(3) 图书应进行分类登记，保持书架清洁，图书摆放整齐，便于婴幼儿自由取用。保育员应教会婴幼儿收拾整理图书。

四、婴幼儿个人物品管理

(1) 婴幼儿的床单、被褥应该做好标记，专人专用，床边写上婴幼儿的姓名或编号。

(2) 婴幼儿的外套应叠放整齐，存放在固定的衣橱中，便于取放。

(3) 婴幼儿的学具，如橡皮泥、水彩笔、书本等应做好个人标记，专人专用。

托幼机构物品管理应注意以下两点：第一，注意将婴幼儿物品用简单的标志或学号区分开，以便于婴幼儿辨认拿取；第二，物品取用后，保育员应指导婴幼儿将物品放回原处。

五、危险物品管理

学前教育机构中的危险物品是指有腐蚀性及有毒的物品，易燃易爆物品。它们通常是用于消毒的药品(如配制的各种消毒液)、杀虫剂、灭火器，以及其他易碎物品，偶尔也有用于装修的油漆和涂料。

(1) 危险物品应存放在安全固定的位置，并由专人负责保管。一般来说，有危险性的物品应该存放在储藏室内，并上锁保管；或者存放在高处，避免让婴幼儿接触到，发生危险。

(2) 严格按说明书的要求保管危险物品。大多数危险物品都需要低温、避光保存，有些物品应注明"小心撞击"。要仔细阅读理解各种危险品的保存要求，并严格遵照执行，否则容易发生安全责任事故。

(3) 危险物品使用时应登记记录，剩余部分要及时放回储藏室或婴幼儿不可触及的地方。

(4) 一次性使用不完的危险物品及其容器应按规定统一回收处理，切不可随意丢弃，更不能随意放在盥洗室，以防好奇的婴幼儿玩耍，引起安全事故。

📝案例 8-1

消 毒 水 事 件

一天，保育员王某在给餐桌消毒时，取出部分消毒水放在消毒盆中与水稀释后，便去擦拭桌子，忘记把盛放消毒水的瓶子放回原来的位置，只放在了洗手池旁边。就在王某擦拭餐桌时，小羊和小霞去厕所小便，洗手之时，看到洗手池上存放的消毒水，小羊好奇地将它倒入洗手池中，与小霞玩起来水、互相泼水。此时，王某回来，制止了小羊和小霞的行为，让二人洗手去就餐。第二天，小羊和小霞的家长怒气冲冲地给园长打电话，说孩子的衣服上局部出现褪色，是不是在幼儿园遇到了什么腐蚀性的东西。要求幼儿园给个说法。

案例评析：

由于保育员王某粗心大意，未把消毒水妥善保管，把消毒水放到洗手间的水池边，让幼儿很容易拿到，并玩得"不亦乐乎"，致使幼儿衣服出现褪色，幸而未造成幼儿生命危险，但家长对幼儿园的工作不再放心。所以，保育员要切记：凡是不能让孩子玩弄的物品必须摆放在婴幼儿不可能拿到的地方。

托幼机构对于危险品的保管需要做好以下几点。

1. 妥善保管危险物品

幼儿园老师要养成看说明书的习惯，对一些危险物品的使用和保管要严格按说明书操作，避免安全事故。如消毒液、清洁剂等物品，在学前教育机构中使用频率非常高，教师必须严格按说明书操作，否则容易给婴幼儿的身体造成伤害。

(1) 含氯消毒液。

危害：对人的皮肤、家具等腐蚀性较大，有致癌、致畸、致基因突变的不良效应。

保管：应放置在保健室专用橱柜或者幼儿无法触及的储藏室橱柜中。

(2) 杀虫剂。

危害：当通风不良、使用过多、浓度过高时，会对人体造成损害，尤其对呼吸道可造成严重刺激，引起过敏性咳嗽及哮喘，对孕妇及儿童可引起中毒反应。

保管：杀虫剂应妥善放置在隐蔽且学前儿童够不着的地方，并注以明显标志，杜绝让学前儿童任意玩耍。

(3) 灭火剂。

危害：其蒸汽或雾对眼睛、黏膜和上呼吸道有刺激作用，接触后有可能引起神经系统功能紊乱。

保管：灭火剂应妥善放置在各活动室的角落处并标有明显标志，杜绝学前儿童开启。

2. 及时检查危险物品

(1) 定期检查危险物品存放的位置，看危险物品是否被移动过。

(2) 定期检查危险物品存放的环境，看存放环境是否有变化。

(3) 定期检查危险物品的盖子是否旋紧，要避免松动漏气等。

(4) 定期检查危险物品的使用期限，应尽量在有效期内正确使用。

3. 及时发现并处理物品使用过程中的不安全因素

(1) 避免外用药品内服。

将外用药与内服药严格分开放置，并在日常生活中教婴幼儿识别，杜绝出现药物错服或外用药内服。

(2) 避免消毒灯误开。

消毒灯工作时要在门口标有明显提示，防止消毒灯工作时人员误入；消毒灯开关与普通照明灯开关应严格区分。消毒灯开关要贴有明显标志，并教学前儿童识别。

(3) 避免大风天气打碎玻璃。

大风天气注意及时关闭门窗，以免对婴幼儿造成身体伤害。

组织婴幼儿远离门窗，避免大风天气打碎玻璃。

(4) 避免热水瓶打翻。

热水瓶要放置在婴幼儿不易接触到的储藏室，倒水时远离婴幼儿，避免出现不慎打翻热水瓶对婴幼儿造成的烫伤。

工作中要注意：第一，危险物品应放在远离婴幼儿的固定位置；第二，给婴幼儿讲解说明此类物品的危害性，使之自觉远离。

案例 8-2

杀虫剂与圆柱体

一天上午，大一班的张老师需要外出参加一个非常重要的教研活动，由于幼儿园人手有限，园长安排了保育员小王带班。小王是幼儿园保育队伍中的佼佼者，担任大一班的保育工作。她不仅保育工作做得好，很多时候还能协助班级教师组织教育教学活动，这也是园长安排她带班的主要原因。小王很珍惜园长对自己的信任，认真看了张老师的备课内容，准备开展今天的数学活动"认识圆柱体"。

在活动的过程中，小王为开阔幼儿视野，拓展幼儿思路，在活动的最后环节，让幼儿在活动室、卧室和盥洗室的各个地方寻找生活中像圆柱体的物体。活动室里顿时热闹起来，源源在粉笔盒里找到了粉笔，文文跑到盥洗室找到了拖把杆，而个子较高的丁丁发现了放在盥洗室窗台上他怎么也够不着的瓶装杀虫剂。为了能拿到那瓶像圆柱体的瓶装杀虫剂，丁丁搬来了小椅子，踩在上面准备拿下。过来巡视的小王发现了他的意图，连忙跑过去拿下了那瓶像圆柱体的瓶装杀虫剂。

小王组织小朋友围过来，问小朋友："丁丁很善于观察，找到的这个瓶子跟圆柱体真像。可是，你们知道这个瓶子里装的是什么吗？它是用来干什么的吗？小朋友能随便拿吗？"幼儿纷纷发表自己的见解。"是杀虫剂！我家里也有，我妈妈平时不让我动的！""我爷爷说这个危险，有毒，等我长大后才能让我用！""有一次我妈妈冲着蚊子喷，蚊子一会儿就死了！""小孩子不能随便拿，等我们长大了再用"……

听完小朋友的讨论，小王及时对幼儿进行了安全教育："对呀！这瓶杀虫剂是危险品，小朋友的年龄还太小，你们还不能操作，更不能拿它玩耍。老师把它放在小朋友够不着的地方，就是怕小朋友受伤害。你们在发现自己够不着的东西时，可以让老师帮忙，千万不要自己去拿取，否则会有危险的。"

张老师回来后，小王及时把这件事向她进行了汇报，还建议张老师最好把杀虫剂放在储藏室带锁的橱子里。张老师肯定了小王的做法，采纳了小王的建议，并在保育工作总结中表扬了小王。由于大一班安全工作到位，三位教师配合一致，一个年度下来，班级未出现任何意外伤害事故，年终被幼儿园评为"安全标兵先进班级"。小王也被评为"安全标兵先进个人"。

案例评析：

由于保育员小王有较强的安全意识，工作细致认真，反应灵敏，能针对具体情况对幼儿进行恰如其分的安全教育，并能及时与本班带班教师沟通交流，共同做好安全工作，因此，有效避免了班级安全意外事故的发生。从此案例中我们得到的启示是：在孩子无意间发现危险品后，要及时地对幼儿进行安全教育，同时采取积极有效的行动，才能有效杜绝安全意外事故的发生。

第四节 室内外环境卫生

为学前儿童提供一个良好的、符合卫生要求的室内外环境，保持室内室外环境清洁、卫生、整洁、舒适是保证学前儿童正常的生长发育和健康发展的物质基础，也是做好托幼园所保教工作的重要前提之一。

一、室内环境卫生

幼儿园室内环境主要包括活动室、卧室等环境，其卫生状况直接影响着学前儿童的健康。

1. 活动室环境及设施的卫生要求

(1) 活动室应通风良好，保持室内空气新鲜。通风的形式主要有两种：一种是自然通风，即利用自然风力、气流的通风形式；另一种是人工通风，是指利用排风扇、电风扇、空调进行通风的形式。活动室的通风应以自然通风为主，如把活动室四周的窗、门全部打开，10分钟左右就可以换一次气。保育员应根据不同的季节以及活动室窗户的具体情况，决定开窗通风的间隔时间和次数。

(2) 活动室应采光充分，照明良好。采光又可分为自然采光和人工采光两种。自然采光是指以日光为光源来获取视觉效果的方法。如果自然采光不足，就需要使用人工照明来调节室内光线。为了保证活动室内具有充足的采光与照明度，活动室的窗户应尽可能开设多些、大些，窗户的玻璃应尽可能擦得明亮些；活动室宜采用日光色光源的灯具照明，若使用荧光灯照明，应尽量减少忽闪效应的影响。

(3) 活动室应宽敞，室温应保持在16～18℃为宜。活动室的地面应保暖、防滑。活动室的地面最好铺设木制地板。地板要具有一定的弹性，这样幼儿活动时才比较安全。地板要有利于保暖、防滑、防潮，并便于打扫。

(4) 活动室的墙角、窗台、暖气罩、窗口竖边等棱角部位必须做成小圆角。活动室的电源插座的安装高度应在1.6m以上。活动室采用取暖设备时，一定要采取适当的防护措施及相应的通风与排烟措施，以防火灾以及有害气体等对幼儿机体的影响，同时防止幼儿被烫伤。

2. 卧室环境及设备的卫生要求

(1) 卧室环境。卧室内应保持整洁与安静，经常开窗通风，保持室内空气新鲜。即使在冬季，也应在幼儿进入卧室午睡前开窗换气。卧室内光线要柔和，拉上窗帘，温度要适宜。有条件的托幼园所可以在卧室内安装紫外线灭菌灯，以便经常进行室内的消毒，但必须在室内无人的情况下进行。

(2) 卧具。幼儿床的长度应是幼儿的身高加15～25cm。被子、被褥、枕头、床单应经常清洗消毒，保持清洁，铺放整齐。

3. 活动室卫生工作要求

做好活动室和卧室的卫生工作是保育员每天的重要工作内容之一。活动室和卧室是婴幼儿每日活动的重要场所，它的清洁卫生直接影响着幼儿的健康和幼儿园的保教工作。卫生工作还是衡量保育员工作质量的标志。每位保育员都应该重视室内环境卫生工作。活动室的清洁卫生要求为：要保持室内环境整洁、卫生。每日应进行小扫除，定期进行大扫除。

1) 活动室卫生工作的范围

(1) 每日小扫除的范围：擦窗棂、窗台、门框、玩具柜、游戏角设施、桌椅、地板等。

(2) 大扫除的范围：除上述范围外，还要擦灯、窗玻璃、门、图书架、电气用品(如风扇、空调等)、墙面等。

2) 活动室卫生工作的操作要求

(1) 清洁卫生用具准备。准备水桶、水盆、各类专用抹布、洗涤剂、消毒液等。

(2) 每月至少应擦拭两次窗户、墙壁、室内用具、灯具、空调，每天至少擦拭一次窗台、玩具柜、游戏角设施等。时间应固定在晨间幼儿进班前。除每天一次对地面和桌面进行早扫除外，地面还应在进餐前后、教育活动前后进行清扫，桌面应在桌面游戏和学习活动前后进行擦拭。

(3) 操作顺序是从上到下、从左到右、从里到外进行擦拭，以消除死角，无遗漏。

(4) 清洁地面的要求。由里向外清扫。扫地时一定要将扫帚压住，以免尘土飞扬。拖地时拖把应挤至半干，依次拖干净地面。地面干净、无污物、无灰尘、无多余物品、无水迹。拖把应勤清洗，定期消毒或日晒。

(5) 清洁墙壁的要求。用掸子掸掉墙壁上的尘土，用湿抹布擦拭油漆墙面。

(6) 清洁窗户的要求。定期清洗纱窗，做到无尘、透光。定期擦窗，先用湿抹布擦去灰尘，再用干布擦亮玻璃，保持明亮无擦痕。擦拭窗棂、窗台，若暖气暴露在外，还要擦拭暖气管和暖气片。

(7) 擦拭室内用具的要求。擦拭范围：桌椅、橱柜、图书架、玩具柜、鞋柜、花架等。

擦拭顺序：从上到下、面、边棱、腿、各拐角等都要擦到，使之无灰尘、无污垢。婴幼儿的桌椅定期用消毒液进行消毒，方法是先用清水擦拭，再用消毒液擦拭，最后用清洁抹布擦去桌面上残留的消毒药液。

(8) 灯具的清洁要求。灯的拉线、灯管、灯罩、灯架、开关等处都应擦净。

(9) 空调的清洁要求。空调的外壳、里面的网罩都要定期擦拭、清洗。

4. 卧室卫生工作要求

(1) 卧室内要空气流通，环境整洁、安静、舒适，被褥清洁、松软，床架、地面无积灰。

(2) 卧室擦拭的范围。门窗、灯、墙面、地面、床架、柜。

(3) 床的擦拭。应按照从上到下的顺序进行，床板、床棱、床腿、床屉等处都要擦到，保持无灰尘。床屉内无杂物，物品摆放整齐。

(4) 地面。先扫净，再用半干拖把拖净地面。

(5) 被褥。每月洗 1~2 次，每周晒 1 次。

(6) 门、窗、灯。定期擦拭，无灰尘，无污垢。

(7) 卧室的窗帘应定期清洗，保持整洁。选用窗帘的颜色不宜过深，否则会造成室内光线昏暗，影响保育员正确观察婴幼儿午睡时的精神、面色，不便及时发现异常情况。

5. 卫生工作注意事项

(1) 幼儿园教师在做擦拭工作时应认真细致，尤其应注意清除死角的灰尘。

(2) 托儿所幼儿园应采用湿式扫除的方法，防止尘土飞扬，擦地时应使用半干的拖把，防止地面有积水。

(3) 用消毒液擦拭后应再用清水擦拭，以防止消毒液的残留。

(4) 卫生工作不是一时性的，而是贯穿全天，应做到随脏随擦，随时保持活动室和卧室的清洁。

(5) 卫生工作应由生活老师全面负责。

二、室外环境卫生

托幼园所的室外环境，除了道路用地外，主要指绿化带和室外活动场地。绿化带包括草坪、花丛、树木、种植角等。

1. 绿化的作用

首先，绿色植物具有吸收二氧化碳、释放氧气的功能，能使空气变得更加清新，含氧量增高；许多绿色植物具有吸收有害气体以及明显的阻留、吸附尘土的作用和能力；绿色植物对声波还有一定的吸收和反射作用，故绿化能减少尘土、废气、噪声等有害物质和气体对幼儿的危害。进行适当的绿化，还有助于调节气温、湿度以及风速。其次，绿化能起到美化环境的作用，有利于愉悦幼儿情绪，修身养性。此外，托幼园所还可以利用绿化带种植一些树木、花草和常见的农作物，引导幼儿认识这些花、草、树木，丰富其知识，培养幼儿对大自然的兴趣以及热爱大自然的情感。

2. 卫生工作

绿化能改善托幼园所内部小环境的气候，对学前儿童及教职员工的生活、工作起着重要的调节作用。幼儿园教师要爱护绿化、养护绿化，平时做好保洁工作，定期拔去杂草，去除残枝枯叶，发现虫害要及时除虫，清除垃圾，保持草坪、花丛整洁。

三、室外活动场地

托幼园所的室外活动场地，主要是供幼儿进行户外游戏和体育活动时使用。

1. 场地的选用

幼儿园可同时选用水泥地、泥沙地、草地、橡胶板地。水泥地平整、便于清扫，雨后容易干；泥沙地、橡胶板地弹性较好，具有一定的缓冲作用；草地美观而柔软，能吸引幼儿自由玩耍。保育员应根据不同的游戏内容，选择不同的场地组织幼儿进行游戏活动。

2. 卫生工作

室外活动场地应每日清扫，做到无尘土飞扬，无积水，场地保持平整、整洁。

3. 饲养角

饲养角应每日冲洗打扫，定期消毒，做到无异味。

思维拓展

1. 什么是疫源地消毒？
2. 发生传染病的消毒隔离要求有哪些？
3. 配制消毒药液应注意什么？
4. 使用消毒药液有哪些安全要求？
5. 怎样保管班内的电器用品？
6. 幼儿常用的生活用品清洁、保管要求有哪些？
7. 卧室、活动室及户外环境设施的卫生工作要求有哪些？

第九章　学前儿童保育的相关法津、法规知识.pdf